中国水利
思想文化年鉴
2018

《中国水利思想文化年鉴》编纂委员会　编

·北京·

图书在版编目（CIP）数据

中国水利思想文化年鉴. 2018 / 《中国水利思想文化年鉴》编纂委员会编. -- 北京 : 中国水利水电出版社, 2019.5
ISBN 978-7-5170-7680-3

Ⅰ. ①中… Ⅱ. ①中… Ⅲ. ①水利系统—思想政治工作—研究—中国—2018—年鉴②水利系统—文化工作—研究—中国—2018—年鉴 Ⅳ. ①F426.9-54

中国版本图书馆CIP数据核字(2019)第092846号

书　　名	**中国水利思想文化年鉴 2018** ZHONGGUO SHUILI SIXIANG WENHUA NIANJIAN 2018
作　　者	《中国水利思想文化年鉴》编纂委员会　编
出版发行	中国水利水电出版社 （北京市海淀区玉渊潭南路 1 号 D 座　100038） 网址：www. waterpub. com. cn E-mail：sales@waterpub. com. cn 电话：（010）68367658（营销中心）
经　　售	北京科水图书销售中心（零售） 电话：（010）88383994、63202643、68545874 全国各地新华书店和相关出版物销售网点
排　　版	中国水利水电出版社微机排版中心
印　　刷	北京瑞斯通印务发展有限公司
规　　格	184mm×260mm　16 开本　16.5 印张　408 千字　4 插页
版　　次	2019 年 5 月第 1 版　2019 年 5 月第 1 次印刷
印　　数	0001—1500 册
定　　价	**88.00** 元

凡购买我社图书，如有缺页、倒页、脱页的，本社营销中心负责调换

《中国水利思想文化年鉴》编纂委员会

前言

为深入贯彻落实党的十九大精神和习近平新时代中国特色社会主义思想，进一步加强水利系统思想文化建设、精神文明建设和水文化建设，丰富水利职工文化生活，全面、准确、客观、真实地反映水利系统2017年度思想政治工作、水文化建设、水利文学艺术和职工体育活动进展情况及取得的成效，发挥年鉴资政、便览、宣传、交流、存史的重要作用，中国水利政研会、中国水利文协、中国水利体协联合开展了《中国水利思想文化年鉴2018》（以下简称《年鉴》）编纂工作。专门召开了年鉴编纂工作部署会议，成立了编委会和特邀编辑队伍，各项工作有序推进。

《年鉴》真实记录和客观反映了全国水利系统思想政治工作、水文化建设、水利文学艺术和职工体育活动全貌，是水利系统精神文明建设和行业文化建设的重要成果。《年鉴》记载着水利系统思想文化艺术工作者与时俱进、开拓创新、铸就辉煌的奋斗征程，承载着水利人追求进步、崇尚先进的希冀，见证着新时代水利精神和水利现代化发展的辉煌历程。《年鉴》的编纂和出版，是弘扬社会主义核心价值观、推进水利系统精神文明建设、加强水利思想政治工作、凝聚正能量的重要抓手；是落实水利部《加快推进新时代水利现代化的指导意见》、积极推进水文化建设的具体行动；是增强水利系统文化自信、行业自信，强化水文化理论研究与实践探索，大力推进水文化建设和行业文化建设的重要举措；是推动水利思想文化队伍建设和能力建设、提升水利思想文化艺术工作水平、促进水利系统各单位互学互鉴的重要平台。

《年鉴》编纂和出版工作得到水利系统各单位的积极响应和广泛参与。各单位有关负责同志高度重视、精心指导，组织专门力量承担编撰工作。各特邀编辑认真负责，真实客观反映本地区、本单位水利思想文化建设特色和亮点，积极做好本地区、本单位所属基层单位年鉴编纂的指导联络、内容编纂和信息报送等工作，保证了编纂工作按时完成。各参编单位坚持质量第一，严格审核把关，保证了编纂工作质量，增强了年鉴的权威性。在此，谨向所有参与《年鉴》编纂和出版工作并付出艰辛劳动的同志们表示衷心的感谢！

鉴于《年鉴》系首次编纂和出版，没有经验可循，加之时间较紧，难免挂一漏万，疏漏和不足之处在所难免，敬请读者批评指正。

《年鉴》付梓如新生儿诞生、青芽萌发。让我们携起手来，共同呵护培育，共同见证成长，共同迎接水利思想文化艺术工作硕果累累的明天。

编者

2018年11月

目录 CONTENTS

前言
长江流域……1
黄河流域……14
淮河流域……28
海河流域……44
珠江流域……56
松花江、辽河流域……62
太湖流域……71
河北省……75
山西省……88
江苏省……91
浙江省……105
安徽省……117
福建省……124
江西省……132
河南省……135
湖北省……138
湖南省……151
广东省……162
海南省……171
四川省……178
重庆市……181
云南省……189
陕西省……192

甘肃省…………………………………………………………………………………………………… 196
水利部综合事业局………………………………………………………………………………… 203
水利水电规划设计总院…………………………………………………………………………… 209
中国水利水电科学研究院………………………………………………………………………… 216
南京水利科学研究院……………………………………………………………………………… 220
小浪底水利枢纽管理中心………………………………………………………………………… 228
中国水利职工思想政治工作研究会……………………………………………………………… 230
中国水利文学艺术协会…………………………………………………………………………… 235
中国水利体育协会………………………………………………………………………………… 237
华北水利水电大学………………………………………………………………………………… 239
甘肃省水利水电勘测设计研究院有限责任公司………………………………………………… 243
汉江水利水电（集团）有限责任公司…………………………………………………………… 246
湖南澧水流域水利水电开发有限责任公司……………………………………………………… 250
三门峡黄河明珠（集团）有限公司……………………………………………………………… 252

长　江　流　域

一、综述

2017 年，长江水利委员会（以下简称“长江委”）认真学习贯彻习近平新时代中国特色社会主义思想和党的十九大精神，落实水利部党组决策部署，紧紧围绕在保护中发展的治江总体思路，坚持规范管理、加快发展，统筹推进长江保护与发展和全面从严治党，持续加强思想政治建设、精神文明建设和水文化建设，广泛开展职工文化体育活动，各项工作取得新的进展。

二、重要文献

1. **中共长江委党组印发党委（党组）意识形态工作责任制责任分工**　2 月 10 日，长江委党组制定印发《关于落实〈党委（党组）意识形态工作责任制实施办法〉责任分工的通知》（长党〔2017〕10 号），认真贯彻落实中央和部党组精神，明确了把方向和管导向、管理意识形态阵地、处置意识形态领域问题、加强干部人才队伍建设等意识形态领域各项责任，进一步健全落实意识形态责任制的长效机制。

2. **中共长江委党组印发贯彻落实中国共产党党委（党组）理论学习中心组学习实施细则**　2017 年 12 月 29 日，制定印发《中共长江委党组理论学习中心组学习实施细则的通知》（长党〔2017〕108 号），根据《中国共产党党委（党组）理论学习中心组学习规则》（中办发〔2017〕9 号）及《中共水利部党组实施办法》（水党〔2017〕39 号）、《湖北省党委（党组）理论学习中心组学习办法》（鄂办发〔2017〕29 号）要求，对长江委党组理论学习中心组学习的组织与职责，学习内容、形式与要求，学习管理、考核与问责等进行明确，进一步推进长江委党组理论学习中心组学习制度化、规范化，扎实推进理论武装工作，切实加强领导班子思想政治建设。

3. **中共长江委党组关于认真学习宣传贯彻党的十九大精神的通知**　11 月 1 日，制定印发《中共长江委党组关于认真学习宣传贯彻党的十九大精神的通知》（长党〔2017〕91 号），要求全委各级党组织和广大共产党员、干部职工要提高政治站位，深刻领会党的十九大的重大意义；准确把握精神实质，学深悟透党的十九大精神的重要思想、观点、重大判断、举措；以习近平新时代中国特色社会主义思想为指导，努力推进新时期治江工作实现新发展新作为；把学习宣传贯彻党的十九大精神作为首要政治任务抓紧抓好，迅速掀起学习宣传贯彻党的十九大精神热潮。

4. **中共长江委党组印发认真学习宣传贯彻党的十九大精神工作方案**　11 月 15 日，制定印发《中共长江委党组关于印发认真学习宣传贯彻党的十九大精神工作方案的通知》

（长党〔2017〕93号），明确全委各级党组织学习贯彻党的十九大精神3个阶段学习安排、18项具体举措，对全委各级党组织和广大党员干部学习宣传贯彻党的十九大精神进行安排部署。

5. 长江委安排部署2017年长江委精神文明建设与水文化建设工作　3月14日，印发《2017年长江委精神文明建设与水文化建设工作安排》（文明办〔2017〕1号），从深入学习宣传贯彻习近平总书记系列重要讲话精神和治国理政新理念新思想新战略、持续用力推进社会主义核心价值观建设、深化拓展群众性精神文明创建活动、扎实推进长江委文化建设发展、加强党对群众性精神文明创建活动的领导等五个方面对2017年长江委精神文明建设与水文化建设工作进行部署。

6. 长江委党建工作领导小组2017年工作要点　4月11日，制定印发《长江委党建工作领导小组2017年工作要点》（长党建〔2017〕1号），以落实党的十八届六中全会和十九大精神为主线，以严肃党内政治生活、强化党内监督为重点，坚持问题导向，抓责任落实，抓领导带头，抓支部基础，抓制度规范，全面推进长江委党的思想、组织、作风、反腐倡廉和制度建设，为推进“全委一盘棋，共谋新发展”思路的落实提供坚强的思想政治和组织保证。

三、思想政治

1. 长江委党组开展中心组理论学习　12月，制定印发《制定中共长江委党组理论学习中心组学习实施细则》（长党〔2017〕108号），对推进各党委（党组）中心组学习规范化、常态化、制度化起到了指导作用。制定印发中共长江党组2017年中心组理论学习计划，明确中心组理论学习的指导思想、学习重点和学习要求。全年共组织委党组中心组学习14次，约1200人次参加学习。

2. 深入学习宣传贯彻党的十九大精神

（1）10月18日，全委机关各部门、委属各单位借助电视直播、网络直播、广播等形式，共计组织万余名在职党员干部集中收听收看了党的十九大开幕会盛况。水利部副部长、长江委党组书记、主任魏山忠作为党的十九大代表，现场参加党的十九大开幕会。

（2）10月30日，长江委召开干部大会，水利部副部长、长江委党组书记、主任魏山忠传达贯彻党的十九大精神，研究部署学习宣传落实工作。10月30日下午，水利部副部长、长江委党组书记、主任魏山忠主持召开学习贯彻党的十九大精神座谈会。魏山忠强调，学习贯彻党的十九大精神是当前和今后一段时期长江委的首要政治任务，以习近平新时代中国特色社会主义思想为指导，切实把十九大作出的各项决策部署落到实处，对流域保护与治理、长江委内部改革发展进行对照检查，找准着力点，坚定不移地推动委党组“全委一盘棋”工作部署。在水利部的坚强领导下全面做好新时代治江事业各项工作。

（3）11月13日，长江委党组就深入学习贯彻党的十九大精神举行中心组扩大学习班。水利部副部长、长江委党组书记、主任魏山忠作动员讲话和辅导报告。魏山忠强调，学习贯彻党的十九大精神，要求我们以习近平新时代中国特色社会主义思想为行动指南，立足治江工作实际，努力开创长江水利改革发展新局面。学习中，委领导熊铁、马建华、胡甲均、金兴平、刘祥峰、杨谦结合思想工作实际畅谈了学习体会。长江工会主席郭玉、委副总工参加学习。

（4）11 月 29 日，水利部学习贯彻党的十九大精神宣讲报告会在长江委举行，水利部宣讲团成员、部人事司副司长郭海华，水资源司副司长郭孟卓围绕深入学习贯彻党的十九大精神作宣讲报告。长江委党组成员、副主任马建华主持报告会，在汉委领导胡甲均、刘祥峰、杨谦参加学习。长江委机关各部门、委属各单位领导班子成员，委属单位党群、人事、纪检监察部门负责人，干部职工代表、机关离退休支部书记、民主党派代表、青年党员代表，以及湖北省水利厅干部职工代表共 380 余人参加学习。

（5）兴起学习宣传贯彻党的十九大精神热潮。举办处级干部轮训班，集中轮训委机关、部分二级单位 280 余名处级及以上干部；组织 380 余人参加水利部党组宣讲团党的十九大精神宣讲报告会。购买并发放十九大报告单行本、新《中国共产党章程》（以下简称《党章》）1.3 万余册，做到党员人手一套。

（6）积极参加水利部学习党的十九大精神网上答题活动，开设学习贯彻党的十九大专栏、专题，编发新闻、专访 200 多篇。在湖省直机关工作委员会（以下简称“×省直机关工委”）“学习贯彻党的十九大精神”交流会上，王惠娟同志作为全省党员代表作了交流发言。

3. *推进“两学一做”学习教育常态化制度化*

（1）6 月 9 日，制定《关于推进长江委“两学一做”学习教育常态化制度化的实施方案》（长党〔2017〕47 号），紧扣领导带头，委党组明确责任率先垂范，带头抓好落实。委党组班子成员将每月参加所在支部主题党日作为硬要求，自觉与支部党员一起参加学习讨论、一起查摆问题、一起接受教育，带头讲党课。

（2）7 月 7 日，制定并印发委党组调研计划，每位党组成员结合分管实际牵头 1～2 个调研课题。制定委党组联系点工作方案，明确到联系点“开展调研、讲党课、谈心谈话、参加专题组织生活会、指导红旗党支部创建”等“五个一”要求，党组班子成员深入联系点开展活动 7 次。

4. *加强基层党建工作*

（1）召开长江委 2017 年党的工作会议和党风廉政建设工作会议，对全年党建工作、党风廉政建设工作作出安排。党组领导班子成员分别签订党建工作责任书和党风廉政建设责任书、承诺书，层层压实责任。

（2）制定印发《长江委 2017 年党建工作三级联述联评联考实施方案》、2017 年党建工作责任清单、2017 年度落实党风廉政建设主体责任清单，实行清单管理全覆盖。

（3）制定《2017 年度长江委党员领导干部建立基层党建工作联系点的工作方案》，党组成员全部建立联系点，推进从严治党在基层党支部的落实。党组成员深入一线联系点调研、讲党课、宣讲十九大精神。

（4）以“红旗党支部”创建带动全委基层党支部建设整体提升，打造长江委基层党建品牌。“七一”前夕，委党组表彰了 20 个长江委“红旗党支部”，陆管局枢纽工程管理中心党支部荣获湖北省直机关“红旗党支部”称号。

（5）紧密贯彻落实《湖北省党支部主题党日活动指导书》，把“支部主题党日活动”作为教育党员的主要平台，促进“三会一课”制度与“支部主题党日”活动深度融合。抓好支部主题党日活动的总体要求、基本要素、主要任务、保障措施等规范，形成了形式多样、内容丰富的活动局面，有力地促进了党内政治生活的规范。

（6）做好推选长江委出席党的十九大代表初步人选和湖北省第十一次党代会代表工作；规范党徽佩戴要求；严格党员组织关系接转程序；在全委开展失联党员排查，排查出的失联党员逐个制定工作措施，确保查找到人，管理到位；做好发展党员工作，全年发展新党员48名；严肃处置不合格党员，党纪处分1人，组织处理1人。

5. 长江委举行建党96周年纪念大会暨“两学一做”学习教育专题党课　6月30日，长江委在会议中心举行庆祝中国共产党成立96周年大会暨“两学一做”学习教育常态化制度化专题党课。长江委党组书记、主任魏山忠出席会议并讲授《扎实推进“两学一做”学习教育常态化制度化奋力推进长江绿色发展》的专题党课。魏山忠强调，要把“两学一做”学习教育与治江中心工作紧密结合起来，坚定不移地践行新发展理念，坚持“全委一盘棋、共谋新发展”，以踏石留印、抓铁有痕的劲头来推进各项任务落实，强化流域综合管理，推动长江绿色发展，为推进党的事业和治江工作作出新的更大贡献。

6. 组织开展水利思想文化建设研讨活动

（1）3月，印发《长江委思想政治工作改革创新实施方案》并组织实施。长江委作为湖北省首批33个思想政治工作改革创新示范点单位，积极推进思想政治工作改革创新，维护单位和谐稳定。

（2）5月，中国水利职工思想政治工作研究会（以下简称“中国水利政研会”）印发《关于表彰全国水利系统2016年度优秀水利思想政治工作及水文化研究成果的决定》，长江委政研会推荐的多篇论文获奖，含一等奖3篇、二等奖5篇、三等奖2篇。其中，宣传出版中心报送的《充分发挥榜样教育在培育和践行社会主义核心价值观中的作用研究》、汉江水利水电（集团）有限公司（以下简称“汉江集团”）党务工作部报送的《关于在汉江集团转型发展新形势下发挥党委政治核心作用的思考》、水文局报送的《发挥典型示范引领作用的实践与思考》获全国水利系统政研优秀成果一等奖。

（3）2017年共按时出版4期《长江委工作研究》杂志，刊物始终围绕中心工作，服务改革发展大局，唱响主旋律、打好主动仗，坚持正确的舆论导向，为促进治江事业又好又快发展提供强有力的舆论支持。

（4）开展思想政治工作研究。2017年收到各部门各单位研究成果80篇，组织9个单位和部门的14名评委对各单位提交的研究成果进行了评审，评出一等奖8篇，二等奖23篇，三等奖41篇。对一等奖、二等奖的获奖作品进行了汇编，公开出版发行了《长江委政研会2017年度优秀研究成果选编》一书。

7. 组织开展中国水利政研会长江学组研讨活动　12月，组织开展长江学组会员单位研究成果报送、评审和推荐工作。根据中国水利政研会《关于做好2017年度水利思想文化建设研究成果报送工作的通知》要求，长江委、四川省水利厅作为长江学组牵头单位，负责学组研究成果初评、推荐与报送工作，为保证按时报送高质量的研究成果，制定了研究成果评审办法，成立了由长江委、四川省水利厅等5个单位组成的评审委员会，各参评单位认真审读赋分，按照赋分排序并综合考虑各单位报送情况，经评审委员会商议，向中国水利政研会推荐报送23篇研究成果。最终，有17篇论文受到中国水利政研会表彰，其中一等奖 2 篇、二等奖 8 篇、三等奖 7 篇。

四、水文化建设

【水文化研究】 水文化与水利风景区融合发展试点课题研究。长江委长江工程监理咨询有限公司开展了水文化与水利风景区融合发展试点课题研究。研究以三道河水利风景区为对象，通过对三道河水利风景区这一具体案例分析研究，从水文化内涵挖掘的方式、水文化与水利风景区的融合方式和发展模式等方面总结方法，提出保障措施及建议，为湖北省水利风景区建设与管理工作提供一个新的方向和思考，为湖北省其他水利风景区的建设提供发展借鉴。

在个案研究中，通过识别三道河水利风景区建设过程中的发展困境和制约因素，与水文化体系分析衔接，提出三道河水利风景区水文化与水利风景区融合发展条件。从水利工程文化内涵提升、水文化遗产保护利用、水文化景观场景营造、水文化科普教育展示、水文化宣传活动策划、水文化管理制度建设等层面提出水文化与风景区的融合方式和具体做法，调整传统的建设模式，融入文化理念与美学原理，打造水利工程与水生态、水环境与水景观、水文化的“四水融合”新模式，进一步创新区域内水文化遗产的保护利用形式，重视水文化在水利风景区中的静态展示与活态传承，把文化的元素渗透到水利工程及风景区建设之中。

【水文化遗产保护与利用】 长江委长江博物馆指导设计丹江口水利科普展厅。长江委长江博物馆（长江博览文化传播有限公司）对汉江集团组织建设的“丹江口水利工程展览馆”中的“丹江口水利科普展厅”部分的策划、设计、布展和专项展项工作进行了全程指导与实施。

长江博物馆通过研究长江流域水文化遗产与利用的相关理论，结合汉江集团的企业文化、丹江口作为南水北调中线工程的“桥头堡”所拥有的文化和工程等重要性及水利用的相关知识，构建出该展厅的基本布展大纲；展厅从“水资源、水利用、水保护、水工程”四个方面进行策展，根据受众广泛，以科普教育、水情教育为目的的实际情况，进行了有针对性的整体规划布局、文案策划、版面内容及表现手法等多项内容的策划编制。在听取各界专家意见及汉江集团相关负责人的意见和建议后正式确定了展馆的全套设计方案。

该展馆建成后，多次作为各级领导及相关人员的重要参观场所，并定期作为丹江口地区及周边中小学生的科普实践教育基地，在水文化遗产的保护和利用、水科普知识的传播、水情教育等宣传工作中起到重要积极的作用。

【水利工程水文化建设】 丹江口水利枢纽工程参选第一届水工程与水文化有机融合案例。7 月 20 日，水利部印发《关于水工程与水文化有机融合案例的通报》，在本次关于水工程与水文化有机融合案例的评选活动中，全国有 70 个工程参评。长江委精神文明建设指导委员会办公室（以下简称“××文明办”）严格把关，认真审核，最终选出肩负着南水北调中线重大使命的丹江口水利枢纽工程向水利部精神文明建设指导委员会推荐参评。

【单位文化建设】

1. 长江委党建、精神文明建设和思想政治工作成绩　长江委党建、精神文明建设和思想政治工作硕果累累。长江委荣获湖北省“十佳书香机关”称号。长江委、汉江集团继续保持“全国文明单位”称号，水文局、长江勘测规划设计研究院、湖南澧水（集团）有限责任公司（以下简称“澧水公司”）荣获第五届“全国文明单位”荣誉称号。长江委水文局汉江水文水资源勘测局、长江空间信息技术工程有限公司获“全国水利文明单位”称号。水资源保护局、长江委水文局汉江水文水资源勘测局、长江空间信息技术工程有限公司3家单位荣获“湖北省文明单位”称号，长江水利水电开发总公司、长江流域水资源保护局科学研究所、长江中游水文水资源勘测局3家单位荣获“省直机关文明单位”称号。1个党支部荣获湖北省直机关“红旗党支部”称号。1人当选湖北省英才开发计划人选，3人获全省“向上向善好青年”称号，两个基层单位获全省“2015—2016年度青年文明号”称号，1个团支部获全省“五四红旗团支部”称号。

2. 长江委多家单位和个人受全国、湖北省总工会表彰　3月9日，长江工会印发《长江工会关于开展2017年全国、湖北五一劳动奖和全国、湖北省工人先锋号推荐工作的通知》（长工〔2017〕8号）。4月27日，全国总工会庆祝五一国际劳动节暨“全国五一劳动奖”和“全国工人先锋号”表彰大会在北京举行。会上对荣获“全国五一劳动奖状”“全国工人先锋号”和“全国五一劳动奖章”的先进集体和先进个人进行了表彰，其中长江委水文局汉江水文水资源勘测局十堰勘测分局、长江科学院材料与结构研究所、汉江集团信息中心水库调度中心因在南水北调工程建设中表现突出，被授予“全国工人先锋号”荣誉称号。

湖北省庆祝五一国际劳动节暨表彰大会在武昌召开，会上对荣获湖北省“五一劳动奖状”“五一劳动奖章”和湖北省“工人先锋号”的先进集体和先进个人进行了表彰，其中长江委汉江集团丹江口水力发电厂被授予湖北省“五一劳动奖状”，长江流域水资源保护局长江水资源保护科学研究所尹炜被授予湖北省“五一劳动奖章”。

3. 创建职工（劳模）创新工作室　12月15日，由长江工会主办的长江委职工（劳模）创新工作室创建工作经验交流会在赤壁召开。长江科学院工会、陆水试验枢纽管理局工会、长江医院工会、长江勘测规划设计研究院工会、汉江集团工会负责人就职工（劳模）创新工作室创建所取得的成绩和主要经验作交流发言。陈亮创新工作室、张俊文创新工作室、刘海波创新工作室、邢佃兵创新工作室带头人介绍了创新研究成果及主要经验做法。

从2014年7月开始，长江委各级工会组织广泛开展了职工（劳模）创新工作室创建活动，目前已有25家工作室被命名为长江水利委员会职工（劳模）创新工作室，有3家工作室被湖北省总工会命名为湖北省职工（劳模）创新工作室。各工作室紧紧围绕本单位中心工作，大力开展技术创新，积极引导职工提升业务技能水平，取得了良好的经济和社会效益。

4. 长江委评选“最美一线职工”

（1）5月8日，长江工会印发文件《长江工会关于开展第二届“中国梦·劳动美”——寻找长江委“最美一线职工”活动的通知》（长工〔2017〕22号）。

（2）9月20日，长江工会召开第二届“寻找长江委最美一线职工”（终选）评审会。评审委员会由长江委有关部门负责人、共青团组织代表、省部级劳模代表、长江工会领导及各处室负责人组成。经过评委会集体评议，结合网络投票结果，采用无记名投票方式进行评选，最终评选出“最美一线职工”10名。

(3) 10月20日，长江委第二届“最美一线职工”表彰会在汉召开，长江委党组副书记、副主任熊铁出席会议并讲话。长江工会常务副主席旬广东主持表彰会。长江委第二届“最美一线职工”获奖代表作了主题发言。委机关有关部门负责人、各二级单位党政负责人、工会负责人，长江委第二届“最美一线职工”获奖人员、劳模先进人物代表参加会议。当选的长江委“最美一线职工”在基层岗位上默默坚守、辛勤劳动，勇于进取、甘于奉献，充分展示了长江委优秀基层职工的风采，他们在平凡的基层岗位上做出了不平凡的业绩，生动诠释了社会主义核心价值观和“团结、奉献、科学、创新”的长江委精神。

5. *水文局评选十佳文明家庭* 12月29日，长江委水文局工会发文对全局范围内10户家庭进行表彰，授予“十佳水文局文明家庭”称号。

【水生态文明建设】

1. *长江委召开座谈会推进长江大保护及两项规划实施* 4月13日，长江委在武汉召开共抓长江大保护暨实施《长江岸线保护和开发利用总体规划》《长江经济带沿江取水口、排污口和应急水源布局规划》座谈会。会议贯彻落实党中央、国务院关于推动长江经济带发展战略部署和习近平总书记关于长江经济带“共抓大保护、不搞大开发”系列重要讲话精神，加快推进规划明确的各项水利工作任务。长江委党组书记、主任魏山忠出席会议并讲话，水利部规划计划司副司长高敏凤、水资源司副司长郭孟卓、建设与管理司副司长李激扬，水利部太湖流域管理局副巡视员吴志平参加会议并讲话。委副主任马建华主持会议，委副主任陈琴参加会议。会议详细介绍了《长江岸线保护和开发利用总体规划》《长江经济带沿江取水口、排污口和应急水源布局规划》及其实施方案。湖北、江苏、湖南、重庆就规划实施情况作典型发言，流域其他省市结合实际进行广泛交流讨论。

2. *国家发改委到长江委调研推动长江经济带发展水利工作* 7月6日，国家发展和改革委员会（以下简称“国家发展改革委”）基础司副司长刘蕲冈一行到长江委调研推动长江经济带发展水利工作进展情况。长江委主任魏山忠会见刘蕲冈一行，委副主任马建华主持调研座谈会。

在会见中，魏山忠介绍了近期长江流域的水雨情以及长江防总在预测预报、防汛调度中开展的工作，以及长江入河排污口核查工作开展情况。

在调研座谈中，马建华简要介绍了长江流域和长江委的整体情况，并从基础资料收集、综合监测站网建设、水利技术支撑、流域水行政管理等方面重点介绍了长江委所开展工作的基本情况。

刘蕲冈指出，在长江经济带发展战略部署中，长江委是重要的生力军，开展了大量工作，尤其是前一阶段开展的长江入河排污口核查工作，为全面摸清入河排污口现状、抓好入河排污口后续监督管理提供了坚实基础。希望长江委抓住机遇，继续谋划推进各项水利工作，共同推动长江治理与保护，为流域经济社会发展作出更大贡献。

在武汉调研期间，刘蕲冈一行现场观看了长江流域水资源保护监控中心管理系统演示，在汉江集团了解了丹江口水利枢纽工程有关情况，实地察看了武汉化学工业区某企业污水处理情况，以及余家头水源地环境综合整治情况。

国家发展改革委基础司、水利部规划计划司、湖北省发展改革委有关领导参加调研。委办公室、规划计划局、建设与运行管理局、水土保持局、网络与信息中心、长江勘测规划设计研究院有关领导和负责人陪同调研。

3. *汉江流域实施最严格水资源管理制度* 10月19日，汉江流域实施最严格水资源管理制度试点通过水利部评估。

汉江是国家南水北调和陕西引江济渭的水源区，是长江流域水资源供需矛盾最突出的河流。随着沿线经济社会发展用水量增长，汉江水资源、水生态环境压力更加显现，流域水资源管理与保护亟待加强。2012年12月，水利部批复《汉江流域加快实施最严格水资源管理制度试点方案》，将汉江流域用水总量控制指标、用水效率控制指标和重要水功能区水质达标率指标，按2015年、2020年、2030年分解到省、市行政区，并建立了“三条红线”控制指标体系。

试点期内，统筹协调各方用水需求，编制了水量分配方案并通过水利部批复，建立了流域水资源统一配置和调度体系及秩序。在丹江口水库连续5年来水偏枯条件下，已累计向北方供水超过100亿m^3，有效保障了供水安全和汉江流域用水安全与生态安全。流域内地方政府围绕重要水功能区水质达标率指标，积极开展水污染防治，对一批高耗水、高污染企业关停并转。中线工程通水以来，陶岔渠首断面水质均符合或优于Ⅱ类水质标准，约80%的天数符合Ⅰ类水质标准。

【水利风景区水文化建设】 陆水水库水利风景区入选国家水利风景区。8月31日，水利部印发《关于公布第十七批国家水利风景区的通知》（水综合〔2017〕286号），批准54家景区为“国家水利风景区”。陆水水库成功入围第十七批“国家水利风景区”名单并获得水利部正式授牌。陆水水库水利风景区位于湖北省赤壁市城郊，依托陆水水利枢纽而建，包括三峡试验坝景区和水源保护景区，总面积69.05km^2。景区水面开阔，群山环抱，湖水澄澈，碧波荡漾，树木葱郁，翠竹挺拔。水面800多个岛屿星罗棋布，形态迥异，构成一幅集坝、水、山、林于一体的立体画卷。

【水文化教育与传播】

1. *开展“世界水日”“中国水周”法治宣传系列活动*

（1）3月22日，长江委召开长江流域保护立法研究座谈会，委副主任熊铁，委老领导季昌化、傅秀堂，全国勘察设计大师徐麟祥，以及来自委机关、长江流域水资源保护局、水文局、长江勘测规划设计研究院的老专家代表参加会议，共商推进长江保护立法工作大计。同日，长江委团委在东湖绿道开展“人人节水志愿先行”骑行宣传活动。志愿者们向游人介绍此次水日水周宣传主题，发放宣传资料，传播依法节水护水理念。

（2）水政与安监局联合长江流域水资源保护局、人才资源开发中心举办水资源科普讲座教师专场，讲座邀请水资源管理与保护的专家，讲解长江流域水资源与水资源管理现状、实行最严格的水资源管理制度成效，唤起了公众的节水意识，加强水资源保护，为倡导“水美城市，绿色发展”理念打下了良好基础。

（3）3月23日，长江委举办2017年领导干部法治专题讲座。湖北省“七五”普法讲师团成员、中共湖北省委党校政法教研部副主任王辉博士应邀为长江委干部职工作《深入推进依法行政加快建设法治政府》专题授课。

(4) 3 月 24 日，长江流域水资源保护局结合“中国水周”的宣传，组织长江委 20 余名青年志愿者来到长春街小学，与一年级、二年级 20 个班级一起开展了以湿地为主题的水资源保护班会课。此次活动普及科学知识、弘扬科学精神、传播科学思想，让孩子们从了解湿地功能入手，了解水，了解家乡，在学生心中种下“了解水、珍惜水、保护水”的种子，并通过一个学生影响一个家庭，提高公众水资源保护整体意识。

(5) 在“世界水日”“中国水周”期间，长江委水政与安监局、水文局、长江科学院、水利部中国科学院水工程生态研究所、陆水试验枢纽管理局、网络与信息中心、人才资源开发中心、机关服务中心、汉江集团、南水北调中线水源有限公司等机关部门、委属单位也纷纷组织开展了张贴主题宣传画、公益宣传活动、网络视频挂播、电子屏滚动播放宣传标语、学习水法律法规知识等形式多样的纪念、宣传活动。

2. 举办海峡两岸青少年生态文明工程建设研讨班

(1) 7 月 16—23 日，由长江委主办、长江科学院承办的“海峡两岸青少年生态文明工程建设研讨班”在湖北举行，24 名来自台湾地区的高校师生代表围绕长江生态文明工程建设进行了深入学习和研讨。

(2) 7 月 17 日、20 日，长江委和逢甲大学专家教授围绕生态环境、山洪灾害防御与水土保持等领域开展了 10 场高质量专题研讨，激发了学生们对水利事业发展的广泛兴趣。

(3) 7 月 18—21 日，台湾师生先后实地参观了气势磅礴的三峡大坝、湖北省博物馆、园博园长江文明馆、长江委水文局、长江科学院、设计院、汉江集团参访灿烂的荆楚文化、饱览长江的历史与现状。

3. 党风廉政建设宣传教育　5 月 10 日，长江委启动党风廉政建设宣传教育月活动，并举办道德讲堂。宣教月活动的主题是“贯彻六中全会精神推进全面从严治党”。长江委制定了以“八个一”为主要内容的实施方案，包括典型示范教育、反腐倡廉制度教育、警示教育、革命传统教育等，与“两学一做”学习教育常态化制度化的要求结合紧密，体现了集中教育的特点。6 月 26 日，委机关、长江流域水资源保护局机关正处级以上干部，委属各单位负责人及领导班子成员共计 220 余人在分会场参加了水利部直属系统警示教育视频会议。通过有声有色、形式多样的党风廉政宣传教育活动，进一步提高了长江委各级党员领导干部守纪律、讲规矩的意识和能力，进一步推进了各单位（部门）主体责任的落实，再次将长江委反腐倡廉工作推向了一个新的阶段。

五、水利文学艺术

【水利文学】

1. 长江委编纂《三峡工程情怀》大型纪实文学丛书　《三峡工程情怀》由长江工会联合委办公室、离退休干部局、宣传出版中心编撰，将再现长江委人与三峡工程那段艰难而又辉煌的历史，铭记长江委人在三峡工程建设中的精神，以普通职工为中心，全面反映长江委基层职工的心声与故事。

2. 长江委两图书获第三届湖北出版政府奖　5 月，湖北省人民政府颁发“第三届湖北出版政府奖”，长江出版社出版的《三峡水库汛末提前蓄水关键技术与应用》和《长江流域水资源演变规律及变化趋势分析》荣获“第三届湖北出版政府奖”。

【水利美术、书法】

1. 湖北省第二十四届“职工画廊”优秀作品（书法、美术）长江委巡展开展　4月14日，湖北省总工会宣传教育部与长江工会共同举办的湖北省第二十四届职工画廊优秀作品（书法、美术）长江委巡展在委行政楼（科技大楼）二楼展厅展出。此次巡回展共展出获奖作品70件，其中美术作品35件，书法作品35件。一幅幅佳作不仅纪念了伟大的历史事件，还全面真实地记录了湖北职工日常工作生活、重大工程开展情况和各地优美自然风光，再现了他们眼中的客观世界。展览展出近1个月，吸引了众多长江委职工参观交流。

2. 举办“喜迎党的十九大·携手共筑长江梦”美术书法展　10月19日，长江工会联合长江委离退休干部局、直属机关党委举办“喜迎党的十九大·携手共筑长江梦”美术书法作品展，长江委党组副书记、副主任熊铁参观展览。这次展览以深入学习贯彻习近平总书记系列重要讲话精神，弘扬时代主旋律，传播社会正能量，唱响中国梦为主题，聚焦“十二五”水利发展的辉煌成就。本次作品展共展出了125幅作品，均来自委内职工(含离退休职工，年龄最大的为90高龄)，经武汉市美术家协会和武汉市书法家协会专家评审，共评出一等奖作品6件、二等奖作品10件、三等奖作品20件。这些作品主题鲜明、健康向上、丰富多彩、精彩纷呈，既有丹青里的寄情，也有翰墨中的抒怀。风格形式多元，反映了委内书法美术爱好者对山川田园的遐想，民风民俗的感怀，神游名山大川的唱咏，更有畅怀人生理想的憧憬和希望。本次展览充分展示了广大干部职工对治江事业的热爱、对幸福生活的向往和对美的追求，唱响了爱国爱江爱委的主旋律，弘扬了正能量，丰富了职工文化生活。

【水利摄影】

1. 长江委在第一届中国水利摄影展中喜获佳绩　3月13日，中国水利摄影家协会(以下简称“中国水利摄协”)主办的第一届中国水利摄影展评选揭晓，长江委摄影群体在比赛中获得佳绩。本届摄影展共征集作品42000余件（75000余张），经过初评和终评，最终从参展作品中拟评出180件入选作品。其中长江委参赛作者杨飏的摄影作品《水源卫士》(组照)、张伟革的摄影作品《为了长江健康》(组照）入选主题类“2016水利精彩瞬间”主题奖；穆定超的摄影作品《金婚之恋》、张伟革的摄影作品《守护三峡》(组照）入选非主题类纪录类奖项。

2. 长江委在“喜迎十九大岗位建新功”中央国家机关第四届职工摄影展览、第二十七届湖北省摄影艺术展览中连获佳绩　8月30日，“喜迎十九大岗位建新功”中央国家机关第四届职工摄影展作品评选结果揭晓，长江委常飞的摄影作品《南水北调中线工程建设成就》(组照)、《晨雾绕江城》、《汉水岸边》，穆定超的摄影作品《我和孩子们合个影》，杨飏的摄影作品《筑梦南水北调》(组照）代表水利部入选，其中常飞的摄影作品《南水北调中线工程建设成就》(组照）荣获一等奖、穆定超的摄影作品《我和孩子们合个影》荣获三等奖。

第二十七届湖北省摄影艺术展览评选结果揭晓，长江委张文斌的摄影作品《暮归》、常飞的摄影作品《山乡如画》荣获艺术类优秀奖；胡文波的摄影作品《深山洞穴高铁建设者》(组照）荣获纪录类优秀奖。

3. 开展“影像长江·美丽瞬间”手机随手拍摄影比赛活动 7—11月，由长江委、中国长江三峡集团公司、长江航务管理局三家主办的长江年鉴社特举办“影像长江·美丽瞬间”手机随手拍摄影比赛正式启动。活动以长江自然生态环境及沿江经济社会发展为内容的随手拍摄影作品，充分反映在“长江经济带”“一带一路”和“黄金水道”建设、“河长制”贯彻推行，以及长江水利、电力、航运、生态环境、经济和旅游等方面所取得显著成果和效益。比赛得到了长江委有关单位和部门、长江航务管理局、中国长江三峡集团公司、流域水利厅（局）等单位支持，并在其官网上或QQ群转载征稿启事，强势宣传及拉网组织，共收到100余位作者近400幅（组）作品。长江丰都航道处李涛创作的《朝霞》获得一等奖。

【水利音乐舞蹈戏剧】

1. 长江委举办2017年迎春文艺演出 1月18日，长江委举办2017年迎春文艺演出。长江委党组书记、主任魏山忠观看演出并致辞，委领导熊铁、马建华、陈琴、胡甲均、金兴平、刘祥峰，长江工会主席郭玉与委老领导，委机关部门、委属单位负责人，离退休老同志、职工代表等300余人观看了演出。10余个自编自演的节目精彩纷呈，演出现场掌声不断，丰富的节目内容充分展示了长江委人不忘初心，牢记使命，牢固树立“全委一盘棋，共谋新发展”的思想，坚定不移走生态优先、绿色发展之路，把宏伟的治江蓝图绘到底的决心。

2. 长江委举办纪念建军90周年文艺演出 7月28日，长江委举办“喜迎十九大庆祝建军节走向辉煌”文艺演出。长江委党组副书记、副主任熊铁致辞并观看演出，委党组成员、副主任胡甲均，长江工会主席郭玉与委老领导，委离退休转业军人代表，机关各部门、委属各单位负责人及职工代表等200余人观看了演出。由长江老年大学学员自编自演的14个节目精彩纷呈、依次上演。文艺演出形式多样，精彩的节目赢得阵阵掌声，展示了长江委人奋发有为的风采，表达了广大干部职工义不容辞地担负起推进长江绿色发展的重任，扎实推进治江事业和长江委改革发展各项工作，以优异成绩迎接党的十九大胜利召开的信心。

3. 长江委机关开办离退休老同志声乐培训班 9月4日，长江委机关离退休老同志声乐培训班开班，离退局局长杨立军、副局长李进参加开班典礼，长江老年大学办公室常务副主任罗仁冠致辞。开办委机关离退休老同志声乐班，是贯彻落实中央关于进一步加强和改进离退休干部工作的意见、积极开展以“展示阳光心态、体验美好生活、畅谈发展变化”为主要内容的活动的新举措，也是展示单位文化建设、宣传单位精神文明的新窗口，为老同志搭建相互交流、相互体验的新平台。声乐班的开办受到了老同志的广泛喜爱，大家踊跃报名，已有50余名学员，其中年龄最大的82岁。

4. 长江委举办“庆国庆·喜迎十九大”文艺汇演 9月29日，长江委举办“庆国庆·喜迎十九大”文艺汇演，庆祝伟大祖国68周年华诞，迎接党的十九大胜利召开。水利部副部长、长江委党组书记、主任魏山忠观看演出，长江委党组副书记、副主任熊铁致辞，委党组成员、副主任陈琴，长江工会主席郭玉与委老领导，委机关各部门、委属单位负责人，离退休老同志、职工代表等300余人观看了演出。13个节目精彩上演，赢得阵阵掌声，一曲曲荡气回肠、极具艺术感染力的歌曲回荡在演出现场，唱响了改革发展主旋律，讴歌着水利事业新成就，抒发了对伟大祖国繁荣昌盛、和谐富强的衷心祝愿。

5. 湖北省总工会学习宣传贯彻党的十九大精神文艺演出走进汉江集团　11月13日，湖北省总工会在丹江口汉江集团工人体育馆举行学习宣传贯彻党的十九大精神文艺演出。湖北省总工会党组书记、常务副主席董永祥出席活动并讲话，汉江集团董事长胡军致欢迎辞，长江工会主席郭玉、常务副主席句广东出席活动。

6. 长江老年大学舞蹈《俏花旦》喜获佳绩　7月，长江老年大学舞蹈队的作品《俏花旦》代表武汉广电参加“壮美内蒙古万人广场舞”全国总决赛获得铜奖，长江老年大学获优秀组织奖。

六、水利体育

1. 长江委举办在汉单位职工迎新春趣味体育比赛　1月22日，由长江工会组织的迎新春趣味体育项目比赛于下午在大院球场举行。比赛设毛毛虫竞速、一往无前、“8”字跳绳、多方拔河4个项目，委内12个单位组队参加比赛。

2. 全民健身健步行活动　4月25日，长江工会印发《长江工会关于举办长江委2017年在汉单位职工全民健身健步行活动的通知》（长工〔2017〕20号）。5月5日上午，长江委在汉单位职工全民健身健步行活动在武汉东湖绿道举行。长江委党委副书记、副主任熊铁，长江工会主席郭玉出席启动仪式。长江委500多名职工参加了此次健步行活动。

3. 长江老年大学参加武汉老年人运动会武术比赛　5月14日，武汉市第三十四届老年人运动会武术比赛在武汉体育馆开幕。此次比赛分太极拳类、其他拳术类及木兰类，共有100多支队伍参赛。长江老年大学选派的太极拳代表队荣获集体器械银奖，4名运动员分获个人一等奖。

4. 长江老年大学参加湖北省柔力球公开赛　2017年湖北省柔力球公开赛在武汉召开。长江老年大学精心组织队员训练参赛，在60多支代表队中脱颖而出，勇获集体项目规定套路二等奖，展示了长江委离退休职工风采。

5. 长江委举行第九套广播体操比赛　4月25日，长江工会印发《长江工会关于举办长江委2017年职工第九套广播体操比赛活动的通知》（长工〔2017〕21号）。6月9日，为贯彻落实全民健身计划，长江委第九套广播体操比赛在汉举行。长江委党组副书记、副主任熊铁出席开幕式并观看比赛。长江工会主席郭玉出席开幕式并致辞，长江工会常务副主席陈功奎主持开幕式，委机关和委属各单位有关负责人参加开幕式并观看比赛。各参赛队展示了饱满的激情、昂扬的斗志、团结协作的精神。

6. 职工水上技能比武　9月1日，由长江工会、长江体育协会联合主办，文体中心承办的2017年职工水上技能比武在武汉江滩游泳馆开赛。来自委机关、长江流域水资源保护局、水文局、长江科学院、陆水试验枢纽管理局、综合管理中心、宣传出版中心、机关服务中心、长江医院、长江水利水电开发总公司、长江勘测规划设计研究院、汉江集团等12支代表队共120多名运动员参加了角逐。共设立女子50m、100m蛙泳，女子50m、100m自由泳，男子50m、10m蛙泳，男子50m、100m自由泳，女子、男子100m救生抢渡，水上划船救生接力和混合潜水打捞接力10个项目。

7. 长江委举办职工篮球赛　10月21—27日，长江委2017年职工篮球赛在委机关大院球场举行。共有水文局、长江科学院、陆水试验枢纽管理局、综合管理中心、网络与信息中心、长江水利水电开发总公司和长江勘测规划设计研究院等 7 个代表队参赛。

8. **长江委举办职工足球联赛** 11 月 10 日，长江委 2017 年职工足球联赛在汉口江滩体育中心举行，中心联队（综合管理中心、网络与信息中心、宣传出版中心）夺得本年联赛冠军，长江水利水电开发总公司代表队获得亚军，长江勘测规划设计研究院代表队、水文局代表队分别获三、四名。

9. **参加第十六届“广西水电杯”全国水利系统职工桥牌比赛** 11 月，中国水利体育协会（以下简称“中国水利体协”）举办的第十六届“广西水电杯”全国水利系统职工桥牌比赛在广西南宁举行，长江委代表队参加了团体赛甲组的比赛。

10. **长江委举办职工羽毛球比赛** 12 月 7 日，长江委 2017 年职工羽毛球比赛在长江科学院羽毛球馆举行，长江工会主席郭玉、长江科学院党委书记吴志广为比赛开球。这次比赛是 2017 年职工文体活动的最后一项赛事，吸引了委内众多羽毛球爱好者参赛，来自 10 个单位的 120 余名选手在为期 2 天的比赛中，分别在男双、女双、混双、男单、女单 5 个项目上捉对厮杀，争夺团体冠军的归属。

黄　河　流　域

一、综述

2017年，黄河水利委员会（以下简称“黄委”）认真学习贯彻习近平新时代中国特色社会主义思想和党的十九大精神，落实水利部党组决策部署，紧紧围绕“维护黄河健康生命，促进流域人水和谐”治河思路，坚持规范管理、加快发展，统筹推进治黄业务和全面从严治党，持续加强思想政治建设、精神文明建设和黄河文化建设，广泛开展职工文化体育活动，各项工作取得新的进展。

二、重要文献

1. **中共黄委党组印发党委（党组）意识形态工作责任制责任分工**　1月22日，黄委党组制定印发《关于落实党委（党组）意识形态工作责任制责任分工的通知》（黄党〔2017〕5号），认真贯彻落实中央和部党组精神，明确了把方向和管导向、管理意识形态阵地、处置意识形态领域问题、加强干部人才队伍建设等意识形态领域各项责任，进一步健全落实意识形态责任制的长效机制。

2. **中共黄委党组印发贯彻落实中国共产党党委（党组）理论学习中心组学习规则实施细则**　8月23日，制定印发《中共黄委党组关于印发贯彻落实中国共产党党委（党组）理论学习中心组学习规则实施细则的通知》（黄党〔2017〕57号），根据《中国共产党党委（党组）理论学习中心组学习规则》（中办发〔2017〕9号）及水利部党组、河南省省委有关要求，对黄委党组理论学习中心组学习的组织与职责，学习内容、形式与要求，学习管理、考核与问责等进行明确，进一步推进黄委党组理论学习中心组学习制度化、规范化，扎实推进理论武装工作，切实加强领导班子思想政治建设。

3. **中共黄委党组关于认真学习宣传贯彻党的十九大精神的通知**　11月17日，制定印发《中共黄委党组关于认真学习宣传贯彻党的十九大精神的通知》（黄党〔2017〕76号），要求全河各级党组织和广大党员干部要提高政治站位，深刻认识党的十九大的历史地位和重大意义；把握精神实质，学深悟透党的十九大精神的丰富内涵和精髓要义；以习近平新时代中国特色社会主义思想为指导，努力推进治黄事业新发展；牢牢把握“六个聚焦”要求，切实抓好党的十九大精神的学习宣传贯彻。

4. **中共黄委党组印发认真学习宣传贯彻党的十九大精神工作方案**　12月8日，制定印发《中共黄委党组关于印发认真学习宣传贯彻党的十九大精神工作方案的通知》（黄党〔2017〕87号），明确全河各级党组织学习贯彻党的十九大精神4项学习安排、17项具体举措，对全河各级党组织和广大党员干部学习宣传贯彻党的十九大精神进行安排部署。

5. 黄委安排部署2017年全河精神文明与黄河文化建设工作　2月24日，制定印发《黄委关于印发2017年全河精神文明与黄河文化建设工作安排》（黄文明〔2017〕63号），从学习贯彻习近平总书记系列重要讲话精神、持续推进社会主义核心价值观教育实践、深化拓展群众性精神文明创建活动、大力推动黄河文化繁荣发展等四个方面对全河2017年精神文明与黄河文化建设工作进行部署。

6. 2017年全河党建工作要点　3月6日，制定印发《黄委党建工作领导小组关于印发2017年全河党建工作要点的通知》（黄党建〔2017〕1号），突出落实全面从严治党要求这个主题，紧扣迎接党的十九大胜利召开和学习贯彻党的十九大精神这条主线，以严肃党内政治生活和强化党内监督为重点，对全河党的思想政治建设、组织建设、作风建设、反腐倡廉建设、制度建设以及精神文明建设、群团组织建设等进行安排部署。

7. 黄委印发黄河文化建设2017—2020年行动计划　8月23日，制定印发《黄委关于印发黄河文化建设2017—2020年行动计划的通知》（黄文明〔2017〕264号），从推进全面从严治党、开展行业精神文明建设、治黄改革发展、水情教育与公益宣传等四个方面对培养和发展黄河文化提出了要求，并为黄河文化建设四年行动计划明确了总体要求和组织保障，切实把黄河文化建设贯穿到治黄中心工作的全过程、各方面，为“维护黄河健康生命、促进流域人水和谐”提供强大的文化支撑。

三、思想政治

1. 黄委党组开展中心组理论学习　8月，制定印发《中共黄委党组关于贯彻落实〈中国共产党党委（党组）理论学习中心组学习规则〉实施细则》（黄党〔2017〕57号），进一步推进黄委党组理论学习中心组学习制度化、规范化。制定印发中共黄委党组中心组2017年理论学习计划，明确中心组理论学习的指导思想、学习重点和学习要求。全年黄委党组中心组共开展集中学习17次，厅局级以上干部763人次参加学习。

2. 深入学习宣传贯彻党的十九大精神

（1）10月18日，组织机关各部门、驻郑有关单位集中观看党的十九大开幕盛况，全河共计10416名在职党员干部集中收听收看党的十九大开幕会盛况。黄委党组书记、主任岳中明作为党的十九大代表，现场参加党的十九大开幕会。

（2）10月31日，党的十九大代表、黄委党组书记、主任岳中明第一时间向广大干部职工传达党的十九大精神。11月10日，岳中明到基层党建联系点河南原阳河务局党支部，宣讲党的十九大精神。岳中明强调，要更加紧密地团结在以习近平同志为核心的党中央周围，以习近平新时代中国特色社会主义思想为指导，全面贯彻落实党的十九大精神，深入落实中央兴水惠民各项决策部署，创新求实，砥砺奋进，不断开创治黄事业发展新局面，让黄河流域山川更秀美、河流更健康、人水更和谐，为夺取全面建成小康社会的新胜利、建设美丽中国做出新贡献。委党组班子成员先后深入基层党建联系点宣讲党的十九大精神。

（3）11月6日，黄委党组就深入学习贯彻党的十九大精神举行中心组扩大学习班。黄委党组书记、主任岳中明主持学习并作动员讲话。岳中明强调，要切实把思想统一到党的十九大精神上来，切实增强“四个意识”，以党的十九大精神和习近平新时代中国特色社会主义思想为指引，更加紧密地团结在以习近平同志为核心的党中央周围，不忘初心、牢记使命，创新求实、砥砺奋进，不断开创治黄事业发展新局面，为夺取全面建成小康社会的新胜利、建设美丽中国做出新贡献。学习中，黄委领导苏茂林、薛松贵、赵国训、牛玉国、李文学、姚文广结合思想工作，畅谈了学习体会。15 个部门和单位负责人结合自身实际，交流了学习领会党的十九大精神的认识和贯彻落实的思路打算、目标措施。

(4) 11 月 28 日，水利部党的十九大精神宣讲团到黄委进行党的十九大精神宣讲。水利部人事司副司长郭海华、水资源司副司长郭孟卓就党的十九大精神作宣讲报告。黄委党组书记、主任岳中明主持报告会，黄委领导班子、副总工、机关各部门及委属驻郑单位主要负责人及职工代表，河南省水利厅领导及职工代表，小浪底水利枢纽管理中心领导班子成员及职工代表，三门峡疗养院主要负责人等 280 多人在黄委主会场，委属有关单位干部职工以及三门峡疗养院职工代表 4700 余人通过视频直播形式聆听宣讲报告。

(5) 兴起学习宣传贯彻党的十九大精神热潮。编印《黄委学习党的十九大报告图解》2000 册，购买党的十九大报告、新《党章》等学习材料 8000 余册，发放至全河 958 个党支部。开设黄委学习贯彻党的十九大精神网络专栏，开展“十九大精神大家谈”系列访谈。举办党支部书记、党务干部负责人、人事处长、团干等专题培训班，启动县处级以上领导干部学习贯彻党的十九大精神集中轮训工作。

(6) 围绕迎接宣传贯彻十九大精神这条主线和“砥砺奋进的五年”这一重大宣传主题，开设了重要精神、黄委行动、热点解读、各级响应、十九大精神大家谈等专栏或专题，大力宣传黄河人迎接学习贯彻党的十九大精神情况，全年共发相关宣传稿件 230 多篇。

3. 推进“两学一做”学习教育常态化制度化

(1) 5 月 12 日，黄委召开推进“两学一做”学习教育常态化制度化工作会议，深入贯彻习近平总书记重要指示精神和中央部署，安排黄委“两学一做”学习教育常态化制度化工作，同时就开展“深化学习找差距，转变作风促发展”专题活动进行动员。黄委党组书记、主任岳中明出席会议并讲话。

(2) 5 月 17 日，黄委召开机关“两学一做”学习教育常态化制度化推进会，黄委党组成员、副主任、直属机关党委书记苏茂林主持会议。会上，对黄委党组《关于推进全河“两学一做”学习教育常态化制度化的实施方案》以及在全河开展的“深化学习找差距、转变作风促发展”专题活动、“黄河先锋党支部”创建活动、“基层组织建设年”活动等党建重点工作进行了解读。

4. 加强基层党建工作

(1) 黄委党组制定印发《党建主体责任清单》，从委党组、直属机关党委、机关党支部（总支）三个层面对履行党建责任提出要求，以问责督责任落实，以考核促责任强化。

(2) 5 月，黄委党组印发《黄委党组领导班子成员基层党建工作联系点方案》，通过建立委党组领导班子成员党建工作联系点，深入基层，了解情况，树立典型，示范带动，层层压实党建主体责任，加强对基层单位党建工作的指导，不断提升基层单位党建工作科学化水平。8 位党组成员深入一线联系点调研、讲党课、宣讲十九大精神等 16 次。

(3) 建立委机关部门党支部与基层单位党支部结对共建工作长效机制，9 月 12 日召开支部结对共建工作座谈会，总结交流第一批黄委机关部门党支部与基层单位党支部两年来结对共建中的好经验、好做法，梳理出存在的问题，为第二批结对共建探索可借鉴的支部共建方式方法。2017年机关17个支部累计开展支部共建活动36次，开创了优势互补、经验互鉴、联动互赢的生动局面。

（4）2015年以来，黄委直属机关党委书记每年向河南省直机关工委现场或书面述职，并结合反馈意见制定整改台账。同时，形成长效机制，用3年时间实现了黄委机关部门支部和委直属单位党委书记现场述职全覆盖，不断推动管党责任层层落实。

（5）开展基层组织建设年活动，通过指导各党委自查整改，科学设置支部规模，全河党支部总数由2016年的894个调整为目前的958个。

（6）开展“黄河先锋党支部”创建活动，以“支部班子好、党员管理好、组织生活好、制度落实好、作用发挥好”等五好为目标，把先锋形象树起来，发挥示范带动作用，强化全河基层党组织政治功能和服务功能。

（7）开展党组织和党员信息采集工作，完成了20个党委、4195名党员的档案信息核查、校验、入库，首次实现直属机关党组织和党员管理电子信息化。

（8）7月，黄委直属机关党委荣获省直机关2015—2016年度“五好”机关党委和“五好”机关纪律检查委员会（以下简称“纪委”）黄委直属机关基层党组织共有4个基层党组织、20名共产党员、6名党务工作者也获得河南省委省直机关工委表彰。在2017年河南省省直机关党的工作会议上，黄河勘测规划设计有限公司物探院党支部书记郭玉松被授予“省直机关优秀党支部书记”荣誉称号。

5. 举办“不忘初心、牢记使命”微党课比赛及巡讲　11月，黄委印发《黄委党建工作领导小组关于举办“不忘初心、牢记使命”微型党课比赛的通知》（黄党建〔2017〕7号），在全河范围内开展微党课比赛活动。12月13日，举办“不忘初心，牢记使命”微型党课比赛决赛，并根据比赛结果对王怡康等29名获奖个人和办公室党支部等11个获奖集体进行通报表扬。12月，组织微党课比赛获奖选手在全河选取8家单位进行了两轮7场次巡讲，巡回宣讲党的十九大精神，为“不忘初心、牢记使命”主题教育开好头、起好步。

6. 河南黄河河务局举办“忆党史、守党纪、强党性”专题辅导报告会　4月28日，河南黄河河务局举办了“忆党史、守党纪、强党性”专题辅导报告会，局领导、机关全体职工、局直单位班子成员参加报告会。纪检组长王晓东主持了报告会。辅导邀请河南省中共党史人物研究会副会长、河南省纪检监察学会特约研究员、中共河南省省委党校党史研究部主任赵士红教授主讲。赵教授以《全面从严治党必须严明党的纪律》为题，围绕我党九十六年奋斗历程，从严明的纪律是我们党的一大政治优势、严明党的纪律是新形势对全党提出的迫切要求、全面从严治党要把纪律挺在前面三个方面，深刻阐述了从严治党的重大意义，报告主题鲜明，内容丰富，深入浅出。王晓东对辅导报告进行了总结，要求广大干部职工牢记党的奋斗历史，切实增强政治意识、大局意识、核心意识和看齐意识，增强严守党规党纪的行动自觉。

7. 召开中国水利政研会黄河学组2017年度经验交流会　11月24日，中国水利政研会黄河学组在郑州召开2017年度会员单位经验交流会。中国水利政研会副会长李春安

同志到会并讲话。会议认真学习宣传党的十九大精神，联系实际部署落实中国水利政研会关于水利思想政治工作的安排，听取各学组单位开展工作情况及意见建议，并对黄河学组下一阶段工作进行了研究。黄委直属机关党委常务副书记刘建明主持了交流会，来自河南、陕西、山西、内蒙古、山东、宁夏等6省（自治区）的学组成员单位有关领导和相关人员参加了会议。交流会上，与会同志介绍了本单位开展思想政治工作和水文化建设的主要做法和经验体会，并研究部署了2017年政研会论文评审和下一届学组会议相关举办事宜。会议期间，与会代表前往圆方集团调研并现场感受和体验圆方集团的先进非公党建工作经验，并前往花园口对会议代表进行了铭记历史的爱国主义教育。

8. 黄委多项政研成果获水利部表彰　5月，中国水利政研会印发《关于表彰全国水利系统2016年度优秀水利思想政治工作及水文化研究成果的决定》，黄委多项政研成果受到表彰。其中，黄委直属机关党委《全面从严治党亟需从基层党组织建设抓起——黄委党建工作调研报告》、山东河务局《新常态下如何创新开展黄河职工思想政治工作》、河南河务局《新形势下河南黄河基层青年工作思考》、三门峡黄河明珠（集团）有限公司（以下简称“明珠集团”）《培育和践行社会主义核心价值观难点与对策研究》等4篇研究成果获得一等奖。山东河务局、明珠集团报送的3篇成果分获二等奖、三等奖。

9. 黄河学组开展水利思想政治工作及水文化研究成果征集活动　围绕新形势下做好思想政治工作，黄河学组各单位认真开展水利思想政治工作及水文化研究成果征集工作。经过精心组织、层层筛选，学组各单位共计提交54篇论文成果。最终由学组评委进行初审，将其中23篇优秀论文成果上报中国水利政研会。

四、水文化建设

【水文化研究】

1. “黄河文明与中华民族伟大复兴”专家座谈会召开　8月9日，黄河博物馆在郑州组织召开“黄河文明与中华民族伟大复兴”专家座谈会，会议邀请了刘庆柱、李伯谦、赵德润、朱士光、张希清等数十位国内著名人文学者、考古专家和有关学科带头人，共话黄河文明理论构建，探讨传承发展黄河文化，促进黄河流域生态保护和经济社会可持续发展。黄委副主任牛玉国出席座谈会，并讲话指出要深入研究黄河文化，充分展示黄河文化魅力，发挥黄河文化潜力，为黄河流域生态、经济社会可持续发展提供保障。会议成果受河南省、郑州市高度重视，与会专家倡议建设的黄河生态主题公园、国家级“黄河文明博物馆”建设已被河南省和郑州市列入当地文化发展规划。

2. “保护黄河万里直播行动”特别项目“对话黄河”系列沙龙召开　7月7日上午，由中国互联网新闻中心（中国网）主办的“保护黄河万里直播行动”特别项目“对话黄河”系列沙龙第1期在河南省郑州市黄河博物馆召开。活动主题聚焦黄河中下游生态保护和民生关怀，王树理、孙义福、司富春、景来红十几位各级政协委员和黄河专家为保护母亲河建言献策。

【水文化遗产保护与利用】

1. 非物质文化遗产“黄河号子”保护与利用　黄河博物馆与河南省非物质文化遗产保护中心签署协议，在博物馆增加国家级非物质文化遗产“黄河号子”展览。“黄河号子”有船工号子、抢险号子、夯硪号子、运土号子、捆枕和推枕号子等，是千百年来黄河儿女在修筑堤坝、防洪抢险、拉纤行船等黄河互动的劳作实践中形成的，广泛存在于黄河中下游地区。“黄河号子”曲调丰富多彩，旋律高亢昂扬，彰显了黄河儿女粗犷豪迈、积极乐观的民族性格，真实体现了团结协作、同舟共济、奋勇向前的精神力量，是极富感染力、极具地方特色的民间音乐形态。

2. 筹建黄河文化馆　6月27日，国家方志馆黄河分馆、黄河文化馆建设工作领导小组第二次全体会议在东营市召开。中国地方志指导小组秘书长，中国地方志指导小组办公室党组书记、主任冀祥德，东营市委书记申长友，黄委副主任牛玉国出席会议并讲话。国家方志馆黄河分馆、黄河文化馆由黄委、中国地方志指导小组办公室、东营市人民政府三方共建，是集博物馆、展览馆、方志馆等功能于一体的综合场馆，旨在打造黄河文化标志、东营市文化名片和重要的爱国主义教育基地，具有国家性、方志性、黄河性、东营性等特点。

【水利工程水文化建设】

1. 黄河花园口险工工程入选第一届水工程与水文化有机融合案例　7月20日，水利部印发《关于水工程与水文化有机融合案例的通报》，黄河花园口险工工程经初步审核、网络投票、专家评审等环节，从全国53个参评工程中脱颖而出，获选水利部第一届水工程与水文化有机融合的10个典型案例。近年来，惠金河务局依托黄河花园口现有的防洪工程和标准化堤防，将花园口旅游区、将军坝、镇河铁犀、花园口事件记事广场、八卦亭、河韵碑林等黄河旅游景点及黄河历史文化景点建设打造成一条凸显黄河特色、具备深厚黄河文化底蕴的文化景观带，进一步拓展花园口险工防汛安全之外的文化功能，把历史文化与现代文明、黄河文化与治黄工作有机结合，充分彰显了花园口险工的文化内涵和文化魅力。

2. 国家级水管单位　9月6—8日，黄委聘请有关单位相关工程管理专家，对山西永济、河南吉利河务局申报国家级水利工程管理单位进行了考核初验。专家组通过听取水管单位自检情况汇报，查看工程现场、查阅内业资料及质询答疑，按照组织管理、安全管理、运行管理、经济管理4类35项考核内容逐类逐项进行赋分，认为山西永济河务局、河南吉利河务局符合国家级水利工程管理单位创建标准，同意推荐上报。

3. 2017年黄委“示范工程”　为全面提升黄河水利工程管理水平，以示范带动战略促进黄河工程面貌的持续改善，黄委启动“示范工程”创建工作，委属各单位根据所辖工程实际，结合年度维修养护计划，积极开展“示范工程”创建活动。按照《黄河水利委员会示范工程管理办法及其考核标准》，9月26—29日、10月10—19日，黄委建管局抽调技术人员组成专家组，对通过省局初步考核推荐的32处“示范工程”进行了考核验收，确认2017年黄委“示范工程”27处。

【单位文化建设】

1. 深化文明单位创建活动　制定印发了《2017年全河精神文明建设与黄河文化建设工作安排》《黄委机关全国文明单位2017年创建工作实施方案》，并印发了《黄委机关全国文明单位2017年创建工作测评项目实施方案》，对创建任务进行细化分解，明确责任部门（单位）、责任人及完成时限。按季度召开文明单位创建工作推进会，加强日常督查检查，把工作做细做实，并以水利系统第一名的成绩通过第五届“全国文明单位”复审。

2017 年，黄委精神文明建设成绩突出：黄委机关、河南黄河河务局、淄博黄河河务局、焦作黄河河务局继续保留“全国文明单位”荣誉称号；宁蒙水文水资源局荣获第五届“全国文明单位”荣誉称号；黄委机关、槐荫黄河河务局、邹平黄河河务局、河南黄河河务局机关、开封黄河河务局、焦作黄河河务局、水文局、宁蒙水文水资源局、黄河勘测规划设计有限公司等 9 家单位继续保留“全国水利文明单位”荣誉称号；河口黄河河务局、山西黄河河务局荣获第八届“全国水利文明单位”荣誉称号。

2. 劳模表彰大会

(1) 2017 年是四年一度的全河劳动模范先进集体评选表彰年，4 月 28 日，表彰大会在郑州召开。黄委党组书记、主任岳中明出席大会并讲话，代表黄委党组向受到表彰的全河劳动模范和先进集体表示祝贺，向为治黄工作付出辛勤劳动的全河广大干部职工致以节日问候，勉励大家以更加坚定的信心、更加昂扬的斗志和更加有为的姿态，一同扛起治黄事业重任，团结拼搏，扎实工作，为维护黄河健康生命、促进流域人水和谐的目标不懈奋斗，以治黄事业新成效迎接党的十九大胜利召开。此次劳动模范和先进集体评选推荐严格按照“向基层倾斜、自下而上、逐级推荐公示、民主择优”的原则，选树表彰了来自全河各条战线的黄委劳动模范 121 名和先进集体 45 个，基层一线人员占劳模总数的 87.8%。5 月，制订《2017 年黄委劳模表彰大会宣传方案》，利用媒体网络，对其中的 26 位新当选劳模进行跟踪报道，大力宣传黄委党组对全河各级治黄工作者和劳动模范的关心爱护，积极报道黄委劳模“爱岗敬业、争创一流、艰苦奋斗，勇于创新、淡漠名利、无私奉献”的先进事迹和崇高精神，深刻阐释“劳动美”的丰富内涵。12 月，黄河工会组织对 1999 年制定的《黄河水利委员会劳动模范管理暂行办法》进行修订，印发《黄河水利委员会劳动模范管理办法》，规范劳模的发现、培养、选树、管理到后评价等工作，做到端口前移和后评价相结合，不仅要求其评劳模之前有突出表现，还要求其评上劳模之后有更严格要求，要亮身份、挂标志、展风采，激励劳动模范在平凡的工作岗位上再创佳绩。2017 年度，黄河工会为新当选的 123 名黄委及以上劳模建立劳模档案，组织 7 名全国劳模进行健康体检，组织 47 名劳模参加工会系统的劳模疗休养工作，为 42 名退休劳模办理了劳模退休津贴审批。

(2) 2017 年是黄委各基层战线荣获国家级先进集体荣誉称号较多的一年。黄河明珠水利水电建设有限公司机电分公司电焊班、黄河建工集团有限公司南水北调沁河倒虹吸工程项目经理部、黄河水电工程建设有限公司南水北调中线京石段 J11 标监理部、黄河勘测规划设计有限公司工程设计院、黄委信息中心应用系统管理中心三室 5 家单位获“全国工人先锋号”荣誉称号，黄委新闻宣传出版中心有线广播电视站音像编辑部获“全国巾帼文明岗”荣誉称号，黄河流域水资源保护局水环境监测中心监测管理科获“2015—2016 年度全国青年文明号”荣誉称号。山东济南济阳河务局崔寨管理段获“山东省工人先锋号”荣誉称号，黄委水文局花园口水文站获“河南省工人先锋号”荣誉称号，黄委水文局会计核算中心获“河南省五一巾帼标兵岗”荣誉称号、黄河勘测规划设计有限公司团委被授予 2016 年度“河南省五四红旗团委”、黄委幼儿园团支部被授予 2016 年“河南省五四红旗团支部”荣誉称号。山东德州河务局潘庄闸管所职工赵如河获“山东省富民兴鲁劳动奖章”荣誉称号、河南范县河务局林喜才获“河南省五一劳动奖章”荣誉称号、黄河中心医院心血管三病区护士长王莹获“河南省五一巾帼标兵”荣誉称号、黄河中学夏柯获“河南省优秀共青团员”荣誉称号、黄河中心医院张明获2016年度“河南省优秀共青团干部”荣誉称号。

3. 黄委第一届“文明家庭”评选表彰　8月25日，印发《黄委文明办关于开展黄委第一届“文明家庭”评选活动的通知》(文明〔2017〕8号)。12月7日，委文明办组织召开黄委第一届文明家庭评审会。按照“爱国守法、遵德守礼、平等和谐、敬业诚信、家教良好、家风淳朴、绿色节俭”的标准，经过广泛发动、层层推荐、认真评审，并履行规定程序，选出荣获黄委第一届“文明家庭”。

4. 机关服务局开展文化建设年活动　2017年是黄委机关服务局“文化建设年”，是三年目标规划的开局之年。2月，制定了《“后勤文化建设年”活动实施方案》，对年度活动提出要求、划分步骤、指定动作。通过举办后勤文化建设研讨班、红旗渠精神培训班及后勤职工朗读会、邀请专家宣讲文化建设的意义等引导广大职工充分认识单位文化建设的重要性。9月底，举办“喜迎十九大·后勤展风采”职工文艺汇演，各单位部门参演及工作人员达100余人，演出取得了良好效果，集中反映了新时期黄河后勤职工的精神风貌。年底，服务局开展了为期一个月的“走基层听民声”活动，期间并组织召开“我心目中的服务局”务虚会。通过开展单独谈话、集体座谈等形式，倾听群众的真实心声，全面掌握了职工所思所想、所期所盼，为服务局开展工作打下了坚实基础。

【水生态文明建设】

1. 全面完成年度水量调度任务　在水利部的正确领导下，黄委积极践行“维护黄河健康生命、促进流域人水和谐”治黄思路，落实最严格水资源管理制度，加强黄河水资源统一管理与调度，科学编制年度水量调度计划，加强实时调度和精细调度，加强计划用水管理，落实用水总量控制。全面完成了年度水量调度任务，实现了黄河干流连续十八年不断流，连续十二年未预警。全力支援了沿黄地区抗旱灌溉用水，干流向两岸供水230亿m^3，有力地支持了流域及相关地区经济社会发展。引黄入冀补淀项目顺利通水，助力雄安新区建设。东居延海实现连续13年不干涸，黑河下游绿洲面积创调度以来新高。

2. 落实最严格水资源管理制度　渭河等5条支流水量分配方案通过部长办公会审议，完成细化到县域的水资源承载能力监测预警机制技术评估。召开最严格水资源管理制度暨入河排污口监督管理工作座谈会，会同流域(片)各省区探讨入河排污口信息共享机制。强化纳污红线考核和监督管理，强化入河排污口监管和饮用水水源地保护，完成2017年度重要水功能区达标考核监测，有效处置“1·18”汾河粗苯泄露等突发水污染事件。开展黄河下游生态流量试点研究，组织流域(片)各省区就生态流量试点工作进行座谈，各控制断面满足生态流量要求。

3. 完成国家水资源监控能力建设(2016—2018年)黄河部分年度建设任务　国家水资源监控能力建设(2016—2018年)黄河部分年度建设任务已经完成。基于黄委一个库、一张图、一个门户、单点登录等支撑服务，已初步完成水调系统与国控系统的整合，系统整合成果已在黄委综合门户系统中试运行；对数据资源和应用资源进行了整合和集成，已初步完成水库水情、河道水情、取水信息专题图开发，实现了水雨情信息、引退水信息、水资源管理、水量调度、水质监测、灌区信息等的在线综合查询与统计；开发的水资源管理与调度移动 APP 功能已初步进行试应用，可以通过手机随时随地查询水情、引水、实时调度指令、调度方案以及取水许可等有关信息。

4. 完成国家水土保持重点工程和部批生产建设项目水土保持年度督查任务　分别于 2017 年上半年和下半年 2 次对青海、甘肃、陕西、山西、宁夏、新疆等 6 省（自治区）、34 个县的 42 项工程进行了现场核查，并以省为单位起草了督查报告和一省一单整改意见报水利部。8 月对内蒙古、陕西 2 省（自治区）实施的 8 项 2015 年度京津风沙源治理二期工程水利水土保持项目进行了核查。全年共对 115 项部批生产建项目水土保持措施进行了督查，连续 7 年实现部批生产建设项目水土保持督查全覆盖。

5. 抓好病险淤地坝除险加固监管工作　组织对 7 省（自治区）1166 座病险淤地坝进行了现场核实，并于 5—6 月进行 7 省（自治区）淤地坝安全运用专项检查，完成了《2017 年黄土高原地区淤地坝安全运用专项检查报告》和一省一单整改建议。6—10 月，配合国家防汛抗旱总指挥部、黄河防汛抗旱总指挥部先后 5 次派出人员参加了 13 个防汛工作组现场督导淤地坝防汛工作，促进了淤地坝防汛和安全运用工作。2017 年 9—10 月对 7 省区 2017 年实施的 37 座病险淤地坝除险加固工程进行了专项督查，形成了督查报告和一省一单整改意见。

6. 做好全国水土流失监测与公告项目（黄河流域）实施和“三站”科技示范园创建工作　完成了黄河流域片 2016 年水土保持公报基础数据上报工作及全国水土流失动态监测与公告项目黄河流域片监测成果整汇编工作。完成了国家级重点防治区水土流失动态监测的年度实施方案编制。完成了内蒙古、甘肃、宁夏、河南、陕西、山西 6 省（自治区）22 个监测站点年度检查工作。参与完成 2018—2022 年全国水土流失动态监测与公告项目规划编写与修改完善工作，并通过水利部组织的审查。

【水利风景区水文化建设】　长垣黄河水利风景区入选国家水利风景区。8 月 31 日，水利部印发《关于公布第十七批国家水利风景区的通知》（水综合〔2017〕286 号），批准 54 家景区为“国家水利风景区”。黄委长垣黄河水利风景区成功入围第十七批国家水利风景区名单并获得水利部正式授牌。长垣黄河水利风景区位于河南省长垣县，主要依托境内的黄河自然状貌、堤防和淤背区、控导工程、引黄涵闸、天然文岩渠及其营造的自然生态景观，以黄河特色为主打，与城市生态水系联动，集休闲观光、乡村度假、科普教育、娱乐健身、文化体验等多种功能为一体，最终形成“两河四堤，多彩林带，一园多区，百里菜花”的旅游格局，景区规划建设面积达 189km^2。

【水文化教育与传播】

1.《河南省黄河防汛条例》正式实施　3 月 1 日，《河南省黄河防汛条例》正式实施，共分总则、防汛组织、防汛准备、防汛抢险、善后工作、法律责任、附则七章，以立法形式规范和加强黄河防汛工作，标志着河南黄河防汛工作进入了法制化、规范化的新阶段。

2. 黄委有关单位入选“国家水情教育基地”名录　3 月 15 日，水利部印发《关于公布国家水情教育基地名单的通知》，此次名录共有 12 家单位入围，其中黄河博物馆、戴村坝等黄委单位或管理工程被命名为“国家水情教育基地”。“国家水情教育基地”由水利部认定，是依托已有设施及场所面向社会公众开展水情教育，具有显著教育功能和示范引领作用的教育平台，目前全国总计已有20家水情教育基地。除黄河博物馆、戴村坝外，还有宁夏水利博物馆、黄河水利文化博物馆、陕西水利博物馆、小浪底水利枢纽工程、华北水利水电大学等5家“国家水情教育基地”坐落在黄河流域。

3. 开展“践行绿色发展关爱河流山川”志愿服务暨公益宣传活动　6月6日，黄委联合河南省直文明办、河南省委党校、河南黄河河务局等单位共同举办“践行绿色发展关爱河流山川”志愿服务暨公益宣传活动启动仪式。黄委党组成员、副主任苏茂林，河南省委省直机关工委专职委员范晓音出席仪式并共同为河南省直机关黄河志愿服务基地揭牌。活动旨在深入践行社会主义核心价值观，大力弘扬志愿服务精神，进一步凝聚社会保护生态环境、关爱母亲河的力量。启动仪式上，志愿者代表宣读了倡议书，并开展了背景墙集体签名活动。仪式结束后，来自各省直机关及相关单位的600余名志愿者分为三组，分别开展了清洁堤防、绿色骑行、普法宣传等活动。

4. 开展“世界水日”“中国水周”法治宣传系列活动　3月21日，在第二十五届“世界水日”、第三十届“中国水周”来临之际，黄委各级各单位扎实开展内容丰富形式多样的法治宣传活动。组织机关服务局、黄河勘测规划设计有限公司有关单位到黄河中学开展“送法进学校”活动，讲解黄河水情河情和节水护水知识。

（1）山东河务局普法联络员及志愿者走上济南黄河滩头，开展了“大美黄河·你我同行”主题公益活动，净化河道环境，号召游客进行公益签名，传递绿色发展理念。黄河河口管理局举行义和险工法治文化基地开园仪式，为普法工作再添固定阵地。菏泽河务局、淄博河务局、滨州河务局将在当地城市广场开设水法规宣传站，通过摆放展板、发放宣传单、播放普法宣传片等形式，为市民答疑解惑，宣传水法规知识。济南河务局、德州河务局将持续开展“法律六进”活动，到黄河沿线机关、乡村、学校等地开展巡回宣传，通过赠送法制宣传资料、开展普法课堂等形式，增强群众水法规意识。东平湖管理局水政、派出所工作人员将开展联合行动，采取以案释法的形式，将水政执法与普法有机结合。聊城河务局连续第四年开展普法骑行活动，计划用3天时间骑行约200km，深入城区乡镇进行水法规宣传。

（2）河南河务局开封河务局举办了“落实绿色发展理念　全面推行河长制”大型宣传活动，设置大型宣传背景1个，宣传条幅6条，各类展板30块，法律咨询台、志愿者服务处各2个，现场播放的音频、主题展板的宣传内容吸引了大量关心黄河的群众。焦作河务局以《河南省黄河防汛条例》和非法采砂入刑《司法解释》为重点，开展了“世界水日中国水周”青年志愿者义务普法活动，拉开了水周宣传的序幕。武陟第一河务局、武陟第二河务局、武陟县水利局联合举行了水法规宣传活动，活动当天共悬挂条幅18条、展出版面42块、出动宣传车33辆、LED视频宣传车1辆，设立咨询台3处，水政监察人员及青年志愿者60余人，接待法律咨询数百人次，发放宣传材料7000余份。武陟第二河务局组织了送法下乡宣讲团，在西陶乡石荆村文化广场采取戏曲、有奖问答等方式开展普法宣传教育。

（3）黑河流域管理局、黄河流域水资源保护局、黄河水利科学研究院、明珠集团、山西河务局、陕西河务局等单位，结合本单位工作实际，分别开展现场法治宣传活动。

5. 黄河第一家河南省水利科普教育基地落户孟州黄河文化苑　10月19日，黄河第一家河南省水利科普教育基地孟州黄河文化苑挂牌仪式在孟州举行。河南省水利学会副理事长郭坡与河南黄河河务局水利分会理事长、河南黄河河务局副局长端木礼明共同为基地揭牌。孟州黄河文化苑以“宣传黄河文化、普及黄河知识、弘扬治黄精神”为宗旨，是一座集诗词、佳句、雕塑、石刻、书法、美术等多种艺术门类为一体的综合性黄河文化苑。这里既有高雅的诗词歌赋、名篇佳句，又有朴实的谚语民谣、乡间小调；既有治黄策略的解读，又有治黄技术的展现。文化苑分为迎宾区、太行奇石碑林区、黄河文化展示区、石方工程教育实践基地等。

6. 党风廉政建设宣传教育

(1) 4月10日、7月7日，组织开展警示教育活动，通报近期发生的违纪违法典型案例，观看廉政警示片，以身边事身边人教育广大党员干部。

(2) 5月25日，黄委组织机关及直属单位处级以上领导干部共318名赴河南廉政文化教育馆参观学习，集中开展警示教育活动。

(3) 6月26日，组织机关处级以上领导干部及委属单位领导班子成员在黄委分会场参加水利部直属系统警示教育视频会议。

(4) 6月27—30日，在湖南韶山举办《关于新形势下党内政治生活的若干准则》和《中国共产党党内监督条例》专题培训班。

(5) 7月27日，黄委组织机关及直属单位处级以上领导干部共188名赴焦南监狱进行集中警示教育。

(6) 4月在全河开展“忆党史、守党纪、强党性”党风廉政宣传月活动，通过有声有色、形式多样的党风廉政宣传教育活动，进一步提高了黄委各级党员领导干部守纪律讲规矩的意识和能力，进一步推进了各单位（部门）主体责任的落实，再次将全河反腐倡廉工作推向了一个新的阶段。

(7) 7月在全河开展“以案释纪明纪严守纪律规矩”主题警示教育月活动。

(8) 加强节日党风廉政建设，清明节发送廉政短信；坚持每个工作日在黄委办公自动化系统上转发反腐倡廉文章，在黄委办公自动化系统上刊登反腐倡廉文章，2017年累计刊登232篇，配发作风建设方面书籍3000余册，发放“读文鉴廉”宣传册12期共2628本。

五、水利文学艺术

【水利文学】

1. 黄河报开设文学相关栏目　黄河报“副刊”力推《厚重黄河》《水润厚土》《黄河风情录》《文化随笔》等品牌特色栏目，深入挖掘黄河流域厚重的文化底蕴，传承辉煌灿烂的文明，年刊发重点文章在50篇以上。开办“文化大家谈”等互动栏目，介绍山川风物、历史遗迹、民风民俗、人文思考。黄河报“生态周刊”刊发了《郑国渠申遗》《聚焦宁夏引黄灌区申遗》《可可西里：守护这片净土》《引洮工程——世纪圆梦》等大型水生态、水文化建设的专刊报道。黄河报大河版开设《绿色家园》《家园关注》《人与自然》等品牌栏目，与报社《生态周刊》形成有效呼应。

2. 开展《中国水利史典·黄河卷》点校工作　组织河南大学等院校专家点校《中国水利史典·黄河卷》(二期)，黄河卷合计3册，共计300万字。《中国水利史典》二期工程入选2016年度国家出版基金项目，同时入选“十三五”国家重点图书出版规划项目，该书由中国水利水电出版社牵头，水利部部长陈雷任主任、岳中明主任任黄河卷主编。

3. 水文化著作出版　全年出版了《渭河神话传说和民间故事》《巴渝水文化概论》《黄河流域河流与湖泊》《大河安澜——河南黄河治理开发七十年》《古今治河人物传印谱》《大河浅吟》《海那边》等水文化著作。

【水利美术、书法】

1. 黄委在全国水利系统纪念红军长征胜利80周年书画作品展中喜获佳绩　1月5日，全国水利系统纪念红军长征胜利80周年书画作品评选结果揭晓，黄委耿自礼作为特邀名列榜首，黄委耿砚秋、白由根、翟红雨、余寿的参赛作品获得书法类二等奖，梁峰、赵民众的参赛作品获得书法类三等奖，王云宇、李中华、刘玉珍的参赛作品获得优秀奖。黄委黄河报社成方的参赛画作获得美术类一等奖。本次书画作品评选由水利部直属机关工会与中国水利文学艺术协会（以下简称“中国水利文协”）联合举办，水利系统各单位及书画爱好者共计200余幅书画作品参加了此次评选活动，其中黄委共有10余位同志递交了参赛作品。经过专家评审后，举办了主题为“翰墨忆长征　丹青绘河川”的全国水利系统书画作品展，产生了良好反响。

2. 举办“喜迎党的十九大”全河职工书画作品展　10月，黄委“喜迎党的十九大”全河职工书画作品展在黄委机关一楼大厅展出。本次书法绘画展得到委属各单位的大力支持，全河职工积极参与、踊跃投稿，共收到投稿作品200余幅。经过专家进行初选、终审，最终评选出获奖作品52幅，其中，书法作品有行、草、隶、楷等书体，绘画作品以国画为主，风格殊异，精彩纷呈，翰墨流香，抒发了治黄职工浓厚的爱国热情，具有较高的艺术水准。

【水利摄影】

1. 开展“首届‘丝路水脉’摄影与微视频活动”　7—10月，由中国水利文协指导，黄委新闻宣传出版中心、中国保护黄河基金会共同主办的“首届‘丝路水脉’摄影与微视频活动”正式启动。活动大力宣传弘扬丝路精神，展现“一带一路”倡议下，黄河及西北诸河流域各地在推行“河长制”和生态文明建设方面取得的新进展、新成效，大力传播爱水、护水、节水的良好风尚，呼吁更多人加入到保护母亲河的行动中。活动得到了中国最大摄影类综合性媒体“蜂鸟网”、共青团华北水利水电大学委员会、三门峡黄河明珠旅游开发有限责任公司和黄河工会、黄委离退休职工管理局等多家单位共同协办、支持，共征集到来自水利部、新华社、中国摄影家协会、中国艺术摄影家协会等领导和专业摄影人士提交的1000余件作品，对评出的优秀作品组织了两场摄影展，受到大众好评。

2. 山东黄河河务局举办“金色黄河摄影作品展”　12月7日，山东黄河河务局举办“金色黄河摄影作品展”。山东河务局摄影爱好者以济南黄河千亩银杏林为拍摄主题采风取景。此次“金色黄河摄影作品展”收集了近百幅摄影作品，展出49幅。展出作品摄影角度涵盖远景、特写，内容涉及景色、人物，从不同视角捕捉了山东黄河河畔的金色银杏美景。

【水利音乐舞蹈戏剧】

1. 黄委老干部合唱团荣获“全国示范老年合唱团”称号　1月，“永远的辉煌”——第十八届中国老年合唱节组委会授予黄委老干部合唱团“2016年全国示范老年合唱团”荣誉称号。“永远的辉煌”——第十八届中国老年合唱节是由文化部主办，旨在促进老年群众歌咏活动广泛开展、丰富老年人精神文化生活的活动。本次活动共有来自全国各地的42支老年合唱团参加，黄委老干部合唱团作为河南省老年合唱团体的唯一代表赴四川省南充市参加此次活动，并以优异表现和良好精神风貌获得好评。

2. 老同志迎新春文艺演出　1月23日，“弘扬正能量，激情满大河——2017年驻郑单位老同志迎新春文艺演出”在黄河水利科学研究院学术大厅隆重举行。黄委党组书记、主任岳中明，党组成员、副主任牛玉国与驻郑单位200余位老同志共同观看演出。18个参演节目精彩纷呈，演出现场掌声不断，充分展示了黄河老人健康向上、老有所为的精神风采，表达了对黄河事业的挚爱之情。

3. 参加河南省直机关“喜迎十九大”群众性大合唱比赛汇报演出　9月21日，由64名黄委干部职工组成的黄委代表队与河南省直机关47个厅局，3500余名演员共同参加《砥砺奋进跟党走》河南省直机关“喜迎十九大”群众性大合唱比赛汇报演出。此次汇报演出是河南省直机关“喜迎十九大”群众性大合唱比赛的总结，黄委作为前期比赛一等奖的获奖单位，从88支代表队中脱颖而出，受邀参加汇报演出。演出中，黄委代表队用一曲《在希望的田野上》讴歌了沃野万里、生机勃勃的祖国大地，赢得阵阵掌声，表达了坚韧、美丽、友善的黄河人奋发有为，献礼十九大的坚定决心。

4. 黄河老年大学声乐专业连获佳绩

（1）9月26日，黄河老年大学声乐专业参加了由河南省文化馆与河南省合唱协会共同主办的河南省迎接党的十九大胜利召开群众合唱活动暨第七届河南省合唱节。声乐专业代表队从全省的75支合唱团队中脱颖而出，凭借演唱《葡萄园夜曲》《黄河情》《我的祖国》等曲目，获得合唱节“黄河杯”（一等奖），展现了黄河老人昂扬向上、乐观进取、热爱生活、不忘初心的精神面貌。

（2）9月28日，由河南省委宣传部、河南省文明办、河南省文学艺术界联合会和省敬老助老总会等共同组织的河南省“喜迎党的十九大　展示老年新风采”全省文艺汇演省老干部活动中心举行。来自全省机关、企事业单位和社会团体共选送的109个节目入围文艺汇演。声乐专业代表队用一曲《在希望的田野上》，展示出黄委老干部职工爱党爱国和迎接十九大胜利召开的喜悦之情，荣获文艺汇演“金奖”的好成绩。

六、水利体育

1. “齐鲁黄河和谐杯”全河羽毛球比赛　5—9月，黄委举办2017年“齐鲁黄河和谐杯”全河职工羽毛球比赛。比赛分为两个阶段进行：第一阶段为混合团体赛，在河南郑州举行；第二阶段为单项比赛，在山东淄博举行。比赛由男单、女单，男双、女双和混双5个项目组成，来自全河17支代表队140余名羽毛球爱好者参加了比赛，总计进行了220余场次的比赛，最终决出各比赛项目前8名，展示了团结拼搏的精神面貌。

2. 全河第六届离退休人员门球比赛在淄博市举办　9月13—14日，全河第六届离退休人员门球比赛在淄博市举办。本届门球赛由黄委离退休职工管理局主办，山东河务局承办，共有来自大河上下10支代表队的近百名老同志参加比赛。

3. 参加“四川·武引杯”全国水利系统职工第四届羽毛球比赛 4月，组织黄委代表队参加“四川·武引杯”全国水利系统职工第四届羽毛球比赛，黄委代表队由明珠集团、水文局、黄河水利科学研究院、新闻宣传出版中心派员组成。黄委代表队获得混合团体第14名，取得历史最好团体成绩。

4. 参加2017年河南省第四届“公仆杯”乒乓球比赛 4月，组织黄委代表队参加2017年河南省第四届“公仆杯”乒乓球比赛（省直赛区），经过多轮比赛，由黄委副主任薛松贵领衔的黄委代表队努力拼搏、过关斩将，夺取本届“公仆杯”省直赛区冠军，并在全省总决赛中斩获第八名的好成绩。

5. 参加第十六届“广西水电杯”全国水利系统职工桥牌比赛 10月，由黄河流域水资源保护局、黄河水利科学研究院、黄委防汛抗旱总指挥部办公室等部门单位职工组成的黄委桥牌代表队参加第十六届“广西水电杯”全国水利系统职工桥牌比赛，荣获团体赛甲组第一名。

6. 山东黄河职工羽毛球“淄博黄河杯”比赛举行 5月13日，为期三天的山东黄河职工羽毛球“淄博黄河杯”比赛在淄博落下帷幕。黄河河口管理局代表队、济南黄河河务局代表队分别荣获冠军和亚军。

淮 河 流 域

一、综述

2017年，淮河水利委员会（以下简称“淮委”）坚持以习近平新时代中国特色社会主义思想为指导，深入学习贯彻党的十九大精神，牢固树立“四个意识”，坚定“四个自信”，以高度的思想自觉和行动自觉，落实水利部党组决策部署，紧紧围绕治淮中心工作，着力培育和践行社会主义核心价值观，着力加强理想信念教育和思想道德建设，着力深化拓展群众性精神文明创建活动，着力培育文明新风和提高单位文明程度，为同心合力谱写治淮新篇章提供有力的思想舆论保证和良好的精神文化条件。

二、重要文献

1. **中共淮委党组关于落实《党委（党组）意识形态工作责任制实施办法》责任分工的通知** 8月25日，淮委党组制定印发《中共淮委党组关于落实〈党委（党组）意识形态工作责任制实施办法〉责任分工的通知》（淮委党组〔2017〕28号），认真贯彻执行中央和水利部党组的部署要求，明确责任主体，强化任务落实，注重思想引领，聚焦核心价值，以更为坚定的政治自觉和行动自觉，全力做好意识形态工作，确保牢牢掌握意识形态工作领导权、管理权和话语权。

2. **中共水利部淮委党组关于印发贯彻落实《中国共产党党委（党组）理论学习中心组学习规则》实施办法的通知** 8月25日，制定印发《中共水利部淮委党组关于印发贯彻落实〈中国共产党党委（党组）理论学习中心组学习规则〉实施办法的通知》（淮委党组〔2017〕27号），共分五章十八条，详细规定了中心组学习的组织与职责，学习内容、形式与要求，学习管理、考核与问责，为进一步推进淮委党组理论学习制度化、规范化，提高领导干部的理论水平和工作能力，加强领导干部政治建设提供了制度保障。

3. **中共水利部淮委党组关于印发《中共淮委党组关于推进“两学一做”学习教育常态化制度化的实施方案》的通知** 7月6日，制定印发《中共水利部淮委党组关于印发〈中共淮委党组关于推进“两学一做”学习教育常态化制度化的实施方案〉的通知》（淮委党组〔2017〕22号），要求全委党员干部职工要持续深化学习教育，坚持引导党员干部做到“四个合格”，要坚持以问题为导向，严格落实“三会一课”等党内组织生活，切实加强基层党组织建设，持续推动全面从严治党向基层延伸，推动“两学一做”学习教育常态化制度化。

4. **中共水利部淮委党组关于认真学习贯彻党的十九大精神的通知** 11月10日，制定印发《中共水利部淮委党组关于认真学习贯彻党的十九大精神的通知》（淮委党组

〔2017〕38号），明确要求全委各级党组织要充分认识党的十九大的重要意义，切实增强学习贯彻党的十九大精神的政治自觉、思想自觉和行动自觉，要深刻领会其核心要义，坚持以习近平新时代中国特色社会主义思想武装头脑，凝心聚魂，在新时代新征程中开创治淮工作新局面。

5. 2017年淮委精神文明建设工作要点　3月3日，制定印发《淮委文明委关于印发〈2017年淮委精神文明建设工作要点〉的通知》（淮委文明委〔2017〕1号），紧紧围绕深入学习贯彻习近平总书记系列重要讲话精神和治国理政新理念新思想新战略，不断增强政治意识、大局意识、核心意识、看齐意识，积极践行中央新时期水利工作方针，围绕治淮中心工作，从着力为党的十九大胜利召开营造良好的思想舆论氛围、扎实推进社会主义核心价值观的培育和践行、切实推进和创新群众性精神文明创建活动、持续推进水文化繁荣发展、加强党对群众性精神文明创建活动的领导等五个方面，对淮委2017年精神文明建设作出部署。

6. 水利部淮委党建工作领导小组2017年工作要点　3月3日，制定印发《水利部淮委党建工作领导小组关于印发〈水利部淮委党建工作领导小组2017年工作要点〉的通知》（淮党建〔2017〕1号），紧紧围绕学习贯彻习近平总书记系列重要讲话精神和治国理政新理念新思想新战略，以迎接党的十九大胜利召开和学习宣传贯彻党的十九大精神为主线，以严肃党内政治生活和强化党内监督为重点，对全面加强淮委党的思想、组织、作风、反腐倡廉和制度建设，坚定不移地把全面从严治党引向深入进行安排部署。

7. 2017年治淮宣传工作要点　3月27日，制定印发《淮委办公室关于印发2017年治淮宣传工作要点的通知》（办宣〔2017〕41号），明确要求2017年治淮宣传工作要全面贯彻党的十八大和十八届三中、四中、五中、六中全会精神，深入贯彻习近平总书记系列重要讲话精神和治国理政新理念新思想新战略，以迎接、宣传、贯彻党的十九大为主线，坚持高举旗帜、引领导向、围绕中心、服务大局，为治淮事业发展营造良好的舆论氛围。

三、获奖情况

1. 科学技术获奖情况　治淮4项科技成果获省部级科技奖，其中“淮北平原区水资源多目标立体调蓄系统及实践”获水利部大禹水利科学技术奖一等奖，“大数据驱动的洪旱灾害监测预警与风险管理决策关键技术”获教育部科技进步一等奖，“淮河干流河道与洪泽湖演变及治理”列入科技部国家重点研发计划（2017年度启动项目）。

2. 精神文明创建获奖情况　11月17日，根据中央精神文明建设指导委员会（以下简称“中央文明委”）《关于复查确认继续保留荣誉称号的全国文明城市、文明村镇、文明单位的通报》（文明委〔2017〕10号），中央文明委决定继续保留淮委“全国文明单位”称号，淮委顺利实现“全国文明单位”“三连冠”。6月20日，根据安徽省文明委《关于表彰安徽省文明城市、文明县（市、县城、城区）、文明村镇（社区）、文明单位、未成年人思想道德建设工作先进城市（县、区）的通报》（皖文明〔2017〕6号），安徽省文明委授予淮委第十一届“安徽省文明单位”称号。12月27日，根据水利部文明委《关于水利系统第五届全国文明单位和第八届全国水利文明单位的通报》（水精〔2017〕8号），经复查确认，淮委继续保留“全国水利文明单位”称号，经淮委组织推选的淮委沂沭泗水利管理局南四湖水利管理局获得第八届“全国水利文明单位”称号。3月20日，根据蚌埠市双拥委《关于命名表彰蚌埠市2016年度双拥模范单位双拥合格单位的通报》（蚌拥〔2017〕1号），淮委荣获蚌埠市2016年度双拥模范单位。12月13日，根据蚌埠市文明委《关于表彰蚌埠市创建全国文明城市工作先进单位、先进个人的通报》（蚌文明字〔2017〕32号），淮委荣获蚌埠市“创建全国文明城市先进单位”称号，淮委推荐的章金龙同志获“创建全国文明城市先进个人”称号。

3. 全国工人先锋号　4月27日，淮委治淮工程建设管理局南水北调中线陶岔渠首枢纽工程建管局、淮河流域水环境监测中心水质监测室、中水淮河规划设计研究有限公司规划二处被授予“全国工人先锋号”称号。

4. 全国青年文明号　3月15日根据《关于命名2015—2016年度全国青年文明号的决定》（中青联发〔2017〕5号），淮河流域水环境监测中心水质监测室获2015—2016年度“全国青年文明号”称号，实现淮委“全国青年文明号”零的突破。

四、思想政治

1. 淮委党组中心组理论学习　3月6日，制定印发《中共水利部淮河水利委员会党组中心组2017年理论学习计划》，列明委党组中心组2017年9大学习重点，并提出加强组织领导、规范学习管理、坚持学用结合、广泛学习宣传等四项学习要求。中心组全年学习研讨14次，委党组中心组示范作用进一步发挥。

2. 推进“两学一做”学习教育常态化制度化　淮委认真贯彻落实中央和水利部党组关于推进“两学一做”学习教育常态化制度化部署要求，紧密联系治淮工作和党员干部队伍建设实际，精心组织，以上率下，扎实推动“两学一做”学习教育融入日常、抓在经常。

（1）7月6日，制定印发《关于推进“两学一做”学习教育常态化制度化实施方案》，把推进“两学一做”学习教育常态化制度化作为全面从严治党的战略性、基础性工程，切实履行主体责任。

（2）淮委党组书记、主任肖幼认真履行第一责任人职责，主持委党组中心组学习研讨，检查推动全委贯彻落实情况，7月21日以“严格自律讲看齐真抓实干见行动”为题，为全委党员领导干部讲专题党课。他强调，全委党员领导干部要更加紧密地团结在以习近平同志为核心的党中央周围，带领广大党员干部职工，一心一意谋发展，聚精会神抓党建，奋力开创治淮工作新局面，为决战决胜全面小康、实现中华民族伟大复兴的中国梦作出更大贡献。

（3）8月10日，淮委召开“两学一做”学习教育常态化制度化推进会，党组书记、主任肖幼出席会议，他强调，要紧密团结在以习近平同志为核心的党中央周围，以高度的政治责任、良好的精神状态、扎实的工作作风，把“两学一做”学习教育组织好开展好，为治淮改革发展提供坚强有力保障，以优异成绩迎接党的十九大胜利召开。

（4）9月25日，制定下发《关于对推进“两学一做”学习教育常态化制度化加强督导的通知》（淮直党〔2017〕3号），淮委“两学一做”学习教育协调小组成立4个督导小组，分别由委办公室、人事处、机关党委、纪检组监察局牵头负责，对各单位学习教育情况进行督导检查，把推动“两学一做”学习教育常态化制度化情况纳入委党组巡察和各级党组织年度党建工作考核的重要内容，推动“两学一做”学习教育情况常态化制度化取得实效。

3. 深入学习宣传贯彻党的十九大精神

（1）营造氛围。淮委把迎接和学习宣传贯彻十九大作为“两学一做”学习教育的重大政治任务。大会召开前，以“深入学讲话、坚定讲看齐，稳中求发展、纵深抓党建，力创新业绩、喜迎十九大”为主题，广泛开展丰富多彩的主题教育和实践活动。组织开展“砥砺奋进的五年”主题宣传活动，重点宣传党的十八大以来治淮工作取得的成就和经验，以新发展理念统领治淮的生动实践，以及取得的新业绩，为十九大胜利召开营造良好氛围。

（2）收看大会直播。10 月 18 日，十九大开幕当天，淮委组织全系统干部职工观看了开幕会电视直播，认真聆听习近平总书记代表中国共产党十八届中央委员会所作的报告。

（3）学习贯彻落实。十九大召开后，淮委及时下发学习通知，征订发放学习资料，通过组织参加部党组视频会，做好水利部宣讲团来委宣讲工作，承办委党组中心组扩大学习班，邀请十九大代表作专题讲座，制订学习贯彻党的十九大培训班工作方案，举办领导干部培训班。开展网上答题、书记宣讲等活动，推动党的十九大精神进机关、进企业、进工地、进基层、进网站，在全委迅速掀起学习宣传贯彻十九大精神的热潮。

10 月 26 日，淮委在分会场参加水利部学习宣传贯彻十九大精神视频会，淮委党委书记、主任肖幼在会后就学习贯彻十九大精神、落实陈雷部长重要讲话要求对全委发出了动员令。

10 月 27 日，淮委党组书记、主任肖幼主持召开党组扩大会议，传达学习党的十九大精神，研究部署淮委学习宣传贯彻工作，会议集中传达学习了十九大报告精神、十八届中纪委工作报告精神、《党章》修改情况和 10 月 26 日水利部学习宣传贯彻十九大精神干部大会、安徽省委常委扩大会议精神，以及十九大报告水利相关内容。

11 月 10 日，淮委制定印发《中共水利部淮委党组关于认真学习贯彻党的十九大精神的通知》（淮委党组〔2017〕38 号），对全委各党组织学习十九大精神提出了明确要求。

11 月 13 日，淮委党组中心组学习贯彻党的十九大精神（扩大）学习班在安徽省蚌埠市举办，委党组成员、巡视员汪斌作开班动员讲话，委党组成员、副主任刘玉年、杨卫忠、伍海平，委党组成员、纪检组组长颜庭国分别结合思想工作实际畅谈了学习体会，14 个部门、单位负责人在学习班上作交流发言。安徽省政府参事钱敏，副巡视员徐英三，副局级干部李玉强，机关处级以上干部，驻蚌单位领导班子成员及在蚌处级干部，沂沭泗水利管理局、中水淮河规划设计研究有限公司主要负责同志、分管负责同志和党务干部，委机关离退休党支部书记参加学习。

11 月 28 日，学习宣传贯彻党的十九大精神水利部宣讲团第三组莅临淮委进行党的十九大精神宣讲。水利部直属机关党委常务副书记、水利部文明办（廉政办）主任刘学钊、水利部农村水利司副司长倪文进作宣讲报告。淮委党组书记、主任肖幼主持报告会，委党组成员、巡视员汪斌，委党组成员、副主任刘玉年、姜永生、伍海平，委党组成员、纪检组组长（监察局局长）颜庭国，安徽省政府参事钱敏，委机关各处室及驻蚌直属各单位处级以上干部，安徽省淮委水利科学研究院、安徽省淮河河道管理局、安徽省怀洪新河河道管理局、安徽省茨淮新河工程管理局及蚌埠市水利局领导班子及干部职工代表在淮委主会场聆听宣讲报告，淮委沂沭泗水利管理局、中水淮河规划设计研究有限公司分别在徐州、合肥设置分会场聆听宣讲。

12月15日，淮委举办学习贯彻党的十九大精神专题讲座，邀请党的十九大代表、蚌埠市公交集团杨苗苗同志作专题宣讲。杨苗苗同志以“不忘初心，牢记使命——深入学习贯彻党的十九大精神”为题，满怀激动与自豪，从一个亲身经历者的角度，用丰富翔实的图片、朴实的语言和细腻的情感，介绍了参加党的十九大的过程及大会的盛况，结合本职工作，描述了对党的十九大报告的学习体会和理解，交流了参会感悟和今后任务。淮委党组书记、主任肖幼，委党组成员、巡视员汪斌，委党组成员、副主任刘玉年、顾洪、杨卫忠、伍海平，委党组成员、纪检组组长（监察局局长）颜庭国，委副巡视员徐英三，委副总工夏成宁、王世龙，委机关处室全体工作人员，驻蚌直属各单位处级以上干部、支部书记及专兼职党务人员聆听讲座。

12月23—24日，淮委举办学习贯彻党的十九大精神培训班。淮委党组书记、主任肖幼出席开班式并作动员讲话，强调要切实发挥领导干部示范带动作用，推动全委各级党组织和广大党员干部抓好学习贯彻，切实把思想和认识统一到党的十九大精神上，把力量和干劲凝聚到党的十九大确定的各项目标任务上，深入贯彻落实党的十九大战略部署，奋力开创治淮事业发展新局面。委党组成员、巡视员汪斌主持开班式，委党组成员、副主任刘玉年、顾洪、姜永生、杨卫忠、伍海平，委党组成员、纪检组组长颜庭国，安徽省政府参事钱敏，委副巡视员徐英三，委副总工夏成宁、王世龙，委机关处级以上领导干部，直属各单位领导班子成员，沂沭泗水利管理局等的人事、党委、纪检部门主要负责人共计百余人参加培训。

4. 加强基层党组织建设 制定落实《淮委党建工作领导小组2017年工作要点》《淮委直属机关2017年党建工作要点》，召开直属机关党的工作会议。编制完成委党组专题民主生活会整改清单，持续推动整改落实。组织完成各党组织专题民主生活会、组织生活会和民主评议党员。树立一切工作到支部的鲜明导向，认真落实“三会一课”等制度，规范党内组织生活。全面落实基层党组织标准化建设任务，配发工作手册及组织生活纪实记录簿，组织安排标准化建设信息平台维护及考核验收工作，基层党组织标准化建设初见成效。印发年度直属机关基层党组织换届工作计划，指导7个基层党组织完成换届选举，指导2个党总支调整所属党支部，及时选举产生干部交流后的基层党组织书记，成立委离退休职工合肥党支部。指导修订企业章程，增设党建专章。巩固党费专项整治成果，调整核算党员年度党费标准，制定印发《淮委直属机关党委党费收缴使用管理办法》，按比例下拨党费支持各基层党组织开展活动。开展党组织和党员基本信息采集，完成新的全国党员数据库党组织和党员信息采集录入核对工作。做好党员发展，新发展预备党员8名，转正预备党员6名。开展纪念建党96周年活动，举办新党员入党宣誓，组织观看《邓小平登黄山》。走访慰问老党员、生活困难党员59人。开展党建调研，作为学组牵头单位做好政研论文评审，有3篇论文被评为全国水利系统优秀政治研究成果。加强与民主党派联系沟通，做好干部推荐和协助发展等统战工作。

5. 开展政治巡察 贯彻落实中央和水利部党组巡视巡察部署要求，及时修订《淮委党组巡察工作办法》，补充完善《巡察工作简明指南》，有力、有序、扎实开展巡察工作。

2017 年共派出 5 个组，完成 4 轮巡察 10 家直属单位党组织。巡察共召开委党组会议 8 次、领导小组会议 12 次，开展个别谈话 266 人次，发放调查问卷 199 份，发现问题 69 条，提出建议 40 条，督促落实整改措施 222 条。巡察力度和效果进一步显现。

6. *调查研究* 3 月 6 日、5 月 29 日，淮委分赴长江委、松辽水利委员会（以下简称“松辽委”）开展实地学习调研。赴长江委调研组由委党组成员、副主任、直属机关党委书记带队，直属机关党委、纪检组监察局相关工作人员共 6 人组成；赴松辽委调研组由委直属机关党委常务副书记带队，直属机关党委相关工作人员共 2 人组成。调研采取实地参观、听取情况介绍、查阅相关资料、座谈交流等形式进行，全面深入地学习了解长江委、松辽委在党的思想建设、组织建设、党风廉政建设、制度建设、文明创建、统一战线、团的工作等方面的经验做法，记取了有关制度、文件资料。整个学习调研过程点面结合，内容丰富，既有机关单位，又有事业单位；既有当前正在做的工作，又有今后的深化党建工作的计划和打算。

7. *政研学组活动* 围绕新形势下做好思想政治工作，淮委作为中国水利政研会第三学组牵头单位，积极履行责任，及时做好学组内政研成果的收集、评审、推报工作。11 月 30 日，制定下发《关于评审 2017 年水利政研会第三学组水利思想文化建设研究成果的通知》和《2017 年水利政研会第三学组水利思想文化建设研究成果评审办法》，组织对学组成员单位提交的 76 篇政研论文进行评审。经过层层筛选，将其中 25 篇优秀论文成果上报中国水利政研会。

五、水文化建设

【水文化研究】

1. *制定印发 2017 年度淮委思想政治工作要点和研究课题* 5 月 4 日，制定印发《水利部淮委职工思想政治工作研究会〈关于印发 2017 年度淮委思想政治工作要点和研究课题〉的通知》（淮委思政〔2017〕1 号），从学习贯彻习近平总书记系列重要讲话精神和治国理政新理念新思想新战略、深化中国特色社会主义和中国梦宣传教育、为党的十九大胜利召开营造良好氛围、继续做好思想政治工作课题研究、积极推动水文化建设、推进水利思想政治工作人才队伍建设等六个方面划定了 2017 年淮委政研工作的要点，并提出了新形势下水利思想文化工作的特点和规律研究等 12 项重点研究课题。

2. *组织开展好淮委 2017 年度调研工作* 1 月 17 日，淮委办公室下发《淮委办公室关于做好淮委 2017 年重点调研课题申报工作的通知》（办秘〔2017〕7 号）要求各部门单位要结合自身实际，提出不少于两个重点调研课题。3 月 14 日，下发《淮委办公室关于做好 2017 年调研工作的通知》（办秘〔2017〕35 号）对全年调研工作作出具体的部署安排。12 月 5 日，下发《淮委办公室关于评选 2017 年淮委优秀调研报告的通知》（办秘〔2017〕130 号），对各部门单位上报的调研报告进行评比，经过层层筛选，共评选出优秀调研报告 28 篇。

3. *淮委多项政研成果获水利部表彰* 5 月，中国水利政研会印发《关于表彰全国水利系统 2016 年度优秀水利思想政治工作及水文化研究成果的决定》，淮委多篇论文被评为全国水利系统优秀政治研究成果。其中，淮委直属机关党委《关于淮委精神文明建设工作的调研报告》获得一等奖。

【水文化遗产保护与利用】 淮委积极落实《淮委贯彻落实〈水文化建设规划纲要（2011—2020年）〉实施意见》，以挖掘淮河厚重的历史文化为着力点，充分利用地方水利（水文化）博物馆（展览馆）和安丰塘等流域内具有丰富历史文化价值的水利工程，大力开展水文化知识普及与教育，使之成为弘扬中华优秀传统文化的重要课堂。组织开展了淮河流域水利遗产资源调查，系统掌握流域水文化遗产内容、种类和分布情况，建立了淮河流域水利遗产数据库。

【水利工程水文化建设】 淮委坚持把文化元素融入水利规划设计和工程建设管理之中，认真总结"水工程与水文化有机融合典型案例"，通过创建"国家水利风景区"、国家级水管单位和国家级水利安全生产单位等途径，不断丰富和提升治淮工程的文化内涵和文化品位。

1. *积极参与第一届水工程与水文化有机融合案例* 4月7日，淮委及时转发水利部文明委《关于开展水工程与水文化有机融合案例征集展示活动的通知》，并及时报送了嶂山闸水利工程作为水工程与水文化有机融合的案例。

2. *治淮文明工地* 4月组织开展了2016—2017年度治淮建设文明工地申报工作。9月底前，河南、安徽、山东、江苏水利厅以及青岛市水利局经过初步审查，向淮委推荐了申报项目。10—11月，淮委建设与运行管理处会同文明办组成考核小组，并聘请了多名建设管理、质量安全及环境保护等专业的专家，从项目管理精细化、施工质量标准化、安全管理工作程序化、场容场貌秩序化等多个方面入手，对每个申报项目进行了认真细致的现场核查，并依据《治淮建设文明工地考核赋分表》逐项进行了赋分。12月14—15日，淮委相关处室，河南、安徽、江苏、山东四省水利厅以及青岛市水利局的代表组成了2016—2017年度治淮建设文明工地评审委员会，通过听取考核小组的考核情况汇报、观看申报视频、查阅申报资料，最后投票确定了治淮建设文明工地名单，并按规定在淮河水利网上进行了为期一周的公示。12月25日，淮委印发了2016—2017年度治淮建设文明工地名单，对碧沟河改道治理工程（胶东国际机场段）三标段等33个治淮建设文明工地项目予以通报表扬。至此，2016—2017年度治淮建设文明工地创建工作圆满完成。在文明工地创建过程中，淮委始终坚持高标准、严要求，按照科学规范、公平公开的工作程序进行。对发现达不到标准的项目坚决不予通过，真正评选出了一批高水平、严管理的创建项目，切实发挥了示范引领、以点带面的作用，树立了淮河流域工程建设的新形象，带动了治淮工程建设管理水平的提高。

【水生态文明建设】

1. *淮河流域推进河长制工作座谈会* 2月13日，淮河流域推进河长制工作座谈会在徐州召开，水利部建设与管理司司长刘伟平主持会议，淮委主任肖幼，水利部水资源司副司长石秋池、水利部发展研究中心副主任王冠军出席会议并讲话，淮委副主任姜永生、河南省水利厅副厅长杨大勇、安徽省水利厅副厅长王广满、江苏省水利厅副厅长张劲松、山东省水利厅副厅长赵青出席会议。河南、安徽、江苏、山东四省水利厅、青岛市水利局及淮委沂沭泗水利管理局分别交流汇报了河长制工作开展情况、主要经验做法与下一步工作打算，提出了工作中存在的问题与建议，表示将按照《关于全面推行河长制的意见》和

《贯彻落实〈关于全面推行河长制的意见〉实施方案》要求，认真抓好省级实施方案编制工作，加快推进河长制工作开展。

2. 淮河、莱茵河流域管理国际学术研讨会　2月15—17日，淮河、莱茵河流域管理国际学术研讨会在安徽蚌埠召开。淮委主任肖幼到会致辞，副主任王章立介绍了淮委组织机构与当前主要任务，副巡视员徐英三出席会议。荷兰基础设施与环境部公共工程与水管理总司（RWS）高级顾问、中荷水利技术合作协调人何然冰（Geraradde Vries）在会上致辞，RWS危机管理高级顾问、莱茵河流域国际水文委员会（CHR）秘书长艾瑞克（Eric Sprokkereef）介绍了CHR的组织管理、当前的主要工作、发展方向和发展策略。研讨会上，有关人员就《淮河洪涝灾害管理综述》《流域洪水干旱灾害综合管理概念和工具、需求驱动的预报模型选择方法》《淮河群库连溃流态研究》《需求驱动的水文模型选择方法以及山地流域水文模型的应用》《淮河洪水概率预报方法研究》《基于概率预报的洪水预报方法和决策系统的优势》《淮河流域防洪工程体系多目标协同调控研究》《莱茵河水资源管理——新工程对社会经济和河道流量过程的影响》《淮河水资源管理综述》等内容做了技术报告，与会人员就关心问题进行了深入探讨。双方还就淮河和莱茵河管理方面的经验和教训、提高水资源管理水平面临的共同和亟待解决的问题进行了讨论，对下一步的合作选项和行动计划进行了研究。会后，CHR代表团还实地考察了佛子岭水库，与安徽省水利厅有关人员进行了座谈。

3. 成立推进河长制工作领导小组　2月6日，淮委成立全面推进河长制工作领导小组，以加快推进河长制工作进展，更好地履行流域管理机构的管理、监督、协调等职能。领导小组由淮委党组书记、主任肖幼任组长，委党组成员、副主任汪斌、刘玉年、顾洪、王章立、姜永生任副组长，领导小组下设办公室承担领导小组日常工作。

4. 印发全面推行河长制工作方案　5月19日，淮委正式印发全面推行河长制工作方案，确立了淮委推行河长制工作的指导思想、工作目标、组织机构以及保障措施，并对主要工作任务进行了分工。

5. 淮河水量分配方案获批　6月，国家发展改革委、水利部联合批复了《淮河水量分配方案》。方案明确了淮河水量分配原则、流域内各省级行政区不同来水频率下的水量分配份额、主要控制断面下泄水量指标和最小下泄流量控制指标，制定了强化流域水量调度管理的保障措施，为合理开发淮河流域水资源、加强水资源节约保护与管理，推进节水型社会建设提供了重要依据。

6. 印发淮委全面推行河长制宣传方案　8月14日，为更好地推动淮委全面推行河长制工作进展，营造良好的舆论氛围，淮委制定下发了《淮委全面推行河长制宣传方案》（办宣〔2017〕96号），确定了宣传重点和宣传方式，并对宣传工作安排及承办单位进行了明确。

7. 首届淮河流域绿色发展论坛　9月7—8日，由中华环保联合会、淮委、蚌埠市人民政府共同主办的首届"淮河流域绿色发展论坛"在安徽蚌埠举办，旨在推进淮河流域生态经济建设与社会可持续发展，共商生态淮河建设，共谋流域绿色发展。淮委主任肖幼出席开幕式并致辞，副主任姜永生、杨卫忠参加论坛。本次论坛围绕推动形成绿色发展方式、淮河流域生态环境保护与经济社会可持续发展、生态文明建设、环境法制等内容进行研讨和交流，积极凝聚政府、科研院所、经济界、媒体及其他各界智慧与力量，搭建交流合作平台，促进社会资本参与淮河流域环境治理与生态经济建设。论坛邀请了中国人民政治协商会议全国委员会（以下简称“全国政协”）、环境保护部（以下简称“环保部”）、工业和信息化部（以下简称“工信部”）、水利部、国家开发银行以及北京大学、复旦大学、上海和安徽省社会科学院等政界、学界代表在论坛上进行主题演讲，淮委相关负责人分别就淮河流域水资源保护、水生态文明建设、河湖水系连通等专题做报告。社会各界专家学者以及来自河南、湖北、安徽、江苏等17省（自治区、直辖市）30多个地市代表共500余人参加论坛。

8. *第三届青年治淮论坛*　11月3日，第三届青年治淮论坛在安徽蚌埠隆重举办。此次论坛由中国水利学会和淮委联合主办，淮河研究会承办，中国水利学会青年工作委员会、流域四省及青岛市水利学会共同协办，论坛围绕“创新驱动，推进生态淮河建设”的主题，立足治淮实践，展开了主题鲜明的学术交流与研讨。4名中青年专家先后作了专题学术报告，17名青年技术骨干作大会交流。中国水利学会吴伯健副秘书长应邀出席论坛，淮委党组成员、巡视员汪斌，委党组成员、副主任顾洪、杨卫忠、伍海平，副巡视员周志强、徐英三，安徽省水利厅副厅长蔡建平、江苏省水利厅副厅长叶健、山东省水利厅副厅长曹金萍、河南省水利厅总工任汝成、青岛市水利局副局长刘峰出席论坛，流域四省相关单位负责人、专家、学者及代表近200人参加了论坛。

【水文化教育】

1. *青联活动*　4月27—28日，淮委青年联合会组织青年职工赴出山店水库参观学习，委党组成员、副主任王章立应邀参加。参观过程中，大家认真听取了项目负责人对水库建设情况的详细介绍，结合实地参观学习，对出山店水库的施工进展、施工设备、施工技术等有了深入的了解。活动期间，淮委青联还组织参观了建国后首批兴建的大型治淮骨干工程——南湾水库，走访了淮委通信总站信阳中心站。此外，为加强爱国主义和革命传统的教育，还参观了鄂豫皖革命纪念馆。在解说员带领下，大家回顾了鄂豫皖革命根据地波澜壮阔的光辉历史，缅怀了革命先烈们的丰功伟绩，更深一层地感悟到中国革命的成功来之不易。此次活动也作为纪念五四青年节系列活动之一，旨在引领治淮青年深入一线了解水利工程，切身感受治淮建设取得的辉煌成就，增强淮委青年的凝聚力和向心力，为治淮事业更高更快更强发展贡献青春的活力。

2. *党性教育*　为隆重纪念建党96周年，扎实推进“两学一做”学习教育常态化制度化，继承弘扬治淮优良传统，6月28日上午，淮委直属机关党委组织新党员赴蚌浮段花园湖进洪闸建设工地，举行“立下入党誓言担当治淮使命”新党员入党宣誓仪式。

6月29日下午，淮委组织观看纪实性电影《邓小平登黄山》，委领导汪斌、刘玉年、王章立、俞叔平、委机关全体党员，驻蚌直属单位领导班子成员和处以上党员干部参加观影。

9月3—7日，淮委在大别山干部学院举办青年干部理想信念教育培训班，深入学习贯彻习近平总书记系列重要讲话精神和治国理政新理念新思想新战略，进一步加强青年干部党性修养和理论素养，淮委党组成员、副主任刘玉年出席开班仪式，并作动员讲话。本次培训紧密结合理想信念教育主题和青年干部成长需要，科学设置课程，采取专题讲座、现场教学、体验教学、情景教学、访谈教学等多种形式深化教学效果。学员们认真聆听了学院特聘教授刘向阳主讲的《大别山精神及其时代价值》，对大别山28年苦难而辉煌的革命斗争史和“红旗不倒”的大别山精神有了系统深刻的认识；到鄂豫皖苏区首府革命博物馆、鄂豫皖苏区将帅馆、鄂豫皖苏区首府烈士陵园、许世友将军故里、红田惨案遗址、列宁小学、红安七里坪长胜街等教学点开展现场教学，在英烈墙下重温入党誓词，通过听取现场专题讲授课，重温了党领导大别山人民“打江山”的风雨历程，感受了先烈“革命理想高于天”的坚定信念以及开国将帅们崇高的人格魅力；观看情景剧《红色大别山》，参加“走‘志仁小道’、听英雄故事、承先烈遗志、强党性修养”体验式教学，开展老两口的新长征访谈式教学等。形式多样、内容鲜活的课程设置给参训学员留下了深刻印象，锤炼了党性修养，坚定了理想信念，激发了干事创业的激情。课程结业时，学员们纷纷表示，将以本次培训为契机，继续弘扬革命传统、保持革命本色，更好地凝聚起团结奋进的强大精神力量，传承和践行大别山精神，为推动治淮事业蓬勃发展贡献青春力量。直属机关党委主要负责人，淮委机关各部门、直属各单位43名青年干部参加培训。

3. *淮河大讲堂* 9月4日上午，淮委举办“淮河文化大讲堂”第九讲，此次讲座特别邀请了中央民族大学历史系副教授、北京大学历史学博士蒙曼作题为《隋富唐强——大国梦与人文精神》的专题讲座。淮委主任肖幼，巡视员汪斌，副主任顾洪、杨卫忠，副巡视员徐英三出席并听取讲座。“淮河文化大讲堂”是淮委打造的水文化建设品牌之一，大力推进水文化建设是促进治淮事业更好发展的重要举措和保障，是满足职工群众精神文化需求的客观需要，是提升治淮和淮委形象的重要途径。

4. *倡导职工阅读 建设“书香淮委”2017年“世界读书日”阅读推广活动* 为迎接第22个“世界读书日”的到来，提高职工崇尚阅读的良好习惯。4月17日，淮河工会联合蚌埠市新华书店共同举办了“倡导职工阅读建设‘书香淮委’2017年‘世界读书日’阅读推广活动”。活动现场，职工们兴致勃勃地翻阅现场摆放的书籍，挑选自己喜欢的书目，探讨阅读的乐趣。据统计，全委近200名职工参与该项活动，现场售出图书500余册（套）。

5. *其他讲座活动* 3月8日上午，在第107个三八国际劳动妇女节来临之际，为进一步丰富委机关女职工精神文化生活，激发女职工的工作热情，增强广大女职工的主人翁意识，委机关工会组织部分女职工开展了“纪念三八节，走进博物馆”活动。蚌埠市博物馆坐落于龙子湖西侧，是一座以展示蚌埠古代历史、近现代城市发展史以及淮河历史文化为主题的综合性博物馆。在博物馆工作人员的热情带领下，女职工们有序步入博物馆，先后参观了“孕沙成珠——蚌埠历史文化陈列”“流动的文明——淮河历史文化陈列”“记忆流年——蚌埠市非物质文化遗产展”“铲释天书——考古体验厅”等几大特色陈列。

4月27日，淮委离退休处组织老同志到江苏省徐州市潘安湖湿地参观考察。潘安湖湿地为徐州市“三重一大”项目和城建重点工程，项目总规划面积52.87km^2，集“基本农田再造、采煤塌陷地复垦、生态环境修复、湿地景观开发”四位于一体，既打造了全国采煤塌陷治理的里程碑式项目，又提供了资源枯竭型城市生态环境修复再造的典范，在全国具有示范性作用。

11月16日，淮河工会在淮委女职工阳光家园举办母婴健康知识讲座，邀请蚌埠医学院第一附属医院儿科专家围绕秋冬季幼儿常见疾病预防与护理等问题为大家答疑解惑。按照安徽省总工会《关于大力推进女职工“阳光家园”建设的通知》要求，淮河工会根据女职工的需求，建设了淮委女职工“阳光家园”。淮河工会不断拓展“阳光家园”的服务内容和服务对象，将“阳光家园”打造成为集爱心妈咪小屋、心理咨询室、更年期休息室、健康书吧等多用途于一体的“温馨驿站”，使其成为母乳喂养的私密环境、女职工情感交流的沟通平台，解决了女职工生理、心理特殊时期的特殊需求。

【水文化出版】

1.*《治淮》杂志*　2017年共完成全年12期《治淮》杂志策划、约稿、编辑、出版、发行工作，累计编发稿件430余篇、150余万字。

2.*《治淮汇刊（年鉴）》等年鉴类*　3月14日下发水利部淮委关于《治淮汇刊（年鉴）·2017》组稿工作的通知，顺利完成《治淮汇刊（年鉴）》2017年卷组稿、编辑、审稿、校对与送印工作，全书共80多万字。此外，还完成《中国水利年鉴》《蚌埠市年鉴》淮委承担的组稿、撰稿任务。

3.*《中国水利史典·淮河卷》*　全面完成《中国水利史典·淮河卷》（二期工程）200万字的编纂工作，成果已提交中国水利水电出版社。

4.*《与治淮同行》*　将近年数次征文、演讲比赛获奖文稿整理为文集《与治淮同行》并出版。

5.*《淮河流域水文化遗产要录》*　6月，出版《淮河流域水文化遗产要录》，是淮河流域第一本全面系统展示流域水文化遗产的书，内容涵盖流域内各级政府重点文物保护单位的有356处，其中国家文物保护单位55处，省文物保护单位54处，涉及生活用水、农田灌溉、防洪排涝、漕运航运等诸多领域。

6.*《调查研究——淮委2016年调研报告》*　7月，出版《调查研究——淮委2016年调研报告》，汇编整理了2016年完成的21篇优秀调研报告，为有关部门和单位研究问题、制定政策、作出决策提供有益借鉴，进一步促进了淮委系统调研工作的深入开展。

【水文化传播】

1.*“世界水日”“中国水周”法治宣传系列活动*　3月1日，印发《淮委办公室关于组织开展2017年“世界水日”“中国水周”宣传活动的通知》，扎实开展了2017年“世界水日·中国水周”“法律六进”之节水宣传进学校活动。受共青团蚌埠市委邀请，走进固镇陈王小学开展水法规和节水宣传活动，录制剪辑后成为蚌埠青年宣传片《你好！青年》的重要组成部分，该片在“不忘初心跟党走”蚌埠市纪念五四运动98周年集中入团仪式暨表彰大会上播放，集中展现了珠城青年尤其是淮委青年职工的良好形象。受学校、共青团蚌埠市委、共青团淮上区委邀请，走进新城实验中学、蚌埠市第十八中等开展水法规和节水宣传活动，通过学生带动家长，使更多家庭参与保护淮河水资源活动，营造了共同节水爱水、关注水资源可持续发展的良好氛围。据统计，2017年活动期间，共走进学校4次，宣教8次，听众500人次。

2.*“点亮微心愿·共抒大湾情”爱心捐助活动*　3月初，淮委直属机关团委联合淮委青联与金寨县花石乡大湾小学对接，启动的微心愿征集行动，心愿征集后向全委发出“点亮微心愿·共抒大湾情”倡议，号召大家结对认领孩子们的小心愿。3月27日，结对认领心愿的志愿者代表，怀揣着全委干部职工的殷殷之情，来到了群山环抱、白水河畔的大湾小学，将111份心愿礼物送到学校和孩子们的手中。捐赠对接仪式后，青年志愿者又为山区孩子们带来一堂生动的水知识宣讲课。从淮河的“淮”字入手，用简单易懂的语言，图文并茂地向孩子们介绍了淮河历史文化以及节水护水的小知识。

3. *抒发治淮豪情——淮委合唱团在《淮河大合唱》歌会上展露风采* 8月20日，由淮委、中共蚌埠市委宣传部、中共蚌埠市淮上区委、蚌埠市淮上区人民政府、蚌埠市文学艺术界联合会等联合主办的“喜迎党的十九大，讴歌蚌埠新成就”淮河大合唱在蚌埠市第八中学举行。淮委作为主办单位之一，精心组织合唱团参加此次演出，成功演唱了《劳动托起中国梦》《在灿烂阳光下》两首曲目，嘹亮的歌声、稳健的台风赢得了多方的认可和赞扬。淮委党组成员、副主任刘玉年出席活动。

4. *青年文明号开放周* 7月17—26日，为营造迎接党的十九大召开的浓厚氛围，发挥青年文明号集体的示范作用，进一步弘扬职业文明风尚、进一步动员青年创新创造，淮委在各级青年文明号集体和创建集体中开展了以“青年建功十三五·青春献礼十九大”为主题的青年文明号开放周活动。

【单位文化建设】

1. *职工书屋* 11月，淮河工会组成检查组，围绕标准化建设、规范化管理、创新开展工作等方面要求，通过实地察看、听取汇报、座谈交流的方式，对四家淮委“职工书屋”示范点进行了检查考核。2012年以来，为贯彻落实中华全国总工会《关于开展全国工会“职工书屋”建设的实施意见》要求，淮河工会各级工会共建成职工书屋20多家。通过各单位工会申请、淮河工会验收，将其中四家书屋命名为淮委“职工书屋”示范点，并授予牌匾。

2. *岗位行为规范* 9月11日，淮委党组成员、副主任刘玉年主持会议，部署安排淮委（机关）岗位行为规范制定工作，要求各部门紧紧抓住岗位分类、初稿撰写、集中整编、成果评鉴和颁布试行等关键环节，做到有布置、有指导、有检查、有督促。会上通过了《淮委（机关）岗位行为规范制定工作实施方案》，成立了淮委（机关）岗位行为规范制定工作领导小组，成员由文明委成员部门主要负责人组成。

3. *治淮十件大事* 为总结和回顾2016年治淮取得的成绩，激励全委职工为加快新一轮治淮建设努力工作，淮委在驻蚌职工中组织开展了“2016年治淮十件大事”评选活动。1月10日下午进行了投票评选。评选得到了委驻蚌职工的广泛关注和积极参与，共收回有效票1114张。根据统计结果评选出2016年治淮十件大事。

4. *节日活动*

(1) 元旦。1月8日，淮委机关举行2017年职工迎新春环湖健步走活动。淮委主任肖幼，副主任刘玉年、王章立，副巡视员、淮河工会主席周志强，副巡视员徐英三兴致勃勃地与百余名机关干部职工一起参加了活动。12月22日，淮河工会举办了淮委第四届迎元旦职工掼蛋比赛，淮委主任肖幼，副巡视员、淮河工会主席周志强到场观看比赛。“掼蛋”作为一种具有广泛群众基础的传统娱乐项目，深受广大职工喜爱。本次比赛共有近300余名职工报名参加，参赛选手默契配合、斗智斗勇，表情或微皱眉头，或胜券在握，牌局比分你追我赶，赛场气氛友好热烈。

(2) 春节。1月19日下午，淮委举行2017年驻蚌单位迎新春联欢会。委党组书记、主任肖幼，委党组成员、巡视员汪斌，委党组成员、副主任刘玉年、顾洪、王章立、姜永生，委党组成员、纪检组长俞叔平，副巡视员徐英三与广大干部职工欢聚一堂，共同庆祝2017年新年的到来。联欢会采用有奖答题、幸运抽奖和文艺节目穿插的形式进行，在近2h的时间里，广大干部职工纷纷拿出了自己的绝活，表演了歌曲、舞蹈、相声、小品、合唱、诗朗诵、三句半等节目，形式多样，异彩纷呈，充分展示了淮委广大干部职工热爱生活、团结进取、蓬勃向上的精神风貌，同时，联欢会也拉近了广大干部职工之间的距离，激发了职工干好治淮事业的坚定信念。

(3) 元宵节。2月10日下午，淮委一年一度的离退休职工元宵节游艺会如期举行。淮委副主任姜永生出席活动，并兴致勃勃地与老同志们一起共庆佳节。离退休职工元宵节游艺会在淮委已举办多年，旨在引导老同志走出家门，愉悦身心，增进交往交流。此次游艺活动设置了套圈、猜谜等十个游艺项目。来自委机关及驻蚌直属单位的300余名离退休职工参加了游艺会。

(4) 清明节。4月25日上午，淮河工会举办了2017年“质量监督检测·公仆杯”登山比赛。委党组成员、副主任刘玉年，委副巡视员、淮河工会主席周志强，委副巡视员徐英三兴致勃勃地与委机关、驻蚌直属单位处级以上干部参加比赛。登山过程中，运动员奋勇争先、热情洋溢，大家你追我赶，相互加油鼓劲，尽情畅享运动的快乐。经过近1h的不懈努力，参赛队员全部胜利到达终点。最终，经过激烈的角逐，决出了各个组别的一等奖、二等奖、三等奖。

(5) 重阳节。10月27日下午，为满足老同志健身、娱乐的需要，让广大离退休职工度过一个欢乐祥和的重阳节，淮委举办了第十一届离退休职工趣味运动会。本次运动会为老同志们精心设计了套圈、“赶猪”、踢球进门、打保龄球、飞毽、夹球、手球撞柱、背向投球等多个项目。活动现场人声鼎沸、热闹非凡。委机关及驻蚌直属单位的近300名离退休同志参加了比赛。

5. 职工技能大赛

(1) 6月6日，为进一步提高淮委职工交通安全意识和驾驶技能，倡导安全驾驶、文明行车，预防和杜绝交通事故发生，淮河工会与水政安监处、人事处联合举办了淮委第四届职工技能（非职业驾驶员安全驾驶）大赛活动。淮委党组成员、副主任刘玉年参加活动并为获得一等奖的选手颁奖。比赛得到了委机关及驻蚌企事业单位职工的关注，共有110余名职工报名参赛。比赛内容以实际操作为主，理论知识为辅，通过L型倒车入库、侧方位停车两项实际操作，以及道路交通安全法相关理论知识测试，当场决出一等奖5名，二等奖6名，三等奖10名。

(2) 11月22—25日，水政安监处联合淮河工会、淮委人事处在山东省枣庄市举办了淮委第四届职工技能（水行政执法业务）大赛。淮委副主任伍海平出席大赛并为获奖团体和个人颁奖。淮委系统各级水管单位高度重视，通过层层发动、组织培训、逐级选拔的方式，共选派17支队伍，42名队员参赛。比赛分法律法规基础知识测试、模拟案件查处和法律文书制作、案卷评查、个人演讲四个环节，各环节得分再按一定比例进行加权计算团体和个人成绩。此次比赛是淮委提升水政执法队伍能力建设的一项创新举措，充分调动了淮委各级水行政执法人员的积极性和主动性，激发了广大水行政执法人员在职学习的热情和爱岗敬业精神。

六、水利文学艺术

【水利文学】

1. 安徽省文联来淮委走访调研　7月21日，刘玉年副主任在委会见安徽省文联党组书记、副主席、书记处第一书记陈田，省文联党组成员、主席、书记处书记吴雪一行。双方就进一步加强文艺交流合作进行了座谈。在委期间，陈田、吴雪一行饶有兴致地参观了治淮陈列馆，并听取了淮河治理情况的介绍。委副总工王世龙，办公室、规划计划处、治淮档案馆有关负责人陪同参观、座谈。

2. 献礼十九大，建功“十三五”征文活动　为全面、生动地记录治淮人在贯彻落实党的十八大、十八届三中、四中、五中、六中全会精神过程中的探索与举措，展现新时期治淮事业在实现中华民族伟大复兴“中国梦”进程中的具体成效，同时也为深入推动职工文化建设，更好地调动和激发广大职工文学写作的积极性和创作热情，5月10日，淮河工会组织开展了“献礼十九大，建功‘十三五’”有奖征文活动。通过各级工会认真组织，广泛发动，此次征文共征集到参选作品98篇。作品多以进一步贯彻落实党的十八大和十八届三中、四中、五中、六中精神为主线，紧密结合党和国家改革开放事业、水利发展建设成就，大力弘扬社会主义核心价值观，积极传递向上向善的精神力量，生动表现新时期治淮人的思想情感和人民群众对治淮工作的真实感受，充分展示了淮委职工文化建设的丰硕成果。

【水利美术、书法、摄影、棋牌】

1. 淮委职工在全国水利系统纪念红军长征胜利80周年书画作品评选中获奖　1月5日，全国水利系统纪念红军长征胜利80周年书画作品评选结果揭晓，淮委沂沭泗水利管理局职工朱弘剑获书法类二等奖，王昌伟和王栋获美术类二等奖，王伟涛获书法类三等奖，杨植野获书法类优秀奖。此次书画作品评选由水利部直属机关工会与中国水利文协联合举办，淮委沂沭泗水利管理局8名职工选送了17幅书画作品参赛。作品贯彻落实新时期中央水利工作方针，以弘扬长征精神，继承和发扬优良革命传统为题材，采用不同的书法和绘画形式，铭记革命历史，弘扬光荣传统，激励广大水利人躬身践行伟大的长征精神，铭记革命历史，扎实工作，为努力推进治淮事业实现更好发展而奋斗。

2. 淮委两幅作品入选《水利优秀新闻摄影作品赏析》　由水利部办公厅、水利部人事司、水利部新闻宣传中心联合编写的全国水利新闻宣传系列培训教材《水利优秀新闻摄影作品赏析》一书由黄河水利出版社正式出版发行。该书在作品征集阶段得到各省（自治区、直辖市）水利（水务）厅（局）、流域机构、中国摄影家协会水利分会、水利摄影家协会等单位的大力支持，广大摄影爱好者积极参与，共收集到300余组2000余幅作品，入选72组112幅作品。淮委职工在作品征集阶段积极投稿，经过专家公开、公平、公正的评判、筛选，最终职工唐伟的《四湖丰碑：二级坝水利枢纽》和刘莉娜、吕劲松的《燕山水库上马结束了洪水无工程控制的历史》两幅作品顺利入选。

3. 举办“工会杯”职工棋牌比赛　4月15日，为庆祝五一国际劳动节，丰富职工文化体育生活，进一步营造节日氛围，蚌埠市总工会举办了2017年蚌埠市“工会杯”职工棋牌比赛。淮河工会积极响应，鼓励广大职工踊跃报名，众多棋牌高手纷纷参与。本次比赛共有108支代表队、400名选手参加了中国象棋、国际象棋、围棋、桥牌和掼蛋五个项目的比赛，经过紧张激烈的角逐，最终淮委职工李军、吕劲松在掼蛋比赛中脱颖而出，取得了第二名的好成绩。

七、水利体育

1. *中国水利体协淮河理事会议在蚌埠召开* 6月20日，中国水利体协淮河理事会（以下简称“淮河体协”）在安徽蚌埠召开会议，淮委副巡视员、淮河工会主席、淮河体协理事长周志强主持，淮河体协全体理事参加。会议听取了2010年以来淮河体协工作报告，并研究讨论了2017年下半年工作安排，重点讨论了淮委第十三届职工运动会有关事宜。近年来，在委党组和上级体协组织的领导下，在委各部门、单位的大力支持下，淮河体协认真贯彻落实《全民健身计划纲要》，充分发挥职能作用，坚持面向基层、面向群众，扎实推进群众体育活动蓬勃开展，取得了显著的成绩。淮河体协连续多年举办运动会、冠名球类比赛等全委性体育赛事，以及健步走、钓鱼、掼蛋等职工参与度高的体育活动，并开展了“运动之星”“健康之星”评选表彰。除委内体育活动，淮河体协还承办了中国水利体协组织的双升比赛、棋牌比赛选拔赛等赛事，并积极组队参加中国水利体协及地方工会举办的多项体育竞技活动，取得好名次。淮河体协通过广泛开展形式多样、内容丰富的体育活动，丰富了广大职工的体育文化生活，促进了全委精神文明创建活动深入开展。2012年，淮委荣获国家体育总局授予的“全民健身活动优秀组织奖”荣誉称号，2013年荣获国家体育总局授予的2009—2012年度“全国群众体育先进单位”荣誉称号。

2. *淮委成功举办第十三届职工运动会* 9月23日，由淮委主办，淮河工会、中水淮河规划设计研究有限公司承办的淮委第十三届职工运动会在蚌埠成功举行。淮委主任肖幼宣布运动会开幕，委巡视员汪斌，副主任刘玉年、顾洪、姜永生、杨卫忠、伍海平，副巡视员徐英三，安徽省政府参事钱敏出席运动会开幕式。委副巡视员、淮河工会主席周志强主持开幕式。本届运动会设置了田径项目和大众项目，充分突出了竞技性、群众性、趣味性和参与性，共有6人次在8个比赛项目中成绩打破纪录。运动会后，淮河工会又举办了职工摄影展，再次呈现运动会的精彩瞬间，并展示了职工良好的摄影水平和技巧。

3. *淮委第十一届“水政安监杯”篮球赛* 为纪念第二十五届“世界水日”和第三十届“中国水周”，由淮河工会、水政安监处联合举办的第十一届“水政安监杯”篮球赛于3月29日下午圆满结束。淮委副主任刘玉年，副巡视员、淮河工会主席周志强等领导为获奖球队颁奖。本届比赛得到了各单位的积极支持和广泛响应，来自全委的五支参赛队伍本着“友谊第一、比赛第二”的体育健身精神，积极投入到比赛当中。

4. *淮委第十四届“水土保持杯”排球赛* 4月24日，由淮河工会与淮委水土保持处联合举办的第十四届“水土保持杯”排球赛在经过一周的激烈比赛后圆满落下帷幕。参加此次比赛的有6支男队、4支女队，经过一周的激烈角逐，分别决出男子组前三名和女子组前三名。淮委主任肖幼，淮委副主任刘玉年等领导为获奖球队颁奖。

5. *淮委“水科院杯”男子五人制足球赛* 5月26日，由淮河工会主办、安徽省淮委水利科学研究院承办的2017年淮委“水科院杯”男子五人制足球赛在经过一周的激烈比赛后圆满落下帷幕。淮委副主任刘玉年全程观看决赛并为获奖球队颁奖。本届比赛得到了各单位的积极支持和广泛响应，来自全委的八支参赛队伍积极投入到比赛当中。

6. 淮委第八届“水政安监杯”职工乒乓球比赛　12月3—4日，淮河工会与水政安监处联合举办淮委第八届“水政安监杯”职工乒乓球混合团体赛。全委共12个代表队近百人报名参加了比赛。比赛以男单、混双、男单、女单、男双的形式进行。淮委主任肖幼到场为选手加油鼓劲，副主任刘玉年作为运动员参加比赛，副主任杨卫忠，副巡视员、淮河工会主席周志强观看比赛并为获奖选手颁奖。

7. 淮委第八届“水资源保护杯”羽毛球团体赛　10月29—30日，由淮河工会、淮河水土保持局举办，淮委沂沭泗水利管理局工会协办的淮委第八届“水资源保护杯”职工羽毛球团体赛在徐州顺利举行。淮委副主任杨卫忠现场观看了比赛并为获奖球队颁奖。本次比赛一共有12支参赛队伍，近110名运动员参加了比赛。

8. 淮委第十三届职工运动会拔河比赛　9月15日，淮委第十三届职工运动会拔河比赛拉开了帷幕。淮委副主任刘玉年观看了比赛。本次比赛共有男女十四支队伍参赛，采取淘汰制与循环制结合的方式进行。此次比赛，不仅锻炼了职工身体，丰富了职工生活，更凝聚了向心力，体现了淮委职工团结拼搏的精神。

海　河　流　域

一、综述

2017 年，海河水利委员会（以下简称“海委”）深入学习宣传贯彻党的十八大、十九大精神，以习近平新时代中国特色社会主义思想为指导，全面落实中央和水利部各项工作部署，以培育和践行社会主义核心价值观为根本，以争做精神文明建设先进为契机，紧密结合中心工作，全面加强思想道德建设，着力深化群众性精神文明创建，不断推进水文化发展，实现精神文明与物质文明建设同频共振、共同发展的和谐局面，为推进海河流域水利改革发展提供了坚强的思想保证和强大的精神支撑。

二、重要文献

【重要文件】

1.《中共海委党组关于认真学习宣传贯彻党的十九大精神的通知》　11 月 20 日，制定印发《中共海委党组关于认真学习宣传贯彻党的十九大精神的通知》（海水党〔2017〕57 号），要求海委系统各级党组织和广大党员干部职工深入学习贯彻党的十九大精神，把思想和行动切实统一到大会精神上来，全面兴起学习宣传贯彻十九大精神的热潮。

2.《海委开展“铸就忠诚、维护核心、担当作为、抓实支部”主题教育实践活动推进“两学一做”学习教育常态化制度化实施方案》　5 月 16 日，制定印发《海委开展“铸就忠诚、维护核心、担当作为、抓实支部”主题教育实践活动推进“两学一做”学习教育常态化制度化实施方案》（海水党〔2017〕26 号），深入贯彻党的十八届六中全会精神，全面落实中央、水利部党组和天津市委推进“两学一做”学习教育常态化制度化的安排部署。通过读原著学原文，领悟原理精髓；围绕“四个合格”，树立先进典型；创建“五好支部”，打造过硬队伍；利用信息技术，推进党建工作；完善制度保障，做好痕迹管理等举措，扎实开展“两学一做”学习教育常态化制度化工作。

3.《中共海委党组关于印发贯彻落实〈中国共产党党委（党组）理论学习中心组学习规则〉的实施细则的通知》　8 月 25 日，制定印发《中共海委党组关于印发贯彻落实〈中国共产党党委（党组）理论学习中心组学习规则〉的实施细则的通知》（海水党〔2017〕45 号）。根据《中国共产党党委（党组）理论学习中心组学习规则》及《中共水利部党组关于贯彻落实〈中国共产党党委（党组）理论学习中心组学习规则〉的实施办法》的有关精神，明确了海委党组理论学习中心组学习的组织与职责，学习内容、形式与要求，学习管理、考核与问责等，进一步推进学习常态化制度化，扎实推进理论武装工作，着力提高领导干部，特别是党员领导干部的理论水平和工作能力，切实加强领导班子的思想政治建设。

4.《中共水利部海委党组关于落实〈党委（党组）意识形态工作责任制实施办法〉的责任分工》 6月20日，制定印发《中共水利部海委党组关于落实〈党委（党组）意识形态工作责任制实施办法〉的责任分工》（海水党〔2017〕30号）。通知要求切实增强意识形态责任意识，认真履行好把方向和管导向、加强意识形态阵地管理、维护网络意识形态安全、处置意识形态领域问题、加强干部队伍建设等责任，建立健全意识形态工作机制，不断推动意识形态工作主体责任的落实。

5.《海委2017年党建工作要点》 3月24日，制定印发《海委2017年党建工作要点》（海水党〔2017〕17号）。全面贯彻党的十八大和十八届三中、四中、五中、六中全会精神，深入学习贯彻习近平总书记系列重要讲话精神和治国理政新理念新思想新战略，围绕统筹推进"五位一体"总体布局和协调推进"四个全面"战略布局，以迎接党的十九大胜利召开和学习宣传贯彻党的十九大精神为主线，以严肃党内政治生活和强化党内监督为重点，全面加强海委系统党的思想、组织、作风、反腐倡廉和制度建设，坚定不移地把全面从严治党引向深入，为贯彻落实党中央和水利部党组重大决策部署，加快推进海河水利改革发展提供坚强保证。

6.《2017年海委精神文明与水文化建设工作安排》 3月29日，海委文明办制定印发《2017年海委精神文明与水文化建设工作安排》（海文明办〔2017〕1号）。着力加强思想道德建设，深化群众性精神文明创建，着力推进水文化发展，着力培育文明新风和提高文明程度，为同心合力谱写海委发展新篇章提供有力的思想舆论保证和良好的精神文化条件，以优异成绩迎接党的十九大胜利召开。

【重要讲话】

1.任宪韶在"两学一做"学习教育常态化制度化工作动员部署会上的讲话 5月15日，海委在天津召开"两学一做"学习教育常态化制度化工作动员部署会，海委党组书记、主任任宪韶出席会议并作动员讲话。强调海委机关各党支部要切实落实责任，把推进"两学一做"学习教育常态化制度化作为履行从严治党主体责任的重要任务，持续传导压力，完善责任链条，形成一级抓一级、层层抓落实的良好态势；要强化督促检查，以严实作风开展主题教育实践活动、推进学习教育常态化制度化，经常深入基层、深入支部，进行全程督促和指导；要加强宣传引导，教育引导各级党组织和广大党员干部对标先进、见贤思齐，形成"学先进、争先进"的浓厚氛围；要坚持统筹兼顾，注重深度融合，把开展主题教育实践活动、推进学习教育常态化制度化与全委中心工作紧密结合起来，坚持两手抓两促进，推动海河流域各项事业实现更高水平发展，以实实在在的成效迎接天津市委十一次党代会，迎接党的十九大胜利召开。

2.王文生在"两学一做"学习教育常态化制度化工作推进会上的讲话 8月4日，海委召开"两学一做"学习教育常态化制度化工作推进会，海委党组书记、主任王文生出席会议并讲话。强调推进海委系统"两学一做"学习教育常态化制度化，要突出深化拓展，抓住思想建设首要任务，全面深入学、融会贯通学、创新形式学，推动"两学一做"学习教育向纵深发展；要坚持"四讲四有"，自觉践行"四个合格"，不断增强责任意识和担当精神，在推进水利改革发展各项工作中挑重担、当标兵、作示范；要突出问题导向，建立长效机制，真正把问题找准找实找具体，并集中力量加以解决，切实提升整改成效；要突出夯实基础，着力抓实基层支部，进一步规范支部活动，加强支部建设，激发支部活力，提升基层党支部凝聚力、战斗力；要突出深度融合，着力推进以学促做，把学习教育与抓好当前各项工作结合起来，推动学习教育与中心两手抓、两不误、两促进，以实际行动和优异成绩迎接党的十九大胜利召开。

3. *户作亮在海委2017年精神文明建设工作推进会上的讲话* 8月9日，海委召开2017年精神文明建设工作推进会，海委党组成员、副主任户作亮主持会议并讲话。强调文明单位创建要深入贯彻落实指导意见精神，着力抓好培育和践行社会主义核心价值观、理想信念和爱国主义教育、文明风尚行动等重点工作任务，确保创建工作向纵深发展；各部门各单位要对照《水利系统文明单位测评体系的责任分工》，进一步完善创建工作计划，明确职责分工，强化协调配合，切实把创建工作做细做实；要坚持广泛参与理念，扎实开展文明处室、文明职工等文明细胞创建活动，加大宣传力度，广泛动员广大干部职工积极参与到各项创建活动中来；要强化对文明创建工作的督促检查，对创建工作中的重点难点问题实行专项督查、限时整改，确保高质量完成各项创建任务。

4. *王文生在海委党组中心组（扩大）学习班上的讲话* 11月13日，海委党组中心组在津举办扩大学习班深入学习贯彻党的十九大精神，海委党组书记、主任王文生作了题为《深入学习贯彻党的十九大精神奋力开启海河流域水利改革发展新征程》的学习班动员讲话。强调要切实将党的十九大精神学懂弄通做实，以习近平新时代中国特色社会主义思想为指导，扎实落实水利部党组决策部署，不忘初心、牢记使命、砥砺奋进、担当作为，奋力开启海河流域水利改革发展新征程，为流域全面建成小康社会、实现现代化提供坚实的水安全保障。

三、思想政治

2017年，海委严格把握方向，周密安排部署，扎实有序开展思想政治工作。以习近平新时代中国特色社会主义思想为引领，深入学习宣传贯彻党的十九大精神，扎实开展“两学一做”学习教育常态化制度化工作；紧紧围绕积极践行新时期水利工作方针和统筹推进海委改革发展，充分发挥党组织的政治核心作用，构建党政工团齐抓共管思想政治的工作机制；深入开展调查研究，狠抓理论学习，引导干部职工持续增强政治意识、大局意识、核心意识和看齐意识；持续开展中国特色社会主义和中国梦学习宣传教育，扎实推进意识形态工作，不断巩固宣传思想阵地，进一步增强中国特色社会主义道路自信、理论自信、制度自信、文化自信。

1. *海委党组中心组理论学习* 8月25日，制定印发《中共海委党组关于印发贯彻落实〈中国共产党党委（党组）理论学习中心组学习规则〉的实施细则的通知》（海水党〔2017〕45号），进一步推进学习常态化制度化，切实加强领导班子的思想政治建设。3月29日，制定印发《关于2017年中共海委党组中心组理论学习计划的报告》（海水党〔2017〕19号），明确学习重点、学习内容和学习要求。全年海委党组中心组共开展集中学习21次。

2. *“两学一做”学习教育常态化制度化*

（1）5月15日，海委在津召开“两学一做”学习教育常态化制度化工作动员部署会，传达学习中央、水利部党组、天津市委和市农委党委“两学一做”学习教育常态化制度化学习会、座谈会精神，结合海委实际，安排部署海委“维护核心、铸就忠诚、担当作为、抓实支部”主题教育实践活动推进“两学一做”学习教育常态化制度化工作。海委党组书记、主任任宪韶出席会议并作动员讲话，委党组副书记、副主任王文生主持会议，在津委领导出席会议。

（2）5月16日，海委党组制定印发《海委开展“铸就忠诚、维护核心、担当作为、抓实支部”主题教育实践活动 推进“两学一做”学习教育常态化制度化实施方案》，明确了10项23条的学习教育内容。海委各基层党组织围绕“增强‘四个意识’，坚决维护和捍卫习近平总书记的核心地位”“坚持‘四个服从’，以坚毅如铁的信念诠释对党绝对忠诚”“学习贯彻党的十九大精神，干事创业担当作为推进流域水利发展”等三个专题，采取集中学习、主题党日活动、举办培训班等多种形式进行了150次学习研讨。

（3）8月4日，海委召开“两学一做”学习教育常态化制度化工作推进会，学习贯彻水利部“两学一做”学习教育常态化制度化工作推进会和天津市委有关会议精神，总结交流前一阶段海委“两学一做”学习教育常态化制度化开展情况，安排部署下阶段重点工作任务。海委党组书记、主任王文生出席会议并讲话，委党组成员、副主任户作亮主持会议并作总结，党组成员、副主任田友以及翟学军、刘学峰、靳怀堾、徐士忠出席会议。漳卫南运河管理局、引滦工程管理局、海河下游管理局、漳河上游管理局，办公室、规划计划处、人事处，海河流域水资源保护局、海河流域水土保持监测中心站、华北水利水电工程集团有限公司等10家部门单位作了交流发言。

（4）8月23日，海委党组书记、主任王文生为机关全体党员领导干部作了题为《学思践悟、知行合一，在流域水利改革发展实践中担当作为》的专题党课。委党组班子成员分别以“深学细悟总书记讲话精神，大力推进海河生态文明”“学习原著、掌握精髓、提高能力、指导工作”“增强核心意识，对党绝对忠诚，做勇于担当、开拓创新的表率”等为主题结合工作实际说体会、话感悟。委党组班子成员讲党课8次，各级党组织负责人讲党课41次，发挥带学促学作用。

3. 以习近平新时代中国特色社会主义思想为引领，全面贯彻落实党的十九大精神

（1）10月18日，中国共产党第十九次全国代表大会在北京人民大会堂隆重召开，习近平总书记代表十八届中央委员会作重要报告。海委在津委领导，委机关各部门副处级以上干部、全体党员，委机关各事企单位领导班子成员集中收看了视频直播，聆听了习近平总书记代表十八届中央委员会向大会作的报告。

（2）10月27日，海委党组中心组召开专题学习会，学习贯彻党的十九大精神，传达学习水利部党组和天津市委学习贯彻党的十九大会议精神，结合海委实际研究部署贯彻落实工作。海委党组书记、主任王文生主持学习并讲话，委党组成员户作亮传达天津市干部会议精神，委党组成员田友、翟学军、靳怀堾、徐士忠，副巡视员梁凤刚参加学习。会议集中学习了党的十九大报告精神、《关于〈中国共产党章程（修正案）〉的决议》、人民日报社论《夺取新时代中国特色社会主义伟大胜利》和党的十九大报告中关于水利的重要论述，以及陈雷部长在水利部传达贯彻党的十九大精神干部大会上的讲话。

（3）11月13日，海委党组中心组在津举办扩大学习班深入学习贯彻党的十九大精神。海委党组书记、主任王文生作学习班动员讲话，强调要切实将党的十九大精神学懂弄通做实，以习近平新时代中国特色社会主义思想为指导，扎实落实水利部党组决策部署，不忘初心、牢记使命、砥砺奋进、担当作为，奋力开启海河流域水利改革发展新征程，为流域全面建成小康社会、实现现代化提供坚实的水安全保障。委党组成员户作亮、田友、翟学军、靳怀堵、徐士忠分别结合思想工作实际谈了党的十九大精神学习体会，户作亮、田友分别主持学习，副巡视员梁凤刚参加学习。学习班集体观看了专题辅导录像，14 个部门单位进行了交流发言。海委副总工，委机关各部门副处级以上干部，机关各事企单位领导班子成员、副处级以上干部，委直属各管理局领导班子成员、主管部门主要负责同志共计 144 人参加学习。

（4）11 月 29 日，水利部党的十九大精神宣讲团第四组莅临海委，开展党的十九大精神专题宣讲。宣讲团成员、中纪委驻水利部纪检组副组长张志刚、水利部发展研究中心主任杨得瑞分别作宣讲报告。海委党组书记、主任王文生主持报告会并作总结。委党组成员户作亮、田友、翟学军、靳怀堵、徐士忠，副巡视员梁凤刚出席会议。海委党组成员、副总工、机关全体公务员、企事业单位处级以上干部；引滦工程管理局、天津市水务局、中水北方勘测设计研究有限责任公司党员代表共计 240 余人现场聆听了宣讲。漳卫南运河管理局、海河下游管理局、漳河上游管理局均设分会场以同步视频的形式观看了宣讲。

（5）全面掀起学习宣传贯彻党的十九大精神的热潮。通过电子屏、条幅、官方网站、微信公众号和宣传板等形式刊发宣传十九大精神，宣传标语及图片数共计 80 个；确保学习贯彻全覆盖，第一时间为全体党员、入党积极分子共计 520 余人购买、发放《党章》《十九大报告》《十九大报告辅导读本》《十九大报告辅导百问》等学习书籍共计 1200 本；及时组织 150 余名党员干部职工观看水利部干部大会视频，学习传达十九大精神。党委（支部）开展学习讨论 32 次，全体党员根据各自学习的情况进行了交流讨论，其中参加集体讨论人数 509 人；领导带头学习讨论，党组中心组先后两次开展学习十九大精神专项学习，撰写学习体会 11 篇，各部门领导班子也以多种形式开展学习工作，学习讨论次数共计 60 余次。

4. *加强基层党建工作* 严格执行换届选举工作，健全优化基层党组织设置，委机关 20 个任届期满的党组织完成换届工作，优化整合了 5 个基层党支部，进一步增强了党支部的战斗堡垒作用；加强党员发展，注重规范程序和发展质量，组织 4 名发展对象参加农业系统发展对象培训班，按程序完成发展工作，做好 2017 年年中党员统计工作，大力推进支部标准化建设，对照“八个标准化”要求，新建成了 5 个党员活动室，实现了党旗飘扬、制度上墙；基层党支部建立任务清单、问题清单和责任清单，确保责任落实到人，以现场述职评议考核的方式，促进党建工作责任制落实，推进党支部全方位晋位升级；组织慰问 5 名困难老党员、职工。为委驻庞桥头村帮扶工作组配送学习资料、宣传画，将村党员活动场所改造列入预算，加强对驻村工作组的帮助指导。

四、水文化建设

海委十分重视水文化建设，将水文化建设与流域水利工作相结合，形成了具有海委特色的水文化。制定《海委系统水文化实施方案》，贯彻落实《水文化建设 2016—2018 年行动计划》，扎实推进海河流域各河系和直属水工程水文化建设，征集推广基层单位水文化建设案例。以编纂《中国水利史典·海河卷》(一)(二)、《中国河湖大典·海河卷》为契机，通过搜集资料、实地考察等形式，建成了数量可观的“水文化资源库”；积极开展水文化理论研究和实践探索，开展海委系统水文化征文活动，并在中国水利报刊网等媒体上发表了多篇水文化理论与实践研究文章。

【水文化研究】

1. 研讨交流　3月8—9日，中国水利报社（水利部水情教育中心）党委委员、《江河》杂志总策划营幼峰率组到海委就海河流域水文化宣传工作开展专题调研，海委副主任田友会见并进行座谈，纪检组组长靳怀堾陪同调研，海委有关部门、单位负责人参加。

2. 海委政研成果获水利部表彰　在水利部2017年度优秀水利思想政治工作及水文化研究成果评选活动中，根据中国水利政研会《关于表彰全国水利系统2016年度优秀水利思想政治工作及水文化研究成果的决定》(水思政〔2018〕7号)，海委引滦工程管理局职工马龙撰写的《新时期道德信仰淡化问题及对策研究》荣获一等奖。

3.《漳河水文化概览》完成第三稿　海委漳河上游管理局水文化图书《漳河水文化概览》通过深入系统地挖掘梳理漳河流域深厚的水文化积淀，从文明起源、神话传说、河流变迁、水旱灾害、依水景观、沿河城镇、历代水利工程、著名治水人物，到当代水利开发、水工程建设、水事纠纷调处与预防、和谐人水关系等方面，从水文化的视角展现漳河流域水利开发利用保护管理中应遵循的自然规律，在水文化建设中突出水利思想文化工作。

【水文化遗产保护与利用】　积极开展水文化遗产保护利用工作，目前四女寺枢纽工程已被列为全国重点文物保护单位、大运河山东段文物保护单位、山东省省级文物保护单位。

1. 四女寺枢纽北进洪闸除险加固工程　4月，天津大学建筑设计研究院和中水北方勘测设计研究有限责任公司共同完成《全国重点文物保护单位四女寺枢纽北进洪闸抢险加固工程勘测设计方案》的编制工作，并报送国家文物局审批。同月，国家文物局组织专家对方案开展咨询论证，并进行了批复。9月20日，国家发展改革委批复《漳卫南运河四女寺枢纽北进洪闸除险加固工程可行性研究报告》，同意编制工程初步设计报告，四女寺枢纽北进洪闸除险加固工程完成立项。9月25日—10月30日，漳卫南运河管理局对漳卫南运河四女寺枢纽北进洪闸除险加固工程初步勘察设计项目进行公开招标，经评审，确定中水北方勘测设计研究有限责任公司为中标人。11月，中水北方勘测设计研究有限责任公司完成《漳卫南运河四女寺枢纽北进洪闸除险加固工程初步设计报告》编制工作。12月8日，该初步设计报告报送水利部审批。

2. 卫河干流（淇门—徐万仓）治理工程　4月，漳卫南运河管理局会同中水北方勘测设计研究有限责任公司完成《卫河干流（淇门—徐万仓）治理工程可行性研究报告》修改工作，主要取消河北省永久占地、减少河南省永久占地并优化相应工程设计。根据相关修改的设计，漳卫南运河管理局对占地范围内文物重新请河北省和河南省文物局进行调查确认工作。10月23日，河南省文物局出具《关于卫河干流（淇门—徐万仓）河南段治理工程的复函》。11月17日，河北省文物局出具《关于同意卫河干流（淇门—徐万仓）治理工程的函》。12 月 20 日，河北省住房与城乡建设厅在石家庄召开卫河干流（淇门—徐万仓）治理工程河北段选址意见论证会，专家听取了漳卫南运河管理局的汇报，经讨论和审议，一致同意卫河干流（淇门—徐万仓）治理工程河北段选址，建议核发选址意见书。

【流域区域与机关企事业单位文化建设】

1. 文明单位创建

（1）扎实推进文明单位创建，完成 3 年一周期的文明单位复核，海委（机关）、海委海河下游管理局（机关）继续保持“全国文明单位”称号；海委漳卫南运河管理局（机关）、海委海河下游管理局（机关）、海委海河下游管理局西河闸管理处、海委漳河上游管理局继续保留“全国水利文明单位”称号；海委机关荣获 2015—2017 年“天津市文明单位”称号。

（2）8 月 9 日，海委召开 2017 年精神文明建设工作推进会，学习贯彻习近平总书记关于精神文明建设的重要讲话精神，传达中央文明委《关于深化群众性精神文明创建活动的指导意见》和《水利系统文明单位测评体系》要求，总结回顾海委精神文明建设工作，安排部署下阶段全国文明单位创建工作。海委党组成员、副主任户作亮主持会议并讲话。

（3）9 月 11 日，海委召开第八届全国水利文明单位推荐会，海委精神文明建设领导小组按照从严把关、优中选优、严谨规范的标准，确定推荐水利部海委海河下游管理局独流减河进洪闸管理处为第八届“全国水利文明单位”申报单位。根据水利部文明委《关于水利系统第五届全国文明单位和第八届全国水利文明单位的通报》（水精〔2017〕8 号）精神，水利部海委海河下游管理局独流减河进洪闸管理处荣获第八届“全国水利文明单位”荣誉称号。

2. 道德讲堂

（1）2 月 10 日，海委机关举办以“诚信，从一言一行做起”为主题的道德讲堂活动。海委党组副书记、副主任王文生出席活动，天津市农委宣传处、农业系统各单位宣传工作部门负责人和文明单位负责人参加活动。本期道德讲堂由人事处承办，活动期间，全体人员集体演唱了歌曲《走向复兴》，集体观看了“还债局长”胡丙申、“油条哥”刘洪安的先进事迹，学习诵读了诚信经典名句，邀请职工代表结合自身学习体会分享对诚信的理解和感悟，为全体参会人员送上了中华经典藏书《菜根谭》及良好祝愿。海委机关各部门，机关各企事业单位负责人及职工代表参加活动。

（2）5 月 19 日，海委机关举办以“迎全运，做文明有礼海委人”为主题道德讲堂活动。海委党组副书记、副主任王文生，党组成员、副主任徐士忠出席活动。本期道德讲堂由综合管理中心承办，活动期间，全体人员集体演唱了歌曲《走向复兴》，观看了综合管理中心制作的倡导文明使用共享单车的微视频和文明观赛、文明礼仪公益宣传片，诵读了文明礼仪经典名句，职工代表结合自身学习体会分享了对文明礼仪的理解和感悟，为全体参会人员送上了文明礼仪小书签、中华经典藏书《三字经》《百家姓》《千字文》《弟子规》及良好祝愿。机关各部门，机关各企事业单位负责人及职工代表参加活动。

（3）9 月 25 日，海委机关举办以“文化传承我担当”为主题的道德讲堂活动。本期道德讲堂由海河流域水资源保护局承办，活动期间，全体人员集体演唱了歌曲《走向复兴》，学习了道德模范——原北京军区给水工程团团长李国安将军的感人事迹，诵读了

《上善若水》《周易》等经典名句，职工代表结合自身工作和学习体会分享了对中华传统文化的理解和感，为全体参会人员送上了中华经典藏书《唐诗三百首》。机关各部门，机关各企事业单位负责人及职工代表参加活动。

(4) 12月6日，海委机关举办以“文明家风伴成长”为主题的道德讲堂活动。海委党组成员、副主任翟学军出席活动。本期道德讲堂由防汛抗旱指挥部办公室承办，活动期间，全体人员集体演唱了歌曲《走向复兴》，集体学习了两则家风模范故事——民族英雄林则徐的“十无益”格言和山西晋城的陈氏家训，诵读了《朱子家训》《诫子书》中的经典名句，职工代表结合社会现象和自身经验分享了对文明家风的理解和感悟，为参加活动的职工送上了中华经典藏书《颜氏家训》。机关各事企单位负责人及职工代表120余人参加活动。

3. *“迎七一”主题演讲比赛* 6月30日，海委在天津举办“迎‘七一’立足岗位做贡献，我为党旗添光彩”主题演讲比赛。海委党组书记、主任王文生，委党组成员户作亮、翟学军、靳怀堾、徐士忠，副巡视员梁凤刚观看比赛并为获奖选手颁奖。来自海委直属机关21个基层党组织的25位选手紧紧围绕“立足岗位做贡献，我为党旗添光彩”这一主题，结合自身工作进行了精彩的演讲。

4. *青年文明号开放周* 7月31日—8月4日，海委机关团委与2015—2016年度“全国青年文明号集体”海河流域水环境监测中心联合举办青年文明号开放周活动。此次青年文明号开放周活动丰富、形式多样，包括举办海河流域水环境监测中心先进事迹宣讲，组织青年代表参观海河流域水环境监测中心水质分析室、生态分析室，观摩中心工作人员监测工作，组织七里海湿地现场水生态采样，开展“关爱山川河流，保护城市水体”主题团日等内容，活动期间还进行了海委青年主题微电影《平凡中铸就非凡》的录制工作。海委机关各团支部青年代表参加活动。

5. *创争活动* 为强化机关干部职工的公仆意识、文明意识，按照《创建文明处室(文明单位)，争做合格公务员(文明职工)活动实施方案》(海水党〔2017〕13号)要求，继续开展创争活动，努力提高机关的服务能力、服务实效和文明水平。2017年文明处室(文明单位)、合格公务员(文明职工)达标率100%。

为加强海委机关群众性精神文明创建工作，巩固和拓展“全国文明单位”成果，全面落实《全国文明单位测评体系(试行)》的要求，强化文明单位的日常管理，进一步提升文明创建质量与水平，2017年在海委机关继续开展文明单位管理考核，效果良好。

6. *评选表彰*

(1) 根据中国全总工会的评选结果，海委规划计划处和华北水利水电工程集团有限公司南水北调东线双王城水库工程项目部获得“南水北调东中线一期工程建成通水工人先锋号”称号。

(2) 根据天津市总工会《关于授予2016年度天津市五一劳动奖的决定》(津工发〔2017〕5号)，水利部海委防汛抗旱办公室获得2016年度“天津市工人先锋号”称号。

(3) 根据天津市总工会《关于2016年度工会经审工作规范化建设考核情况的通报》(津工审会〔2017〕3号)，中国农林水利工会海委经审工作委员会获得2016年工会经审工作规范化建设一等奖。

（4）根据天津市妇联的评选结果，海委防汛抗旱指挥部办公室秦广秀获得2016年度“天津市三八红旗手”称号。

（5）根据天津市精神文明建设委员会《关于表彰第一届天津市文明家庭的决定》（津文明委〔2017〕2号），海委防汛抗旱指挥部办公室秦广秀家庭获得第一届“天津市文明家庭”称号。

（6）根据天津市总工会《关于授予2016年度天津市五一劳动奖的决定》（津工发〔2017〕5号），海委海河下游管理局西河闸管理处吴贺英获得2016年度“天津市五一劳动奖章”。

（7）2017年5月4日，在水利部纪念建团95周年会议上，海河流域水环境监测中心获2015—2016年度“全国青年文明号”称号并授牌。

【水生态文明建设】

1. 全面推行河长制　3月24日，海委成立了委主任任组长、相关委领导任副组长的推进河长制工作领导小组。随后，制定印发了《海委全面推行河长制工作督导检查方案》，分别由委领导带队对京津冀晋4省（直辖市）全面推行河长制工作进行了3次督导检查。截至2017年年底，流域内京津冀晋4省（直辖市）省、市、县、乡四级工作方案已全部出台。

2. 雄安新区水安全保障　2017年，按照党中央、国务院关于设立新区的重大决策部署，海委会同水利部水利水电规划设计总院（以下简称“水规总院”）、河北省水利厅于4—8月编制《雄安新区水安全保障方案研究报告》。8月，《现阶段新区安全度汛和白洋淀生态补水方案研究》专题报告编制完成。为配合做好新区防洪减灾体系研究，海委在已完成的海河流域水文设计成果修订工作的基础上组织编制《大清河流域设计洪水复核报告》，会同水规总院对设计洪水成果进行了审查，并按水利部要求印发了审查意见。

3. 京津冀协同发展水利保障

（1）永定河综合治理与生态修复工作。7月，按照《永定河综合治理与生态修复总体方案》确定的目标和要求，海委对京津冀晋4省（直辖市）编制的实施方案进行了复核，根据各地区的实际情况，对项目实施计划进行分解细化，落实了工作任务及责任分工，并将复核意见上报水利部。8月，水利部会同国家林业局印发了复核意见。在此基础上，按照《永定河综合治理与生态修复动员会暨部省协调领导小组2017年第一次全体会议纪要》和《永定河综合治理与生态修复2017年工作要点》有关要求，海委与四省（直辖市）水利、林业部门沟通协调，协助国家发展改革委制定印发了《永定河综合治理与生态修复三年滚动任务清单和项目清单（2017—2019年）》；督导各地有序推进水利项目前期工作，2017年开工建设的11项水利工程完成3项可行性研究报告批复、4项初步设计批复；开展河北张家口市退灌还水、山西朔同盆地农牧交错带高效节水工作现场调研和座谈研讨，协调推进上游农业节水；协调起草京冀晋3省（直辖市）保障永定河生态用水协议，组织编制集中输水实施方案。同时，完成永定河生态水量调度保障实施方案、永定河流域农业节水工程实施推进方案和永定河水资源实时监控与调度系统建设可行性研究报告的编制工作。

（2）《2022年北京冬奥会水资源保障方案》编制完成。为保障冬奥会期间赛事区以及北京、张家口市区供水安全，改善和提升区域水生态环境，按照水利部要求，海委组织编制《2022年北京冬奥会水资源保障方案》。该方案编制工作由海委科技咨询中心承担。2017年1月，水利部批复《2022年北京冬奥会水资源保障方案项目任务书》；2018年1月，《2022年北京冬奥会水资源保障方案》编制完成。

（3）《潮白河综合治理与生态修复规划》编制。为进一步推动《京津冀协同发展规划纲要》提出的“六河五湖”生态治理与修复工作，11月，水利部批复《潮白河综合治理与生态修复规划项目任务书》。该项目主要工作内容包括：根据京津冀协同发展和副中心建设有关要求，拟定不同水平年潮白河干流防洪减灾、水资源保护、水生态修复与保护控制性指标，研究提出潮白河干流水生态空间管控方案，分段确定河道功能定位、治理与保护任务，结合潮白河生态廊道建设，研究确定规划目标和总体布局，提出防洪除涝、水资源保护、水生态修复和流域协同管理机制建设等方案。

（4）《大清河流域综合规划》编制。11月，水利部批复《大清河流域综合规划项目任务书》，批准海委组织开展大清河流域综合规划编制工作。该项目主要工作内容包括基础资料收集、水文分析与复核、总体规划、防洪排涝规划、水资源节约利用与配置、供水保障规划、水资源保护规划、水生态保护与修复规划、流域综合管理规划、投资匡算、规划分期实施意见和保障措施、规划实施效果分析、规划环境影响评价等。

4. 海河流域水安全保障方案思路框架　海委编制完成《海河流域水安全保障方案思路框架》，并上报水利部。该框架提出以助推京津冀协同发展为主线，以服务新区、副中心两个北京非首都功能疏解集中承载地为重点的总体工作思路，推进水资源可持续利用，提升防洪保安能力，保护修复水生态，推进生态文明建设，创新体制机制，提升流域综合管理能力，不断加快推进流域水治理体系和治理能力现代化，保障流域经济社会发展水安全。

5. 水资源管理　2017年，海委推进落实最严格水资源管理制度，严格“三条红线”管理，做好各项水资源管理工作。国家水资源监控能力建设项目（2016—2018年海委部分）稳步推进。继续大力推进跨省河流水量分配方案编制和协调工作，修订完成跨省河流水量分配方案简本。开展流域水资源承载能力监测预警机制河流水系水资源承载能力复核分析，提出水资源长效管控措施与机制建设建议，完成海河流域8省（自治区、直辖市）279个县域单元、地市套三级区和重要河流水系的水资源承载能力评价工作。完成2017年度京津冀晋4省（直辖市）水资源管理专项监督检查工作。完成引滦工程年度水量调度、漳河上游水量调度、岳城水库向邯郸和安阳两市供水调度、永定河上游山西、河北两省向北京市集中输水等工作，会同黄委、山东省水利厅、河南省水利厅、河北省水利厅在天津签署《引黄入冀（补淀）供水协议》，加强南水北调东中线一期工程年度水量调度管理。

6. 节水型社会建设　积极推进流域节水型社会建设，组织开展并完成北京市用水定额评估和海河流域计划用水管理现状调查工作。海委于2017年对北京市用水定额进行了滚动评估，该工作在调查重点行业典型用水户用水及定额标准执行情况基础上，对北京市农业、工业、生活和服务业用水定额的覆盖性、合理性、实用性和先进性进行了评估，分析了用水定额在实施过程中的问题和原因，对北京市提出管理建议。海委组织开展海河流域计划用水管理现状调查工作，实地调查了海河流域8省（自治区、直辖市）的计划用水政策制定、行政管理和重点取水户管理工作，并提出相应的管理建议。

7. 水资源保护　2017年，海委紧紧围绕生态文明建设新要求，全面履行海河流域水资源保护行政职能。全年完成年度流域水质监测及水质信息编报、流域重要水功能区年度达标评估和2016年度水功能区限制纳污红线制度考核等工作。加强流域水功能区和入河排污口监督管理工作，完成年度流域入河排污口调查监测工作。完成流域55个重要饮用水水源地安全保障达标建设检查评估，30个重要地表水水源地全指标监测及信息编报工作。加强引滦水资源保护工作，协助推进完成潘大水库网箱养鱼清理工作。开展入河排污口设置审查、年度水资源保护专项执法检查、重点取水户退水监督检查等工作，完成取水许可退水审查和取水许可退水核验。配合开展《水污染防治行动计划》执行情况抽查、城市黑臭水体治理情况检查工作。完成《永定河水资源实时监控与调度系统建设可行性研究报告》编报工作，组织流域水生态文明城市建设试点评估验收工作，完成永定河系健康评估、流域重要湿地调查工作。完成"平原区地下水保护与修复模式研究"等科研项目。积极参与"中国水之行——海河行任县站和献县站系列活动"，推动流域水生态文明建设不断进步。

【水利风景区水文化建设】

1. 河北省邯郸市广府古城水利风景区入选国家水利风景区　根据水利部《关于公布第十七批国家水利风景区的通知》（水综合〔2017〕286号），河北省邯郸市广府古城水利风景区成功入选国家水利风景区。广府古城位于河北省邯郸市东北约20km，距今已有2600多年的历史，为全国重点文物保护单位。

2. 省级水利风景区　12月26日，河北省涿鹿县桑干河水利风景区、巨鹿县洪溢河生态廊道水利风景区、绿岭核桃小镇水利风景区被河北省水利厅批准设立为省级水利风景区。

【水文化教育与传播】

1. 节水爱水教育进校园　"世界水日""中国水周"期间，海委组织青年志愿者走进天津市河东区互助道小学开展节水爱水主题宣传活动，引导广大师生树立节水爱水理念，践行节水爱水护水文明风尚，1000余名师生参加活动。活动中，海委还向互助道学校赠送了节水爱水科普书籍200余套。

2. 水文化教育　海委在门户网站设立宣传专栏，开展"落实绿色发展理念，全面推行河长制"网络知识答题活动；设立主题宣传展板，集中展示解读河长制相关政策思路；3月22日，组织海委机关全体干部职工观看由水利部水资源司和水情教育中心联合制作的水情教育片《泽润中华》；5月24日，海委户作亮副主任在多功能厅就"京津冀协同发展与永定河绿色生态河流廊道建设"作了专题科技讲座，海委机关各部门单位、引滦工程管理局和海河下游管理局职工170余人参加；5月26日，组织海委系统职工40余人参观了国家水情教育基地——天津节水科技馆。

五、水利体育

海委将群众性文体活动作为推动和谐海委建设的重要抓手，深入贯彻落实全民健身战略，多形式、多举措推进海委精神文明创建步伐。大力开展经常性的职工体育活动，提高干部职工健康水平，促进干部职工快乐劳动、舒心工作、幸福生活。不断营造团结向上、科学发展的良好氛围，广大干部职工在活动中增进友谊、激发斗志、强化和谐、凝心聚力，为推进流域水利改革发展提供了坚强保障。

10 月 11—13 日，海委在天津举办“我健身我奋进，喜迎十九大”2017 年委系统羽毛球比赛，除海委机关、委直属各管理局、海河流域水资源保护局 6 支委系统内代表队参赛外，还特别邀请了天津市水务局和中水北方勘测设计研究有限责任公司 2 支代表队参加比赛。

珠 江 流 域

一、综述

2017年，珠江水利委员会（以下简称“珠江委”）深入学习贯彻习近平新时代中国特色社会主义思想和党的十九大精神，积极践行中央新时期水利工作方针，加快推进水利改革发展，以强化流域管理职能、践行新时期治水方针为导向，以“维护河流健康，建设绿色珠江”为目标，全力推进绿色珠江建设，持续加强思想文化建设和精神文明建设，推动珠江水利各项事业健康发展。

二、重要文件

（1）印发《中共水利部珠江委党组关于贯彻〈中国共产党问责条例〉实施办法（试行）的通知》（珠党〔2017〕008号），进一步落实全面从严治党责任，规范和强化珠江委党的问责工作。

（2）印发《中共珠江委党组关于进一步加强委属单位纪检监察组织建设的通知》（珠党〔2017〕001号），落实水利部党组加强部属单位纪检监察组织建设的精神和水利部党组巡视珠江委提出的巡视意见，切实推进珠江委党风廉政建设和反腐败工作。

（3）印发《中共水利部珠江委党组关于落实〈党委（党组）意识形态工作责任制实施办法〉责任分工的通知》（珠党〔2017〕11号），深入贯彻落实中共中央办公厅和水利部党组意识形态工作有关部署要求，细化意识形态工作责任分工，推动意识形态工作主体责任不折不扣落实到位。

（4）印发《中共水利部珠江委党组关于修订印发贯彻落实中央八项规定精神实施办法的通知》（珠党〔2017〕19号），从改进调查研究、严格控制会议、精简文件简报、规范出访活动、改进宣传报道、厉行勤俭节约、加强督促检查等7个方面明确了有关要求，持续深入推动中央八项规定精神落地生根。

（5）印发《中共珠江委党组关于印发落实〈中央国家机关贯彻落实全面从严治党要求实施方案〉任务清单和责任分工的通知》（珠党〔2017〕33号），结合珠江委实际，层层传导压力，将贯彻落实全面从严治党要求细化为8个方面44个小项任务清单，明确责任单位和完成时限。

（6）印发《中共水利部珠江委党组关于印发贯彻落实〈中国共产党党委（党组）理论学习中心组学习规则〉实施办法的通知》（珠党〔2017〕34号），明确中心组人员组成、学习任务、职责分工、学习内容、学习形式、学习管理、考核及问责等内容，进一步推进珠江委党组理论学习中心组学习制度化和规范化，发挥珠江委党组中心组导向示范作用，

推动理论武装工作深入开展。（荀岳明）

三、获奖情况

1. 集体荣誉

（1）水利部大禹水利科学技术奖。珠江水利科学研究院、中水珠江规划勘测设计有限公司、水文局等单位参与完成的“珠江流域骨干水库—闸泵群综合调度关键技术研究”荣获 2017 年度水利部大禹水利科学技术一等奖。中水珠江规划勘测设计有限公司廖建文参与完成的“全国水土保持区划关键技术研究与应用”获水利部 2017 年度大禹水利科学技术奖二等奖。

（2）国土资源部国土资源科学技术二等奖。珠江水利科学研究院完成的“复杂结构裂隙岩体稳定性评价理论及关键技术”荣获国土资源部国土资源科学技术二等奖。

（3）中国专利优秀奖。珠江水利科学研究院华南公司发明的“声波雨量计装置”被国家知识产权局授予中国专利优秀奖。

（4）陕西省科学技术二等奖。珠江水利科学研究院参与完成的“城市水土资源复合开发利用模式研究及生态水利工程示范”荣获陕西省科学技术二等奖。

（5）劳模和工匠人才创新工作室。水源局（水文局）张荧率领的科研创新工作室被广东省工业工会评为 2017 年“广东省工业系统劳模和工匠人才创新工作室”。

（6）广州市科学技术二等奖。珠科院杜河清完成的“江湖淤泥理化调理及复合固化处理技术系统”荣获广州市科学技术二等奖。

（7）先进记者站。珠江记者站被中国水利报社评为中国水利报 2017 年度先进记者站。

2. 个人奖项

（1）绿色卫士奖。中水珠江规划勘测设计有限公司陈三雄被团中央评为第八届“母亲河奖”绿色卫士奖。

（2）优秀团干团员奖。大藤峡公司张子飞被广西壮族自治区团委评为“广西优秀共青团干”，江伟娇被评为“广西优秀共青团员”。

（3）先进记者奖。技术中心（信息中心）吴怡蓉被中国水利报社评为《中国水利报》2017 年度先进记者，防汛抗旱指挥部办公室徐爽评为《中国水利报》2017 年度先进特约记者。（荀岳明　刘启忠）

四、思想政治

1. 学习贯彻党的十九大精神

（1）观看党的十九大开幕式。10 月 18 日，组织委机关全体干部职工及在穗委属单位党员职工代表共计 200 余人观看了党的十九大开幕式，聆听习近平总书记代表第十八届中央委员会向大会作了题为《决胜全面建成小康社会夺取新时代中国特色社会主义伟大胜利》的报告。

（2）学习贯彻系列活动。①举办“砥砺奋进的五年”——珠江委喜迎党的十九大专题展览，用图文结合的方式，回顾五年来珠江委改革发展的生动实践及委属各单位发展创新成果；②制订学习贯彻工作方案，11 月初，根据《中共水利部党组关于学习贯彻党的十九大精神的通知》《中共广东省委关于认真学习宣传贯彻党的十九大精神的通知》的有关要求，结合珠江委实际，制定《中共珠江委党组关于印发学习宣传贯彻党的十九大精神工作方案的通知》；③营造学习浓厚氛围，根据广东省委宣传部有关要求，制作规范化宣传标语海报，在办公大楼电子屏幕、大堂、电梯间等显著位置张贴，进行广泛宣传，努力营造学习宣传贯彻党的十九大精神的浓厚氛围；④开展集中宣讲教育活动，11 月 28 日，邀请水利部第四组宣讲团张志刚和杨得瑞两位宣讲专家宣讲党的十九大精神。12 月 22 日，邀请广东省委宣讲团陈金龙教授宣讲党的十九大精神；⑤教育培训活动，全委各单位共计组织 50 余场包括培训、宣讲、党课、网上答题等各类学习教育活动。

2. 中心组学习　制订《中共珠江委党组中心组 2017 年理论学习计划》，根据中心组学习计划有关安排和要求，全年累计开展 8 次委党组中心组学习活动，确保全年学习任务落到实处。

3. 推进“两学一做”学习教育常态化制度化　印发《珠江委 2017 年推进“两学一做”学习教育常态化制度化实施方案》（珠党〔2017〕17 号），5 月和 8 月两次召开“两学一做”学习教育常态化制度化推进会，督导委属单位“两学一做”学习教育常态化制度化开展情况，明确以党组中心组学习为龙头、以党支部学习为基础、以党员学习为主体，以领导带头学、专家辅导学、党员与支部丰富形式学等方式，推动“两学一做”学习教育常态化制度化深入开展。

4. 党组巡察　珠江委党组按照水利部党组关于在流域机构及部分直属单位范围内开展巡察工作的统一部署，根据《中共水利部珠江委党组巡察工作办法（试行）》《珠江委党组 2017 年巡查工作计划》有关要求和安排，1—10 月，巡察组根据委属各单位不同情况，有针对性地开展了巡察工作，实现了对委属事业单位巡察监督的全覆盖。

5. 调查研究

（1）基层党建调研。完成委机关及委属各单位基层党建情况调研。2017 年上半年，通过问卷答题、座谈交流、查阅支部活动记录、问题排查等方式，对全委 70 多个党支部开展党建调研，调研主要包括支部组织建设、支部“三会一课”活动、“两学一做”学习教育等情况。

（2）流域交流。12 月，赴松辽委开展了党建和精神文明创建调研。以座谈交流、查阅资料、现场参观等方式，全面学习了解了松辽委在推进“两学一做”学习教育常态化制度化情况、开展精神文明与水文化建设活动情况、建立评比表彰激励机制的情况、推进机关作风建设和党风廉政建设情况、党费收缴使用和管理情况、基层组织书记培训情况、支部工作法的品牌特色等方面的工作情况。

6. 学先进树典型　表彰 2015—2017 年度 14 个先进基层党组织、56 名优秀共产党员和 14 名优秀党务工作者，并根据优秀共产党员和先进基层党组织事迹材料，编印《党徽在平凡岗位上闪光》，树立身边先进典型，发挥先进榜样力量，充分发挥优秀共产党员先锋模范作用和先进基层党组织战斗堡垒作用。

7. 学组活动

（1）学组年会。11 月 1—3 日，由珠江委作为学组牵头单位组织的中国水利政研会第四学组（珠江学组）会议在贵阳召开。学组内 21 家会员单位参加了本次会议，中国水利政研会副会长火来胜出席会议并讲话。会上，各学组会员单位围绕深入学习贯彻党的十九大精神，结合各自单位工作实际，交流了本单位党建、水文化、文明创建和党风廉政建设等方面的经验和做法。

(2) 论文评审。2017 年，中国水利政研会第四学组（珠江学组）收到了水利思想政治及水文化研究论文共计 86 篇。经学组内 7 家评审单位综合评分，最终评选出 22 篇论文作为年度学组政研论文参加水利政研会论文评选。（苟岳明）

8. 文明单位创建

根据水利部文明委《关于做好第五届全国文明单位和第八届“全国水利文明单位”推荐工作的通知》要求，经水利部文明委审定，12 月，珠江委（机关）被确定为第八届“全国水利文明单位”。（苟岳明）

五、水文化建设

【水文化研究】

1. 图书编审　完成《中国水利史典・珠江卷》二期工程编纂工作。全年完成 6 部水利古典史籍、书刊共计 70 余万字的点校、一审、二审工作。8 月完成《广东二十年来治河汇刊》的点校及一审、二审，成果交付《中国水利史典》二期工程总编室。同月完成对《珠江水利》一期、二期的选录和校改、一审、二审。12 月完成《筹潦汇述》《广东水患问题》中英文版、《正江实勘报告书》的录入、点校、一审、二审工作。

（邓　婷　张孝南）

2. 档案编研　珠江委档案馆梳理研究馆存资料，3 月整编完成《珠江委全宗指南》《珠江委组织机构沿革》《珠江委机构设置文件汇编专题目录》《珠江委科学技术奖获奖成果统计》。《珠江委全宗指南》信息更新至 2016 年 12 月 31 日，包括全宗构成者沿革简介、全宗档案情况简介、全宗档案内容成分介绍与形式三部分，介绍了珠江委名称变迁、成立时间、办公地址、主要职能、隶属关系、主要负责人名录、机构变化情况、档案数量和保管价值、档案完整程度与保管状况、档案利用机制及鉴定、检索工具的配置、档案整理情况、全宗档案主要内容成分、全宗档案的形式诸方面内容；《珠江委组织机构沿革》涵盖了 1979—2016 年珠江委主要职能、机构设置及人员编制、珠江委组织机构图以及珠江委主要负责人名录，反映了珠江委 37 年来组织机构变迁全过程；《珠江委机构设置文件汇编专题目录》收录珠江委 1979 年 9 月 30 日—2016 年 12 月 31 日的机构设置文件条目，共 73 条，可提供文件检索；《珠江委科学技术奖获奖成果统计》收录珠江委 1979—2016 年珠江委委属单位向珠江委科技主管部门报送的由珠江委独立完成的科学技术奖项，共计 242 条。8 月整编完成《水利规划计划管理法规文件汇编》，共 6 本，分别收录水利规划计划法律法规文件 23 件、综合性文件 26 件、规划及前期文件 18 件、投资计划文件 26 件、有关病险水库文件 12 件、水利统计及其他文件 12 件，展示了 2000—2017 年中国水利规划计划管理工作的整体思路。（邓　婷）

3. 研究成果　根据中国水利政研会《关于表彰全国水利系统 2016 年度优秀水利思想政治工作及水文化研究成果的决定》（水思政〔2017〕7 号），由中水珠江规划勘测设计有限公司刘元勋撰写的《水利工程规划设计中贯彻生态文明理念的思考》获得一等奖；水

源局（水文局）郭娜撰写的《水利行业核心价值研究》获得三等奖。（苟岳明）

【水生态文明建设】

1. 推进珠江流域片全面建立河长制　印发《珠江委关于推进珠江流域片全年建立河长制工作方案的通知》（珠水建管〔2017〕68号），从总体要求、组织架构、主要任务等方面作了部署和要求，重点对珠江委在推进珠江流域片全面建立河长制工作中的协调、指导、监督和监测等职责作了详细的说明。

2. 推进水生态文明城市建设　受水利部委托，7—12月，技术评估组对广州市、东莞市、普洱市、吉林市、黔西南州、长汀县、琼海市等8个水生态文明城市建设试点工作进行了技术评估，并根据各试点城市不同地域特点，因地制宜地给予技术指导和督导。

【水文化教育与传播】

1. 水文化教育　承办各类培训班，传授绿色发展理念。3月20日、3月27日、4月24日分别在南开大学、四川大学承办4期水资源综合管理培训班，设置水生态环境保护理论与实践、新常态下水利工作面临的机遇与挑战、解读“河长制”、海绵城市建设、古代水利工程现场观摩等方面课程，授课教师着重分析水生态保护理念、古代水利工程价值、最新水利政策法规。珠江委机关、技术中心（信息中心）、广西大藤峡水利枢纽开发有限责任公司、广西右江水利开发有限责任公司、西江局干部职工共340人参加培训；8月2—4日，承办2017年新职工入职管理培训班，60名新职工参观流域治水思路展示区——珠江委绿色珠江公众开放区、聆听《绿色珠江建设与十三五规划》课程，了解珠江委历史沿革、主要业绩和发展目标，珠江流域片水利文化，“建设绿色珠江”治水理念及发展规划；10月30日—11月2日，承办第六届青年干部综合管理培训班，珠江委42名青年骨干通过分组讨论、答辩的形式巩固学习水资源管理、河长制方面课程，围绕建设绿色珠江，为珠江水利事业发展出谋划策。（邓　婷）

2. 水文化出版　完成2017年度《人民珠江》月刊出版工作。《人民珠江》是由水利部主管、珠江委主办的国家级科技期刊，创刊于1980年，国内外公开发行。2017年全年完成12期正刊、2期增刊编辑出版，积极宣传绿色珠江建设理念，宣传党和国家关于水利工作的方针政策，总结交流水利科技成果和工作经验，传递水利水电建设信息，报导国内外水利水电科技新成果、新技术和新动态。全年刊登论文315篇，基金论文比达到48%，知网复合影响因子0.469，在全部62家水利期刊中排名第21位。2017年获得第六届广东省特色期刊称号。（邓　婷）

3. 水文化传播行动　正式运行绿色珠江公众开放区。9月，由珠江委技术中心（信息中心）承担建设任务的绿色珠江公众开放区珠江水利大厦展区（以下简称“开放区”）建成，技术中心（信息中心）负责运行管理。开放区主要定位为流域治水思路展示区，设置了珠江流域概况、历史沿革、建设成就、形势与挑战、绿色珠江实践与探索六大板块，以及视频播放区、互动投影体验区。开放区试运行以来，截至2017年12月31日，已接待水利部、中国气象农林水利工会、中国水利水电科学研究院、广东省气象局、贵州省水利厅、兰卡斯特大学、郑州大学、广州华阳小学、东盟地区论坛——台风灾害防御与减灾对策研讨会、水利工程技术国际培训班等单位（组织）共计342人次的参观学习。

（吴怡蓉　丁霖啸）

4. 水文化媒体宣传　综合运用网站、报刊、展览、一张图、微信公众号等多种宣传形式和载体，大力开展珠江水文化媒体宣传工作。3月，为纪念第25届“世界水日”、第30届“中国水周”，充分利用网络媒体，在珠江水利网策划开设网站专题，面向社会公众宣传绿色发展理念，普及水法规、流域水情和河（湖）长制工作等；利用“珠江水利”微信公众号，推送公益视频短片《水说》、原创动画《每条河流都要有河长了》等，营造浓厚的水文化氛围。9月，在《大江文艺》杂志开展《珠江委：深入开展精神文明建设促进单位和谐发展》专题宣传，组织编辑文字内容，选取典型图片，积极宣传珠江委精神文明创建活动成效。

（吴怡蓉）

六、水利文学艺术

【水利摄影】

1. 摄影知识讲座　6—7月，举办珠江委摄影知识讲座。采用每周一课的方式，邀请广州国际摄影协会专家授课，主要学习内容包括摄影理论知识、摄影基本技能、摄影创作技巧和经验、摄影作品鉴赏等，来自委机关、在穗委属单位210多名职工参加了培训。

2. “感动随手拍”手机摄影大赛　参加广东省直机关妇工委承办的首届“感动随手拍”手机摄影大赛。参赛作品分为“身边的榜样”“我们这一行”“最美的家庭”“华夏风景线”四大主题，珠江委积极响应，推荐26幅作品参赛，3幅作品获奖，珠江委被省直机关工委评为“优秀组织奖”。

3. 《祖国美》主题职工摄影作品展览　本次展览活动共征集摄影作品140多幅，全部作品以职工创作的国内自然风光和人文风采为主，展出作品近百幅，评选表彰20幅优秀作品。

（苟岳明）

七、水利体育

1. 广东省直机关第三届趣味运动会　12月，组织职工参加省直机关第三届趣味运动会。趣味运动会分“闻鸡起舞”“众志成城”“满载而归”“暖暖的家”“趣味气排球”“毽上生花”等6大比赛项目，来自广东省直机关60多个厅级单位的2000多名运动员参加了比赛，珠江委在众多参赛队伍中脱颖而出，勇夺团体总分第二名。

2. 委内体育赛事

(1) 3月，举办珠江委2017年职工新春大众体育运动会。

(2) 5月，举办珠江委职工迷你马拉松比赛。

(3) 8月，举办珠江委职工羽毛球赛。

(4) 10月下旬至11月上旬，举办珠江委2017年“水文水资源杯”职工篮球赛。

3. 委内文体活动

(1) 1月，举办珠江委职工迎春游园会。

(2) 9月，举办珠江委“关爱山川河流·你我携手同行”健步行活动。

（苟岳明　范建武）

松花江、辽河流域

一、综述

2017年，松辽委认真学习贯彻习近平新时代中国特色社会主义思想和党的十九大精神，积极践行中央新时期水利工作方针，认真履行流域管理职责，突出政治引领，突出服务流域中心工作，突出全面从严治党，扎实推进“两学一做”学习教育常态化制度化，持续加强思想政治建设水文化建设和精神文明建设，各项工作取得新的成效。

二、重要文献

1. 中共松辽委党组关于落实《党委（党组）意识形态工作责任制实施办法》责任分工的通知　8月18日，制定印发《中共松辽委党组关于落实〈党委（党组）意识形态工作责任制实施办法〉责任分工的通知》（松辽党〔2017〕31号），深入贯彻落实中共中央办公厅和水利部党组意识形态有关要求，明确了切实增强责任意识、认真履行主体责任、建立健全工作机制等意识形态领域各项任务，进一步推动意识形态工作不折不扣落实到位。

2. 中共松辽委党组关于印发《中共松辽委党组理论学习中心组学习实施细则》的通知　8月25日，制定印发《中共松辽委党组关于印发〈中共松辽委党组理论学习中心组学习实施细则〉的通知》（松辽党〔2017〕33号），对松辽委党组理论学习中心组学习的组织与职责，学习内容、形式和要求，学习管理、考核与问责等进行明确，进一步推动松辽委党组理论学习中心组学习制度化规范化，为推动党的领导更加坚实有力筑牢制度基础。

3. 中共松辽委党组关于印发《中共松辽委党组关于认真学习宣传贯彻党的十九大精神工作方案》的通知　11月10日，制定印发《中共松辽委党组关于印发〈中共松辽委党组关于认真学习宣传贯彻党的十九大精神工作方案〉的通知》（松辽党〔2017〕42号），贯彻落实中央、水利部党组、吉林省委关于认真学习宣传贯彻党的十九大精神的安排部署，明确学习宣传贯彻党的十九大精神的工作目标、工作任务和工作要求，切实抓好党的十九大精神的学习宣传贯彻。

4. 松辽委2017年政研会工作要点　6月9日，制定印发《松辽委职工思想政治工作研究会关于印发〈松辽委职工思想政治工作研究会2017年工作要点和重点调研课题〉的通知》（松辽思政〔2017〕1号），认真贯彻落实中国水利职工思想政治工作研究工作部署，从深入学习贯彻习近平总书记系列重要讲话精神和治国理政新理念新思想新战略、大力推进思想政治工作创新发展、进一步提升服务流域管理能力建设3个方面10项具体措施上对职工思想政治工作作出安排部署。

5. 松辽委精神文明建设领导协调委员会关于印发《松辽委2017年精神文明与水文化建设工作安排》的通知 3月31日，制定印发《松辽委精神文明建设领导协调委员会关于印发〈松辽委2017年精神文明与水文化建设工作安排〉的通知》（松辽精〔2017〕1号），为深入学习贯彻习近平总书记系列重要讲话精神和治国理政新理念新思想战略，提出2017年松辽委精神文明与水文化建设工作的总体要求，并在深入学习宣传贯彻习近平总书记系列重要讲话精神和治国理政新理念新思想和新战略、扎实推进社会主义核心价值观建设、深入拓展群众性精神文明创建活动、着力推动水文化发展、切实加强党对群众性精神文明创建活动的领导5个方面14项具体措施上对全委2017年精神文明与水文化建设工作进行安排部署。

6. 中共松辽委直属机关党委关于印发《松辽委直属机关2017年党的建设工作安排》的通知 3月10日，制定印发《中共松辽委直属机关党委关于印发〈松辽委直属机关2017年党的建设工作安排〉的通知》（松辽直党〔2017〕2号），从深入学习贯彻十八届六中全会精神和习近平总书记系列重要讲话精神、做好迎接党的十九大召开和学习宣传贯彻十九大精神工作、贯彻落实全面从严治党要求、深入推进作风建设、推进党风廉政建设及反腐败工作和扎实做好精神文明创建工作6个方面19项具体措施上对全委党建工作做出安排和部署。

（桑冬莲 王德佳）

三、获奖情况

（1）科学技术奖。松辽委完成的《全国水土保持区划关键技术研究与应用》项目成果荣获2017年度大禹水利科学技术二等奖；水土保持处回莉君作为项目主要完成人员，荣获二等奖。

（2）青年文明号。根据《关于命名2016年度吉林省青年文明号的决定》（吉青号字〔2016〕3号），松辽委流域规划与政策研究中心被授予2016年度吉林省“青年文明号”荣誉称号。

（3）青年安全生产示范岗。根据《关于命名表彰2016年度吉林省青年安全生产示范岗的决定》（吉团联字〔2016〕27号），嫩江尼尔基水利水电有限责任公司发电厂被授予2016年度吉林省“青年安全生产示范岗”荣誉称号。

（4）2015—2016年度省直机关青年文明号。松辽委松辽水资源保护科学研究所被授予吉林省直机关团工委“2015—2016年度省直机关青年文明号”荣誉称号。

（5）长春市第34届“劳动模范”称号。松辽委推荐的李和跃同志荣获长春市第34届“劳动模范”称号。

（桑冬莲 王德佳）

四、思想政治

1. 松辽委党组中心组学习 4月，印发《中共松辽委党组中心组2017年理论学习计划》，明确中心组理论学习的指导思想、学习重点和学习要求，全年累计开展9次委党组中心组学习活动。

（桑冬莲）

2. 推进“两学一做”学习教育常态化制度化

（1）8月9日，召开松辽委“两学一做”学习教育常态化制度化工作推进会。松辽委党组书记、主任齐玉亮主持会议。要求松辽委各级党组织和广大党员干部深刻领会推进"两学一做"学习教育常态化制度化的重大意义，提高政治站位，深化思想认识，切实把思想和行动统一到以习近平同志为核心的党中央决策部署上来，进一步增强推进学习教育常态化制度化的思想自觉和行动自觉。

（2）8月8日，印发《中共松辽委党组推进"两学一做"学习教育常态化制度化实施方案》（松辽党〔2017〕27号），对松辽委"两学一做"学习教育常态化制度化工作进行安排部署。

（3）9月19日，印发《推进"两学一做"学习教育常态化制度化督导清单》，成立督导组，对委直属各级党组织推进"两学一做"学习教育常态化制度化情况进行督导检查。截至12月份，党员领导干部讲党课90余人次，委党组中心组开展集中学习研讨9次，各基层党组织共开展学习交流近620余次，制订主题党日活动方案，开展活动300余次。

（桑冬莲）

3. 深入学习贯彻党的十九大精神

（1）收看开幕式。10月18日，组织各级党组织收听收看开幕会，聆听习近平总书记代表第十八届中央委员会向大会作的题为《决胜全面建成小康社会　夺取新时代中国特色社会主义伟大胜利》的报告。通过政务内网、门户网站、党建微信群等平台及时推送会议盛况。

（2）开展学习贯彻系列活动。①10月26日，组织党员领导干部参加水利部党组传达十九大精神视频会议；②11月10日，组织制定了《中共松辽委党组关于认真学习宣传贯党的十九大精神工作方案》；③11月30日，组织参加水利部学习贯彻党的十九大精神宣讲报告会；④12月25日，邀请吉林省委党校专家就《党章》、党的十九大精神进行专题讲座，帮助党员干部深刻领会《党章》和党的十九大精神的精髓和核心要义；⑤11月9日—12月9日，12月5—31日，组织广大党员干部540余人参加水利部和吉林省直工委开展的"学习宣传贯彻党的十九大精神"理论测试和网上答题活动；⑥12月25日，组织松辽委学习贯彻党的十九大精神基层党组织书记示范培训班，80余人参加学习培训；⑦11月6日，党组中心组集体学习水利部党组中心组学习宣传贯彻党的十九大精神扩大学习班精神，研究党组学习贯彻十九大精神工作方案；11月10日，党组举办学习贯彻党的十九大精神中心组扩大学习班，党组书记、主任齐玉亮结合个人学习实际谈体会、进行辅导宣讲，党组成员谈学习体会，各部门单位作交流发言；⑧12月15日，举办青年学习贯彻党的十九大精神交流座谈会，青年干部58人参加；⑨7月7日，组织观看省直机关迎接党的十九大优异成绩展，全委党员干部200余人参加；10月19日，组织"感悟十九大"青年主题分享等活动；开设"学习贯彻党的十九大精神"专题网页，在《松辽论坛》设立专栏刊登党员干部撰写学习体会、理论文章、调研报告24篇，对党的十九大精神进行广泛学习宣传。

（桑冬莲）

4. 开展政治巡察　松辽委党组按照水利部党组关于在流域机构及部分直属单位范围内开展巡察工作的统一部署，根据《中共水利部松辽委党组巡察工作办法（试行）》有关要求和安排，于4月27日对委属规研中心和综管中心开展第二轮巡察工作。9月12日，

松辽委党组对委属移民开发中心、水利工程建设管理站和综合服务中心开展第三轮巡察。（桑冬莲）

5. *学组活动* 2017年，中国水利政研会第五学组松辽新疆学组，收到54篇水利思想政治及水文化研究论文，经学组内10家评审单位综合评分，最终评选出20篇论文作为年度学组政研论文参加水利政研会论文评选。（桑冬莲）

6. *精神文明创建活动* 印发《中共松辽委党组关于落实党委（党组）意识形态工作责任制实施办法责任分工的通知》（松辽精〔2017〕4号）和《松辽委精神文明建设领导协调委员会关于印发松辽委2017年精神文明与水文化建设工作安排》的通知（松辽精〔2017〕1号）、《松辽委2017年度志愿服务活动实施方案》（松辽精〔2017〕2号），转发《水利系统深化群众性精神文明创建活动实施意见的通知》等指导性文件。继续开展“每周经典诵读”“巩固文明单位创建成果图片展播”等系列活动。松辽委机关顺利通过“全国文明单位”复审，松辽委水资源保护局被确定为第五届“全国文明单位”，委属尼尔基公司、察尔森局通过“全国水利文明单位”复审。（桑冬莲）

7. *受洪灾地区捐款* 8月3日，松辽委属各级组织和广大党员干部向吉林市永吉县捐助，共募集人民币7.123万元。（桑冬莲）

五、水文化建设

【水文化研究】

1. *思想政治工作研讨会* 11月3日，松辽委召开2017年度思想政治工作研讨。共收到68篇政研论文，对优秀政研论文进行了表彰，部分优秀政研论文作者进行了大会交流。各政研分分会专兼职思想政治工作者和获奖论文作者参加了会议。（桑冬莲）

2. *研究成果* 根据中国水利政研会《关于表彰全国水利系统2016年度优秀水利思想政治工作及水文化研究成果的决定》（水思政〔2017〕7号），松辽委陆超撰写的《凝聚改革创新正能量汇就民生水利新画卷》获得三等奖，李春花撰写的《察尔森局党风廉政建设工作调研报告》获得三等奖。（桑冬莲）

3. *思想政治和水文化研究工作成果表彰决定* 10月31日，下发《关于表彰松辽委2017年度优秀思想政治和水文化研究工作成果的决定》（松辽思政〔2017〕2号），对各会员单位报送的68篇研究成果进行表彰，其中一等奖1篇，二等奖3篇，三等奖6篇，优秀奖若干篇。（桑冬莲）

【水生态文明建设】

1. *全面推进河长制工作方案* 5月27日，松辽委印发《松辽委全面推进河长制工作方案》，全面推进松辽流域片河长制工作。从总体要求、工作目标、组织设置、主要任务、保障措施五个方面对全面推进河长制工作进行安排部署。（桑冬莲）

2. *河长制工作推进会暨专题讲座* 4月6日，松辽委召开河长制工作推进会暨专题讲座，学习贯彻落实中共中央办公厅、国务院办公厅《关于全面推行河长制的意见》以及水利部、环保部《贯彻落实〈关于全面推行河长制的意见〉实施方案》精神，按照水利部推行河长制总体工作部署，安排部署松辽委推行河长制重点工作。（桑冬莲）

3. *“共学河长制”主题沙龙* 9月15日，松辽委直属机关团委举办以“共学河长制”为主题的“知识共享”主题沙龙，邀请青年职工担任授课嘉宾围绕河长制的起源和发展、地方实践经验和成效、推行河长制的要求和任务以及松辽委推行河长制开展情况等分享知识、分享见解、分享经验、分享成果，促进青年职工提升工作能力早日成长成才。在长60余位青年参加了活动。（桑冬莲）

【水利风景区水文化建设】 12月29日，举办“中国·察尔森湖第三届冰雪渔猎文化旅游节”。此次活动以“渔悦冰雪　大湖之冬”为主题，以察尔森水库冰上互动式活动为载体，吸引了5万余名游客前来观光、游玩，提升了察尔森水库有机绿色水产品的知名度和库区旅游文化品牌，对于开拓察尔森水库冬季旅游市场，整体推介兴安盟科右前旗冰雪旅游资源，丰富和扩大冬季旅游项目和规模，打造内蒙古东部区冬季旅游品牌，促进地方经济和内蒙古东部区旅游业蓬勃发展奠定了良好基础。（桑冬莲）

【水文化教育与传播】

1. 水文化教育

（1）青年干部理想信念教育培训交流会暨“五四”青年干部座谈会。5月4日，松辽委以“坚定理想信念争做优秀青年”为主题，召开青年干部理想信念教育培训交流会暨“五四”青年干部座谈会。（桑冬莲）

（2）学习时代楷模黄大年。7月14日，松辽委举办了道德讲堂活动，观看纪录片《时代楷模——黄大年》，学习时代楷模黄大年同志先进事迹。松辽委机关处级以上领导干部、在长委直属单位班子成员130余人参加活动。（桑冬莲）

（3）红色故事重温传诵活动。8月11日，松辽委直属机关团委举办了“不能忘却的记忆——我行业、我家乡、我家族里的共产党员、共产党史红色故事分享会”道德讲堂活动，参加活动的团员青年均分享了党员、军人模范的红色故事，并合唱了红色歌曲、宣誓爱国决心、诵读互赠经典名句及心得，为建军90周年献礼。（桑冬莲）

（4）参观吉林省廉政教育基地。8月22日，松辽委组织参观吉林省廉政教育基地，此次参观的主题为“党风廉政建设和反腐败斗争永远在路上”，活动中，全体人员观看主题展览，重温入党誓词，学习廉政建设形势任务、观看贪腐案例、倾听忏悔感言，为广大干部上了一堂生动形象的廉政教育党课，松辽委处级以上干部90余人参加。（桑冬莲）

（5）举办基层党组织书记培训班。9月13—15日，举办基层党组织书记培训班，松辽委党组成员、副主任马铁民出席开班仪式并作动员讲话，通过《从严从实加强基层党组织建设》专题教学，拓展了党务工作者的工作思路，增强了党建工作的针对性和实用性，全面提升了基层党建业务能力；通过《东北抗联精神》专题教学，重温抗联峥嵘岁月，回顾抗联艰苦历史，弘扬了伟大抗联精神；通过重走抗联路、重温入党誓词等一系列形式灵活的现场教学，进一步强化了理想信念，增强了党员意识，提升了党性修养。

12月25日，举办学习贯彻党的十九大精神基层党组织书记示范培训班。对党的十九大精神、新《党章》和基层党建工作知识讲解。

12月26日，举办纪检专责监督座谈会暨纪检业务培训班，学习党的十九大精神，对《党内监督条例》进行学习，传达习近平总书记关于进一步纠正“四风”、加强作风建设的重要批示精神和水利部巡视巡察工作座谈会精神，传达流域机构纪检组组长座谈会精神，交流汇报纪检工作情况以及经验做法，总结纪检专责监督工作，对纪检干

部开展集体约谈。（桑冬莲）

(6) 举办各类培训班，传授绿色发展理念。5 月 22 日，举办党的十八届六中全会精神专题讲座。深入学习贯彻党的十八届六中全会精神，扎实推进“两学一做”学习教育常态化制度化，切实用全会精神统一思想，把全面从严治党落到实处，委机关及委属在长单位处级干部参加学习。

5 月 22—26 日，举办处级干部培训班。培训班精心设置培训内容，通过解读十八届六中全会精神、《关于新形势下党内政治生活的若干准则》、《中国共产党党内监督条例》、“两学一做”学习教育常态化制度化等，提升了处级干部党性修养，深刻领会了党中央全面从严治党的信心和决心；通过解析经济新常态下供给侧改革、“一带一路”战略和保密案例等，增强了处级干部使命意识，激发了责任感；通过讲授应急事件处理与媒体应对、管理思维与创新、行政程序与依法行政等，提高了处级干部综合素质和能力。松辽委各部门、单位 40 余名处级干部参加了培训。

5 月 22 日，举办应急事件处理与媒体应对专题讲座。提高领导干部突发事件处置能力和媒体应对水平，提升个人综合素质，委机关及委属在长单位处级干部参加学习。

5 月 16 日，关于举办水利大数据知识培训班。深入贯彻落实党中央关于网络安全和信息化工作的决策部署，贯彻落实《全国水利信息化发展“十三五”规划》及水利部办公厅关于印发《2017 年水利信息化工作要点》的通知要求，提升信息员的能力和水平。

6 月 8—9 日，举办防汛技术专题培训班。对水库预报调度、防洪抢险技术及应急管理进行专题解读。

8 月 22 日，举办防汛抗旱气象专业知识讲座，对流域气候概况、降水特点、洪水特点、气象专业基础知识以及 2017 年 10 号台风“海棠”对松辽流域的影响分析等专题讲解，提高防汛抗旱业务能力。

8 月 28 日，举办突发水污染事件应急处置培训。进一步贯彻落实水利部做好突发水污染事件应对工作有关要求，对突发水污染事件应急处置相关政策进行解读，对突发水污染事故应急处置技术、应对突发水污染事件案例分析，提高处置突发水污染事件的能力和效率。

10 月 12 日，举办行政审批监管平台内部测试培训会，对已建行政审批监管平台系统的日常使用管理进行培训，并启动内部测试。

10 月 27 日，举办公文处理工作培训班，邀请水利部办公厅领导讲解水利系统公文处理有关规定及相关知识。

11 月 6 日，举办保密教育轮训，加强干部职工保密意识和保密常识教育。

12 月 14 日，举办水行政执法经验交流暨水政监察人员执法能力培训会。总结交流水行政执法工作经验并对执法巡查监控工程系统应用进行培训。（桑冬莲　王德佳）

2. 水文化出版

(1)《东北水利水电》杂志。完成 2017 年度《东北水利水电》月刊出版工作。《东北水利水电》是水利部主管、松辽委主办的国内外公开发行科技期刊，创刊于 1983 年，以展示科技成果、服务科学研究、交流创新经验、传播管理理念、引领水利发展为办刊宗旨，为水利系统各级领导及广大设计、科研、施工、勘测和管理等专业人员提供学习与交流的平台。《东北水利水电》杂志被评为全国优秀科技期刊、中国期刊方阵双效期刊、中国学术期刊（光盘版）入编期刊、全国CAJ-CD规范执行优秀期刊、吉林省自然科学十佳期刊。

（桑冬莲）

（2）《松辽论坛》杂志。完成2017年度《松辽论坛》月刊出版工作。《松辽论坛》是松辽委主管，松辽委直属机关党委主办的吉林省连续性内部资料出版物，创刊于1992年，在松辽委内、东北四省（自治区）水利厅局、流域机构内、水利部各司局、吉林省直机关工委免费交流。积极宣传党的理论方针政策和新时期治水方针，总结交流水利研究成果，抒发水利职工心声，丰富干部职工精神文化生活，是松辽委宣传思想阵地不可缺少的重要组成部分。

（桑冬莲）

3. 水文化传播行动

（1）节水宣传进校园水利志愿服务活动。3月22日，松辽委联合长春市解放大路小学，开展了节水宣传进校园活动。水利志愿者向广大师生广泛宣传开展节水爱水的重要性，为学生们详细讲述了我国水资源现状以及日常节约用水知识，向学生们发放了水利志愿服务标识，吉林省教育厅联合吉林教育电视台对本次活动进行了全程录制，计划在全省中小学德育教育课上宣传播放。

（桑冬莲）

（2）“世界水日”“中国水周”系列宣传纪念活动。3月22—28日，松辽委围绕“落实绿色发展理念，全面推行河长制”宣传主题，组织开展了系列宣传纪念活动。活动中向全委干部职工发放《世界水日·中国水周特刊》及流域管理主题图书，并组织学习陈雷部长在《人民日报》发表的署名文章，着力宣传全面推行河长制的内容实质；开通松辽委水法规学习系统，组织全委职工在线答题，进一步提高干部职工学法用法热情，开展《中华人民共和国水土保持法》实行六周年宣传活动，全面推行河长制宣传。

（桑冬莲）

（3）“传家训　立家规　扬家风”道德讲堂。8月23日，松辽委举办了“传家训、立家规、扬家风”道德讲堂活动。讲堂以“爸妈影响我最深刻的一句话”为关键词，分享家人对自己影响最深的一句话，集体诵读并书写了家风经典《诫子书》，以“团扇徐徐送家风”为主题，在团扇上书写家风寄语并绘制了“竹、兰、荷”等明志图案，以家风为载体强化文明家庭创建。

（桑冬莲）

（4）主题读书沙龙活动。2月24日，松辽委文明办以“明朝那些人和事儿”为主题，在文化角举办了读书沙龙活动，引导广大职工积极参与全员阅读，共建书香松辽。

（桑冬莲）

（5）元宵节灯谜有奖竞猜活动。2月9日，松辽委举办了第三届“我们的节日——鸡年展智慧　快乐猜灯谜”元宵节有奖竞猜活动，活动设室内和室外竞猜两个场地，活动中包括文字谜、地名谜、事物谜、诗词谜、人物谜等400余条灯谜被竞相猜出，通过活动弘扬传统文化，营造了欢乐祥和、文明向上的节日氛围。

（桑冬莲）

（6）清明节纪念活动。4月1日，松辽委直属机关团委以传统文化节日为载体，在长春市南湖公园开展清明节纪念活动。青年志愿者朗诵《烈士颂》来感怀清明追忆先烈，抒发了对革命先烈的缅怀之情。青年志愿者们积极响应文明祭祀的倡议，开展了义务捡垃圾公益活动，让绿色、环保的生活方式深入人心。

（桑冬莲）

（7）“青年文明号开放周”活动。6月19—23日，松辽委直属团委开展了以“青年建

功十三五　青春献礼十九大”为主题的“青年文明号开放周”活动。活动期间，通过举办公益课堂、志愿服务、骑行宣传、开放观摩等实践活动，展示青年创造和青年风貌，反映集体发展的新成果、新气象，充分发挥青年文明号的示范作用，为迎接党的十九大胜利召开营造了浓厚氛围。（桑冬莲）

4. 党风廉政建设宣传教育

（1）1月4日，下发通知，要求各级党组织自行组织观看电视专题片《打铁还需自身硬》。

（2）6月开展党风廉政宣传教育月活动。通过举办廉政党课暨集体约谈、廉政文化展、基层党组织书记培训班，观看先进典型事迹、警示教育视频，组织教育基地学习、发放廉政书籍、开展学习研讨等活动，进一步提高了党员领导干部守纪律讲规矩的意识和能力，进一步推进了各单位（部门）主体责任的落实。

（3）6月26日，组织机关处级以上领导干部及委属单位领导班子成员参加水利部直属系统警示教育视频会议，70余人参加会议。

（4）7月14日、12月29日，分别转发了中央国家机关纪工委和驻水利部纪检监察组通报的违纪违法典型案例。

（5）8月22日，组织机关及直属单位处级以上领导干部共90名赴吉林省廉政警示教育基地进行参观学习，集中开展警示教育活动。

（6）加强节日党风廉政建设，在清明、五一、端午、国庆、中秋、元旦、春节前发布廉洁过节通知。

（7）在《松辽论坛》上刊登反腐倡廉文章，2017年累计刊登14篇。

（桑冬莲　王德佳）

【水利文学艺术】

1. 职工摄影大赛　3月7—31日，松辽委组织参加长春市职工文化体育协会组织的“文化长春·活力职工”摄影大赛，共选送24幅（组）摄影作品参赛，松辽委水文局黑龙江中游中心王越宇创作的《流量测验》组照荣获二等奖，并被选送参加9月全国总工会组织的职工摄影大赛。选报的《土壤样品》（高燕）、《英姿“仨爽”》（王志超）、《默契》（姚远）获得优秀奖。（桑冬莲）

2. 廉政文化作品展　7月17—21日，松辽委举办廉政文化作品展。对广大干部职工精心创作的120余幅书法、绘画、摄影等作品进行展览，同时廉政文化作品还在基层党委进行巡展，做到廉洁文化宣传教育全覆盖。（桑冬莲）

六、水利体育

1. 调研　3月14日，中国农林水利气象工会副主席原成刚一行到松辽委调研指导工作。对《全国水利系统企事业单位职工代表大会规定》落实情况进行调研。调研组对松辽委进一步落实职代会制度提出了建议意见，中国农林水利工会松辽委员会各分工会负责人陪同调研。（桑冬莲）

2. 赛事

（1）第十六届“广西水电设计杯”全国水利系统职工桥牌比赛。11月16—20日，松辽委组队参加第十六届“广西水电设计杯”全国水利系统职工桥牌比赛，来自全国水利系

统的 24 支代表队参加了不同组别的比赛，松辽委代表队发挥出应有的风格和水平，取得了满意成绩。（桑冬莲）

（2）“文化长春·活力职工”2017 年长春市职工羽毛球赛。5 月 18—23 日，松辽委组队参加由长春市总工会主办、长春市文化体育协会承办的“文化长春·活力职工”2017 年长春市职工羽毛球赛。来自长春各县（市）区、企事业单位、大专院校、机关团体的 62 支代表队、800 余名运动员参加了比赛。松辽委进入混合团体赛 32 强，焦长清获得甲组男子单打比赛第四名，松辽委荣获“优秀组织奖”。（桑冬莲）

（3）松辽委委内文体赛事。①6 月 27—28 日，举办松辽委第十八届“水土保持杯”职工排球赛，来自各分工会的 90 余名运动员参加比赛；②11 月 1—2 日，举办松辽委 2017 年度职工乒乓球比赛，来自各分工会的 40 余名运动员参加比赛；③12 月 13—15 日，举办松辽委第十一届职工羽毛球比赛，来自各分工会的 60 余名运动员参加比赛；④9 月 7 日，举办松辽委 2017 年度扑克牌双升（拖拉机）比赛。在长工会选派 16 队选手参加比赛。（桑冬莲）

3. *活动*

（1）三八妇女节活动。3 月 8 日，松辽委举办庆祝三八妇女节活动。通过组织开展座谈会、茶艺讲座、观影、艺术插花、玩跳棋扑克、跳皮筋、跳房子、踢口袋等丰富多彩的活动向全委广大女职工致以节日的问候。（桑冬莲）

（2）端午节龙舟赛。5 月 30 日，松辽委龙舟队参加由中共长春市委宣传部等单位主办的“幸福长春龙舟竞渡”大型民俗文化活动——端午节龙舟赛，来自吉林省各地企事业单位、社会团体、高等院校等 20 支代表队参加角逐。松辽委已经连续参加四届比赛，均取得了较好的成绩。（桑冬莲）

（3）古诗赏析暨软笔书法描红会。5 月 27 日，松辽委文明办组织“端午节古诗赏析暨软笔书法描红会”，通过活动挖掘端午节深厚的文化内涵，推广和普及了中华优秀诗词歌赋文化，通过品味诵读乐趣，感受经典魅力，传承传统美德，进一步弘扬了爱国主义精神、深化了社会主义核心价值观建设。（桑冬莲）

（4）离退休职工趣味运动会。5 月 16 日，松辽委举办 2017 年离退休职工趣味运动会，运动会上开展了“两学一做”教育知识问答活动和开展快乐健康行、寻宝、投球、套圈、布袋击物、颠乒乓球等活动，百余位离退休老同志参加。（桑冬莲）

太 湖 流 域

一、思想政治

1. *理论学习* 印发理论学习计划，持续深化“两学一做”学习教育常态化制度化，深刻领会十八届六中全会精神和十九大精神，坚持领导带头、以上率下，以党组中心组学习、党组成员讲党课、支部书记上党课等形式带动全局干部职工的学习。2017 年，共组织党组集中学习 12 次，开展党组中心组联学 2 次，党组成员讲党课 16 人次，支部书记上党课 38 人次，支部联学 10 次，在全局形成以党组中心组率先学，基层党组织跟着学，党员干部主动学的学习氛围，不断提高党员干部马克思主义理论水平，强化“四个意识”，坚定“四个自信”。

2. *党的建设* 太湖流域管理局（以下简称“太湖局”）始终着力抓党建重点工作，注重加强基层党组织建设，严格落实党内生活的各项制度，扎实开展“主题党日”活动，积极引导基层党组织和党员干部创优争先，努力为流域水利改革发展贡献力量，发挥战斗堡垒和先锋模范作用。2017 年，开展各类主题党日活动 30 多次，各层次开展党的十九大精神学习活动 60 余次，水文局（信息中心）党委荣获 2016 年度上海市建设交通系统“先进基层党组织”荣誉称号、水利发展研究中心支部被评为“第二批上海市建设交通系统建设先锋基层服务型党组织示范点”。

3. *重要会议* 2 月 13 日，太湖局召开 2017 年党风廉政建设工作会议，传达学习十八届中纪委七次会议、2017 年全国水利党风廉政建设工作会议和十届上海市纪委六次会议精神，通报 2016 年度党组民主生活会情况，总结太湖局 2016 年党风廉政建设工作，部署 2017 年党风廉政建设和反腐败工作。

4. *调查研究* 2017 年，开展太湖局基层党组织建设情况调研，结合专项检查、专题调研、督查等对太湖局各基层党组织落实全面从严治党情况开展了深入了解，并与党员和群众开展了广泛谈话，形成了《太湖局基层党组织建设情况调研报告》。（代子阳）

二、水文化建设

【水文化遗产保护与利用】 太湖水利同知署设立于清雍正八年（1730 年），俗称“同知衙门”，为清康熙三十九年（1700 年）进士礼科给事中陈沂震入官房改建而成，目前尚存遗构面积 2400 余平方米。为有效保护和利用这处珍贵的文化遗产，太湖局、中国水利科学研究院和江苏省文物局、吴江区水利局、文物局与同里镇政府合作进行太湖水利同知署旧址一期修缮及环境整治，新辟太湖水利展示馆。馆内有“太湖千秋”“智慧水利”“包孕吴越”“当代成就”四个单元，用 410 张图片、80 余件（套）实物、书画及文献资

料系统地展示了古今太湖流域的治水历史。（代子阳）

【水利工程水文化建设】 太湖局直管工程与水文化融合案例。太湖局直管工程由太浦闸和望亭水利枢纽组成，两个工程分别坐落于太湖的东南和东北口门，承担着流域防洪供水、水资源调度等重要职责。两者文化同源、管理同步，又各有侧重，互相补充，有机统一。

太湖局直管太浦闸建成于1959年，是新中国成立后在太湖沿线兴建的第一批水利工程之一，也是太湖地区规模最大、流量最大的控制枢纽工程，因而被称为“太湖第一闸”。工程建筑外观使用太湖的山水轮廓、波浪曲线、渔船帆影作为建筑主要表达形式，并采用穿孔铝板、铝板及玻璃幕墙等现代建筑材料，属于国内首创。整个工程建筑外观立意深远，形式新颖，与旁边的太浦河泵站交相辉映，成为太湖沿线新地标。工程利用收集到的老工程闸墩及底板的混凝土块、条石等材料，修建了“中流砥柱”“饮水思源”等水文化景观，在南桥头堡建设有单位陈列馆，让流域历史和文化得到直观展现。太浦闸除险加固工程先后荣获全国水利工程建设文明工地、中国水利工程优质（大禹）奖等称号。

望亭水利枢纽地处望虞河与京杭大运河交汇处，两河水位高差较大，具有太湖地区唯一的清水和浑水交汇、高水和低水交汇、江水和湖水交汇的“三水交汇”自然景观，工程水下部分，设计了“上槽下洞”的立交模式，顺应自然特性，形成独特的两水相汇不相融的水利奇观。在工程管理所内建有植树林和江苏太湖治理工程纪念碑。

工程管理单位以水工程为体、以水文化为魂，规范、创新工程管理理念，先后成功创建国家级水管单位、安全生产标准化一级达标单位，多次通过全国水利文明单位复审，连续多届获评苏州市文明单位和太湖局文明单位。（代子阳）

【流域区域与机关企事业单位文化建设】 太湖局全面贯彻落实党的十九大精神和习近平新时代中国特色社会主义思想，紧紧围绕“服务中心、建设队伍”的要求，着力开展单位文化文化建设，开展丰富多彩的群众性创建活动。

举办全局新春联欢会，全体职工欢聚一堂，共庆新春佳节。各部门、单位自编自演琵琶合奏《南山南》、歌舞《三生三世情牵太湖》、魔术《魔力四射》、小品《钓于轻心》、朗诵《砥砺奋进、共护美丽太湖》、相声《书香门第》等节目凸显了太湖局职工团结向上、奋勇拼搏的精神风貌，体现了太湖局职工齐心协力共绘太湖流域绿水青山新篇章的良好组织文化氛围。

2017年，继续开展各级文明单位创建工作，太湖局机关荣获2015—2017年度“全国文明单位”和2016年度“上海市节约用水示范机关”，水利发展研究中心荣获第八届“全国水利文明单位”，苏州管理局荣获“水利安全生产标准化一级单位”；局机关、太湖流域水资源保护局、水利发展研究中心、综合事业发展中心荣获2015—2016年度“上海市文明单位”。（代子阳）

【水利风景区水文化建设】

1\. 调研报告　太湖局组成调研组，先后前往太湖流域江苏省、上海市、浙江省开展水利风景区专题调研，调研主要内容包括各地水利风景区建设现状与运行管理情况、水利风景区规划编制情况以及在水利风景区建设管理中的措施、成效及存在的困难。调研组与两省一市水利厅（局）进行座谈交流，前往无锡、苏州、松江、桐庐和绍兴开展实地调研，形成了太湖流域水利风景区建设管理专题调研报告。

2. 太湖浦江源水利风景区案例　太湖局苏州管理局与苏州市吴江区七都镇政府联合申报的太湖浦江源水利风景区获批第十一批“国家水利风景区”。风景区开展水科普水文化教育工作，组织开展形式多样的活动。举办“太湖七都·浦江源文化旅游节”在太湖浦江源国家水利风景区举办，吸引了周边地区大批市民和游客，成为当地的著名文化盛事。依托太浦闸、太湖水利工程，进一步科普水利相关知识，宣扬水文化内涵。打造太湖七都国学音乐小镇，已经成为景区的一张新名片：举办五届太湖国学讲坛，太湖大学堂、时习堂、伟见国学讲习堂等，举办的太湖迷笛音乐节成为国内知名的音乐盛会，音乐演出基本固定化。

（代子阳）

【水文化教育与传播】

1. 太湖保护条例宣传　依托2017年“世界水日”“中国水周”宣传平台，组织开展高校普法知识竞赛、法制专题讲座、联合巡查等系列活动。3月22日为纪念第二十五届“世界水日”、第三十届“中国水周”，进一步突出“以鱼治藻，以鱼控草，以鱼美水，以鱼怡情”的活动理念，在苏州太湖园博园举办了“第九届太湖放鱼节暨吴中鱼悦节”启动仪式。

2. 防汛抗旱宣传　太湖防汛抗旱总指挥部共发布太湖水位预报196期，组织编报防汛抗旱简报29期，《中国水利报》发表报道8篇，累计发送防汛防台短信约13万条。通过太湖防汛抗旱微信公众号累计推送流域防汛抗旱信息24次36条，累计阅读量5193人次，为防汛工作开展创造了良好的外部环境。

3. 河长制宣传　联合清华大学、河海大学等高校组织开展太湖流域片河长制工作暑期调研实践活动，深入挖掘太湖流域片河长制工作的主要做法和成功经验。联合流域片五省（直辖市）河长办举办“太湖杯”河长制知识网络竞赛。6月，太湖局会同水利部宣传中心组织中央新闻媒体记者团对流域片河长制工作进行深度报道，人民日报海外版、新华社、《经济日报》、央视新闻频道、人民网、新华网、《中国水利报》等中央媒体分赴浙江绍兴、上海青浦、江苏苏州等地，深入实地采访，切实感受太湖流域片各地河长制工作的进展成效和经验做法。12月，中宣部“新时代新气象新作为”大型主题采访活动将太湖流域片全面推行河长制工作作为中央国家机关入选的2个必选采访线索之一，太湖局大力支持配合，《人民日报》、新华社、《经济日报》、中央电视台等媒体深入流域片采访报道河长制工作情况。

4. 水利安全生产宣传　以全国“安全生产月”、“《安全生产法》宣传周”、上海市“安康杯”竞赛3类活动为重点进行安全生产专题宣教活动，荣获“安康杯”竞赛典型案例奖；年内开展2次全员警示教育和6次应急演练，组织了太湖流域片第四期安全生产检查现场教学培训、新进人员安全教育和安全监管基础知识培训，全局干部职工安全生产教育培训覆盖率达到100%。

（代子阳）

三、水利美术书法

2017年，深入贯彻落实习近平总书记在会见第一届全国文明家庭代表时的重要讲话精神，动员社会各界广泛参与家庭文明建设，推动形成爱国爱家、相亲相爱、向上向善、共建共享的社会主义家庭文明新风，组织开展以“传家训、立家规、扬家风”为主题的书法绘画比赛，比赛共收到作品50多幅，表现了太湖局干部职工较高的艺术修养和良好的家庭风尚。

（代子阳）

四、水利体育

举办第六届职工运动会，200多名职工参加了软式排球、长绳、齐心协力、穿越呼啦圈、4×200m接力、拔河等项目的，充分展现全体职工积极向上、奋勇拼搏的水利人精神。

开展“快乐运动，健康生活”为主题的健步走比赛活动，全局300多名职工参加，活动从4月开始到11月结束，历时30周。

（代子阳）

河 北 省

一、综述

2017 年，河北水利系统全面贯彻党的十八大、十八届三中六中全会、十九大精神，深入学习习近平总书记系列重要讲话精神和治国理政新思想新战略，积极践行社会主义核心价值观，以“两学一做”学习教育常态化制度化及机关作风整顿和“一问责八清理”专项行动为抓手，紧紧围绕“五位一体”总体布局和“四个全面”战略布局，不断加强党的思想建设、组织建设、制度建设、作风建设和党风廉政建设，广泛凝聚水利思想文化工作强大合力，着力推进水文化大发展大繁荣，为水利各项任务的完成奠定了坚实的基础。

1. 坚持不懈加强理论武装，提高干部职工政治站位　贯彻河北省水利厅党组《关于进一步加强理论学习的意见》，深入学习贯彻党的十九大精神和习近平总书记系列重要讲话精神，分层次抓好理论学习。

(1) 河北省水利厅党组中心组全年集中学习 12 次，中心组成员坚持学原文、读原著、悟原理，坚持理论联系实际，学用相结合。党的十九大闭幕后，十九大代表、厅党组书记、厅长苏银增第一时间为全厅班子成员和厅机关全体党员干部进行了宣传宣讲，分享会议盛况、交流学习体会、畅谈践行思路，带动了全体党员的深入学习。

(2) 举办了 6 期处级干部培训，聘请河北省委党校、行政学院专家教授，就党的十八届六中全会精神、党的十九大精神和《关于新形势下党内政治生活的若干准则》《中国共产党党内监督条例》进行了专题辅导，484 人次参加了培训，达到处级干部全覆盖。

(3) 党支部坚持结合“两学一做”教育制度化、常态化，利用“三会一课”、党员活动日、赶考日、《党章》学习日，组织党员交流讨论。

(4) 积极组织参加河北省直机关工委增强“四个意识”课题研究成果和主题征文，“用心体会总书记的一片深情——学习《习近平总书记关于河北工作重要指示摘编》”体会征集、“赶考精神与执政党建设”、国家安全观教育主题征文达 100 余篇，推荐水利部调研论文 24 篇。组织了学习十九大精神、《党章》知识答题活动。

(5) 以支部为单位普遍建起了党支部微信群，及时传递党建、精神文明建设等内容，发挥微信群促工作落实的“微助手”作用。

2. 积极践行社会主义核心价值观，增强思想正能量和凝聚力

(1) 认真贯彻落实中央《关于培育和践行社会主义核心价值观的意见》，紧密联系实际，把文化建设融入党的建设，引导干部职工学习《习近平的七年知青岁月》《习近平谈治国理政》《习近平——新时代的领路人》《习近平在正定》，切实增强了先进文化对干部职工思想精神的引领作用。

（2）丰富实践形式，先后开展了“党的旗帜、我的方向”主题党日活动、“中国梦·赶考行——省直当先锋”活动、“中国梦·赶考行”诗词楹联颂党恩活动、“升国旗、唱国歌，祖国在我心中”活动，参加省直“中国梦·赶考行——省直当先锋”主题演讲比赛，荣获第一名一等奖。

（3）培树先进典型，引领水利精神文明创建，通过设立善行功德榜，开展“千名好支书”“两优一先”“最美家庭”“美丽河北·最美军嫂”评选活动，宣传身边先进典型事迹，激励干部职工崇德向善、爱岗敬业、创先争优。

（4）积极开展形式多样的文化体育活动，举办了乒乓球、羽毛球邀请赛，组队参加了河北省直机关职工“让运动走进生活·让健康续航人生”系列健身活动、河北省第十五届运动会群众组滑雪比赛、全国水利系统篮球、桥牌比赛和省直机关健步走展示及其他球类联赛，举办职工趣味活动比赛，陶冶职工情操，激发职工进取精神。

3. 深化精神文明创建，展示水利新形象

（1）深入学习贯彻习近平总书记关于精神文明创建工作的新思想新要求，在巩固提高、延伸辐射上下功夫，拓展创建新内涵，大力提升创建成效。开展了创建文明单位、文明机关、文明大院、文明处室活动，结合实际开展了青年文明号、文明服务示范窗口、巾帼文明岗创建活动。年初制定了精神文明建设工作要点，依据《水利系统文明单位测评体系》，实施创建文明单位巩固提升工程，积极开展主题鲜明、内容丰富、形式多样的精神文明创建活动，提高党员干部文明素质和单位文明程度。河北省黄壁庄水库管理局成功申报并荣获第八届“全国水利文明单位”，河北省水利厅机关、河北省水利工程局、河北省桃林口水库管理局、河北省水利科学研究院、河北省岗南水库管理局、河北省水文局被确认为“全国水利文明单位”；河北省水利物资站、河北省水利科学研究院荣获2016年度“省直文明单位”，河北省水利厅规划计划处、办公室荣获“省直文明处室”，进一步提升了水利文明程度。

（2）配合中国水利政研会对河北省水利系统思想文化建设和行业思想政治工作队伍建设情况进行问卷调查和实地调研。在全系统开展了“文明服务示范窗口”创建活动，对新申报的5个系统文明服务示范窗口单位和21个往届窗口单位进行了全面检查验收，新命名5个、重新确认15个“文明服务示范窗口”，树立“高效、廉洁、务实、文明”的水利新形象。广泛开展以“三比三看七带头”为主要内容，以提升干部职工工作效能和服务质量、提升机关和窗口单位文明程度和管理水平为目的的“提质提效、文明服务”竞赛创建和“戴党徽、亮身份”活动，激发党员干部职工干事创业热情，发扬“马上就办、真抓实干”的工作作风；两个月评选1次流动红旗，营造“事争一流、唯旗是夺”的氛围，达到了以竞赛促工作、以竞赛提升服务水平的目的，河北省水利厅政策法规处被评为河北省文明行政类先进单位。

（3）积极开展志愿服务活动，参加了62次世界水日、中国水周宣传活动，参加了进社区敬老、资助贫困儿童、环境保护、植树造林等志愿服务活动，积极组织参加“公务人员无偿献血志愿服务活动”，被河北省文明办、河北省直团委、河北省无偿献血领导小组授予2016—2017年度无偿献血志愿服务先进集体。

（4）为提高贫困地区农民思想文化素质，组织了为贫困地区“捐书刊送文化”活动，捐书4306本。

二、重要文献

【重要文件】

1. 关于推进河北省水利厅“两学一做”学习教育常态化制度化的实施方案（2017年6月23日发） 为贯彻落实党的十八届六中全会和习近平总书记关于“两学一做”学习教育常态化制度化重要指示精神，持续推动全面从严治党，突出“关键少数”并向基层延伸，根据中共河北省委办公厅《关于推进“两学一做”学习教育常态化制度化的实施方案》（冀办发〔2017〕16号）和中共河北省委省直机关工委《关于推进省直机关“两学一做”学习教育常态化制度化的实施方案》精神，结合水利工作实际，就推进全厅“两学一做”学习教育常态化制度化提出具体实施方案。

2. 关于开展“提质提效、文明服务”创建竞赛活动的实施方案（冀水精〔2017〕2号） 为深化机关作风整顿，提升服务效能，培树行业文明新风，按照省直机关工委文明办《关于在省直机关开展“提质提效、为民服务”创建竞赛活动的通知》要求，河北省水利厅文明委决定在全厅开展“提质提效、文明服务”创建竞赛活动，深入学习贯彻习近平总书记系列重要讲话精神，特别是关于精神文明建设的重要论述，以培育践行社会主义核心价值观根本，以着力打造服务型、效能型机关为目标，坚持问题导向。通过在全厅广泛开展精神文明创建竞赛，提升干部职工的工作效能和服务质量，提升机关和窗口单位的文明程度和管理水平，培树宣传一批行业示范、社会认可、群众满意的水利先进典型，以走在前、做表率的实际行动，弘扬主旋律、树立新风尚、提振精气神，凝心聚力深入推进水利改革发展，以丰硕成果向党的十九大献礼，为建设经济强省、美丽河北贡献力量。

【重要讲话】

1. 苏银增在河北省水利系统党风廉政建设工作会议上的讲话 1月22日，苏银增在河北省水利系统党风廉政建设工作会议上指出，河北省水利系统各级党组织和广大党员干部要把学习贯彻中纪委和省纪委全会精神作为当前和今后一个时期的重要政治任务，学思践悟、融会贯通，内化于心、外化于行，确保中央和省委决策部署落地生根。为贯彻落实中纪委十八届七次全会和省纪委九届二次全会精神，全面做好水利系统党风廉政建设和反腐败工作，要强化责任担当，着力把全面从严治党落到实处；严肃党内生活，着力落实强化党内监督各项要求；落实“八项规定”，着力加强水利系统作风建设；扎紧制度笼子，着力构建党风廉政建设长效机制；严肃查办案件，着力保持惩治腐败的高压态势。

2. 张铁龙在河北省水利系统党风廉政建设工作会议上的总结讲话 为贯彻落实好河北省水利系统党风廉政建设工作会议精神，要切实扛起全面从严管党治党责任；切实发挥领导表率作用；切实盯紧廉政风险环节；切实完善权力运行制约体系。

3. 刘媛在河北省水利系统党风廉政建设工作会议上的报告——深化全面从严治党 深入落实两个责任 坚定不移推进党风廉政建设和反腐败工作 2017年纪律检查工作的总体要求是：全面贯彻党的十八届六中全会精神，深入学习贯彻习近平总书记系列重要讲话精神，按照十八届中央纪委七次全会和省纪委九届二次全会部署，落实全面从严治党各项要求，紧紧围绕水利中心工作，以改革创新、求真务实的精神，坚持依规依纪、注重标本兼治，坚持惩防并举、实践“四种形态”，坚持聚焦主责、持续正风肃纪，强化“不敢腐、不能腐、不想腐”长效机制建设，突出重点领域、关键环节和重要岗位的监督检查，以反腐倡廉建设的新成效为河北省水利事业健康发展营造良好的政治生态。

4. *苏银增在河北省水利厅系统廉政工作会议上的讲话* 4月6日，苏银增在河北省水利厅系统廉政工作会议上指出：

（1）充分肯定成绩，正确把握当前形势。2016年，河北省水利厅系统反腐倡廉建设取得了新进展。作风建设持续深化，营造了良好的政风行风；制度建设逐步完善，有力规范了权力运行；项目管理更加严格，有效保证了“四个安全”；责任追究力度加大，始终保持了高压态势。

（2）强化责任担当，扎实推动工作落实，重点抓好五方面的工作：抓调水引水，重点是用足用好引江水和黄河水指标；抓试点深化，重点是推进地下水压采和水资源税试点建设；抓防灾减灾，重点是落实防汛和抗旱减灾措施；抓扶贫攻坚，重点是统筹好水利扶贫和对口帮扶工作；抓改革创新，重点是深化河长制和水权水价改革。

5. *苏银增在河北省水利厅直机关第九次党代会上的讲话——深入贯彻从严治党要求 全面提升水利党建科学化水平* 5月5日，河北省水利厅第九次党代会召开，大会总结了第八次党代会以来厅直机关党的建设各项工作，明确提出了今后四年的奋斗目标和任务，听取和审议了厅直机关第八届党委和第五届纪委的工作报告，选举产生了厅直机关第九届党的委员会和第六届党的纪律检查委员会，是总结过去、谋划未来的一次重要会议，是动员和组织全厅广大党员干部职工为推进水利科学发展不断奋进的一次重要会议。

苏银增结合水利工作实际，就深入贯彻落实从严治党要求，提出几点要求：①落实全面从严治党要求，必须坚持思想教育从严，坚定党员干部理想信念；②落实全面从严治党要求，必须坚持作风建设从严，着力营造良好政治环境；③落实全面从严治党要求，必须坚持组织建设从严，夯实党的基层组织基础；④落实全面从严治党要求，必须坚持制度建设从严，依靠制度管权管事管人；⑤落实全面从严治党要求，必须坚持服务中心从严，努力建设服务型党组织。

6. *张海山在河北省水利厅2017年处级干部培训班开班式上的动员讲话* 5月24日，张海山在河北省水利厅2017年处级干部培训班开班仪式上指出：①要充分认识举办处级干部培训班的重大意义；②珍惜有限时间，做到学有所成。

7. *张海山在河北省水利厅处级干部深入学习六中全会精神培训班上的总结讲话* 5月24—26日，河北省水利厅处级干部深入学习六中全会精神培训班全面系统地学习了六中全会精神，认真听取了省委党校2位专家教授的专题辅导，观看了十八届六中全会精神解读和反腐倡廉警示教育光盘，同时就贯彻落实十八届六中全会精神进行了深入研讨。张海山总结这次培训班有四个突出特点：主题鲜明、准备充分、纪律严明、效果明显。通过学习，不仅提升了理论素养和党性修养，加深了对全会精神的领悟，也增强了大家对做好今后工作的决心和信心。培训班在大家的共同努力下，达到了预期目的，对全厅学习好、宣传好、贯彻好全会精神将发挥重要的促进和推动作用。

8. *苏银增在河北省水利厅党组理论学习中心组学习会议上的主持讲话* 8月23日，河北省水利厅党组组织进行集中学习研讨，主要任务是深入学习讨论总书记“7·26”

重要讲话精神，切实增强“四个意识”、树牢“四个自信”，坚决维护以习近平同志为核心的党中央权威和集中统一领导，凝心聚力抓好中央和省治水兴水重大决策部署落实，以优异成绩迎接党的十九大胜利召开。苏银增在会上指出：①深入学习领会总书记讲话精神，切实增强“四个意识”，深入抓好总书记“7·26”重要讲话精神的学习宣传贯彻，紧紧围绕迎接、宣传、贯彻党的十九大，扎实推进厅系统“两学一做”学习教育常态化、制度化，持续兴起学习贯彻总书记系列重要讲话精神和对河北的重要指示精神热潮，切实做到真学真懂、真信真用；②始终坚持把纪律和规矩挺在前面，树牢拒腐防变思想防线，全面落实管党治党责任，不折不扣地执行《中国共产党廉洁自律准则》和《中国共产党纪律处分条例》，注重抓早抓小，严格落实中央八项规定精神，坚定不移惩治腐败，保持坚强的战略定力和政治定力，扎实推进“一问责八清理”专项行动和基层“微腐败”专项整治；③扎实推进雄安新区水利规划建设，不断提升水安全保障能力，围绕保障新区供水安全，积极争取水利部尽快确定白洋淀补水水价，科学合理核定引黄输水运行管理费，并尽快签订调水协议；进一步完善新区水资源保障总体规划，抓好南水北调中线保障新区供水工程方案、南水北调东线一期向北延伸应急供水方案、引黄入淀新建扬水站方案等编制工作；围绕保障新区生态安全，继续开展白洋淀及上游河道垃圾和入河排污口专项整治行动；进一步完善白洋淀周边河道综合整治、白洋淀清淤、新区上游水土流失和新区周边地下水压采等方案，尽快启动白洋淀清淤试点，恢复改善新区生态环境；④切实加快重点水利项目建设进度，确保如期完成年度目标任务；⑤持续推进贫困地区水利工程建设，加快补齐水利基础设施短板；⑥全面落实水利安全稳定工作措施，维护和谐稳定发展环境。

9. *苏银增在河北省水利厅干部大会上的讲话*　经河北省委批准，河北省纪委和河北省监察厅对河北水务集团党委书记、主任赵立敏严重违纪问题进行了立案审查，并分别作出了《关于给予赵立敏开除党籍处分的决定》和《关于给予赵立敏行政撤职处分的决定》。7月14日，河北省水利厅召开干部大会，大家一致认为，对赵立敏违纪问题的严肃查处，体现了省委推进全面从严治党、依规治党的鲜明态度和坚定决心，体现了对水利系统干部队伍的严格管理和关心爱护。大家一致表示，坚决拥护省纪委、省监察厅对赵立敏严重违纪问题的处理决定，并以此为镜鉴，躬身反省，警钟长鸣，坚决把党中央和省委、省纪委关于加强党风廉政建设和反腐败斗争的重大决策部署落实到位。为进一步做好水利党风廉政建设和反腐败工作，苏银增指出，必须保持对党绝对忠诚；切实加强理想信念教育；全面落实管党治党责任；突出强化“一把手”监督；严格遵守中央八项规定精神；始终把纪律规矩挺在前面；扎实开展“一问责八清理”和基层“微腐败”专项整治。

10. *苏银增在河北省水利厅系统干部大会上的主持讲话*　11月29日，河北省水利厅召开系统干部大会，大会主要任务是认真组织学习新华社播发的长篇通讯《习近平：新时代的领路人》，进一步强化树牢“四个意识”和“四个自信”，更加紧密地团结在以习近平同志为核心的党中央周围，更加自觉地维护和捍卫习近平总书记在党中央和全党的核心地位，更加坚定地用习近平新时代中国特色社会主义思想指导实践、推动工作。苏银增指出，要切实增强“四个意识”，更加坚定自觉地维护和捍卫习近平总书记在党中央和全党的核心地位；不断强化理论武装，更加坚定不移地用习近平新时代中国特色社会主义思想指导各项工作；持续凝聚干事创业力量，更加奋发有为地推动习近平总书记对河北工作的重要指示落地见效。

三、思想政治

2017年，河北省水利系统全面贯彻党的十八大、十八届三中届六中文全会、十九大精神，深入学习习近平总书记系列重要讲话精神和治国理政新思想新战略，坚决维护以习近平同志为核心的党中央权威和集中统一领导，以“两学一做”学习教育常态化制度化及机关作风整顿和“一问责八清理”专项行动为抓手，紧紧围绕“五位一体”总体布局和“四个全面”战略布局，不断加强党的思想建设、组织建设、制度建设、作风建设和党风廉政建设，积极践行社会主义核心价值观，为圆满完成水利各项任务目标提供了坚强的政治和组织保证。

(1) 加强理论武装，提高党员干部思想理论水平。贯彻河北省水利厅党组《关于进一步加强理论学习的意见》，厅党组理论学习中心组全年集中学习12次。厅党组书记、厅长苏银增撰写的《自觉践行“四个意识”，全力支持雄安新区精神》被省直机关工委评为增强“四个意识”主题征文三等奖。制定了《中共河北省水利厅党组学习宣传贯彻党的十九大精神实施方案》和《中共河北省水利厅党组关于做好党的十九大精神宣讲工作的实施方案》，三级党组织书记讲党课达194课次，厅直机关党委先后举办了6期处级干部培训，聘请省委党校、行政学院专家教授，就党的十八届六中全会精神、《关于新形势下党内政治生活的若干准则》、《中国共产党党内监督条例》和党的十九大精神进行了专题培训，484人次参加了培训，达到处级干部全覆盖。积极组织参加省直机关工委各项理论实践和征文活动，参加省直机关工委增强“四个意识”课题研究成果和主题征文，“用心体会总书记的一片深情——学习《习近平总书记关于河北工作重要指示摘编》”体会、“赶考精神与执政党建设”、国家安全观教育主题征文达100余篇，推荐水利部调研论文24篇。

(2) 加强党的基层组织建设，发挥党员先锋模范作用和党支部战斗堡垒作用。落实《中国共产党基层组织选举工作暂行条例》和《中国共产党党和国家基层组织工作条例》精神，召开了中共河北省水利厅厅直机关第九次党代会，圆满完成了换届选举工作，选举产生了新一届党委委员、纪委委员。2个厅直单位进行了改选换届，厅机关4个党支部进行了重新整合，10个党支部班子成员进行了调整，增强了党组织的活力。“七一”前普遍召开了以增强“四个意识”为主题的民主生活会和组织生活会，水利厅办公室（宣传中心）党支部召开的专题组织生活会，被省直机关工委评为“两学一做”典型案例，受到表扬通报。按照“坚持标准、保证质量、慎重发展”的原则，严格执行党员发展培训、预审、公示、票决、责任追究制，发展党员32名。认真开展党员民主评议工作，厅机关表彰优秀党员32名，先进基层党支部4个。开展“双节”走访慰问活动，发放慰问金12.8万元。参加省直机关“中国梦·赶考行——省直当先锋”主题演讲比赛，荣获一等奖；组织参加了“中国梦·赶考行”第四期诗词楹联颂党恩活动，上报诗词楹联作品22篇（幅）。开展“五好党支部”创建及“千名好支书”评选活动。河北省水利水电第二勘测设计研究院设计二处“两抓三推动”党支部在省直支部书记示范培训班上做了经验介绍，河北省水利水电第二勘测设计研究院资源环境处党支部书记刘立华被评为全省“千名好支书”和省直“百名好支书”。

（3）加强党风廉政建设，营造风清气正政治生态。深入开展理想信念和宗旨教育、党性党风党纪和廉政勤政教育，组织开展了《关于新形势下党内政治生活准则》《中国共产党党内监督条例》《党章》、十九大报告知识测试，每隔周周五组织厅机关干部职工集中观看廉政警示教育片 12 场次。先后通报了 47 起“两个责任”落实不力、扶贫领域腐败、作风问题等违纪案例。制定了《水利行业廉政风险防控工作规范》，进一步健全了河北省水利系统廉政风险防控体系。对办公用房、公车使用以及培训、差旅、公务接待等经费管理情况进行察访，防止违规违纪。参加阳光热线栏目和阳光理政访谈各 1 次，接到各类投诉 289 个，已办结 231 个。开展纠正“四风”专项行动，组织检查 8 个批次，对工作纪律等落实不到位的厅直单位进行通报，约谈其主要负责人，给予批评教育 13 人。组织对 39 名拟提拔处级领导干部进行了任前廉政谈话，开展厅级和处级领导干部廉政谈话 19 人次和 162 人次。在“一问责八清理”专项行动暨基层“微腐败”专项治理中，发现整改问题 55 个，约谈 6 个厅直单位主要负责人，责令 2 个厅直单位作出检查，对 22 人进行了批评教育。

（4）加强精神文明建设，塑造水利行业新形象。制定了创建工作要点，依据《水利系统全国文明单位测评体系》积极开展主题鲜明、内容丰富、形式多样的精神文明创建活动，河北省黄壁庄水库管理局成功申报“全国水利文明单位”，荣获第八届“全国水利文明单位”。河北省水利厅机关、河北省水利工程局、河北省桃林口水库管理局、河北省水利科学研究院、河北省岗南水库管理局、河北省水文局再次被确认为“全国水利文明单位”；河北省水利厅规划计划处、办公室荣获省直文明处室，进一步提升了水利文明程度。配合中国水利政研会调研组对河北省水利系统思想文化建设和思想政治工作队伍建设情况进行问卷调查和实地调研。开展“提质提效、文明服务”创建活动，14 个厅直单位（机关处室）争夺过流动红旗，其中 5 个单位（处室）连续夺旗。河北省水利厅文明办对新申报的 5 个系统文明服务示范窗口单位、21 个往届窗口单位进行了全面检查验收，重新命名 20 个。积极参加了世界水日、中国水周宣传活动，参加“公务人员无偿献血月”活动、参加进社区敬老、资助贫困儿童、环境保护、植树造林等志愿服务活动，组织厅机关为定点扶贫县张家口怀安县渡口堡乡翁家湾村捐款 12141 元。

【会议】

（1）1 月 22 日，河北省水利工作会议暨党风廉政建设工作会议。

（2）2 月 7 日，河北省水利厅系统深化作风整顿专项行动动员会。

（3）2 月 24 日，河北省水利厅党组织书记述职评议会。

（4）2 月 28 日，河北省水利厅党组理论学习中心组扩大学习会（领导干部视频会）。

（5）4 月 6 日，河北省水利厅党组理论学习中心组学习会。

（6）4 月 26 日，河北省水利厅深化“放管服”改革优化水利营商环境调度会议。

（7）5 月 6 日，中共河北省水利厅直机关第九次党代会。

（8）7 月 12 日，深化机关作风整顿、“一问责八清理”专项行动、基层“微腐败”专项治理和“两学一做”学习教育工作推进会。

（9）8 月 11 日，“放管服”、三不分、“小金库”治理专项行动调度会。

（10）8 月 23 日，河北省水利厅党组理论学习中心组学习暨第 15 次党组会议。

（11）9 月 12 日，“两学一做”学习教育、深化机关作风整顿、一问八清、“微腐败”

专项整治推进会暨“提质提效、文明服务”流动红旗第三期评选会。

（12）9月26日，中国水利政研会来河北省水利厅调研召开思想政治文化建设座谈会。

（13）10月27日，传达学习党的十九大精神视频会议。

（14）11月3日，河北省水利厅系统传达学习河北省委九届五次全会精神大会。

（15）11月6—7日，河北省水利厅理论学习中心组集中学习交流会。

【调查研究】

1. *开展事业单位思想政治工作队伍建设的现状、存在问题及对策研究* 河北省水利厅是河北省拥有事业单位比较多的厅局，包括科研、工程规划与设计、水文、水库管理、灌区管理、河道管理和水利施工以及防汛物资供应等事业单位。为客观、真实反映政工队伍建设的现状和存在问题等，对包括本单位在内的、具有代表性的九个单位的思想政治工作队伍现状进行了调研，论述事业单位思想政治工作队伍建设的现状，指出存在的问题，并提出改进对策。

2. *开展水利勘测设计职工思想政治工作面临的新情况、误区及对策研究* 党的思想政治工作，无论在革命时期还是在建设时期都发挥了极其重要的作用，体现了我们党巨大的政治优势。当前和今后一个时期，水利勘测设计行业面临全行业进一步改企建制或转隶的严峻课题，水利勘测设计职工思想政治工作的任务十分繁重。突出时代特征，抓住行业特点，借鉴以往经验，紧密联系实际，深入研究和做好思想政治工作，是当前水利勘测设计行业的领导干部、政工干部的一项十分紧迫的任务。为完成好这一任务，对水利勘测设计职工思想政治工作面临的新情况进行调研，指出工作中存在的误区，提出解决思路与对策。

3. *贯彻党的十九大精神，加强新时代水利基层单位党的建设研究* 水利基层单位是水利事业的基础和前沿，其特点是：点多面广，业务性强，人员分散。按照新时代党的建设总要求，对基层党组织建设尤其是水利基层单位党组织建设存在哪些问题、如何加强基层党组织建设等进行了调研。结合基层水利工作实际，基层水利部门当前党建工作的主要任务是：坚持和加强党的全面领导，在习近平新时代中国特色社会主义思想指引下，全力加强党的政治建设、思想建设、组织建设、作风建设和纪律建设。

4. *增强四个意识是凝聚企业发展动力的重要思想保证* 2016年1月29日召开的中共中央政治局会议，首次公开提出“四个意识”。党的十八届六中全会强调，全党同志要紧密团结在以习近平同志为核心的党中央周围，牢固树立政治意识、大局意识、核心意识、看齐意识，坚定不移维护党中央权威和党中央集中统一领导。《关于新形势下党内政治生活的若干准则》也明确规定，全党必须牢固树立“四个意识”，自觉在思想上政治上行动上同以习近平同志为核心的党中央保持高度一致。不断强化“四个意识”，不仅是党的优良传统和政治优势，也是当前推进全面从严治党的客观需要，更是国有企业坚持社会主义发展方向和凝聚发展动力的重要思想保证。为此，河北省水利水电勘测设计研究院进行了相关调研，发现干部职工中存在的突出问题，指出践行“四个意识”的具体途径，自觉加强“四个意识”教育，在思想上政治上行动上同以习近平为核心的党中央保持高度一致，始终保持企业的社会主义性质不变。

四、水文化建设

【水文化研究】 培育和践行社会主义核心价值观，加强单位文化建设，树形象，强素质，不断增强单位发展软实力，形成凝心聚力、干事创业的良好氛围。

1. 开展政研会活动，推动水利思想文化发展 河北省水利厅政研会紧紧围绕水利改革发展中的突出问题和职工关心的热点、难点问题，年初制定了工作计划，下发了调研课题，动员水利干部职工深入实际调研。组织开展以水利职工思想政治工作、培育和践行社会主义核心价值观、水文化建设、增强“四个意识”、党支部工作方法和反腐倡廉建设等为主题的课题调研，收到论文和调研文章 50 篇，9 篇获中国水利政研会和省直机关党建研究会的表彰。

2. 融入水文化元素，建设和谐生态水利工程 唐山的环城水系工程通过新建 13km 的凤凰河与南湖生态引水渠相连，并同南湖、东湖、凤凰湖相通，形成河河相连、河湖相通的水循环系统，形成环绕中心城区的长约 57km 的环城水系，打造了城市水利亮点，构筑起“城在水中”“水清、岸绿、景美、人水和谐”的滨水生态景观，为城市建设赋予柔美和灵性，加深了城市水文化内涵。

3. 挖掘水文化底蕴，打造历史人文水利工程 河北省南运河管理处依托大运河悠久历史和水文化底蕴，打造了“南运河文化长廊”，实现“一个闸所一个景点，一个景点一个发展”，建设了“御碑苑景区”“大运河盘古水利城”“大运河水浒岛”“大运河吴桥杂技生态城”“王希鲁景区”等依托水利的风景区，使南运河点线相连，河通闸艳，形成“五闸一线水相韵”的靓丽风景带。

4. 打造水利风景区，彰显人水和谐理念 积极践行“绿水青山就是金山银山”的发展理念，依托现有水库、湿地、河流湖泊，打造了桃林口水库景区、衡水湖风景区、平山县沕沕水水利风景区、武安市京娘湖风景区等众多知名水利风景区，3 月编制完成了《滹沱河生态修复工程规划暨沿线地区综合提升规划》，通过市政府实施，启动了滹沱河生态修复工程建设，形成了“水堤路桥岛绿景居”浑然一体、人与自然和谐相处的美好景象，成为了石家庄市民引以为豪的“十大城市名片”之一。传播了水文化，展示了水与自然、水与人类和谐共处的魅力。

5. 培树先进作引领 积极组织参加“我推荐我评议身边好人”“最美水利人”评选、寻找“最美家庭”等形式多样的道德实践活动，河北省“千名好支书”评选活动、河北省水利系统“文明服务示范窗口单位”检查验收，河北省水利水电第二勘测设计研究院刘立华被评选为全省“百名好支书”，20 个窗口单位被命名为“文明服务示范窗口单位”。

【水文化遗产保护与利用】 廊坊市北运河。北运河位于永定、潮白两河之间，为北三河主要水系之一，发源于北京市昌平燕山南麓，通州北关闸以上称温榆河，北关闸以下为北运河干流。干流流经北京、河北及天津三省（直辖市），沿途纳通惠河、凉水河、凤港减河等平原河道，于天津屈家店汇入永定河，至天津大红桥入海河。干流全长 142.7km，流域面积 6166km^2，其中山区面积 952km^2。

为提高北运河防洪标准，美化环境，保护北运河水环境，实施了北运河香河段生态综合整治 PPP 项目。北运河香河段生态综合整治 PPP 项目位于北运河堤线以内，北起北运河京冀界南至北运河的冀津界，属于北运河核心区。全长 21.7km，占地约 26km²。项目功能定位为生态修复和生态保育，主要包括防洪建设、生态湿地、岸线修复、绿化廊道、生态公园、生态带联络线、环境物联网系统等七大工程，建设期 4 年，总投资约 38.84 亿元，运营期限 10 年，总投资约 11 亿元。该项目有效地利用湿地生态系统的净化功能提升水质，恢复岸线生态保育和水质净化，提升区域生态本底的联通性和河流生态系统的健康水平。

【水生态文明建设】

1. 2017 年河北省水土保持工作　2017 年，河北省实施国家水土保持重点建设工程、坡耕地水土流失综合治理工程和京津风沙源治理工程，中央下达水土流失治理任务 720km²，坡改梯建设任务 3.4 万亩。国家水土保持重点工程下达 6 个非贫困县中央资金 2485 万元，治理任务 71km²，下达贫困县指导性任务 410km²。风沙源治理工程下达治理任务 239km²。省财政资金下达非贫困县 1675 万元，治理任务 83.5km²。下达水土保持灾后重建资金 3600 万元（其中中央资金 3000 万元，省财政资金 600 万元）。紧紧围绕精准扶贫重点工作，加大资金倾斜力度，向贫困地区下达水土保持资金 3 亿元，有效地改善了当地生产生活条件，助力群众脱贫解困。河北省各级水利水保部门按照水利部年度水土保持资金、任务完成“双 80%”的目标要求，采取有效措施，推进工程建设。5 月，河北省水利厅组织了全省水土保持工作会议，对工程建设进行安排部署，并先后于 6 月、10 月召开水土保持工程调度会，建立旬报制度，督促工程进度。国家水土保持重点治理工程和坡改梯项目已完成投资计划的 94%，进度超过水利部要求的近 10 个百分点，治理任务完成 96.86%。依托国家水土保持重点治理工程，鼓励和吸引民间资本投入水土流失治理，全社会各行业各部门加强生态环境建设工作，全年治理水土流失面积 2198km²。

2. 滹沱河水生态文明建设　滹沱河是石家庄市的母亲河，石家庄市委、市政府高度重视，牢固树立“绿水青山就是金山银山”的理念，在实施了滹沱河综合整治工程和滹沱河生态绿廊建设工程的基础上，2017 年，石家庄市又启动了滹沱河生态修复工程建设，提出了“一年出形象，两年见成效，三年成精品”的总体目标。将滹沱河打造水清岸绿风光美、和谐繁荣产业兴、特色彰显韵味浓、通畅亲水百姓乐的生态河、产业河、文化河、民心河、安全河，形成环省会北部水天一色、人与自然和谐相处的滨水景观长廊，重现滹沱河“上下天光、一碧万顷”的美景。（崔增军）

3. 邢台市水生态文明城市建设试点工作通过验收　2013 年 8 月，邢台市被水利部确定为水生态文明城市建设试点市，多年来，重点实施了地下水压采、农村饮水安全等一批水生态示范性工程项目，水生态状况显著好转。

到 2016 年年底邢台市按照试点实施方案要求，圆满完成了各项建设任务，2017 年 11 月通过了水利部和河北省人民政府组织的验收。

4. 丰宁坚持五水共治建设水生态文明　6 月 10 日，丰宁再次荣获河北省农田水利基本建设“海河杯”竞赛一等奖，这是自 1996 年以来第 11 次获得此项奖励。位于河北省北部、承德市西部的丰宁满族自治县，是习近平总书记亲自定位的京津冀水源涵养功能区的核心区。改革开放 40 年来，丰宁始终坚持生态涵养水、全民抓节水、安全保供水、科学防洪水、综合治污水“五水共治”治水思路，水生态文明建设取得了明显成效。

（叶国春）

【水文化教育与传播】

（1）河北省水利厅高度重视水文化宣传和教育，2017 年，在中央媒体刊发播出有关河北水利的新闻、通讯等 29 篇（条），在省级媒体刊发播出 322 篇（条），在河北水利网上传信息 1365 条，在燕赵水利微信公众号推送消息 461 条。

（2）为宣传十九大精神，制作了“以习近平新时代中国特色社会主义思想为统领　奋力开创新时代建设经济强省美丽河北新局面”大型室外公益广告牌，悬挂于厅机关大楼正门显著位置。

（3）河北省水利厅机关宣传机关每个工作日更新河北新闻联播。有序播出了央视 10 集大型政论专题片《将改革进行到底》、央视 7 集大型政论专题片《不忘初心　继续前行》、党员教育专题片《榜样》、6 集安全生产专题片《坚守安全红线》，大力传播正能量。

（4）分“关注天气、城市防洪、山区防洪、中小学生防溺水”4 个层面，制作了 54s 防汛抗洪公益广告动漫《预防为主　生命至上》。7 月 12 日—8 月 10 日，河北卫视每天 8：00 动画片播出前、18：30《河北新闻联播》节目播出前各播出一次；河北网络电视台同步播出。

（5）整理制作了《汛期防灾避险小常识》漫画 25 副。内容涉及中小学生防溺水常识、暴雨雷电避险、内涝防范、山洪泥石流避险、车辆遇水自救与逃生 5 个方面。7 月 10 日，河北进入主汛期的当天，《河北日报》第 8 版以公益广告的形式，整版推出。

五、水利体育

结合水利特点，在继续开展有影响、规模大体育活动的同时，因地制宜地认真开展贴近实际、贴近生活、贴近群众的文化体育活动，充分发挥文化体育活动在水利系统中的特殊功能和积极作用，陶冶职工的情操，使之更好地为水利中心工作服务。2017 年，组队参加全国水利系统桥牌、篮球比赛，取得了较好成绩；参加了省直工会组织的羽毛球、乒乓球、篮球、足球、气排球等比赛和省直机关健步走展示活动。举办了河北省水利系统职工羽毛球比赛；举办了两期摄影骨干培训班。各基层工会组织在开展群众性文体活动中，以服务广大职工为宗旨，以满足广大职工日益增长的文化需求为目的，以形式多样的职工文体活动为途径，以职工满意不满意为尺度，抓住职工身边的场地、组织、活动三个环节开展职工文体活动。

六、大事记

（1）1 月 22 日，在石家庄召开河北省水利工作会议和水利系统党风廉政建设工作会议，深入学习贯彻党的十八届六中全会、中央纪委七次全会和河北省第九次党代会、河北省纪委九届二次全会精神，全面贯彻落实中央和河北省经济工作会议、农村工作会议，以及全国水利厅局长会议和河北省“两会”决策部署，系统总结 2016 年水利改革发展和党风廉政建设工作，分析研判面临的形势，安排部署 2017 年重点任务。

（2）2 月 7 日，河北省水利厅系统深化机关作风整顿动员会在石家庄召开，罗少军传达了河北省全省深化机关作风整顿大会精神，苏银增作动员讲话，指出：2016年，全厅开展“两学一做”学习教育和“一问责八清理”专项行动取得明显成效，但一些深层次矛盾和问题还没有得到有效解决。解决好这些问题，必须按照全省深化作风整顿总体要求，持之以恒加强作风整顿。他强调，作风整顿要突出关键环节，把作风整顿与当前水利各项工作紧密结合起来，做到两手抓、两不误、两促进，把作风整顿的成效转变为推动水利改革发展的强大动力。要落实保障措施，加强组织领导，坚持以上率下，突出领导干部的表率作用，突出工作重点，要与其他工作有机结合，防止就作风论作风、就作风抓作风，要严格督促检查，建立情况通报机制，切实推动机关作风整顿取得实实在在的效果。全体处级以上干部和厅直单位领导班子成员、厅机关全体处级干部180人参加大会。

(3) 2月28日，苏银增以《学习贯彻六中全会精神　落实全面从严治党要求》为主题，给河北省水利厅机关全体党员讲党课，要求：①坚定政治方向，始终同以习近平为核心的党中央保持高度一致；②坚持问题导向，切实维护干事创业、风清气正的良好政治生态；③强化责任担当，扎实推动中央和河北省治水兴水重大决策部署落实。

(4) 2月17日—11月30日，河北省水利厅文明委在全厅开展以“三比三看七带头”为主要内容的“提质提效、文明服务”创建竞赛活动，成立了领导机构和办事机构。每两个月按30%的比例在全厅评选一次文明服务流动红旗单位，到11月底评选“流动红旗”单位三批，14个厅直单位（机关处室）争夺过流动红旗，其中5个单位（处室）连续夺旗，营造了“事争一流、唯旗是夺”的氛围。坚持把为民服务作为活动的出发点和落脚点，通过健全制度、规范工作程序、拓展活动内容提质提效。河北省水利厅政策法规处被评为河北省行政服务先进单位，李立周被评为先进个人。

(5) 5月24—26日、6月9—11日，在河北省桃林口水库举办了2批处级干部深入学习贯彻六中全会精神培训班，邀请省委党校教授专题解读《关于新形势下党内政治生活的若干准则》《中国共产党党内监督条例》，对党的十八届六中全会精神进行专题辅导。6月28—30日在平山县举办第三期处级干部培训班。

(6) 7月14日，召开全厅干部大会。河北省纪委驻水利厅纪检组组长刘媛传达了《省纪委关于给予赵立敏开除党籍处分的决定》和《关于给予赵立敏行政撤职处分的决定》。苏银增从7个方面就强化四个意识、加强厅系统党风廉政建设和反腐败工作提出了明确要求。

(7) 7月中旬—9月30日，在全厅开展以“奉献爱心·储蓄健康”为主题的“公务人员无偿献血月”活动，184人成功献血66600mL。

(8) 8月25—28日，为提高河北省水利系统摄影骨干的摄影水平，集中反映两年来学习培训成果，普及摄影知识，河北省桃林口水库管理局举办河北省水利系统摄影骨干交流学习活动。

(9) 9月14日，中共河北省委省直机关工委下发《关于表彰2017年度增强“四个意识”理论研究获奖论文和优秀组织奖的通报》，河北省桃林口水库管理局撰写的《增强“四个意识”的思想内涵、历史经验和实践要求研究》获三等奖。

(10) 9月20日，中共河北省委省直机关工委下发《关于表彰增强“四个意识”主题征文优秀文章的通报》，苏银增的《自觉践行“四个意识”，全力支持雄安新区精神》获三等奖。

（11）9月26日，中国水利政研会调研组来河北省水利厅就水利思想文化建设和思想政治工作队伍建设情况进行调研，在厅机关召开了思想政治文化建设座谈会。驻厅纪检组组长刘媛参加并主持了会议，闫利强对河北省水利厅开展水利思想文化建设情况和思想政治工作队伍建设情况进行了汇报，厅机关各处及有关厅直单位的负责同志参加了座谈。中国水利政研会副秘书长傅新平对河北省水利厅在思想政治工作建设、水文化建设等方面所采取的一系列举措和取得的成效给予了充分的肯定。对调研中发现的问题要求调研组形成有分量的调研成果，推广好的经验做法，研究解决存在的问题，为促进水利改革发展提供强有力的思想文化支撑。

（12）10月1日9：00，河北省水利厅直13个单位和厅机关、河北省南水北调工程建设办公室、河北水务集团分别开展了“升国旗、唱国歌，祖国在我心中”主题活动，举办了升国旗仪式。

（13）10月23日，河北省水利厅文明办5—9月经过对河北省原21个和新申报5个“文明服务示范窗口单位”的检查考核，重新命名河北省水利系统“文明服务示范窗口单位”20个。

（14）11月17日，河北省直机关纪检在河北太行国宾馆举办省直机关纪检干部学习十九大暨业务知识竞赛，河北省水利厅代表队荣获第二名（集体二等奖）。

（15）12月11—16日举办了三期“河北省水利厅处级干部学习十九大精神培训暨理论素养提高班”，237名处级干部在河北省行政学院进行了封闭式轮训。

（16）12月26—30日，河北省水利厅直各单位分别以集中闭卷形式在全厅党员中组织开展学习党的十九大报告、《党章》知识测试活动。

山　西　省

一、综述

2017年，山西省深入学习贯彻党的十九大和习近平总书记系列重要讲话精神，围绕中心、服务大局，在加强自身建设的同时，开展了一系列丰富多彩、卓有成效的活动，为山西水利改革发展提供了强大的精神动力和思想保证。

二、思想政治

1. 开展“习总书记视察山西讲话进基层”主题宣讲　6月21—23日，习近平总书记在山西视察调研后，山西省水利政研会组织有关人员到基层开展“习总书记视察山西讲话进基层”主题宣讲。（张淑峰）

2. 开展践行社会主义核心价值观宣讲　山西省水利政研会会长奥雨迎到山西省中部引黄工程建设管理局、山西省水利水电勘测设计研究院、山西水务投资集团有限公司等单位进行践行社会主义核心价值观宣讲。（张淑峰）

3. 就政治巡视问题进行专题辅导　4月起，山西省水利政研会会长奥雨迎陆续在水利厅党组中心组（扩大）学习会上、山西省禹门口水利工程管理局和山西水务投资集团有限公司等单位就政治巡视问题进行专题辅导。（张淑峰）

4. 开展“喜迎十九大、弘扬主旋律”系列主题活动　党的十九大召开前，山西省水利政研会积极配合山西省水利厅直机关党委组织开展“喜迎十九大　真情颂党恩”歌咏汇演、“砥砺奋进的五年——十八大以来山西水利改革发展成就展”等喜迎十九大系列活动，营造了团结奋进喜迎十九大胜利召开的浓厚氛围。（张淑峰）

5. 组织推动“两学一做”学习教育常态化制度化和深入学习贯彻党的十九大精神研讨会　11月29日，山西省水利政研会在山西省汾河二库管理局组织召开推动“两学一做”学习教育常态化制度化和深入学习贯彻党的十九大精神研讨会。山西省水利政研会会长奥雨迎出席会议并讲话，会员单位共70余人参加研讨交流，凝聚起用习近平新时代中国特色社会主义思想武装头脑、推动工作的强大动力。（张淑峰）

6. 加强“三基建设”工作　按照山西省委部署要求，以强化基层组织为关键，以做好基础工作为路径，以提升基本能力为手段的“三基建设”工作，山西省水利政研会制定了“一目录一流程三手册”，为进一步强化政研会各级基层党组织的政治功能，系统梳理基础性工作，提升工作标准和广大干部职工的基本能力打下坚实基础。（张淑峰）

7. 严格落实各项制度　山西省水利政研会严格按照章程，加强政研会内部制度建设，认真落实《法人证书保管、使用管理制度》《印章保管、使用管理制度》《人事管理制度》等，认真组织开展政研会的年检工作，使各项工作严格按照各项制度进行，在制度化建设方面有了长足的进步。同时按照山西省委组织部和山西省民政厅相关文件要求进行社团组织党建工作的摸底调查。积极配合山西省审计厅在对山西省水利厅审计工作，针对社团工作中提出的意见及时进行回复和整改。（邸青春　张淑峰）

三、水文化建设

山西省水利政研会与山西省小浪底引黄工程管理局等单位联合组织山西小浪底引黄工程建设史的编撰工作，建设史编修完成后，将为山西省大水网建设和水利发展留下珍贵的史料，目前这项工作正在进行中。（邸青春　张淑峰）

四、水利文学艺术

1. 举办山西省“展示晋水风韵　见证水利发展”摄影大赛　为宣传水利行业历年来的发展成就，展现水利人的风采，让水利行业发展的新成就和水利人的无私情怀展现出来，追忆流金岁月，展望美好未来。4月，组织举办了山西省“展示晋水风韵　见证水利发展”摄影大赛。本次摄影大赛以反映“水与农业、水与工业、水与城市、水与社会、水与生态”为主题，共计收到作品10000余幅，经最终评审，选出一等奖10名、二等奖15名、三等奖20名、优秀奖50名，作品在山西省水利厅进行了宣传展览。（苗太平）

2. 举办山西省“夏·汾河”水利摄影大赛　为充分展示三晋母亲河——汾河的壮丽与美好景象，唤起与增强全社会对母亲河的尊崇、热爱、保护意识，9月，组织举办的山西省“夏·汾河”水利摄影大赛，大赛以汾河夏季风光为主题，在全社会广泛征集作品，通过与山西省摄影家协会联合，共收到作品6000余幅，组织专家评选，选出一等奖10名、二等奖20名、三等奖30名、优秀奖50名，获奖作品在山西省水利厅宣传展出。（苗太平）

3. 举办山西省“汾河秋色”水利摄影大赛　组织开展了山西省“汾河秋色”水利摄影大赛，大赛以汾河秋季风光为主题，通过汾河四季系列大赛，充分宣传水利职工新风貌，展示汾河水利生态、水利工程建设的新成就。共收到作品5000余幅。12月最终评审出一等奖10名、二等奖20名、三等奖30名、优秀奖50名，精选出的获奖作品在山西省水利厅宣传展出。（苗太平）

4. 举办首届水利职工“中部引黄杯”《水与生态》摄影大赛　组织举办了首届水利职工“中部引黄杯”《水与生态》摄影大赛，大赛以充分宣传和展现水与生态绿色和谐发展成果、加强生态文明宣传教育、营造绿色发展氛围、引导更多社会力量关注水生态保护和生态文明建设、共建美丽山西为主题，组织全省水利系统职工参与，共收到作品1000余幅，组织专家最终评审出一等奖10名、二等奖30名、三等奖50名、优秀奖100名。并在山西省水利厅二层多功能厅，成功举办全省首届水利职工“中部引黄杯”《水与生态》摄影大赛获奖作品展。通过展示全省水利职工作品，激发了全系统水利工作者对摄影工作的热爱，丰富了水利精神文化生活。（苗太平）

5. 组织启动山西省“汾河冬韵”水利摄影大赛　12月，组织启动了山西省“汾河冬韵”水利摄影大赛，大赛以银装素裹的汾河冬季风光为主题，充分唤起与增强了全社会

对母亲河的热爱、保护意识。（苗太平）

6. 水利历史照片征集活动收到明显效果　5月，山西省水利文学艺术协会开展了水利历史照片搜集工作，征集作品300余幅，这些珍贵的历史资料总结和印证了水利工作的历史成就，记载了水利事业发展的轨迹，真实直观地记录了山西省水利事业的发展历程、重要历史事件和水利建设者的风采和精神，它承载着一代又一代水利人的情感和记忆，是水文化灵魂的真实体现。（苗太平）

江 苏 省

一、综述

2017年，江苏省水利厅广大党员干部职工坚持围绕中心、服务大局，按照“夯实基础、创新载体、培育典型、注重实效”的工作思路，认真学习宣传贯彻党的十九大精神，扎实推进“两学一做”学习教育常态化制度化，不断加强学习型、创新型、服务型党组织建设，推动厅系统党建工作再上新台阶。江苏省水利厅机关党委被评为全省机关党建工作先进集体。水利部专门在江苏召开全国水利系统文明单位创建工作现场会学习江苏经验，水利厅党风廉政建设工作在水利部和省级机关大会做经验交流，江苏省水利厅机关作风建设工作两次被通报宣传，江苏省委督查组来厅督查巡视整改、江苏省委省级机关工委来厅调研基层党建时，均对江苏省水利厅党建和思想政治工作给予高度评价。

二、重要文献

(1)《中共江苏省水利厅党组关于调整省水利厅精神文明建设领导小组组成人员的通知》(苏水党〔2017〕12号)。

(2)《中共江苏省水利厅党组关于印发〈2017年全省水利系统党风廉政建设工作要点〉的通知》(苏水党〔2017〕14号)。

(3)《中共江苏省水利厅党组关于印发〈2017年省水利厅系统党建工作要点〉的通知》(苏水党〔2017〕15号)。

(4)《中共江苏省水利厅党组关于印发〈“两学一做”学习教育民主生活会整改工作方案〉的通知》(苏水党〔2017〕16号)。

(5)《中共江苏省水利厅党组关于组织开展“两服务一提升”大走访大落实活动的通知》(苏水党〔2017〕17号)。

(6)《中共江苏省水利厅党组关于认真学习宣传贯彻党的十九大精神的通知》(苏水党〔2017〕47号)。

(7)《中共江苏省水利厅党组关于开展2017年全面从严治党和党风廉政建设考核工作的通知》(苏水党〔2017〕53号)。

三、思想政治

1. 压实管党治党责任

(1) 加强组织部署。年初组织召开江苏省水利系统全面从严治党暨党风廉政建设工作会议、群团工作会议、厅系统党办主任座谈会和厅机关组宣委员会议，印发了全面从严治党、党风廉政建设、精神文明建设等工作要点，把党建工作与业务工作同部署、同检查、同考核，营造了齐抓共管的党建工作格局。推动厅系统逐级、分类签订全面从严治党、党风廉政建设责任状、承诺书，层层传导压力，厅党组与机关处室、厅属单位、改制企业、市县水利局等60个单位签订了责任状、承诺书，压紧压实基层党组织书记"第一责任人"责任和班子成员"一岗双责"，推动全面从严治党落地生根。

（2）完善党建考核。认真落实《厅系统党建工作考核实施办法》，进一步探索完善党建考核机制，开展基层党建工作季度通报和半年督查，建立了基层党组织书记年终述职党建工作制度；年初由厅领导带队对基层党委（总支、支部）全面从严治党和党风廉政建设情况进行综合考评，并向19个基层党委（总支、支部）提出书面反馈意见，督促整改；强化考核结果的运用，把考核结果同单位绩效考核和党员领导干部评先评优、干部选拔任用等直接挂钩，推动"两个责任"履行到位。

（3）抓好问题整改。根据江苏省委办公厅《关于转发省委组织部、省委省级机关工委、省委巡视办〈关于省级机关党建工作巡视反馈意见整改工作方案〉的通知》精神，召开专题会议研究贯彻落实，及时转发，认真梳理存在问题，制定了30项整改措施和53项任务清单，扎实推进问题整改，补齐工作短板。落实中共江苏省水利厅党组《巡视督察工作实施办法》，积极参与对6个厅属单位的巡视督察，将巡察报告、反馈意见和整改情况等上网公示，实行问题逐条销号制度，督促被巡察单位认真进行整改，推动了全面从严治党责任落实。

2. 强化思想政治引领

（1）开展党的十九大精神学习宣传贯彻。按照中央和江苏省委部署要求，认真组织部署江苏省水利厅系统十九大精神学习宣传贯彻，及时研究制定学习方案，编印学习手册，设置宣传展板，成立党的十九大精神宣讲团，到基层一线、建设工地、改制企业等开展30多场宣讲，在江苏省水利厅系统迅速兴起学习宣传贯彻十九大精神的热潮。组织开展十九大报告、中纪委工作报告和新《党章》的学习讨论，引导厅系统广大党员干部职工，自觉维护以习近平同志为核心的党中央权威和集中统一领导，做到政治上旗帜鲜明，坚决贯彻新时代党的建设总要求，推动厅系统全面从严治党向纵深发展。

（2）推进"两学一做"学习教育常态化制度化。认真学习贯彻中央《关于推进"两学一做"学习教育常态化制度化的意见》，制定水利厅实施方案和工作安排，继续深化"两学一做"学习教育。扎实开展"旗帜鲜明讲政治"主题学习培训，陈杰厅长带头为厅系统全体党员上了题为"旗帜鲜明讲政治，创新作为勇担当"主题党课，江苏省水利厅领导班子成员结合七一纪念活动，先后到联系点和分管部门开展主题党课教育。开展理想信念教育和党性教育，引导广大党员进一步增强"四个意识"，做到"四个合格"。创建"四讲四有"党员示范岗，引导党员亮身份、做表率，在组织活动中佩戴党徽，进一步增强党员意识。

（3）加强学习型组织建设。认真落实江苏省学习型党组织示范点建设任务，贯彻《党委（党组）理论学习中心组学习规则》，制定党组中心组年度学习计划，抓好中共江苏省水利厅党组和江苏省水利厅系统基层党委（总支）中心组理论学习引领作用的发挥，全年中共江苏省水利厅党组开展20多次中心组学习；印发中心组理论学习记录本和党员理论学习记录本1200本，督促党员干部按要求开展学习。坚持学以致用，组织党员干部职工认真学习领会新时期治水思路和习近平重要治水思想，准确把握十九大对水利工作提出的新标准、新要求，以十九大精神指导水利实践，推进河长制、生态河湖行动、防汛防旱、水利建设管理等重点工作，为建设“生态江苏、美丽江苏”作出积极贡献。

3. 夯实党建工作基础

（1）严格党内政治生活。严格落实民主生活会、党员民主评议等制度，进一步严肃党内政治生活，强化广大党员的政治纪律和政治规矩意识。做好中共江苏省水利厅党组民主生活会协助工作，针对发现问题，制定了41项整改措施，明确责任人、责任部门和整改时限。认真组织部署江苏省水利厅系统224个党支部完成了组织生活会和民主评议党员工作，对评议优秀的党员进行表彰。严格落实党员领导干部联系点、双重组织生活会、谈心谈话等制度，建立以上率下机制，江苏省水利厅领导班子成员带头到联系点讲党课，参加所在党支部活动，过“双重组织生活”。2017年江苏省水利厅领导班子成员深入基层党建联系点18个党支部指导党建工作30多次。

（2）规范基层组织建设。及时做好换届工作，年内共有9个基层党委、总支、支部完成换届，5个党委补选了党委委员；2017年江苏省水利厅系统发展党员61名。严格落实“三会一课”、组织生活会、谈心谈话等基本制度，系统内各支部政治理论学习每月都在2次以上，现场教育活动每年不少于2次。认真落实“场所、经费、人员”三到位要求，江苏省水利厅机关专门安排专项经费建设标准化的党支部活动室，按每人每年600元标准将党员学习教育专项费用列入部门年度预算，明确专人负责支部日常工作。开展党支部书记工作室和党员教育实境课堂创建，打造党支部工作“一本通”、“网格化”管理、“精细化”管理等支部工作新模式，进一步加强基层党支部规范化建设。加强行业党建，到徐州等3个市水利局和部分改制企业开展专题调研，按照全覆盖要求，加强对市县水利局和改制企业党建工作的行业指导，增设了省外经公司海外党支部，对相关水利社团组织设立党建联系人，推进工作开展。

（3）加强党建能力建设。明确了11名机关党委委员和6名机关纪委委员任务分工，通过联系基层、参加调研、督查、考核等工作推动委员履行职责；江苏省水利厅机关纪委配备了专职副书记和专职工作人员；江苏省水利厅属18个党委都设立了党办，共配备专职党务干部53名；所有在职党支部都设立了纪检委员，建立了156人的专（兼）职纪检委员队伍，确保党建工作有人抓、有人管。举办党支部书记培训班、党务干部培训班和纪检干部培训班各1期，全年培训党务人员320多人次，提高了党务干部的理论水平和履职能力。根据工作需要配备相关设施，设置谈话室，为机关纪委工作开展创造条件。

4. 提升党建工作活力

（1）加强党建创新。创新党建工作机制，对江苏省水利厅系统32个基层党组织划4个片管理，落实每个片区每年6万元的工作经费，定期开展活动。探索“互联网＋党建”的新模式，针对基层党员难集中、汛期活动难开展等特点，充分利用江苏水利党建网、江苏水利微信公众号等平台，积极探索“微课堂、微感言”等“五微”工作法，提升了学习效果。大力推广“情＋力”党建工作法、党风廉政“3C”工作法等创新典型，助推基层打造“一所一特”“一支部一品牌一堡垒”等工程。组织开展了党支部书记“讲党课述党建”活动，包括机关处长在内的150多名党支部书记参加了演讲和征文，通过谈学习心得、谈思想认识、谈工作体会，压实主体责任。

（2）培育选树典型。积极开展工人先锋号、青年文明号、劳模工作室等创建活动，助推基层打造“一所一特”“一支部一品牌一堡垒”等示范工程，在每个管理处、每个片区打造一个可学、可看、可借鉴的不同类型先进典型，开展学习交流，努力营造比学赶超的良好氛围。组织开展全省水利系统第二届江苏“最美水利人”评选活动，根据市县水利局和厅直各单位的推荐情况，择优遴选出30个候选人，下一步将通过网络投票，最终评选出10名“最美水利人”，通过先进事迹报告会、网络媒体报道、印发先进事迹汇编等形式，激励广大职工立足岗位、奉献水利，积极发挥“两个作用”。

（3）深化文明创建。积极践行和弘扬社会主义核心价值观，不断加强行业文明创建工作。在江苏省水利系统已有的2个“全国文明单位”、7个“全国水利文明单位”、61个“江苏省文明单位”基础上，2017年又成功创建了2个“全国文明单位”和3个“全国水利文明单位”，文明单位的数量和质量均处于全国水利系统前列。2017年，水利部在江苏召开“全国水利文明单位”创建工作现场会，推广江苏水利文明创建的经验做法。组织江苏省水利厅系统文明单位与经济薄弱村开展结对共建活动，组织了机关党员进社区活动，开展了扶贫点结对帮扶行动，进一步发挥文明单位的社会辐射功能；加强激励帮扶，开展“关爱月月送”，落实“五必谈”“五必访”，开展夏季“三送”活动，到水利工程工地、防汛防旱一线等艰苦岗位慰问基层职工；组织走访慰问了100多名老党员和病困职工；组织机关职工参加省直机关医疗特困互助，做到帮扶全覆盖。组织100多名志愿者开展“保护长江母亲河，绿色发展携手行”主题骑行宣传活动，全力助推河长制实施。

（4）加强工会共青团工作。组织启动“为太湖水环境治理再立新功”主题劳动竞赛，着力开展基层职工技术创新、技能比武等群众性活动，江苏省水利厅系统有11个单位分别获得全国、江苏省“工人先锋号”“五一劳动奖状”称号，5名个人分别获得江苏省“工人先锋号”“省十佳文明职工”称号。坚持推动基层职代会制度，指导基层4个单位工会按期换届选举，维护职工切身利益。开展2015—2016年度江苏省水利厅系统模范（先进）职工之家考核确认工作，打造职工群众信赖之家。开展先进共青团集体和优秀个人争创活动，江苏省水利厅系统有4个基层团组织、8名个人荣获“五四红旗团委（支部）”和“优秀团员（团干）”称号，6个青年集体荣获“青年文明号”称号。组织开展了江苏省水利厅系统“岗位争一流　青春有担当”青年岗位风采展示大赛，16名青年以真情的语言和深刻的感悟，诠释了立足岗位奉献青春的丰富内涵。

5. 营造风清气正氛围

（1）筑牢思想防线。组织开展十九大中纪委工作报告和新《党章》的学习讨论，引导江苏省水利厅系统广大党员干部职工，坚决贯彻新时代党的建设总要求，进一步坚定夺取反腐败斗争压倒性胜利的信心。组织江苏省水利厅系统广大党员开展《中国共产党廉洁自律准则》等党纪党规专题学习教育，坚持挺纪在前。在水利大厦一楼设置宣传展板，开展《中国共产党问责条例》和《中国共产党纪律处分条例》的专题宣传；张贴廉洁从政海报，通过电子屏滚动播放廉政规定和要求，为党员干部编发廉政短信；在支部书记培训班、党务干部培训班上，对党务干部开展廉洁从政教育，引导党员干部坚定理想信念；以反面典型为鉴，开展廉政警示教育，筑牢反腐倡廉思想基础。

（2）完善风险防控。部署第二轮《廉政风险防控手册》修编工作，根据不同部门、岗位特点，进一步梳理廉政风险点，加强对重点领域和关键环节的风险点排查，编制形成了厅机关、工程建设、水行政执法、改制企业等6本廉政风险防控手册。健全监督机制，加强对行政审批、工程建设、水政执法等重点领域关键岗位权力运行全过程、全方位监控，进一步完善厅系统廉政风险防控体系。

（3）强化监督执纪。充分运用“四种形态”，做好有关违纪案件查处工作，全年处理驻厅纪检组、厅信访办转办案件以及自办案件11件，有效发挥教育和震慑作用。在干部任用、表彰奖励等工作中，严格执行廉洁审查、一票否决制度。以“关键少数”和关键岗位为重点，配合相关部门做好经济责任审计、廉政谈话等工作，推进干部监督管理全覆盖。开展“四风”问题回头看，组织执行中央八项规定、省委十项规定情况专项检查和作风建设专项检查，对机关食堂及厅属单位进行突击抽查，及时提出整改意见，责令清退有关项目评审、评估、咨询等费用。

（4）优化作风行风。组织开展“两服务一提升”大走访大落实活动，把2017年作为江苏省水利厅“机关作风提升年”，把4月作为集中调研月，组织69名机关党员干部分成17个组深入基层，围绕服务“双百工程”、服务民生水利、推进河长制落实进行督导服务，已协调解决具体问题126件。夏季为基层管理所、偏远水文站安装了空调，进一步改善了基层职工工作条件。召开江苏省水利行风建设座谈会，聘请26名水利行风监督员，对江苏省水利行风作风进行监督。组织机关37个党支部与江苏省水利系统基层站所党支部开展共建活动，架起机关与基层党员干部学习交流、共同提高的桥梁，推动机关工作重心下移和工作作风转变。

四、水文化建设

【水文化研究】 10月，江苏省政府印发《江苏省生态河湖行动计划（2017—2020年）》，把加强水文化建设列为八项重点任务之一，为江苏水文化建设开创工作新局面。

2017年以来，江苏水文化建设成果丰硕：全省范围内进行了水利文物普查登记；出版了一大批水文化鸿篇巨著，如列入江苏省重点文化工程的《江苏省志（1978—2008）·水利志》《江苏江河湖泊志》均已通过终审，《江苏江河湖泊志》成为省级地方志出版的创新点；在加强历史文化保护利用方面成效著显，如京杭大运河申遗成功，跨越江苏省南北700余公里的运河沿线，已建成“文化水利”长廊。水工程文化品位的提升为水生态文明城市建设奠定了良好的基础，江苏省13个设区市中有9个已列入国家水生态文明城市试点。将历史人文、美学元素、地域文化等融入治水实践的发展势头，已从“盆景”变成“风景”。

1. 研讨交流

（1）2017年度水文化与水利史研究课题申报活动。为推动江苏省水文化与水利史学术研究活动，江苏省水利学会下设的水文化与水利史专业委员会（以下简称“文史专委会”）在8月开展了2017年度水文化与水利史研究课题申报活动，课题研究内容围绕江苏的水文化建设或水利史研究。文史专委会组织评审组对收到的22项水文化课题和22项水利史课题进行盲评和筛选，最终选出《江苏大运河文化带建设面临的问题及对策建议》等10个水文化课题、《江南圩长制探源》等10个水利史课题，由江苏省水利学会正式发文宣布立项。课题研究成果以学术论文形式报送，需通过文史专委会组织的验收会方可结题。

（2）2016年度江苏省水利文史研究课题汇报会暨里下河文化研讨会。9月初，文史专委会以课题成果汇报会形式对2016年度江苏省水利文史研究立项课题进行结题验收。验收会在江苏省泰州引江河管理处召开，同时举办了里下河文化研讨会。邀请《江河》杂志编辑部参会，并合作完成“里下河”专刊。参会的所有课题均通过结题验收，并发放了研究补助资金。

（3）第九届江苏水论坛水文化与水利史分论坛。第九届江苏水论坛水文化与水利史分论坛于12月19日在南京举办，由江苏省水利学会文史专委会和江苏省水利信息中心承办。本次分论坛主题为“大运河水文化”。分论坛邀请了江苏省水文化专家潘杰、王凯做专题讲座，还邀请了论坛征稿入选作者就投稿论文进行专题汇报。

2. 研究成果

（1）水利文史研究队伍不断壮大。江苏省水利学会文史专委会于2014年4月正式成立，由全省13个市水利（务）局、厅属管理处，南京水利科学研究院和河海大学等多家单位相关人员组成，每年举办江苏省水利文史研究课题申报活动和论坛（年会），为全省水利文史研究人员提供学术交流的平台。

（2）2016年度江苏省水利文史研究成果汇编成书。《2016年度江苏省水利文史研究论文集》收录了来自2016年度水利文史研究课题成果论文和第九届江苏水论坛“大运河水文化”分论坛的优秀论文，共20余篇，内容涵盖江苏的水利史、水文化，古今治水思想，水利史如何为现代服务，江苏大运河水文化等，为文史专委会2016年度组织开展水利文史研究的成果汇集，用于内部交流。

（3）二轮志编修工作顺利完成。根据国务院《地方志工作条例》、江苏省政府办公厅《关于做好新一轮地方志编纂工作的通知》和江苏省地方志办公室《第二轮〈江苏省志〉编纂工作方案》要求，江苏省水利厅承担其中《江苏省志（1978—2008）·水利志》《江苏江河湖泊志》两部志书的编纂任务。3月，《江苏江河湖泊志》通过了省地方志办公室主办的终审，标志着二轮志编纂任务全部完成。

【水文化遗产保护与利用】 4月，在江苏省江都水利工程管理处举办了两期全省水文化遗产调查培训班，对水文化遗产调查工作的组织实施、技术标准、调查方法、调查系统安装操作等方面内容进行专题授课，江苏省水利、文化文物部门、专业调查队伍等260余人参加培训。5月，下发《关于做好水文化遗产摸底调查工作的通知》（苏水遗调〔2017〕3号），正式启动江苏省水文化遗产调查工作，全省水文化遗产共分为工程建筑、文献资料和非遗3大类、11个亚类、41个子类。7月起，南京博物院组织11个专业调查队赴各地开展工程建筑类水文化遗产的现场调查；江苏各市陆续展开文献资料类和非遗类水文化遗产的调查。截至2017年年底，共调查水文化遗产5409处（个），其中：工程建筑类4571处、文献资料类275个、非遗类563个。7—8月，江苏省河道管理局、江苏省文物局组织开展全省水文化遗产调查工作的调研督查，掌握工作进度，交流疑点难点问题，并要求各地充分发挥院校、老专家的作用，进一步挖掘遗产线索，组织专家审查，把好源头数据质量关。12月，江苏省水利厅、文化厅联合召开全省水文化遗产调查工作会议，共同推进水文化遗产调查工作，并要求各地各部门在前期调查的基础上，进一步提高思想认识，强化组织领导，健全协作机制，加大工作力度，采取有力措施，持续深入推进水文化遗产调查和保护工作，确保2018年基本完成调查工作。水利与文化文物两部门跨系统合作开展水文化遗产调查，在全国尚属首次。

【水利工程文化建设】 江苏省是唯一同时拥有大江大河大湖大海的省份，境内水系发达，河湖密布，水利工程众多。据第一次全国水利普查，江苏省有大中型水闸近四百座、水库上千座、仅长江堤防就达1000多km。江苏省水利工程文化建设致力于依托面广量大的水工程，塑造水文化之魂，扩大行业影响。工作成果主要有以下三方面。

1. 挖掘历史特点，传承水工程文化脉络 江苏省跨江滨海，在漫长的发展过程中，水系既孕育了发达的文明，也产生了众多造福人类的水利工程。在水利工程设计建设中，注重对古代水文化和历史进行了挖掘保护，使这些历史底蕴与现代水利工程相映生辉。

（1）泰州凤凰河工程。凤凰河工程充分挖掘泰州“凤凰文化”，7km长河道两侧，集中展现了选自中国古代四大名著及民间的吉祥用语和图案的石刻以及众多的水文化创新设计和凤凰文化展示区，增加了凤凰河的艺术美感和文化厚重感。位于凤凰河上的百凤桥、莲花桥等创意独特，各有寓意，形成了具有水文化的内涵的城市桥梁建设新风格。矗立在北岸的望海楼号称江淮第一楼，按照宋代建筑风格再现了滕子京、范仲淹、胡瑗等文人在泰州吟诗唱和的场景。凤凰河腹部的“治水广场”建有“治水者”雕塑，突出治水的石工们劳作时真实的形体和摄人心魄的爆发力。整个凤凰河工程通过凤凰文化的传承创新，打造泰州特色水文化，成为水文化与工程技术相融合的典范之作。

（2）洪泽湖三河闸工程。三河闸是建国初期我国自行设计施工的大型水闸，是洪泽湖控制淮河洪水入江的重要口门。这里既有距今1800多年的洪泽湖高家堰大堤，也有御碑亭、清代镇水铁牛以及三河闸工程指挥部旧址等。在近一轮除险加固工程中，三河闸管理所不但保留了原有的历史遗迹和文物，而且挖掘出刘少奇下榻处、杨廷宝建筑群等新的历史元素，借主体工程加固改造之机融入进去，努力使水利工程成为别具风格的水利建筑艺术品，成为“国家水利风景区”。

（3）宿迁井头泵站工程。井头泵站位于宿迁市宿豫区，引运河水灌溉近50万亩农田，泵站更新改造工程2013年被列入国家大中型泵站改造项目。泵站改造没有走通常“一拆了之、原址新建”的老路，而是将井头泵站改造为水利遗址公园，在原址东侧另设计建设新站。设计保留了原有建筑物，专门投资2000多万元，将本该拆除的旧址改造成为集水利功能、文化传播、科普教育为一体的综合性水利遗址公园，保留下的80台老式柴油机泵，以史诗雕塑的方式，诠释宿迁水利历史，给后人留下不可磨灭的记忆，2017年该遗址公园与都江堰、三峡大坝等同批入选国家水情教育基地。诸如结合水历史进行的水利工程改造，为江苏本就丰厚的水文化增加了浓墨重彩的一页。

2. 突出时代特征，赋予水工程文化内涵 弘扬发展新理念，将现代美学、生态文化、景观元素融入治水实践中，让望得见山、看得见水、记得住乡愁落到实处，彰显了水美价值。

（1）苏州市东太湖治理工程。东太湖是太湖下游一个狭长形的重要湖湾和主要出水通道，位于太湖东南部东山半岛东侧，南起东茭嘴至陆家港一线，北端一直延伸到瓜泾口，总长度 27.5km，最大宽度 9km，环湖大堤包围的面积为 185.4km^2，平均水深不到 1.2m。东太湖综合整治工程包括退渔还湖、退垦还湖、生态清淤、生态修复和洪道疏浚五个部分，在满足防洪条件的前提下，着重改善湖泊沿岸带自然条件。生态与文化相结合，既能够突出水利特色，又可以完全融入东太湖的自然景观当中，实现水工程与水景观的完美融合。

（2）江都水利枢纽工程。该工程是江苏省江水北调的龙头，也是国家南水北调东线的源头。20 世纪 60 年代开始建设，工程由 4 座大型抽水站、12 座大中型水闸等配套工程组成，现已成为闻名中外的大型水利枢纽，是“国家水利风景区”。该工程呈现了集水利历史人物遗迹、特色水利工程建筑风貌、扬州园林地域风情于一体的水利枢纽景观，实现了从单纯注重工程安全，向注重功能、效益、质量、美观的综合体转变。特别是第三抽水站兴建于“文革”时期，在近几年加固改造中，保留了泵房两端矗立的“三面红旗”雕塑，墙体上刻有“世界人民大团结万岁”“伟大的中国共产党万岁”等红色标语，引起人们对那个激情时代的印记与共鸣。如今穿行在江都水利枢纽，不同时代建筑犹如缤纷音符，合奏一曲新时代水利发展的颂歌。

（3）南京市三汊河口闸工程。三汊河口闸是外秦淮河入长江的控制工程，主要功能是保持南京市区河湖景观水位，改善城市水环境和城市形象。为了体现工程的现代特征，与周边的渡江战役纪念馆、希尔顿五星级酒店等相适应，采用“双孔护镜门”的造型设计，首创亚洲双孔护镜门方案，造型独特，视觉丰富，是水利工程设计观念上的一次重大突破，成功地将水利功能与自然环境融为一体。工程融闸站、市民休闲广场于一体，青树碧水间更彰显了一座城市的灵性，造就了人与水、人与自然和谐的绿色体系，充分体现了城市水利建设的新理念，已经成为南京市的标志性建筑物。

3. 锤炼地域特色，夯实水工程文化根基　一方水土养一方人，也造就了不同类型的水利工程。不同地域的风土人情与乡土特色，也是江苏在水利工程设计建设中考虑的重要因素，这样可以使水利工程在为地方服务中体现地方特色，融入区域文化，避免千人一面。

（1）泰州引江河。泰州引江河是南水北调东线水源工程之一，以引水为主，灌溉、排涝、航运等综合利用。枢纽工程因靠近柴墟，民间有岳飞柴墟抗金、四胜金兀术的传说。泰州引江河管理处根据凤凰泰城和岳飞抗金传说，精心打造水文化工程。建成了以“凤凰引江”为主的“一横、三带、四区”的枢纽文化板块，以“岳飞雕像”“古战船”“得胜榜书碑刻”等为主的“岳家军抗金印象”主题公园，建设了沃特龙酒店，着力打造形神兼备的现代水利工程，成为“国家水利风景区”和泰州市重要的旅游点，中外游客纷至沓来，对工程和水利起到了很好的宣传作用。

（2）淮安水利枢纽立交工程。该工程位于淮河入海水道与京杭大运河的交汇处，是亚洲规模最大的水上立交工程。为与具有浓厚地方水文化底蕴的古建筑“镇淮楼”遥相呼应，在工作桥上设计了两座安澜塔。两塔具有鲜明的汉唐风韵，两塔之间用悬索桥沟通，既是江苏最高的一座水工建筑物，也成为周恩来总理家乡淮安的骄傲，是淮安的地标性建筑物。

(3) 国家级水情教育基地。发挥水工程、水文化设施的水情教育功能，激发人们爱水、惜水、护水行动自觉，彰显了河湖文化价值。被列入首批国家级水情教育基地的河道总督府（清晏园）坐落于淮安市，是中国历史上级别最高、延续时间最长、任职官员最多的治水古衙府旧址，也是我国治水史和漕运史上唯一保存完好的总督级别的水利管理衙府园林。该园始建于明朝永乐年间，至今已有600多年历史，是清代全国最高的治水机构，管辖着黄、淮、运河治理。园区总占地面积120亩，环境优美，有“江淮第一园”之称。清晏园以水文化工程为依托，以治水历史和治水文化展示为主要内容，综合利用多种形式和现代化手段面向社会开展水情教育。

【水生态文明建设】

1. 坚持生态优先，着力绘就“水韵江苏”新蓝图

(1) 固本培元，构筑水生态保护法规制度体系。先后出台或修订水资源管理条例、湖泊保护条例、水库条例、太湖水污染防治条例、节约用水条例、河道管理条例等地方法规或规章，江苏省水利厅会同有关部门就全省水资源总量管理、计划管理、节水管理、地下水管理、水环境管理等出台近十项管理制度与指导意见，镇江、泰州、淮安等地出台饮用水源地保护、水环境保护和古淮河保护条例等地方性法规。有地方特色的水资源水生态法规体系基本建立。江苏省委省政府将水生态文明纳入生态文明建设内容，同部署、同考核。经江苏省政府同意下发《省水利厅关于推进水生态文明建设的意见》，出台《关于开展全省“水美乡村”创建工作的意见》《“美丽库区幸福家园”建设指导意见》，发布《江苏省省级水生态文明城市建设试点验收管理办法》，完成水生态文明城市评价标准和典型案例汇编，主要河湖健康评估及时向社会公布，完善全省生态河湖评价指标体系，完成《江苏省河湖生态基流与水位方案》编制，构筑水生态文明制度框架。10月9日，江苏省政府文件正式印发实施《生态河湖行动计划》，被水利部列为全国四项创新工作之一，力争经过十余年的努力，展现“河通水畅、江淮安澜，水清岸绿、生物多样，人水和谐、景美文昌”的愿景，持续打造水生态文明的升级版，努力建成美丽中国的江苏样板。

(2) 红线管控，全面实行最严格水资源管理。江苏省政府先后出台最严格水资源管理制度的实施意见、考核办法和实施方案；建立最严格水资源管理、湖泊保护联席会议，定期协调解决重大问题，建立省、市、县三级最严格水资源管理制度考核体系，苏南地区还将考核向乡镇延伸。在国家最严格水资源管理制度落实情况考核中，连续四年蝉联优秀，2017年跃居全国第一。省级出台“十三五”水资源消耗总量和强度双控行动实施方案，市县实施方案相继出台，2020年和2030年“三条红线”指标逐级分解至市县，年度用水计划逐级分解到各用水户，形成刚性约束和调节机制。2017年全省用水总量比控制目标低48.6亿m^3，万元GDP用水量、万元工业增加值用水量分别比2015年下降13.8%、16.3%，均超额完成年度目标任务。

(3) 点面兼筹，积极开展水生态文明载体创建。在城市，依托山水脉络独特风光，坚持低影响开发理念，打造具有区域特色的水生态文明城市。江苏省有9个省辖市列为全国水生态文明建设试点，列入数量为各省之最，试点实施方案全面由省政府率先批复。2017年，苏州、徐州、扬州、无锡首批四个国家级试点率先全面高分通过水利部和江苏省政府

的联合验收，苏州、扬州、徐州包揽全国第一、第二和第三名，新闻联播专题聚焦江苏水生态文明建设“让美丽与发展同行”，试点建设经验作为样板在全国推广。第二批 5 个国家级试点和 18 个省级试点也已全面完成建设任务。非试点地区也高度重视，镇江市列入全国生态文明先行示范区，连云港等市专题开展水生态文明建设。在乡村，深入实施乡村振兴战略，形成“水清岸绿、土地平整、格田成方、沟渠相通”的乡村美丽风光，累计建成“水美乡镇”178 个、“水美村庄”1437 个。此外，着力打造系列品牌，建设移民安置村“美丽库区、幸福家园”，建成溧水环山河、江宁石塘等一批生态清洁小流域，累计创建省级以上水利风景区 142 家，其中“国家水利风景区”58 家，形成水生态文明全方位、广覆盖推进。

（4）控源截污，全力推进生态治水攻坚战。水功能区达标率被江苏省政府列入生态文明考核约束指标，水功能区达标整治工作被水利部列为全国八项创新工作之一。江苏省政府印发加强水功能区管理工作意见，批复水资源保护规划、新增水域水功能区划，全省市县全面完成水功能区达标整治方案编制。扎实推进水源地达标建设，在全国率先出台地方性法规《关于加强饮用水源地保护的决定》，建立饮用水源地核准、保护区划分、备用水源地、达标建设等管理制度，指导各地采取生态修复、监测预警、污染整治等综合措施，建立长效管护机制。严格入河排污口审批，开展全面调查摸底和规范化整治，全省核定规模以上排污口 1003 个。水环境质量持续提升，国家考核水功能区水质达标率由 2014 年的 63.5%提升到 2017 年的 82.2%。

（5）标本兼治，严格加强河湖水域管理。全面推进省骨干河道管理“河长制”和湖泊管理联席会议制度，全面提升河湖管护水平。目前，江苏省作为河（湖）长制的发源地，在全国率先完成中央确定的年度目标任务，“河长制”江苏升级版高效构建，实现了“四个全面”，即工作方案全面出台、河长办全面组建、制度体系全面形成、河长履职全面展开。落实省市县乡村五级河长 60467 人，覆盖 15.86 万个河湖水库，省级河长率先垂范，河长认河、巡河、治河、护河行动全面开展，推动解决了一批河湖管理难题，社会参与度不断提高。江苏省政府印发《江苏省建设项目占用水域管理办法》，严格建设项目占用水域岸线审批，加强河湖空间用途管控，保证现有水域面积和自由水面积不减少。严厉打击非法采砂，洪泽湖骆马湖和长江禁采成效明显。

（6）节水减排，着力推动节水型社会建设。把节水作为减少废污水排放、缓解水环境压力的源头措施，在全国率先开展县域节水型社会达标建设，联合相关部门建设节水型灌区、社区、企业、高校、学校，2017 年建成 7 家国家级节水型社会达标县，348 个省级节水型社会示范区、载体、基地，率先完成首批 13 个省级水效领跑者评选，强化企业、公共机构、灌区和用水产品的水效意识和水效责任。全省 120 多所高校 80%以上建成节水型高校，年可节水 4800 多万 m^3，相当于 1 座日产 15 万 t 水厂 1 年的供水量。时任刘延东副总理先后两次作出批示，要求大力推广江苏节水型高校创建的经验。2011 年开始，全面启动涉及全省 1 万多所中小学的节水型学校创建，“小手牵大手”，不断提高社会公众的节水意识。

2. 高质发展，切实增强城乡居民获得感 江苏省在首批 4 市国家级试点全面高分率先通过部省联合验收的基础上，继续按照全国一流的目标，努力将第二批 5 个国家级试

点市打造成为试点中的试点、示范中的示范。9个国家级试点城市全面推进河湖水系连通及水生态环境综合整治，较好解决了一批城市水问题，人居环境明显改善，水生态文明理念深入人心，公众对水生态满意度和幸福感大幅提升。

（1）水生态保护使城市发展蕴含更多生态质量。各试点市紧紧围绕产业转型升级，建设生态产业，降低污染负荷，加大水生态修复，有效保障区域高质量发展。各市在全市水生态环境明显改善的同时，经济稳中有升，试点期间南通市2017年GDP相比2014年增长了36.8%。

（2）水安全保障持续提升公共服务惠民水平。试点市基本完成水源地达标建设，全面实现“多源”供水或建设应急备用水源地，农村全面消除不安全饮水人口，供水安全保证率明显提升，饮用水安全保障明显增强。比如，无锡市6个饮用水水源地水质达标率均达100%，太湖湖体氨氮、总磷、总氮、高锰酸盐指数等主要水质指标逐年改善。盐城县城以上集中式饮用水源地率先全面完成达标建设，区域供水在苏北五市率先全覆盖，通过市区盐龙湖、东台仙湖、射阳明湖建设创新“河道+人工湖生态净化”水源地模式，引江入盐解决500万人饮水安全问题，走出河网末梢水源地建设成功路。

（3）水资源合理配置不断优化生态水系格局。各地从地方经济社会发展大局出发，推进以水生态环境修复与保护为主的河湖水系连通工程建设，努力构建“格局合理、功能完备，多源互补、丰枯调剂，水流通畅、环境优美”的城乡水系格局。苏州、扬州城市活水工程，无锡长广溪、徐州云龙湖、南通濠河、泰州凤凰河、盐城盐龙湖等已成为城市水生态工程亮点；淮安白马湖、苏州东太湖创新机制，在保护生态的同时运用市场机制解决工程资金，实现水土资源开发的综合效益；徐州大力开展城市水环境建设，形成“九河伴城、七湖绕城”的水系格局，被誉为“苏北好江南”；泰州引江河二期、宿迁故黄河治理等一大批区域引排工程，通过完善水资源配置体系，提升了水生态保障能力，促进了水环境持续改善。

（4）水文化水景观持续提升城市品位。各试点市全面消除了城区河湖黑臭现象，生物群落结构日趋合理，栖息地面积明显增加，生物多样性大幅提升，充满美学意境的优美水生态不仅成为悠闲舒适的亲水平台，而且充分体现了独特的水文化底蕴。比如，扬州市瘦西湖、里运河等充分展示了扬州“细致入微、精致见性”的水文化；泰州市打造周山河“春花秋叶”的十里河岸美景，变“园中水”为“水中园”，营造了“人在路上走，似在景中游”的美丽意境和城市特色；宿迁市水利遗址公园以井头泵站为载体，通过改造、保护老泵站、油库、机修库等重要水利文化遗存，营造了因水兴城的往事追忆和运河民俗文化传播空间。城市不仅更加宜居，品位和人民幸福指数也得到明显提升。

【水利风景区水文化建设】 2017年，江苏省新增“国家水利风景区”3家，其中宜兴华东百畅水利风景区由省级晋升为“国家水利风景区”，涟水五岛湖水利风景区、泰州凤城河水利风景区直接评定为“国家水利风景区”，新增南京市浦口区水墨大埝、徐州市铜山区楚河、常州市天宁区横塘河、常熟市南湖、常熟市泥仓溇、如东县小洋口、启东市圆陀角、淮安市白马湖、扬州市广陵区京杭之心、镇江市心湖、句容市茅山湖、兴化市徐马荒、省秦淮河枢纽等13家省级水利风景区。各地水利风景区加大水文化、水科普宣传和景区导视系统建设，结合景区创建、复核，增加水文化景观小品，活化利用水文化遗产，兴建水文化水科普展示馆，水利风景区成为水文化集中展示的窗口，初步形成了动静相宜、古今辉映、室内外相结合的差别化水文化展示体系。南京市溧水天生桥河“国家水利风景区”实施溧水区博物馆项目建设，以5D电影方式重现明朝人工开凿天生桥河场景，景区品质得到较大提升。江苏省秦淮河枢纽水利风景区建设了秦淮流韵浮雕广场、秦淮水文化水科普展示馆等，展示了流域水文化。南京市浦口区水墨大埝以农民画方式将节水、爱水、管水知识画在景区的房前屋后，涟水五岛湖系统梳理展示了黄河夺淮与涟水城市发展的关系，南通小洋口以“海洋文化”为主题，常熟泥沧漤突出“董浜灯谜”风俗等，每个景区的文化展示手法不尽相同、内容各有侧重，各美其美、各显魅力。

【水文化教育与传播】

1. 水文化教育　2017年以来，江苏省水情教育工作突出重点，稳步推进，不断开创工作新局面。

（1）健全组织机构，做好顶层设计。积极贯彻落实全国水情教育规划，并组织编制了《江苏省水情教育规划（2017—2020年）》；同时，加强水情教育基础理论研究，“水利科普视域下的江苏水文化研究”课题被列入江苏省水利科技项目。

（2）加强队伍建设，培养专门人才。组织召开江苏省水情教育工作座谈会，积极推进水情教育进社区，面向全省组织开展社区水情教育员培训。

（3）推进载体建设，推动设立基地。大力推进水情教育基地建设，宿迁市水利遗址公园年初被水利部评为第二批国家级水情教育基地；目前，正在进行省级《水情教育基地设立及管理办法》的制定，争取尽快评出一批省级水情教育基地。

（4）开展文化工程，创作各类作品。在已出版发行的《江苏水情读本》基础上，又组织编写了《最美不过家乡水——江苏水情学生读本（初中版）》；与南京师范大学联合编写并排演了以水利建设为主题的话剧《同心河》（暂定名）。

2. 水文化出版　《江苏水文化丛书》（第一辑），包括《水与诗词》《水利瑰宝》《水利名贤》3个分册，收录解读全省水文化遗产共450余条，配有图表插画和文献图录等，并首次创新运用二维码配音朗诵，具有可读性、工具性和收藏性。丛书已完成所有文字编写，于2018年正式出版发行。

3. 水文化媒体宣传　组织主题活动，大力开展宣传。在中国水利报、新华日报、扬子晚报等媒体发表文章进行水情教育宣传。与江苏省广播电视总台合作，联合制作了一部面向社会公众的江苏水利形象宣传片《水润江苏》。

4. 水文化传播行动　充分利用世界水日、中国水周时间节点，联合水利部宣传中心，前往扬中市兴隆中心小学开展“节水护水、保护河湖，科普宣传进校园”主题活动，赠送相关书籍；配合“河长制”等重点宣传内容，向社区居民派发宣传品；联合江苏省科学技术协会，在南京市地铁四号线“科学号”专列上专门设立一节“水利车厢”，通过拉手、看板、移动视频等媒介进行“河长制”和节水主题宣传。

五、水利文学艺术

【水利文学】

（1）开展“名人家风家训伴我行”征文比赛活动，征集论文43篇，其中2篇分别获得省直属机关妇工委一等奖和三等奖。开展了“书香水利”女职工读书征文活动，报送论文40余篇。

（2）4月29日，联合中国水利文协、江苏省作家协会和江苏省淮安市文学艺术界联合会、作家协会，为江苏省灌溉总渠管理处职工陶珊创作的长篇小说《诗歌岁月》主办召开作品研讨会。

（3）8月，向江苏省水利系统发出《关于开展全省水利系统文学创作人才调查的通知》，为组建江苏省水利作协做准备。

（4）12月19日，江苏省连云港市水利局办公室李军，在水利部新闻宣传中心和中国水利文协联合举办的“砥砺奋斗　水惠民生——十八大以来水利改革发展精彩亮点”征文大赛中荣获三等奖。

（5）12月28日，江苏省灌溉总渠管理处职工陶珊创作的长篇小说《诗歌岁月》，荣获全国“首届吴承恩长篇小说奖”。该奖是由江苏省淮安市淮安区为纪念古典“四大名著”之一《西游记》作者、明代淮安籍小说家吴承恩而设立的一项国际性长篇小说大奖。颁奖典礼在北京现代文学馆举行，中国作家协会（以下简称“中国作协”）、江苏省淮安市和淮安区、鲁迅文学院、北京现代文学馆、江苏省作家协会等主要领导，以及国际安徒生童话奖获得者曹文轩、著名作家刘庆邦、著名表演艺术家六小龄童等作家、艺术家共同参会，《人民文学》杂志、文艺报、中国青年报、中国作协网、人民网、新华网、海峡之声网等20多家新闻媒体、杂志先后进行报道。

（6）计划用三年时间，由江苏省灌溉总渠管理处职工、江苏省作协会员陶珊，创作完成关于苏北灌溉总渠和江苏省淮河入海水道工程建设的长篇报告文学。

【水利摄影】　江苏省水利摄影协会在全省水利系统大力支持下，团结务实，充分调动全会会员的积极性，多幅作品在国展、省展斩获大奖，多名同志获得部、省协会表彰。

1. 主题活动开展情况

（1）成功举办2017年度水利摄影培训班。围绕“河长制”“水美乡村”，举办专题辅导讲座，同时邀请了中国水利报社总编辑李先明、南京师范大学新闻与传播学院摄影系主任、《国际摄影》杂志记者等知名专家、学者和摄影家进行理论与实际相结合授课，作品点评。4月14日，《中国水利报》4版以一个整版形式报道并发表了部分作品，同时新华网、中国水利网、江苏水利网转载报道。

（2）组织以“河长制”“水美乡村”为专题，组织大范围培训、小范围分片、分组活动9次，召开部分理事会3次。发现有兴趣在职的一批水利新会员，已择选出73名上报加入中国水利摄协会员送审。

2.2017工作成果

（1）全年完成各项采访、拍摄任务38项，发表图片稿件500多篇幅。

（2）全国水利第一部优秀新闻摄影作品集出版发行总72篇，其中时爱祥等四位就有7篇、共15幅作品入选，缪宜江还应邀为该作品集写序。国家“十二五”水利重点工程《兴水惠民》等画册收录7位会员的60多幅作品。

（3）全年拍摄、征集、整理各类稿件、图片数千幅。特别是在“砥砺奋进　喜迎十九大　岗位建新功——中央国家机关第四届职工摄影展”中获得优异成绩，全国水利系统共有14幅作品入选，江苏省水利摄影协会有7幅作品入选，再次名列全国水利系统第一。中国水利网、江苏水利网相继转载报道。

（4）江苏省水利摄影协会承制拍摄、编辑的“我的天堂我的水”苏州水生态画册，苏州市获得全国水生态文明城市评比第一名。

（5）江苏省水利摄影协会全年开展大小业务24笔，主要是以电视专题片、宣传画册、专题展览、制作PPT、图片资料库为主。

（6）江苏省水利摄影协会全年设计、制作各类展览18组。

【水利音乐舞蹈戏剧】 以迎接、宣传党的十九大精神为主线，举办了江苏省水利厅迎新春联欢会，营造出团结奋进、欢乐祥和的浓厚氛围。组织开展了女职工三八节系列活动，厅机关90余名女职工分别参加了水美乡村参观活动和插花艺术讲座，使女职工更加了解和支持农村水利改革发展工作，陶冶了健康文化生活情趣。

六、水利体育

举办了江苏省水利厅系统职工羽毛球比赛，18支球队、100余名职工参加了比赛。积极倡导健康文明生活方式，开展了机关职工“环湖行健步走”活动，开展了职工乒乓球、羽毛球、篮球、足球、棋牌、瑜伽等兴趣小组活动，满足不同职工群体健身需求，职工精神风貌得到大幅改变。先后选派10余名职工参加上级工会举办的比赛和培训，江苏省水利厅选手在省直属机关大众体育围棋比赛中取得个人二等奖和集体优胜奖的优异成绩，1名职工荣获江苏省职工健身指导员技能大赛第二名。江苏省水利厅系统各片区工会开展了形式多样的活动，苏南片开展了职工象棋比赛，苏中片开展了职工趣味运动会，苏北片开展了羽毛球友谊赛等活动。职工文体活动的开展，促进了职工综合素质的提高，增强了单位的凝聚力，有力推进了水利精神文明创建工作。

浙 江 省

一、综述

2017年浙江水利高举习近平新时代中国特色社会主义思想伟大旗帜，认真学习贯彻党的十九大和浙江省十四次党代会精神，不断强化“四个意识”，牢固树立“四个自信”。深化推进“两学一做”学习教育制度化常态化，扎实开展浙江省水利厅系统党支部标准化建设，积极探索水利思想政治工作新模式。用习近平总书记系列重要讲话精神和对浙江工作新指示“干在实处永无止境，走在前列要谋新篇，勇立潮头方显担当”激励和引导广大水利干部职工，牢牢把握水利行业意识形态工作主动权。加强水文化研究、教育和传播，将水生态理念融入水利工程设计、建设与管理之中，积极探索了水利工程与水生态文明生动融合。领导干部“自觉守规矩、带头做表率”，积极倡导“守规矩、有作为、讲奉献”，牢牢守住“干部不倒下、不被抓负面典型”两条底线，以严谨的作风、铁军的精神，为推进新时代浙江水利现代化建设提供坚强的思想保证和动力支持。（郭明图）

二、思想政治

1. 学习教育

（1）加强政治理论学习。坚持以党组（党委）理论中心组学习会、党支部“三会一课”等为主要形式，以推进“两学一做”学习教育常态化制度化和党支部标准化建设为抓手，深入学习了党的十九大、党的十八届六中全会、习近平总书记系列重要讲话、浙江省第十四次党代会精神以及《习近平谈治国理政》（第一卷、第二卷）、《中国共产党巡视条例》等。

（2）弘扬社会主义核心价值观。认真贯彻浙江省第十四次党代会和浙江省委十四届二次全会提出建设文化浙江的要求，大力推进浙江水利文化建设。大力宣传“两学一做”典型案例，推动“最美水利人”、谷红卫等先进事迹深入人心，不断凝聚“干在实处、走在前列、勇立潮头”正能量。组织“水利青年半月谈”“立潮头、读好书”等系列主题活动，引导水利干部投身水利现代化建设。

（3）加强意识形态工作。把意识形态领域工作作为加强党的建设的重要内容，摆上水利思想政治工作的重要议程，与水利中心工作一同研究、一同部署、一同落实。编制《浙江省水利厅党组2017年度意识形态重点工作及分工计划》，落实了意识形态工作责任清单，建立了定期分析研判意识形态工作和水利舆情制度。认真贯彻全国、全省思想政治工作会议精神，中共浙江省水利厅党组成员带头到联系单位和分管部门宣讲十九大精神，推动习近平新时代中国特色社会主义思想进学校、进课堂、进头脑，牢牢掌握水利系统意识形态领域工作的主动权。（郭明图）

2. 党支部标准化建设　根据党的十九大精神，修订了《党支部标准化建设评价指标体系》，把思想政治建设摆上首要位置。建立年初定计划、年中大检查、年底严考核的管理机制，举办浙江省水利厅系统第一期党支部标准化建设培训，完善《党支部工作手册》《党支部工作记实本》。经考核，2017 年度浙江省水利厅系统党支部标准化建设达标率为 90.7%，提早一年实现三年目标。党支部标准化建设做法被评为浙江省机关党建十佳创新工作法案例、浙江省机关党建改革课题研究成果二等奖，先后在浙江省机关党建工作会议、长三角地区机关党建研讨会、浙江省机关党建研究会、全国党建研究会机关专委会等多次作交流，浙江省内外兄弟单位等 20 多批次来访考察。《以党支部标准化建设为突破口推进基层党组织思想政治工作》《以党支部标准化建设为抓手烧旺机关党员队伍党性锻炼大熔炉》两篇理论文章在《浙江机关党建》上发表。（郭明图）

三、水文化建设

【水文化研究】

1. 研讨交流

（1）5 月 2 日，中国水利博物馆馆长张志荣受邀出席由联合国教科文组织、欧洲科学文化区域局、国际水文计划共同主办的第一届全球水博物馆网络国际研讨会，会上作了题为《传承水文明创新水文化》的专题报告，与来自全球 18 个国家的 31 家博物馆和相关机构代表交流水文化遗产保护、研究和传播的相关经验和理念，与全球水博物馆网络建立了长期交流合作关系。（叶红蕾）

（2）6 月 28 日，首届杭州市钱塘江文化节举办，杭州市江干区委、区政府和浙江省钱塘江管理局共同主办的“钱塘论潮·人类与河流”钱塘江可持续发展国际文化论坛在杭州举行。浙江省生态文明研究中心主任胡坚作《文化与河流一起奔腾》主题演讲。原任浙江省水利厅党组成员、浙江省钱塘江管理局局长葛平安作《治理钱塘江，保护母亲河》主旨演讲。浙江省水利厅副巡视员徐有成、浙江省河道管理总站钱塘江管理局主任科员龚真真作为嘉宾出席杭州电视台主题沙龙访谈《我们与钱塘江》。论坛上，“地球奖”获得者、绿色浙江创始人、浙江大学教师阮俊华与来自 UNDP、TNC、AWS、WKA 和巴西亚马逊河的代表，共同宣读中英双语版的《人类与河流共同宣言》。（张正松）

（3）11 月 9 日，中国水利博物馆组织的全国水利博物馆责任与创新座谈会在杭州召开，全国 30 家水利博物馆代表出席会议，共同成立公益性质的交流协作服务平台——全国水利博物馆联盟，并发表《全国水利博物馆联盟杭州宣言》。（叶红蕾）

（4）12 月 2 日，长三角青年学者水文化学术论坛（2017）在浙江水利水电学院举行，围绕“区域文化视野下的浙江水利史研究”“河长制的理论与实践”主题开展研讨。浙江水利水电学院党委副书记沈建华致辞，中国水利博物馆宣传教育处处长、水利部水情教育专家涂师平作《长兴县河长制的先行探索》主旨报告。来自复旦大学、上海师范大学、华北水利水电大学、宁波大学、中国水利水电科学研究院、安徽省社会科学院等高校和研究机构的 30 多位青年和专家学者参加论坛。（叶洪明）

2. 研究成果

（1）中国水利博物馆开展水利遗产资料整编，对《河防志》《历代河防类要》两部古籍的版本进行源流考证、筛查分析，完成点校工作。开展古代河工储运器具复原保护研究，搜集黄运两河古代河工器具、水力机械等古代河工储运器具文献资料，研究与河工物料运输相关的河运、海运制度，确定古代河工储运器具船型、比例等复原制作所需的关键要素，为复原古代河工储运器具提供科学依据。积极开展文化创意设计研究，发表《浅析行业博物馆和浙江文化创意产品开发》等论文。（叶红蕾）

（2）浙江水利水电学院教师完成国江南水利社会史研究、浙江历代运河管理沿革、海塘建设与管理法律制度体系研究、民国江南地区的水利行政与地方社会研究等课题研究，发表了《浚湖与筑库：民国时期东苕溪上游防洪治理变迁研究》（历史地理，2017 年第 1 期）、《水乡、山地与明清以来江南地区盗匪的活动空间研究》（中国历史地理论丛，2017 年第 2 辑）、《民国时期杭州城市饮用水源及其空间差异性》（史林，2017 年第 1 期）、《仪式中的国家：从祈雨看民国江南地方政权与民间信仰活动之关系》（江苏社会科学，2017 年第 1 期）和《“狂欢”中的“异声”：民国知识分子对民间祈雨信仰的态度与认知》（兰州学刊，2017 年第 7 期）等论文。（蒋剑勇）

（3）浙江省河道管理总站钱塘江管理局职工龚真真、陈方舟分别完成杭州市社科规划课题钱塘江古海塘文化价值初探、钱塘江海塘的水神祭祀文化。（张正松）

（4）宁波市水利局合作完成了《它山堰与宁波城：中国古代城市水治理的历史逻辑探索》，刊于《地球科学与工程》（美国）2017 年第 3 期。（沈季民）

（5）绍兴市水利局完成《大运河绍兴段文化带建设专题研究》，编辑出版《中国鉴湖》第四辑、《绍兴地名典故》。邱志荣撰写的《浙东运河古越灵汜桥考》发表在《浙江水利水电学院学报》2017 年第 1 期。邱志荣撰写的《话说良渚水利遗址》《绍兴水利文化史概述》，邱志荣、茹静文撰写的《绍兴大禹文化卓然于世的成因分析》，张钧德撰写的《禹祀记（古代部分）》，张钧德撰写的《春秋越国到东汉禹文化概论》，魏义君、周长海、周长荣撰写的《诸暨草塔暗堰》，黄锡荣《怀禹赋》发表在《中国防汛抗旱——2017 中国水利史及大禹文化专辑》2017 增刊第 2 期。邱志荣、茹静文著，吴鉴萍、竹内晶子译《绍兴大禹文化卓越性的成因分析》发表在第 6 回日本全国禹王峰会专刊。（俞　宏）

3. 获奖情况　浙江水利水电学院教师闫彦主持完成的《构建水文化教育工程，推进常态化水情教育》获 2017 年高等学校水利类专业教学成果一等奖；胡勇军、王成的论文《明清至民国时期杭州坝的商业生活与日常管理研究》获得杭州市社会科学界第三届学术年会优秀论文三等奖。（叶洪明）

【水文化遗产保护与利用】

1. 调查研究　浙江省水利厅开展《浙江通志·水利志》的调研和撰写。浙江水利水电学院、浙江省水利河口研究院开展了《浙江通志·海塘专志》的调研和撰写。浙江水利水电学院开展《浙江通志·运河专志》的调研和撰写。浙江省钱塘江管理局开展《浙江通志·钱塘江专志》民俗与名胜古迹章节钱塘江文化相关内容的调研和撰写，开展了民国时期期刊有关钱塘江文献整理和明清钱塘江沙水变迁与治理研究。中国水利博物馆开展华东片水利遗产调查，更新 30 个县级以上水利类文保和非遗名录信息，开展有关大禹治水非遗信息择录工作。宁波市开展《大运河（宁波段）文化带建设（研究报告）》《宁波塘河文化馆（陈列大纲）》评审活动。丽水市启动了全域水文化遗产普查工作。（蒋剑勇　叶红蕾）

2. 制度建设　5月26日，浙江省人民代表大会常务委员会《关于修改〈浙江省钱塘江管理条例〉的决定》经浙江省第十二届人民代表大会常务委员会第四十一次会议通过后公布，修订后的《浙江省钱塘江管理条例》对钱塘江河道管理范围内具有历史、文化、科学价值的古海塘、灌溉工程、闸坝等水利工程原有功能、建筑特点、历史风貌和文化价值的保持以及钱塘江涌潮景观的保护，做出了明文规定。（张正松）

3. 传统水文化保护、传承、弘扬行动

（1）4月20日，2017年公祭大禹陵典礼在绍兴市大禹陵祭祀广场举行，时任浙江省委书记、浙江省人大常委会主任夏宝龙主祭，水利部副部长陆桂华敬献花圈，浙江省委副书记袁家军宣读祭文。颂扬大禹治水的伟大功绩，表达浙江儿女坚持以“八八战略”为总纲，大力弘扬和积极传承大禹治水的伟大精神，坚定不移打好“拆治归”等转型升级组合拳，坚决推进“五水共治”特别是剿灭劣Ⅴ类水，干在实处、走在前列、勇立潮头，高水平全面建成小康社会的坚定决心。有关省领导及浙江籍两院院士代表、绍兴市有关负责人以及港澳同胞、台湾同胞、海外侨胞和大禹后裔代表、社会各界群众代表共约1000人参加公祭典礼。（郭明图）

（2）中国水利博物馆完成浙江治水馆策展方案并完成布展施工，复原制作了絛船、圆船、柳船、浚帮等95件（套）古代河工储运器具，完成梯田分水具象复原前期研究、方案设计和室外雕塑制作。接收藏品和资料461件，其中新石器时代良渚文化炭化稻米、战国狩猎竞渡纹青铜钺、东汉“戒火东井”陶井圈、五代草鞋、明代“禹王琐蛟”磁州窑瓷塑、五代钱王告水府银简、岩头闸螺旋式启闭机、浙江“五水共治”大禹鼎等在浙江治水馆展出。（叶红蕾）

（3）3月31日—4月1日，浙江省河道管理总站钱塘江管理局协助中国科学技术协会、浙江省科学技术协会举办钱塘江治江历程的回顾与展望座谈会暨“钱塘江科技群体学术资料采集工程”研讨会，组织与会专家考察钱塘江海宁段海塘。制作钱塘江水情教育基地设计方案，旨在向社会公众宣传钱塘江的治理历程、钱塘江海塘的修筑历史、钱江潮文化的独特性。（张正松）

（4）6月8日，《钱塘江·杭州水文化长廊概念方案》项目评审会在杭州滨江召开。浙江省水利厅、浙江省钱塘江管理局、中国水利博物馆和杭州市滨江区政府等相关单位领导参加了会议。该方案由浙江水利水电学院承担，根据杭州市滨江区政府部署，从地域文化、项目概述、规划背景、规划愿景、规划思路、整体流线、形式设计等方面进行了系统阐述，对华家排灌站、华家排灌站防汛仓库、盘头、沿江文化长廊、南沙支堤遗址、浦沿排灌站、海塘遗址公园等进行了概念设计。（叶洪明）

【水利工程水文化建设】

（1）绍兴鉴湖水环境综合整治工程。作为绍兴市重点工程和民生工程，该项目以鉴湖为主线，东起偏门大桥，西至壶觞大桥，全长5.35km，规划面积125.92hm^2，总投资97309万元。通过整治将鉴湖建设成为绍兴地方历史、风光、民俗风情等集中展示的标志性地区，水上旅游最重要的游线之一，周边居民休闲健身的公共水岸空间。工程分三期实施，第三期工程位于胜利西路北侧，绍齐公路东侧。规划实施面积12.8hm^2，总投资3.8亿元。工程于2015年12月开工，2017年4月完工。先期启动核心区建设，核心区用地面积 3.33hm²，概算投资 2.48 亿元，其中工程建筑安装投资 9028 万元。绍兴市鉴湖水环境综合整治工程（一期）先后获得“浙江省河道生态建设优秀示范工程”和“浙江省水土保持示范工程”等多项荣誉称号。（郭明图）

（2）舟山南洞水库、河塘综合治理工程。位于定海区干览镇新建社区南洞艺谷，库坝中央勾画出“绿水青山就是金山银山”十个大字，库坝流游呈现出“一库一塘三溪多渠道”设计布局。“一库”指南洞水库是一座以供水、灌溉为主的小（1）型水库，集雨面积 4.1km²，总库容 184.2 万 m³，主坝高 28.2m，坝顶长 200m。“一塘”指渔舟水塘位于南洞水库下游，池塘占地 5000m²，轴线总长 335m。“三溪”：①艺龙溪，从南洞水库开始到三华线结束，全长 1800m，宽约 8m，为原水库泄洪渠，南洞有明清时期先人遗留的“汀步桥，汀步群”遗迹；②桃花溪，从上游山塘到渔人码头，全长 1040m，宽窄 2～3m，两边驳岸采用自然干砌毛石挡墙，藤本植物覆盖，保留原有溪低部分植被；③清风溪，从入村开始到汇入艺龙溪，全长 540m，宽度 2m，上游环绕明清老街，故名“清风溪”。“多渠道”指南洞艺谷大大小小的多条水渠，弯弯曲曲穿插在村落田间，长 1000 多米，宽 0.6～2m，为了使其融入南洞大环境，采用 5～8cm 卵石粘贴的方法，与步道交汇处设石板桥，古朴自然，韵味十足。（郭明图）

（3）舟山岱山椤门大坝。位于浙江省舟山新区岱山岛北部，处于岱衢洋（东海最著名的经济鱼类——大黄鱼的故乡）海域，北有大衢山，南连岱山本岛，东向为开敞海域，水深浪高，ESE—ENE 的风向对大坝主体工程破坏作用甚大，实测年最大波高可达 13m。所处海域是浙东三大凶险海门之一，无风也有三尺浪。拥有独特的风、汐资源，是观风、观涛的胜地。椤门大坝始建于 1972 年，大坝的建设凸显着海岛人民可歌可泣的豪迈气概和人定胜天的光荣历史。大坝保护面积 1.5 万亩，受益人口 4.2 万人，是浙东著名的水利工程，素有“浙东抗台第一坝”之美誉。椤门大坝工程建成，为工程文化展示提供了一个良好平台。中国台风博物馆一期建成的展馆里陈列有 650 余幅图片资料和 57 件实物。该馆已被命名为省级爱国主义、科普教育基地，又被国家海洋局授予全国海洋科普教学基地，发挥了良好的社会效益。目前，“中国台风博物馆”“浙东抗台第一坝”“岱衢洋标志碑”“椤门海塘纪念碑”已成为岱山县城文明建设的一张靓丽的名片。（郭明图）

【水生态文明建设】 为贯彻落实党的十八大关于加强生态文明建设的重要精神，水利部提出把生态文明理念融入水资源开发、利用、治理、配置、节约、保护的各方面和水利规划、建设、管理的各环节，加快推进水生态文明建设。浙江省按照“因地制宜、彰显特色、试点先行、以点带面”的原则，先后确定湖州、宁波和嘉兴、温州、衢州、丽水等 2 批共 6 个城市开展全国水生态文明城市建设试点，7 月，湖州市、宁波市的水生态文明建设试点工作顺利通过水利部验收。在试点建设中，浙江紧密结合实际，以落实最严格水资源管理制度为核心，通过优化水资源配置、加强水资源保护、实施水生态综合治理、建立健全长效机制等措施，大力推进水生态文明建设工作，努力为全国水生态文明建设贡献更多的浙江实践、浙江素材、浙江经验。（赵　强）

【水利风景区水文化建设】

1. 基本情况　2017 年浙江省紧紧围绕维护水工程、保护水资源、改善水环境、修复水生态、弘扬水文化和发展水经济，督促指导各地开展水利风景区创建。吴兴区太湖溇港、浦江县浦阳江、云和县梯田等3处水利风景区成功创建了“国家水利风景区”，并在《中国水利报》上刊出了《丽湖丽江丽梯田》专题报道，宣传浙江省水利风景区建设成果。水利部水利风景区评审委员会办公室（以下简称“水利部景区办”）先后在浙江省杭州、绍兴召开了经验交流会和工作会议，组织兄弟省到浙江学习。（傅克登）

2. 典型案例

（1）吴兴区太湖溇港水利风景区。世界灌溉工程遗产——太湖溇港是我国古代伟大的三项水利工程之一，位于湖州市吴兴区北缘，南太湖“月亮湾”溇港风光带上，由溇港、水闸、石桥等古建筑群和域内丰富的自然景观及其衍生的桑基圩田、桑基鱼塘、运河网络，架构了“鱼米乡、水成网、两岸青青万株桑”和具有“江南水乡”“吴越风情”的“青砖粉墙黛瓦，小桥流水人家”等独特的溇港文化景观。具有极高的经济、社会、生态、科技和美学价值。景区面积76km²，其中水域面积7.64km²。郑肇经先生编著的《太湖水利技术史》曾赞誉道：溇港圩田和塘浦圩田是“古代太湖人民变涂泥为沃土的一项独特创造”。（傅克登）

（2）浦江县浦阳江水利风景区。景区位于金华市浦江县，依托浦阳江水环境综合整治工程而建，属于城市河湖型水利风景区。景区面积20.6km²，其中水域面积5.9km²。2013年，浦江县率先打响了浙江省“五水共治”的第一枪，共治理河道17.41km²，新建、加固堤防42.8km²，修复翠湖、三江口湿地生态功能，提升城市段防洪标准至50年一遇，浦阳江水生态环境发生了翻天覆地的改变。通过水环境治理，浦阳江上仙屋出境断面水质由连续8年劣Ⅴ类提升至Ⅲ类，51条支流水质全部达到或优于Ⅲ类，通济桥水库等饮用水源地水质全部达到Ⅱ类。景区以浦阳江为轴线，自西向东贯穿浦江县，沟通城市、郊区与乡村，东西跨度约40km，由河流源头、支流、水库、灌区、城市湖泊和湿地等生态单元组成，串联通济桥水库、翠湖、金狮湖、三江口湿地和治水主题公园等景点，是浦江生态廊道的重要组成部分。（傅克登）

（3）云和县梯田水利风景区。景区位于浙江省丽水市云和县崇头镇，地处云和县西南，属于灌区型水利风景区。景区面积20.79km²，其中水域面积8.71km²（包含水稻田和农塘溪流）。云和梯田最早开发于唐初，兴于元、明，距今有1000多年历史。云和梯田环境优美，和谐地融山、水、梯田、村庄于一体，形成四季不同、早晚各异景观。主要有南山、吴坪、下垟、叶垟、梅竹五大梯田区块。梯田依山势水平开垦，以种植水稻为主，海拔200～1400m，梯度15°～50°，最多处有500多层，层高差1～2m居多。田单体绕山一般呈狭长带状，面积0.3～1.0亩居多。云和梯田是华东区域最大的梯田群，与广西龙胜梯田、云南元阳梯田并列为我国三大梯田风景区，并被誉为“中国三大梯田奇观之最美梯田”，也是我国历史最为悠久的古梯田群之一。（傅克登）

【水文化教育与传播】

1. 水文化教育　浙江水利水电学院和浙江同济职业科技学院（浙江水利干部学校）秉承“以水育人以文化人”的育人理念，以传授知识铸就精神，以传承文化培养品格，以主题活动培养情感，以传播媒介、引导价值为教育理念，通过构建水文化教育五大工程，形成了“系统化整体设计、专业化传授知识、体验化感受精神、普及化多方参与、多元化协同推进”的水文化育人机制。①以第一课堂为主阵地，讲好水文化教育，将水文化知识纳入教育体系内容中，通过教学培训强化学生对水文化知识的系统学习，进一步提高学生对水利专业的认同感；②丰富第二课堂活动，以“双百双进”等活动为契机，以已有的“亲水之旅”活动成果为基础，打造“治水文化”核心品牌，组织师生开展各类校内外水文化教育实践活动，让师生在实践中加强对水文化的切身体验；③做好水文化的宣传推广，利用网站、官微以及社会媒体如中国水利报、浙江教育报、浙江新闻客户端、新蓝网、今日头条等，加大水文化宣传力度。（叶洪明　梁　莹）

（1）国家水情教育基地成立。3月，水利部批准浙江水利水电学院水文化教育研究中心为国家水情教育基地，基地办公室设在校水文化与水资源经济研究所。该基地的水情教育工作先后获得水利部水情教育中心国家水情教育基地活动类案例和产品类案例三等奖各1项，并被《浙江日报》《中国水利报》《浙江教育报》、人民网、中国新闻网、浙江在线等众多主流媒体作了专题报道。（叶洪明）

（2）浙江河长学院成立。12月28日，全国首家河长学院“浙江河长学院”在浙江水利水电学院成立。浙江省在全国第一个实现河长制信息化全省覆盖，颁布施行了全国第一部河长制地方性立法。来自中国水利学会、太湖局、浙江省治水办公室（河长办公室）、河海大学、浙江大学、浙江工业大学、绍兴市、德清县治水办公室（河长办公室）等多位专家在河长制研讨会上做主旨报告和典型经验分享。浙江河长学院成立受到了《中国水利报》《中国环境报》、浙江卫视、《浙江日报》、人民网、中新网、澎湃网、浙江在线等多家中央级、省级媒体关注。（叶洪明）

（3）浙江省院士专家工作站成立。10月13日，浙江省院士专家工作站揭牌仪式在浙江水利水电学院举行。中国工程院院士杨志峰，中国工程院二局巡视员王元晶，中国环境科学研究院研究员、国家杰出青年基金获得者席北斗出席揭牌仪式。浙江省院士专家工作站的揭牌，标志着学校在水利相关学科领域开展科学研究、推进产学研合作、提供社会服务方面迈出了新的步伐。（叶洪明）

（4）浙江特色水文化课程。浙江水利水电学院继续开设“特色水教育”课程，讲授水生态水环境、水污染治理、历代黄河治理、杭大运河史、浙江古海塘、水文学艺术等专题。“特色水教育”为必修课，在非水专业开设，2017年开设此课程的有64个班。

（叶洪明　梅沁芳）

（5）全省大学生“剿灭劣Ⅴ类水　共建美丽浙江”主题实践活动出征仪式。3月18日下午，全省大学生“剿灭劣Ⅴ类水　共建美丽浙江”主题实践活动出征仪式在浙江水利水电学院隆重举行。浙江省委常委、宣传部长葛慧君宣布实践活动正式启动，副省长成岳冲，浙江省政府副秘书长李云林，浙江省政协常委、政协科教委主任鲁善增出席出征仪式。出征仪式上，出席领导共同向各高校代表授旗。浙江大学学生会主席章成之带领1000名大学生代表宣誓。浙江省水利厅厅长陈龙及浙江省水利厅、教育厅有关负责人，与20所在杭高校分管领导、学工部长、团委书记、学生代表参加仪式。（叶洪明）

（6）组织青少年水文化教育活动。作为国家水情教育基地和教育部第一批“全国中小学生研学实践教育基地”，中国水利博物馆与26家中小学开展馆校共建合作，推出“水之旅”青少年教育课程、“带你走进水世界”青少年校外教育课程，浙江宏达学校等500多名师生参加课程体验。“水之旅”青少年教育课程荣获水利部国家水情教育基地优秀活动案例奖。举办“亲亲水世界”亲子教育主题活动10余场，100多组亲子参与。组织40名博物馆志愿者体验“探寻海上丝绸之路”活动，深入探索海上丝绸之路的历史文化。

（叶红蕾）

2. 水文化出版

（1）浙江省河道管理总站钱塘江管理局翻印钱塘江海塘古籍《海宁念汛大口门二限三限石塘图说》。该书系浙江海塘工程总局首任总办李辅燿在主持完成海宁海塘修复工程后，对工程施工的全过程做绘图诠释，亲绘底稿，于光绪七年（1881年）刊刻成书。2014年，李辅燿之孙李崧峻将收藏的原版图书捐赠给浙江大学，浙江大学档案馆向浙江省钱塘江管理局提供了图书扫描照片。（张正松）

（2）由浙江水利水电学院符宁平、闫彦主编，该院7位教师参编整理的《海塘历史文献集成》由中国水利水电出版社出版，全书16开精装3册，123印张，2916千字。该书为海塘水利史影印专册，包含《敕修两浙海塘通志》《海塘揽要》《海塘录》《海塘新志》《续海塘新志》《海塘新案》6种文献，其中《海塘新案》为首次影印出版。

（叶洪明）

（3）浙江水利水电学院印发《浙江水文化》杂志4期，绍兴水利局印发《绍兴水利》杂志4期，宁波市水文化研究会（宁波市水利局）印发《宁波水文化》杂志4期，衢州市水文化研究会（衢州市水利局）印发《衢州水文化》4期。（蒋剑勇）

（4）由浙江省绍兴市鉴湖研究会、绍兴市乡土文化研究会联合编辑，邱志荣主编的《中国鉴湖·纪念国家首批历史文化名城——绍兴命名35周年专辑》一书，由中国文史出版社出版发行。（梅林蓉）

3. 水文化媒体宣传　《中国水利报》水文化专刊、《农民日报》等媒体宣传报道了浙江水文化，多次专题刊发浙江水文化建设文章，为展现浙江水文化知识、传播浙江水文化理念作出了贡献。中央及地方媒体、浙江水利网站和微信公众号关注浙江水文化及相关活动。1月，在太湖溇港成功入选第三批世界灌溉工程遗产名录之际，农民日报刊登《三问溇港文化何以历久弥新》，文中介绍了溇港文化的历史、现实及保护发展的方向。浙江日报发文报道《德清举行清淤治污英雄会　“捻泥王”重现水乡》，记录德清县首届“湿地捻泥王挑战赛”赛事。浙江新闻客户端在世界水日、五四青年节两次报道浙江水利水电学院师生积极投身治水护水活动的实际。中国水利博物馆联合浙江少儿频道开展“我是护水小卫士”小记者新闻行动。40多名中国蓝小记者上水知识课、学水利史、做净水实验，与馆长采访互动，活动新闻在少儿频道栏目播出。（梅林蓉　叶红蕾）

4. 水文化传播行动

（1）3月20日，“浙里人·这滴水”公益广告和微视频征集活动颁奖仪式在杭举行，拉开了浙江纪念“世界水日”“中国水周”主题活动的序幕。浙江省水利厅党组成员、副厅长蒋如华出席颁奖仪式并致辞。浙江省新闻出版广电局、浙江省教育厅、浙江省团委和浙江电视台少儿频道等单位嘉宾出席活动并为获奖者颁奖。本次征集活动共收到作品233部，评出获奖作品23部。这些获奖者来自全国各地，有高校学生、摄影爱好者，也有水利系统工作人员和专业影视从业者，作品展现了魅力浙水的灵魂，讲述了“浙里人”与这滴水的故事，描绘出爱水护水的美丽画卷。（郭明图）

（2）开展“世界水日”“中国水周”系列宣传活动。3月22—28日，浙江省各地组织开展多种形式的主题宣传活动，迎接第25个“世界水日”和第30届“中国水周”。浙江省水利厅联合温州市人民政府、温州市水利局、浙江电视台教育科技频道、浙江电视台新闻频道在温州市白鹿洲公园举行“爱水，护水，我们共同的责任”主题纪念活动。浙江省水利厅党组成员、副厅长蒋如华出席活动并致辞，温州市人大党组副书记、市政府党组成员任玉明等相关领导出席活动。浙江省节水大使、浙江电视台教育科技频道主持人小强带领“河小二”代表和温州民间护水志愿者共同宣读爱水、护水倡议书。浙江省水利厅和浙江日报报业集团联合主办“水韵江南两美浙江——2017浙江‘最美家乡河’”推选活动。

（郭明图）

（3）举办水文化周系列活动。3月，浙江水利水电学院水资源协会举办2017“博学，兴水韵文化；求实，创人水和谐”水文化周系列活动。水文化周系列活动包括团队趣味系列比赛、水灯节暨水周闭幕晚会。国际水文化研究协会、杭州职业技术学院绿色环保协会、浙江财经大学绿色环保协会、杭州师范大学绿之翼环保协会等社团代表参加晚会。

（叶洪明）

（4）开展“河小二治水”系列主题实践活动。开展“寻访最美水域，共建美丽浙江”“剿劣Ⅴ·护三水·争当江干河小二”等系列主题实践活动。浙江水利水电学院师生组建11支科技治水服务队共计300余名志愿者积极参与浦江县、江干区等周围市区活动10余次，宣传实践累积受益民众达8000余人。（梅沁芳）

（5）参与制作26集“中华治水故事”动画片等宣传教育活动。浙江水利水电学院参与承担财政部、国家新闻出版广电总局、水利部重大水文化工程项目——26集“中华治水故事”动画片制作，该片亮相法国戛纳电视节。同时，该校承担的动画评述片《浙水千秋（暂名）》项目入选省文化精品扶持工程第十一批扶持项目，承办了《中国水文化通论》暨高校水文化教育座谈会，首届全国水情知识大赛高校巡回赛，配合浙江省水利学会开展“五水共治”logo、摄影作品有奖征集活动等。（梅沁芳）

（6）开展剿灭劣Ⅴ类水相关活动。浙江同济科技职业学院与杭州市萧山区团委、萧山区农机水利局签订《“踏着春天的脚步守护青山绿水”——校地共助全面剿灭劣Ⅴ类水》协议书并开展启动仪式，开展剿灭劣Ⅴ类水相关活动20余次。在年度萧山区志愿服务大会中，“亲水之旅”志愿服务总队荣获2017年度萧山区“青年卡”杯青春治水金奖。

（梁　莹）

（7）讲好“中国水利故事”。中国水利博物馆为“2017年发展中国家水资源与管理研修班”“2017年中东欧国家小水电开发与管理官员研修班”学员分别举办中国水利文化遗产现场参观学习课，提升水文化国际影响力。（叶红蕾）

（8）开展“水润童心”护水行动。作为水利部“关爱山川河流·保护城市水体”志愿服务暨公益宣传活动的一部分，中国水利博物馆组织“水润童心”护水公益课堂，走进浙江各地小学，被浙江省文明办列为“未成年人思想道德建设十件实事”。（叶红蕾）

（9）开展国际交流。10月19日，为了促进“一带一路”沿线国家更好地学习我国在水资源方面的成功经验与做法，由商务部主办、农业部对外经济合作中心承办的“2017年发展中国家水资源与管理研修班”来浙江水利水电学院国家水情教育基地参观考察。来自巴勒斯坦、巴基斯坦、约旦、肯尼亚等国家的政府农村发展和水利部门的官员30多人先后参观了水工仿真模拟实验室、节水型示范基地、水情教育展示馆等，并观看了《女娲补天》和《大禹治水》动画片。（叶洪明）

（10）启动“水美宁波”主题活动。由宁波市水利局主办、宁波市水文化研究会承办的2017年“水美宁波”主题活动正式启动，开展了“水美宁波”主题摄影大赛、“水美宁波”最美水乡评选活动、“水美宁波”主题论坛活动、《水美宁波》宣传画册编发等系列活动。宁波市水文化研究会与宁波市政协文史委联合启动《亲历宁波水利建设》一书征稿编纂工作。（沈季民）

四、水利文学艺术

【水利文学】

（1）湖州市吴兴区水利局吴永祥围绕太湖溇港文化创作的散文《太湖南岸品义皋》，发表在市文学刊载《南太湖》2017年第四期。（梅林蓉）

（2）丽水市水利局编印《行走瓯江看水利——记者眼中的2017丽水水利》，精选《人民日报》《中国水利报》《浙江日报》《丽水日报》等新闻媒体报道共计83篇，从媒体视角展示丽水水利工作，记录2017年丽水水利的改革发展进程。（梅林蓉）

（3）邱志荣著《汤绍恩与三江闸》一文，介绍了明绍兴知府汤绍恩建造三江闸，从而治理好绍萧平原水患，为民造福的历史故事。邱志荣著《没有马臻与鉴湖绍兴历史将改写》一文，介绍了马臻兴建鉴湖的背景、工程情况和效益等内容。《让民间水文化遗产绽放光芒》介绍了邱志荣在多年研究马臻和鉴湖历史的基础上，研究马臻庙中的壁画的新进展。此外，《水润特色小镇》《管理房上演“变形记”——浙江浦江“美丽水务”提气质促管理》《大坞村有个“坞管会”——记浙江长兴县大坞村基层防汛体系建设》等报道，则从水利建设效益、管理等角度为水文化作出了生动注脚。（梅林蓉）

【水利艺术】

1. 水利摄影　9月25日上午，2017年“美丽浙江·水”省直机关干部职工摄影评比获奖作品在浙江图书馆展出。活动旨在迎接党的十九大胜利召开，全方位展示浙江省“美丽浙江”建设和治理劣Ⅴ类水取得的新面貌、新成就，积极践行“绿水青山”发展理念，共建人水和谐家园。本次展览共评出获奖作品100幅，其中一等奖2名，二等奖10名，三等奖20名，优秀作品68名。（郭明图）

2. 水利美术　1月6日，浙江水利水电学院水文化与水资源经济研究所与浙江复兴国学院联合举办“绿水青山·水利基业”迎春笔会。10月13日，中国水利博物馆联合九三学社浙江省委员会，共同举办“喜迎十九大”水文化创作笔会。12月8日，中国水利博物馆举办金农诞辰330周年书画联谊笔会。（叶洪明　叶红蕾）

3. 水利书法　10月20日，中国水利博物馆联合浙江省钱江书法研究会举办“绿水青山美浙江，翰墨丹青迎盛会”书画笔会。包括书圣王羲之第五十四代孙王正良先生在内的20多位书画名家，当场挥毫泼墨，将创作的42幅书画佳作赠与中国水利博物馆。吴兴区水利局办公室副主任吴永祥创作了歌词《千年溇港富吴兴》，由书法家黄照荣撰写成书法作品参加了“吴兴区百名文艺家剿劣采风创作展”。（叶红蕾）

五、地方水利

1. 单位文化建设　浙江水利水电学院、浙江同济职业科技学院、浙江省水利水电勘测设计院、浙江省水利河口研究院通过“全国文明单位”复审，浙江省水文局、浙江省河道管理总站钱塘江管理局、浙江水利水电技术咨询中心、浙江省钱塘江管理局杭州管理处、浙江省河海测绘院通过“省级文明单位”复审。浙江省水利科技推广与发展中心通过“省级文明单位”和第八届“全国水利文明单位”评审，浙江省河道管理总站钱塘江管理局、沙畈水库管理处等单位通过第八届“全国水利文明单位”评审。浙江省河海测绘院被评为“省级青年文明号”。配合水利部文明办在绍兴举行“关爱山川河流　保护城市水体”志愿服务活动，促进了河长制的推广宣传。开展“水工程与水文化有机融合案例”推荐工作，曹娥江大闸管理局获全国十佳案例。浙江省水利厅积极组织参加省直机关团工委组织的演讲比赛、诗词比赛等，参加“立潮头·读好书”第三届浙江省直机关“三味书院”讲书大赛，参加“美丽浙江·水”省直机关干部职工摄影展，1个作品获得一等奖，参加省直机关健康管理促进示范培训班。参加“最美浙江人——2017青春领袖”评选，参加省直巾帼文明岗的评选。组织开展了“水利青年寻访最美水域”行动，“水利青年半月谈”系列活动，“最美青春故事”“青春助力最多跑一次”“陪伴与成长”亲子主题心理讲座等活动。（朱绍英　郭明图）

2. 典型案例

（1）“村小二”大学生农村蹲点实践。“村小二”大学生农村蹲点实践是浙江水利水电学院组织发起的大学生服务农村建设的专项行动。7月3—17日，浙江水利水电学院30位学生组成社会实践队，分别进驻浙江省金华市浦江县的15个农村。在15天的实践锻炼期间，大学生共计撰写蹲点日记360余篇、完成田间调研报告17份、制作调研走访视频1份。“村小二”实践队活动被中国新闻网、浙江在线、浙江教育报等主流媒体做了专题报道。“村小二”实践队获评2017年全国大中专学生志愿者暑期“三下乡”社会实践活动优秀团队。（梅沁芳　付诚新）

（2）弘扬伟人精神树立核心文化品牌。浙江同济科技职业学院以学习周恩来同志为主题的“周恩来”班、“邓颖超”班，是该校的核心特色文化品牌，荣获教育部校园文化建设优秀成果三等奖。2009年3月，经中央文献研究室周恩来邓颖超研究中心批准，学院开始“周恩来”班、“邓颖超”班创建工作，并于2009年6月成为全国第一所申请成立“周恩来”班、“邓颖超”班的公办高职院校，此项工作已连续开展了九年。5月26日，学院举行第九届“周恩来”班、“邓颖超”班汇报评审会，来自各系的10个候选班级代表以PPT演说的形式进行10min的创建情况汇报，最终大禹2016班和电力16—01班夺得第一名和第二名。（梁　莹）

六、水利体育

深入实施“1+1”“1－1”行动计划，活跃水利系统职工文化生活，提升水利干部职工综合素质。4月中旬，浙江省水利厅在浙江同济科技职业学院举办浙江省水利厅系统第十届“钱塘江杯”乒乓球比赛；5月下旬在浙江水利水电学院举办浙江省水利厅系统干部职工羽毛球比赛。浙江省水利厅组队参加第十六届“广西水电设计杯”全国水利系统职工桥牌比赛，获得第五名；参加浙江省直机关第十二届运动会的4个单项比赛，获得团体总分第六名和大会颁发的“体育道德风尚奖”；参加浙江省直机关职工足球比赛，获得第三名。浙江水利水电学院、浙江同济科技职业学院参加浙江省大学生乒乓球、网球、羽毛球、游泳、健美操等锦标赛和浙江省大学生田径比赛，获得较好成绩。浙江同济科技职业学院组队参加华东区高等农业院校第十五届大学生田径运动会，勇夺男子团体总分第一。

（郭明图　梁　莹）

七、大事记

（1）3月18日，浙江省大学生“剿灭劣Ⅴ类水共建美丽浙江”主题实践活动出征仪式在浙江水利水电学院隆重举行，浙江省委常委、宣传部长葛慧君宣布启动，1000名大学生代表宣誓。

（2）3月22—28日，全省各地组织开展第25个“世界水日”和第30届“中国水周”系列主题宣传活动，浙江省水利厅等单位联合在温州白鹿洲公园举行“爱水，护水，我们共同的责任”主题纪念活动。

（3）4月20日，2017年公祭大禹陵典礼在绍兴市大禹陵祭祀广场举行，时任浙江省委书记、浙江省人大常委会主任夏宝龙主祭，水利部副部长陆桂华敬献花圈，浙江省委副书记袁家军宣读祭文，1000人参加公祭典礼。

（4）5月2日，中国水利博物馆馆长张志荣受邀出席第一届全球水博物馆网络国际研讨会，并作了《传承水文明创新水文化》专题报告。

（5）6月28日，举办首届杭州市钱塘江文化节，杭州市江干区委、区政府和省钱塘江管理局共同主办的“钱塘论潮·人类与河流”钱塘江可持续发展国际文化论坛在杭州举行。

（6）11月2日、10日，浙江省水利系统深入宣传贯彻党的十九大精神，陈龙厅长先后赴浙江水利水电学院、浙江同济科技职业学院等单位带头宣讲十九大精神。

（7）11月9日，全国水利博物馆责任与创新座谈会在杭州召开，全国30家水利博物馆代表出席会议，成立全国水利博物馆联盟，并发表《全国水利博物馆联盟杭州宣言》。

（8）12月2日，长三角青年学者水文化学术论坛（2017）在浙江水利水电学院举行，围绕“区域文化视野下的浙江水利史研究”“河长制的理论与实践”主题开展研讨。

（9）12月28日，全国首家河长学院“浙江河长学院”在浙江水利水电学院成立。浙江省在全国第一个实现河长制信息化全省覆盖，颁布施行了全国第一部河长制地方性立法。

（郭明图）

安 徽 省

一、综述

2017 年，安徽省水利厅机关党委深入学习党的十九大会议精神及习近平总书记新时代中国特色社会主义思想，认真研究解决安徽省水利厅机关党建存在的突出问题，坚持抓实基层、打牢基础，推动基层党组织建设全面进步、全面过硬，为水利“五大发展行动”提供坚强的政治和组织保障。加强党对群团工作的领导，认真做好群团工作各项改革，支持群团组织依照法律和章程独立负责地开展工作。

二、思想政治

1. 会议

（1）“两学一做”。召开“两学一做”学习教育常态化制度化暨基层党组织标准化建设工作推进会，强化党建工作主体责任，确保各项工作取得实效。

按照安徽省直工委《关于在“两学一做”学习教育中召开专题组织生活会和开展民主评议党员的通知》，完成 1400 余名党员干部的民主评议工作，各级党组织均完成专题组织生活会。

（2）基层党组织标准化建设。召开安徽省水利厅基层党组织标准化建设动员部署暨培训会议，安徽省委组织部组织指导处处长杨志斌同志为大家作培训辅导，有针对性地对机关党建工作存在的问题提出解决办法。

（3）水利职工思想政治研究会。11 月在六安召开安徽省水利厅思想政治工作研讨会。

2. 调查研究

（1）党的十九大专题调研。按照“大调研”的要求，组织开展贯彻党的十九大精神专题调研活动。所属基层党委（总支）成员结合分管工作，每人牵头 1～2 个专题，分赴基层单位或帮扶联系点结合宣讲进行调研。

（2）“走基层、访一线，服务五大发展行动”调研实践活动。安徽省水利厅直团委开展青年党团员“走基层、访一线，服务五大发展行动”调研实践活动，调研报告《基层水利人才队伍建设困境及对策》获安徽省直工委二等奖。

3. 学组活动

（1）读书、演讲、征文交流活动。积极组织 50 多名干部职工参加第八届省直机关“读书月”游园活动。积极组织选手参加省直妇工委举办的省直机关“从严治党看变化”和“讲政治、重规矩、作表率”演讲活动，分别获优秀奖和二等奖。开展“讲政治、重规矩、作表率”主题征文和演讲活动，对收到的 62 篇征文邀请专家评审，共评出一等奖 3

篇，二等奖12篇，三等奖20篇，优秀奖27篇。组织参加安徽省委宣传部、安徽省直工委举办的喜迎党的十九大红色经典诵读展演活动。

以驷马山引江工程管理处为试点，开展职工读书沙龙活动。

（2）水利职工思想政治研究会。加强水利职工思想政治研究会建设与管理，顺利完成年审。完成思政队伍情况统计工作。11月在六安召开安徽省水利厅思想政治工作研讨会，表彰2016年研究成果，下发2017年度政研会课题，共收到117篇论文，评选出其中优秀的53篇进行表彰并汇编成册。

召开水利思想政治工作研讨会，进一步学习贯彻落实《党委（党组）意识形态工作责任制实施办法》及安徽省委实施细则。组织召开了《安徽省政协十一届五次会议第0096号提案》答复协商会。对提出的《关于充分发挥工会的组织化作用　推动农民工市民化的建议》的提案进行了答复。

（3）党的十九大宣传学习贯彻。印发《关于学习宣传贯彻习近平总书记在省部级主要领导干部专题研讨班上重要讲话精神的通知》，开展《习近平七年知青岁月》学习活动，宣传党建知识和成就，为党的十九大胜利召开营造浓厚氛围。

将学习宣传贯彻党的十九大精神作为当前和今后的首要政治任务。组织收看党的十九大会议召开盛况，制定印发学习宣传贯彻党的十九大精神的实施意见，发放学习资料1500余本，邀请安徽省委党校教授作党的十九大精神专题辅导，开展关于基层党组织建设情况的调研活动，掀起学习宣传贯彻党的十九大精神热潮。

认真学习宣传贯彻党的十八届六中全会精神和习近平总书记的重要讲话精神。执行《深入学习贯彻习近平总书记系列重要讲话精神若干规定》，推动“两学一做”学习教育常态化制度化，抓好“讲政治、重规矩、作表率”专题警示教育，深入学习贯彻习近平总书记系列重要讲话特别是视察安徽重要讲话精神、党中央治国理政新理念新思想新战略，教育引导党员干部牢固树立“四个意识”，切实增强“四个自信”。

（4）学习型机关建设。发挥党委示范带动作用，督导党支部加强学习，统筹推进学习型党组织建设。按既定步骤开展“讲看齐、见行动”学习讨论活动。开展《党章》党规知识测试、《关于党内政治生活若干准则》和《中国共产党党内监督条例》知识测试。组织党员干部关注“共产党员”“安徽先锋网”等微信公众号，利用新媒体学习最新政策资讯。

“七一”党员活动日邀请安徽省委党校教授作报告。开展“讲政治、重规矩、作表率”主题征文和演讲比赛，参加“从严治党看变化”和“讲政治、重规矩、作表率”演讲活动。参加安徽省委宣传部举办的喜迎党的十九大红色经典诵读展演活动，省直机关读书月及游园活动。以驷马山引江工程管理处为试点，开展职工读书沙龙活动，进一步推进学习型机关建设。

（5）基层党组织标准化建设。启动基层党组织标准化建设工作，印发实施方案和工作手册，召开动员会和汇报推进会，制定督查方案，发现问题及时反馈并督促整改，并规范统一台账资料、党员活动室等软硬件建设标准。按照分级负责原则，组织开展2017年度基层党组织标准化建设达标考核验收。同时，结合贯彻实施《关于新形势下党内政治生活的若干准则》，开展软弱涣散基层党组织整顿工作，着力解决落实组织生活制度不严不实等问题。

抓牢抓细基层党建工作，制定《省水利厅2017年度基层党建工作“三个清单”》，坚持自查自纠，确保党建各项工作落实。打通党建工作“最后一公里”，开展党支部书记集中培训，提高业务素质。把按期换届作为机关基层党组织建设的重点，规范党组织换届程序，指导督促任期届满的10个直属党支部按期换届。部署开展2016年度及“讲政治、重规矩、作表率”专题警示教育民主生活会、组织生活会，完成1400余名党员民主评议工作。开展基层党建工作典型案例及微党课评选推荐活动，有2个案例1个课件受到省直工委表彰。

加强党员队伍建设，完善党组织及党员信息管理系统，完成厅机关及厅直单位党组织及党员信息采集审核工作。自查上报近年贯彻落实《中国共产党发展党员细则》情况。严格发展党员和程序，调控优化党员队伍规模和结构，全年共发展预备党员112名，47名预备党员按期转正。开展失联党员情况摸底，做好失联党员规范管理和组织处置工作。开展迎七一“一先两优”评选表彰活动，有10个基层党组织、25名党员和13名党务工作者获得表彰。完善党内激励、关怀、帮扶机制，“七一”前慰问生活困难党员和老党员，下拨5万元党费支持贫困村党建工作。

（6）效能机关建设。落实中央八项规定精神和安徽省委省政府“三十条”，通报典型案例及效能暗访情况，对安徽省水利厅机关进行效能建设明察暗访，教育警示干部职工遵纪守法。制定2017年度安徽省水利厅效能建设工作清单、履行核心职能重点任务清单、效能建设推进措施责任清单“三个清单”，抓好推进落实工作。牵头完成省直效能办行政审批案件“回头看”效能督查工作，上报安徽省水利厅开展“互联网＋政务服务”工作，抽查的行政审批办结件全部合格。

（7）服务型党组织建设。进一步学习贯彻落实《党委（党组）意识形态工作责任制实施办法》，构建常态化的思想政治工作机制。进一步拓展“机关联系基层、干部联系群众”的有效载体，组织在职党员参加东陈岗社区党建共同体活动。按照“大调研”的要求，各单位组织开展贯彻党的十九大精神专题调研活动。党委（总支）成员结合分管工作，每人牵头1～2个专题，分赴基层单位或帮扶联系点结合宣讲进行调研。

（8）机关党风廉政建设。认真组织实施《省直机关基层党组织落实党风廉政建设主体责任和监督责任实施办法》，机关党委、党总支、党支部切实担负起《中国共产党党内监督条例》赋予的日常监督责任，鼓励党员开展党内监督。督查厅机关和厅直单位对《省委关于中央巡视组对我省开展巡视“回头看”反馈意见的整改方案》的落实情况。落实《关于加强省直单位机关纪委建设的意见》，支持厅机关纪委履行党风廉政建设监督责任，厅机关纪委宣传园地发布13期教育学习材料。

（9）精神文明建设。持续抓好“三位一体”文明单位创建工作，充实更新省直文明大展台水利厅板块。在充分调研的基础上，修订完善《安徽省水利厅文明单位创建管理暂行办法》。完成全省水利系统第八届“全国水利文明单位”创建申报和现场验收考核，指导省淠史杭总局、六安市水利局完成申报和现场考核验收。开展《中国水文化遗产图录》内容征集，整理上报安徽省7个古水利工程的相关资料。

（10）工会。安徽省水利厅有2个集体被全国总工会授予“全国工人先锋号”荣誉称号，1名同志被安徽省委省政府表彰为“安徽省劳动模范”。开展“两节”送温暖和“金秋助学”、夏季送清凉活动。开展对驻村帮扶干部“五送”关爱行动。协调上级工会为省驷马山引江工程管理处、蚌埠闸“职工书屋”赠送优秀图书。协调安徽省农林水气象工会联合下发《关于加强全省水利系统帮扶中心建设的指导意见》，推动安徽省水利职工困难帮扶工作落实。举办全厅系统工会干部培训班。推选了1名全省三八红旗手、2名省直机关三八红旗手，其中1人获全省三八红旗手、1人获省直机关“十大女杰”荣誉称号。

（11）厅直团委。五四前夕，省直团工委表彰安徽省水利厅优秀团员2名、优秀团干部1名，青年岗位能手2名。厅直团委指导安徽省临淮岗洪水工程管理局申报省青年文明号。开展“一学一做”活动，组织开展主题团课、专题组织生活会和民主评议团员。开展“走基层、访一线，服务五大发展”调研实践活动，调研报告获省直工委二等奖。在全厅系统开展“读书漂流”和“悦读”征文活动，激励广大职工多读书、读好书。六一前夕，向厅机关幼儿园赠送200本图书。

三、水文化建设

【水文化研究】 安徽省水利厅高度重视水文化，制定出台《安徽省水利厅贯彻落实〈水文化建设规划纲要（2011—2020年）〉实施意见》，指导水文化研究工作的开展；通过编纂《安徽水利年鉴》，记录“水利安徽”战略体系、治水思路与安徽水利“五大发展理念”的实施效益，将多年来一系列治水实践成果升华为全社会的文化认知；完成《江淮安澜情——老一代水利人谈水利》（35万字）、《阳光心影——水利部离退休干部摄影比赛作品集》，传承老一辈水利人的奉献精神；完成《安徽水利65年》（40万字），展示新中国成立65年来特别是改革开放三十多年来安徽水利建设、管理和发展成果；开展水文化遗产保护与宣传工作，组织厅直单位和地方高校开展水文化遗产调查工作，重点开展了芍陂（安丰塘）工程研究。

【水文化遗产开展保护利用】 安徽省水利厅高度重视水文化遗产开发保护工作，认真梳理水文化遗产的科学精华和合理内核，切实做好各种物质和非物质水文化遗产保护和宣传工作。组织水利志编辑室与厅直单位、地方高校开展水文化遗产调查工作，重点开展芍陂（安丰塘）工程研究。芍陂（安丰塘）是我国古代水利工程的典范，也是安徽水文化传承的重要载体。《芍陂纪事》、芍陂工程建设管理及综合开发利用等三个规划已经完成初稿；《芍陂》宣传片和沙盘模型制作完毕；《芍陂诗文》出版发行，收集到《芍陂论文》50余篇；征集水工程与水文化有机结合案例，深入挖掘水利工程内涵。

【水生态文明建设】 2017年，安徽省继续开展国家级、省级水生态文明城市和省级水环境优美乡村建设试点工作。合肥市、芜湖市2个第一批全国水生态文明城市建设试点通过了水利部组织的技术评估。第一批5个省级水生态文明城市建设试点宁国市、池州市、马鞍山市、蒙城县、颍上县全部完成验收。全省28个水环境优美乡村建设试点全部完成验收。

【水利风景区水文化建设】

1. 申报和创建水利风景区　组织第十七批“国家水利风景区”申报和第六批省级水利风景区创建工作，肥西三河水利风景区、南陵大浦水利风景区、祁门牯牛降水利风景区等3个景区被命名为“国家水利风景区”；泗县石梁河水利风景区、黟县打鼓岭·黄姑河水利风景区、潜山县长春水库水利风景区、繁昌县峨溪河水利风景区等 4 个景区被命名为省级水利风景区。

2. 水利风景区文化提升　2017 年年底，全省有“国家水利风景区”42 个（位列全国第 3）、省级水利风景区 34 个。安徽省水利厅和芜湖市水务局对创建成功的“国家水利风景区”和省级水利风景区分别奖励 20 万元、10 万元。水科普水文化和景区质量显著提升，舒城龙河口水库（万佛湖）水利风景区新建龙河口水库展览馆；宿州新汴河水利风景区投资 3000 万元建设水利展览馆；肥西三河水利风景区建设专门的水文化展示馆和三河抗洪纪念碑、纪念广场，南陵大浦水利风景区通过建设海啸馆、“微缩三峡”景观、节水灌溉设施、耐旱节水植物、污水处理科普系统等进行水科普宣传教育；祁门牯牛降水利风景区通过建设专门的水文化展示馆和室外水法规、水科普牌宣传展示水文化、水科普。为搞好景区水文化建设，安徽省水利厅景区办安排肥西三河水利风景区、南陵大浦水利风景区到江苏徐州丁万河水利风景区专门考察学习水文化设施建设做法，并邀请全国水利风景区水文化专家到景区现场进行指导。宁国青龙湾“国家水利风景区”成为 4A 景区，太湖花亭湖水利风景区通过 5A 景区资源与景观质量专家评审，列入创建 5A 旅游景区预备名单，佛子岭水库水利风景区、淮南焦岗湖水利风景区、泾县桃花潭水利风景区等正在积极创建 5A 景区。

3. 水利风景区宣传规划　《安徽省水利风景区建设发展规划（2016—2025）》已报水利部景区办。协调安徽省发展改革委、安徽省旅游发展委将水利风景区建设纳入皖南国际文化旅游示范区建设“五个一”工程行动计划。协调中国水利报用两个半版面宣传肥西县、南陵县、肥西三河景区水生态文明建设和水利风景区工作。池州杏花村、池州九华天池、芜湖陶辛水韵、颍上八里河、岳西彩虹瀑布、岳西天峡、泾县桃花潭等景区通过举办活动、在外省举办推介会，展示水利风景区风采，水利风景区逐步被社会所认识。完成了《安徽省省级水利风景区复核办法》的起草工作，下发《做好涉水事务安全管理工作通知》对水利风景区安全工作提出要求，安徽省水利厅景区办结合其他工作对部分景区进行安全检查。《安徽省水利风景区发展报告》被《水利风景区蓝皮书 2017》选录。全年组织向部景区办报送宣传信息 36 篇。

4. 典型介绍

（1）2017 年新增的 3 处国家水利风景区如下：

肥西三河水利风景区地处合肥西南、巢湖之滨，景区因丰乐河、杭埠河、小南河三水在此交汇而得名，历史悠久，文化厚重，素有“千年古镇、风云战场、名人故地、美食天堂”之美誉。景区面积约 $22km^2$，其中水域面积 $6.58km^2$，是以自然河湖为主体的综合型水利风景区。经过多年建设，景区内形成古镇文化体验区、湿地保护区、环巢湖观光区三大板块，交相辉映、相得益彰，成为环巢湖国家级旅游休闲示范区上一颗璀璨的明珠，先后荣获国家 5A 级旅游景区、国家湿地公园（试点）单位等称号。

南陵大浦水利风景区位于南陵县北部许镇大浦试验区，距县城 20km，依托浦西湖和池湖及林都圩堤、农业灌溉工程而建，属于自然河湖型水利风景区。景区面积 $16km^2$，其中水域面积 $2.7km^2$。景区与水融合度高，建设了仿真度高的海啸体验馆、山洪灾害教育馆、高科技节水农业等科普馆。景区服务设施、导览系统配套完善，是国家 4A 旅游景区，是一种新的旅游业态。

牯牛降水利风景区位于我国红茶之乡祁门县境内，属阊江河源头，古称“西黄山”，自然景观古朴原始，集“雄、险、奇、幽、奥、野”于一身，总面积达6700多hm^2，主峰海拔1728m，与黄山、九华山、齐云山、清凉峰构成大皖南“五朵金花”。景区内生物种类多样，森林覆盖率达97%以上，负氧离子含量是正常值（黄山市区）的8倍以上，素有“华东物种基因库”和天然的“森林浴场”之称，是皖南国际旅游文化示范区的重要“生态极”，安徽省第一个国家级自然保护区，国家4A级景区。

（2）2017年新增的4处省级水利风景区。

泗县石梁河水利风景区位于宿州市泗县境内，依托世界文化遗产——中国大运河通济渠泗县段以及石梁河、清水湾公园、北环城河而建，属于城市河湖型水利风景区。景区面积7.93km^2，其中水域面积0.726km^2。石梁河治理按照“清水工程”“绿荫工程”的理念，实施生态及景观建设，突出水系与城市风貌有机结合，重塑城市滨水空间，为百姓提供休闲娱乐场所，再构人水和谐景观。通济河泗县段河道走向从隋唐时期开始至今变动较小，并发挥灌溉、泄洪功能，是古水利工程。

黟县打鼓岭·黄姑河水利风景区。景区位于黟县境内，依托打鼓溪、清溪河兰湖村至黄姑村段而建，属于自然河湖型水利风景区。景区面积11.5km^2，其中水域面积0.63km^2。景区依托黄姑河上的水利工程而建，沿线地下溶洞贯珠串玉，溪流纵横，有的为历史遗迹。整个景区集瀑布、激流、清溪、跌水、明湖、峡谷、森林、溶洞于一体，并建有5000m^2的停车场、游客中心、自驾营地，景区河道水质常年为Ⅰ类地表水，餐饮、住宿一应俱全。

潜山县长春水库水利风景区。长春水库水利风景区位于安徽省潜山县余井镇境内，依托长春水库（总库容1730万m^3）而建，属于水库型水利风景区。景区规划面积8.23km^2，其中水域面积0.9km^2。水库大坝雄伟壮观，水环境水生态保护较好，景区地处“京剧之祖、黄梅之乡”，也是张恨水的故里，文化底蕴厚重。景区水、电、通信、给排水等基础设施完备，亲水、休闲、观光开发潜力大。

繁昌县峨溪河水利风景区。景区位于繁昌县，依托穿县城而过的峨溪河和水利工程而建，属于城市河湖型。景区内有河道堤防、跨河桥梁、沿河还建有栈道、亲水平台、观景平台以及河岸绿道等，繁昌公园和繁昌图书馆依河而建，集休闲、观光、湿地展示、水文化教育于一体，是典型的江南现代水乡城镇。

【水文化教育与传播】

安徽省水利厅高度重视水文化的传播教育和宣传工作，在积淀、培育、深入推进的过程中，不断凸显水文化特色传播教育。根据《安徽省水利厅贯彻落实〈水文化建设规划纲要（2011—2020年）〉实施意见》，积极组织安徽水利系统书画摄影爱好者参加水利部组织的文化建设活动；配合安徽省水利厅有关部门设立安徽水文化网站，开辟思政研究、文明之窗、文学园地等七个栏目，打造安徽水利人的精神文化家园；结合“世界水日”“中国水周”开展水资源利用保护宣传活动；开展“我的家乡我的河”摄影比赛；开展“美丽中国美丽乡愁”全国公益微摄影、微电影征集活动等。出版《老一代水利人谈水利》《安徽水利65年》等书，展示安徽水利建设、管理和发展成果和水利人风采。

四、水利体育

9 月 29 日，“驷马山杯”健身操比赛在马鞍山和县圆满举行。比赛由安徽省水利厅主办，安徽省驷马山引江工程管理处承办，安徽省水利厅党组成员、副厅长王广满观摩比赛并为获奖者颁奖。全厅系统 15 支代表队共 245 名选手参加角逐，彰显了水利人的健康活力和青春风采。

福 建 省

一、综述

2017年，福建省水利系统以党的十九大精神和习近平新时代中国特色社会主义思想为引领，贯彻落实中央、省委决策部署，围绕“服务中心、建设队伍”两大任务，不断推进思想政治和精神文明建设，水利中心工作和精神文明建设屡创佳绩，取得新成效。福建省水利厅机关首次获得“全国文明单位”荣誉称号，效能建设排在全省前列。

1. 强化理论武装，夯实党建工作　坚持和加强党的领导，推动党建工作与中心任务深度融合。强化“两学一做”学习教育常态化制度化，福建省水利厅党组召开专题推进会，并制定出台了实施方案，完成了4个专题的集中研讨。强化十九大精神学习，福建省水利厅党组专题研究详细部署，深入基层宣讲研讨，开展了3次集中学习和2次专题调研，对150名处级干部进行集中培训，深入学习习近平新时代中国特色社会主义思想，牢固树立“四个意识”。强化意识形态教育，福建省水利厅党组出台了落实意识形态工作责任制实施方案，各基层党组织认真落实，开展了网络行为专项自查，46位支部书记以意识形态为主题上了党课。

2. 加强组织建设，激发支部活力　在省直部门率先出台了支部标准化建设实施意见，提出4个方面标准化内容，明确支部班子、支部书记、支部委员等3类对象的工作职责，梳理了17项基本工作制度，整理了6个经常性工作流程；通过重点工作检查、党员思想问卷调查、工作台账抽查等形式，对各基层党组织开展党建工作调研，突出抓好“三会一课”制度的督促落实。持续在各基层党组织开展主题党日活动，并组织“十佳”党日评选，福建省水利厅党委申报的“争创十佳党日，激发支部活力”项目获福建省直机关党建工作创新项目二等奖。

3. 聚焦中心工作，展示水利风采　把“建设新福建·水利勇担当”主题实践活动作为服务水利中心工作的主要载体，组织发动党员干部立足岗位、推进工作；举办“建设新福建·水利勇担当”主题征文活动和“献礼十九大，水利立新功”风采展，营造干事创业氛围；水利中心工作再创佳绩，防汛防台风经受住考验，水利投资再创新高，安全生态水系实现公里数、投资量“双翻番”，河长制工作走在全国前列，综合治水实验县启动实施，一系列体制机制创新取得突破。

4. 丰富活动载体，深化文明创建　福建省水利厅机关首获“全国文明单位”荣誉称号，福建省水文局、福建省洪水预警报中心新晋为“全国水利文明单位”并候选福建省文明单位，8个申报省直机关文明单位的直属单位全部上榜；以道德讲堂和“我们的节日”为载体，培育和践行核心价值观，形成良好的道德新风尚；举办“喜迎十九大”歌咏比赛、全民健康健身系列活动，积极参加水利部和省直机关组织的文体活动；通过走廊文化，微电影、微视频、图册、专题纪实公益宣传片等多种方式，推动水文化建设；组织开展“世界水日·中国水周”宣传、义务植树造林、无偿献血、助学帮困、文明交通劝导、网络文明传播等志愿服务活动。（福建省水利厅机关党委）

二、重要文献

【重要文件】

（1）《关于印发〈2017 年福建省水利厅精神文明创建工作要点〉的通知》（闽水文明〔2017〕1 号）。

（2）《关于深化群众性精神文明创建活动的贯彻意见》（闽水文明〔2017〕6 号）。

（3）《中共福建省水利厅直属机关委员会关于印发〈中共福建省水利厅直属机关纪律检查委员会 2017 年工作要点〉的通知》（闽水党委〔2017〕7 号）。

（4）《关于印发〈福建省水利厅直属机关 2017 年党建工作要点〉的通知》（闽水党委〔2017〕8 号）。

（5）《福建省水利厅关于创建精品示范水利风景区的指导意见》（闽水办〔2017〕58 号）。

（6）《福建水文化发展规划（2016—2020）》。

（7）《水利风景区资源评价标准》（DB35/T 1627—2016）。

（8）《水利风景区评价标准》（DB35/T 1692—2017）。

（9）《福建省水利风景区标识系统建设技术指南》。

三、思想政治

2017 年，福建省水利厅党组深入学习贯彻党的十九大精神，以政治建设为统领推进党的各项建设，坚持把思想政治建设作为机关党建的首要任务，结合全省水利实际，着力打造“讲政治、重规范、有活力”的水利党建品牌，为新福建建设提供水利支撑保障。

1. 党组中心组示范带动有力　以中心组学习为龙头，以支部学习为基础，以学习型党组织建设为载体，深入学习贯彻习近平总书记系列重要讲话精神，牢固树立“四个意识”。制订年度理论学习计划，每月安排至少 1 次专题学习。厅领导带头上党课，举办支部书记培训班。

2. 党性教育开展扎实有力　紧密联系水利实际，广泛开展向谷文昌、廖俊波等先进典型学习活动，持续开展主题党日活动。通过支部学习、专题讨论、辅导讲座、网络答题、知识竞赛等多种形式，加强党性教育，取得实实在在的成效。

3. 意识形态工作落实有力　不仅邀请专家作了 2 场意识形态专题辅导讲座，赖军厅长还以意识形态为主题，给全厅基层党组织书记上了党课，深入分析当前意识形态的动向和风险点，要求各级党组织书记要从政治高度充分认识意识形态工作的极端重要性，做政治上的领头羊。

4. 形势政策教育有效有力　将“建设新福建·水利勇担当”主题实践活动作为服务水利中心工作的主要载体，精心谋划实施，组织发动党员干部立足岗位，攻坚克难，勇于担当，取得良好成效，经验在全省推广。（福建省水利厅机关党委）

5. 会议

(1) 3月2日，召开党的工作暨全省水利系统党风廉政建设工作会议，以贯彻落实全面从严治党为主题，围绕严肃党内政治生活、加大党内监督力度两个主线，突出思想政治教育、严格组织生活、正确选人用人、落实主体责任和加强制度约束、加强巡查督导、加强作风建设、加强廉洁自律这八个方面工作，对党建和党风廉政建设工作作了安排部署。

(2) 5月8日，召开全厅工青妇工作座谈会，专题听取工青妇工作汇报，并探讨如何进一步发挥工青妇组织在水利工作中的作用、当前工青妇工作面临的困难和问题、加大青年干部与女干部的培养使用等问题。

(3) 9月15日，召开精神文明创建工作推进会，总结前期创建成果，探讨当前存在的问题和差距。

(4) 9月27日，召开水利宣传工作座谈会，邀请新华社福建分社、福建日报、福建电视台、人民网、新华网等新闻媒体共商近期水利宣传工作。

6. 学组活动

(1) 扎实开展“建设新福建·水利勇担当”主题实践活动。按照省直党工委部署关于开展“建设新福建　机关走前头”主题实践活动的部署，结合水利实际，深入开展“建设新福建·水利勇担当”主题实践活动，坚持党组主推，坚持重点攻坚，坚持群策群力，组织发动党员干部立足岗位、推进工作。该活动专题片在福建省电视台《八闽机关党建》栏目播出，并在省直机关主题实践活动推进会上作了交流发言。

(2) 深入贯彻落实社会主义核心价值观。以“道德讲堂”和“我们的节日”为载体，深入开展“四德”教育；组织开展各类公益志愿活动，精心培育践行核心价值观。全年共举办5期以“保护母亲河，从我做起”“缅怀郑忠华烈士，弘扬抗洪精神”“弘扬传统文化，体验端午习俗”“诚信故事大家说”“弘扬社会公德，倡导文明旅游”为主题的道德讲堂；开展“迎新春送春联”“尊老爱亲　和谐拗九　情满琼河”等“我们的节日”活动；组织2次无偿献血；组织厅团委开展了“福建河长制，有你更精彩”“深化省市共建，推进福州市全国文明城市”等志愿服务，厅妇委会开展了“同在蓝天下我们心手相牵——关爱山区困境学生”六一帮扶、“关爱蓓蕾·呵护下一代”等志愿服务。

(3) 联合省总工会举办全省水文勘测技能竞赛。设理论考试、内业操作和外业操作三个方面竞赛，来自全省9个地市水文分局的27名选手参与竞赛，参赛人数为历届最多。

(4) 组织厅属机关开展“建设新福建·水利勇担当”十佳党日活动。号召各级党组织结合纪念建党96周年和“建设新福建·水利勇担当”主题实践活动，以专题讨论、召开学习廖俊波专题组织生活会、支部书记上意识形态党课、参观红色革命胜地、慰问困难党员群众、水利项目现场调研推进等多种形式，丰富组织生活，并通过评选确定“十佳”活动。

（福建省水利厅机关党委）

四、水文化建设

【水文化研究】

1. 开展水文化专项课题研究　该活动由福建省水利厅政法处牵头，武夷学院承办，福建省水利水电勘测设计研究院、福建省水利经济管理中心协办。专项课题组系统梳理了福建水文化发展脉络，深入挖掘福建丰富的水文化内涵，并围绕精神水文化、物质水文化、行为水文化、制度水文化和水文化事业建设，形成了《福建水文化发展规划（2016—2020）》，为构建福建水文化发展体系奠定了良好基础。（福建省水利厅政法处）

2. *启动实施数字水利建设* 完成福建省水利资金监管平台、河长制综合信息系统、城市内涝监测试点系统建设，加快推进水利综合视频监控一期、水利综合业务应用、工程建设管理平台等系统建设，信息技术与水利业务融合进一步加强，福建省水利厅获评省级网络与信息安全先进单位。（福建省水利厅办公室）

3. *推进水利科研创新* 福建省水动力工程技术研究中心成功创建，实现水利省级科研中心零的突破；同时成立了福建省水生态与水工程研究中心，全省水利发展形成“一化四中心”科技支撑格局，即数字化和水工程水动力、水工程材料检测、水土保持研究、水生态与水工程研究等四中心。实施重点科技专项研究 13 项，完成研究成果 20 项，评定水利科技奖 16 项，获得福建省科技进步奖 3 项，建成生态科技示范工程 8 个。

（福建省水利厅办公室）

4. *加强对外水文化交流* 组织赴巴西、阿根廷、南非、埃及、丹麦、芬兰、俄罗斯、波兰开展防御水旱灾害应急管理、生态水利、水资源规划、水利工程安全管理、水环境水生态修复和保护等技术交流，举办了第九届海峡论坛——两岸农田水利建设交流会。

（福建省水利厅办公室）

【水文化遗产保护与利用】

1. *开展灌溉工程遗产调查研究* 以宁德市蕉城区黄鞠古灌溉工程申报第四批世界灌溉工程遗产为契机，福建省水利风景区建设与管理领导小组办公室（以下简称“福建省景区办”）配合有关部门、单位和专家，共同研究探讨建立完善水文化遗产挖掘、保护、利用的管理体制机制。（福建省水利管理中心）

2. *完善水利风景区建设与管理规范体系* 出台实施了 4 个规范性文件。其中，《水利风景区资源评价标准》（DB35/T 1627—2016）由福建省景区办和福建省师范大学水利风景区研究中心起草，4 月 1 日开始实施，系福建省地方标准，规定了水利风景区的类型体系和水利风景区资源评价的技术与方法。《福建省水利厅关于创建精品示范水利风景区的指导意见》（闽水办〔2017〕58 号）9 月 28 日出台，制定了到 2020 年全省创建 30 个水景观优美、水生态和谐、水工程独特、水文化丰富的精品示范水利风景区的目标任务。《水利风景区评价标准》（DB35/T 1692—2017）由福建省景区办和福建省师范大学水利风景区研究中心起草，10 月 24 日发布实施，系福建省地方标准，规定了水利风景区评价的内容和方法。《福建省水利风景区标识系统建设技术指南》由福建省景区办与福建省农林大学国家水利风景区研究中心联合制订，旨在规范水利风景区标识系统建设，推进水利风景区标识系统的标准化工作，引导游客顺利完成水利风景区的旅游活动，构建持续、健康、完整、稳定的水利风景区发展体系。（福建省水利管理中心）

3. *宁德黄鞠灌溉工程* 宁德黄鞠灌溉工程入选世界灌溉工程遗产名录，成为世界级水利专业类文化遗产，该工程由隋朝谏议大夫黄鞠主持兴建，至今已有 1400 多年历史，是迄今发现的系统最完备、技术水平最高的隋代灌溉工程遗址。工程位于宁德市蕉城区霍童镇，分为右岸龙腰渠、左岸琵琶洞渠系 2 个灌溉工程系统，左右岸两处灌溉工程渠系长

10 多 km，灌溉面积 2 万余亩。（福建省水利管理中心）

【水工程水文化建设】

1. 组织编制《福建省中小河流治理回顾》　从福建省各设区市选取 44 项中小河流治理典型案例汇编成册，展示福建省 2009—2015 年间 186 条河流、377 个项目的治理成效。这些河流治理都在确保防洪安全基础上，充分融入自然生态文化理念，与周边建筑、环境和市政建设融为一体。（福建省水利厅建筑管理处）

2. 组织编制《福建省水库除险加固回顾》　从福建省实施并完成除险加固的 2080 座水库中，选取 94 座编成《福建省水库除险加固回顾》，展示福建省“十二五”以来先后进行 13 批次、2080 座病险水库除险加固的成效。（福建省水利厅建筑管理处）

3. 莆田市木兰陂入选全国“十大最美水工程”　该陂位于莆田市区西南 $5km^2$ 的木兰山下、木兰溪与兴化湾海潮汇流处，是世界灌溉工程遗产，始建于北宋治平元年（1064 年），是著名的古代大型水利工程，也是全国五大古陂之一，至今仍保存完整并发挥其水利效用，属于全国重点文物保护单位。木兰陂工程由陂首枢纽、输水渠系、涵闸三大部分组成系统的灌区，具有“引、蓄、灌、排、挡”的综合功能。陂首枢纽工程就是拦河坝，是木兰陂的主体工程，坝上游流域面积 $1124km^2$，陂长 219m，由溢流低堰闸和重力坝组成，靠南的堰闸使用木闸板控制所需水位，可蓄可排；陂的南端设冲沙闸，闸底比其他堰闸孔低 0.5m，以利排沙入海，防止淤塞南洋进水口；靠北的重力式坝型，坝外坡砌成台阶式，坝顶比堰闸坝墩顶略高，且与呈三角形状的陂埕连成一体。涵闸用于调蓄排涝。渠系工程主要用于引木兰溪水灌溉农田，莆田人称之为“九十九沟”，经过九十九沟的滋润，兴化平原成为鱼米之乡、主要水稻产区、莆田最富饶的地方。（莆田市水利局）

【单位文化建设】

1. 全力推动精神文明建设再上新台阶　把精神文明创建工作作为机关文化建设的核心和精髓。始终坚持强化组织领导，厅党组书记亲自抓负总责，班子成员分工负责，机关干部全员参与，形成上下一心、合力共创的创建格局；创建工作有总体规划，有年度部署，有阶段考核；创建经费上不封顶，足额保障。始终坚持思想教育引领，党组中心组学习组织规范，领导干部以身作则，党组成员带头上好党课，意识形态把控有力。始终坚持全面从严治党，全面推进党支部标准化建设，把严肃的党内政治生活落实到基层；从严规范选拔任用干部，不折不扣落实“八项规定”精神，推行廉政教育全覆盖。始终坚持深化提升创建内涵，精心培育践行社会主义核心价值观，持续深化“道德讲堂”“我们的节日”和各类志愿服务活动，广泛开展丰富多彩的文体活动，有效提升水文化建设成效，不断提升行业服务管理和机关作风形象。始终坚持抓细落小推动，机关推行“工作不过夜、文稿零差错”，倡导良好工作作风；组建 58 个推进组，深入落实“四下基层”工作法。

（福建省水利厅办公室）

2. 新时代精神文明建设再创新辉煌　2017 年，福建省水利厅（机关）、福建省水利水电勘测设计研究院荣获第五届“全国文明单位”称号。福建省水利厅（机关）、福建省水文水资源勘测局、福建省洪水预警报中心、福建省水利水电勘测设计研究院、福建省水利规划院、福建省九龙江北溪管理局和厦门市水利局（机关）、厦门市水政水保监察支队、厦门市汀溪水库管理处、泉州市石壁水库管理处、泉州市金鸡拦河闸管理处荣获“全国水利文明单位”称号。福建省水文水资源勘测局、福建省洪水预警报中心（福建省水利信息中心）荣获“福建省文明单位”称号。福建省水利建设中心、福建省水利管理中心、福建省水利投资开发集团有限公司、福建省水利水电科学研究院、福建省溪源水库管理处、福建省水利厅预算执行中心、福建省水土保持试验站、福建省水利规划院荣获“福建省直机关文明单位”称号。（福建省水利厅办公室）

【水生态文明建设】

1. *持续推进安全生态水系建设* 福建省委省政府将安全生态水系建设列入年度为民办实事项目，福建省财政厅、水利厅联合下达省级财政专项资金 5.5 亿元，福建省水利厅组织编制了《福建省安全水系建设指南》，细化了生态保护与修复的措施与方法，作为全省技术规范和标准，全力推进高效完成安全生态水系年度建设任务，实现公里数、投资量“双翻番”，全省共完成投资 26.84 亿元，治理河长 1126.43km，分别超额 34%、12%。

南平市创新开展水美城市建设，市级统一规划，县级全域推进，深受基层欢迎，经验全国推广。莆田市借助安全生态水系、河长制两个平台，把木兰溪打造成为福建省唯一、全国十条最美家乡河之一。同时，推进湖库连通项目 9 个，连通 10 河 6 湖 5 库，受益人口 45 万人。（福建省水利厅水政法规处）

2. *创建全国水生态文明建设试点城市* 8 月首批全国水生态文明建设试点城市长汀县顺利通过水利部技术评估，12 月底通过水利部委托的省政府行政验收。第二批全国试点城市莆田市、南平市全面完成了水利部确定的年度目标任务。

（福建省水利厅水政法规处）

3. *长汀县南方水土流失治理被列为全国推广典型案例* 汪洋副总理在 1 月 6 日《福建信息》（第 8 期）“打造长汀经验升级版建设生态文明先行示范区”上作出新的批示，要求进一步总结提炼可复制、可推广的长汀生态建设经验，推动全国生态建设工作迈上新台阶。长汀水土流失治理在《将改革进行到底》专题片中长达 3min 镜头，中央环保督察组认为创造了“长汀经验”。4 月 28 日，长汀县水土保持事业局获得“全国五一劳动奖状”表彰，是福建省三个获奖单位之一，长汀县南方水土流失治理被国家发展改革委认定为全国生态保护与建设示范区典型案例并在全国推广。（龙岩市水利局）

【水利风景区水文化建设】

1. *开展水文化相关培训* 2017 年举办了 1 场讲座研讨会、2 期专题培训班，全省共 200 多人次参加研讨培训。

（1）9 月 14—15 日，水利部中国水利政研会联合福建省景区办，在福州市举办水文化理论业务知识讲座与研讨会议，邀请了文协水文化工作委员会会长靳怀堵、中国水文化研究会副会长尉天骄、泰州市水利局原局长董文虎，就水文化做了精彩讲授。

（2）8 月 1—4 日，福建省景区办在龙岩市连城县举办全省水利风景区建设与管理培训班（第一期），邀请国内水利风景区相关领域的专家学者进行专题授课，福建省景区办也就水利风景区有关政策、文件，以及创建、申报工作，进行详细的解读、解析。

（3）11 月 15—16 日，福建省景区办在福州市举办全省水利风景区建设与管理培训班（第二期）。（福建省水利管理中心）

2. *落实省级财政补助 1000 万专项资金* 用于福清东张水库石竹山国家水利风景区

等28个水利风景区的水工程景观升级改造、水生态修复、水环境治理、水科普和水文化建设。

3. 新认定17个水利风景区　包含3个“国家水利风景区”、9个省级水利风景区和5个县级水利风景区（试点）。长汀水土保持科教园新水利风景区、宁德水韵九都水利风景区、霞浦杨家溪水利风景区等3家景区为“国家水利风景区”；宁德市蕉城区金溪、赤溪、霍童洞天，泉州市德化县银瓶湖，三明市尤溪县双鲤湖、建宁县闽江源，南平市武夷山市武夷学院、松溪县百丈崖、政和县念山湖等9个景区为“福建省第七批省级水利风景区”。南平市率先开展县级水利风景区试点工作，认定5个县级水利风景区，分别为邵武市拿口镇宝林寺、肖家坊镇将石村和浦城县林溪、大水口、深坑等县级水利风景区。

（福建省水利管理中心）

【水文化教育与传播】

1. 加强水利培训　举办水利业务专题培训班40个，培训干部4500多人次；评审高级工程师104人、工程师82人，推荐评审教授级高级工程师4人；举办道德讲堂4场次，开展了迎新春送春联、尊老爱亲等富有人情味的活动50余场；举办高规格高标准的全省水文勘测技能竞赛，在系统内掀起“比、学、赶、帮、超”热潮。

2. 加强水利宣传　综合运用报纸杂志、电视广播等传统媒体和微信、微视频等新媒体，组织《人民日报》、新华社、《中国水利报》《经济报》《福建日报》、福建电视台等省内外主流媒体，围绕中心工作，突出宣传重点，全方位、多角度展开宣传报道，挖掘基层典型案例，弘扬主旋律，传播正能量，为水利改革发展造势鼓劲，做到图文并茂、有声有色。据不完全统计，全年共在中国水利报社发稿336篇，福建记者站记者上稿量位居全国第六；福建日报发稿354篇、比2016年增长91%；两报头版发稿104篇、各版头条82篇，头版头条数量比增75%；人民日报等其他主流媒体共发稿86篇，也比2016年翻了一番。宣传工作走在全国前列，中国水利报社福建记者站首次包揽“十佳记者站”“十佳站长”“十佳记者”3个“十佳”，是全国3个获此殊荣的省份之一。

（福建省水利厅办公室）

3. 加强文化传播　印发了《媒体追踪2017年福建水利》《为了河长制》《河长制在福建》等书籍和宣传图册，组织拍摄《河长制——专题纪实》公益宣传片。

五、水利文学艺术

【水利文学】　开展“建设新福建　水利勇担当”主题征文活动，共收到各单位选送作品56篇。评出优秀作品10篇，其中一等奖2篇、二等奖3篇、三等奖5篇，并给予适当的奖励。

（福建省水利厅机关党委）

【水利美术】　举办“迎春纳福翰墨飘香——迎新春、送春联活动”，通过一幅幅寓意春节吉祥祝福的春联，表达大家对新年的希望，对来年美好生活的向往，和对干事同僚的新春祝福。

（福建省水利厅机关党委）

【水利摄影】

1. 举办第二届“水秀八闽”摄影展　摄影展由福建省景区办与福建省水利风景区协会联合举办，以福建水利风景区为对象，反映水利风景区的自然景观、人文景观之美，具有较强的思想性、艺术性和创造性。全省共征集摄影作品300余件，经观众投票、专家评审，共有6幅作品分别获得一等奖、二等奖、三等奖，10幅作品获得优秀奖。

（福建省水利管理中心）

2. *制作水文化微视频微电影* 选送微视频“我的青山绿水梦”参加水利部“河长制微电影、微视频”评选，反映执法人员爱岗敬业的工作作风以及家人对他工作的支持，真实感人。福建省河长制办公室以河道专管员李小范的真实故事为原始背景，改编摄制微电影《守护“乡愁”》，大力宣传奋战在一线的广大“护河军”的感人事迹。

（福建省水利厅机关党委）

【水利音乐舞蹈戏剧】 6月29日，举办“庆祝党生日喜迎十九大”歌咏比赛，福建省水利厅机关和厅属单位共12支代表队参加，活动还特别邀请由水利厅退休人员组成的“水之恋”合唱团到场演唱。（福建省水利厅机关党委）

六、水利体育

1. *赛事*

（1）组成16人代表队参加“四川·武引杯”全国水利系统职工第四届羽毛球比赛，获得第18名。（福建省水利厅机关党委）

（2）7月23日，选送12名队员组成代表队参加第五届省直机关全民健身系列竞赛飞镖比赛，获男子团体赛一等奖。

2. *活动* 4—9月，举办全民健康健身系列活动，共设乒乓球、羽毛球、拔河、广播体操、跳绳、健步行、80分升级赛、篮球运球接力赛、摸石头过河、立定跳远、足球定点射门等11个项目，有1000多人次参加。（福建省水利厅机关党委）

江 西 省

一、综述

2017 年，江西省水利厅修订完善《江西省水利厅党委中心组学习制度》，全年共组织 6 期中心组学习班。先后组织 5 批 360 名党员干部赴莲花县“甘祖昌干部学院”开展“两学一做”常态化制度化主题教育培训。新增江西省水土保持科学研究院和江西省安福县社上水库管理局 2 家“全国水利文明单位”。组织开展第十一届“江西水利桂花节”活动。完成《水利江西》系列丛书第三部《五河之秀》以及首套《江西水文化》系列丛书的采编和出版。

（兰 荔）

二、思想政治

（1）10 月 27 日，江西省水利厅召开党委扩大会议传达学习党的十九大精神。11 月 13 日，江西省水利厅党委印发《关于认真学习宣传贯彻党的十九大精神的通知》，对全厅深入学习贯彻党的十九大精神作出全面部署，要求广大水利干部职工切实把思想统一到党的十九大精神上来，把力量凝聚到实现党的十九大确定的各项任务上来。11 月 15 日，江西省水利厅举办学习党的十九大精神专题辅导报告会，邀请省直机关工委讲师团唐长瑛团长作辅导报告。厅机关全体党员干部、厅直单位处级以上干部聆听了辅导报告。

（2）8—9 月，江西省水利厅共举办 5 期推进“两学一做”学习教育常态化制度化党员教育培训，先后到南昌市、安源县、莲花县、永新县等地看展览、观旧址、祭英烈、谈心得，接受红色教育，坚定理想信念。

（3）11 月 22—24 日，江西省水利厅在新余市举办厅直机关党务纪检干部学习十九大精神暨思想政治工作研讨交流培训班。厅直各单位党办负责人、纪检干事以及厅机关各支部党务纪检联络员共 40 余名同志参加培训。（兰 荔）

三、水文化建设

（1）1 月，江西省水利厅水文化建设“1512”工程重点内容——《水乡美色》由江西人民出版社出版发行，这是继全国首本国家水利风景区专著《风景独好》出版后，江西水文化《水利江西》系列丛书的第二部。《水乡美色》由江西省水利厅水文化办公室编纂，通过收集全省 33 个水生态文明乡（镇）村的文化底蕴、建设过程，以及水利部门在指导这些试点单位开展水生态文明建设所发挥的作用，集中展示江西水利为生态文明先行示范区建设以及水生态文明建设所作的贡献。

（2）2017 年，围绕河长制工作，江西“水文化小分队”相对集中 5 个多月时间，深入34个县乡村，与一线“河长”们交流对话、汇聚智慧，完成了《水利江西》系列丛书之第三部《五河之秀》的采编，于2017年年底正式出版。

（3）11月，首套《江西水文化》系列丛书（含《涓涓细流》《赣水奔流》《古韵长流》《砥柱中流》《水舞风流》5本单行本）正式出版。全套丛书以翔实的史料、质朴的语言、宏大的格局、恢弘的气势，从物质的、精神的、制度的水文化三方面挖掘了江西省古今水文化的丰富资源，详细呈现了江西水文化建设的一些重要成果。该书由6名江西水文化骨干用业余时间编著，江西省水利厅厅长罗小云作序“一份喜悦”，国内水文化研究的倡导者、资深水文化专家李宗新先生称其为“江西水文化建设推出的又一力作，为国内外读者，尤其是水文化爱好者奉献了一份宝贵的文化盛宴”。

（4）3月29日—4月1日，江西省水利厅举办2017年江西水利系统基层水文化骨干培训班，全省各设区市水利局水文化建设骨干近80人参加了培训。此次培训采取集中授课、现场教学与研讨交流相结合的方式进行，对“河长制”工作中的水文化融入、推进“河长制”工作先进典型的宣传与推广、《水利江西》系列丛书《五河之秀》采编要领等内容进行了专题授课辅导。（兰　荔）

四、水利文学艺术

（1）10月24日，由江西省水利厅主办，抚州市水利局承办的第十一届江西水利桂花节在抚州市开展集中活动。此次江西水利桂花节以“弘扬社会主义核心价值观，喜迎十九大胜利召开”为主题，包含“丹桂飘香、我是河长、美丽水乡、决胜赛场”等四大板块，共八项活动，即“十年桂花节辉煌水利路”回顾展、全省水利职工书画摄影作品展、全省水利青年职工“看水美江西听河长故事”朗诵比赛、“河长带你走抚河”秋季健步行活动、全省水利职工“五河杯”文学奖评选活动、水生态文明乡村书画摄影现场交流活动、全省水利职工系列体育比赛、水利趣味友谊比赛活动。11月2日，《中国水利报》以《展示水利风采共筑美丽梦想——多彩的江西水文化》为题，用一个整版对此次活动进行了报道。

（2）10月，水利部通报了“砥砺奋进 水惠民生——十八大以来水利改革发展精彩亮点”征文活动评选结果。江西省水利厅荣获优秀组织奖，江西水利系统有3篇文章获奖。

（3）12月，中国水利作家协会（以下简称“中国水利作协”会员、江西青年作家、《江西水文化》副主编罗张琴撰写的散文——《江河之上》获“锦绣江西梦想中国”主题征文活动一等奖。此次征文活动由江西省作家协会、江西日报副刊部和江西星火文学杂志社于7月联合举办。散文《江河之上》通过对玉山、于都和靖安河长制工作开展的描写，展示了江西省在经济发展、生态美丽的基础上人民过上幸福生活的美好现实。（兰　荔）

五、水利体育

（1）第十一届江西水利桂花节活动之江西省水利职工体育比赛于9月18—28日在江西水利职业学院进行，包括乒乓球、羽毛球和篮球三项比赛。来自各设区市、省直管试点县（市）水利（水务）局、厅机关、厅直单位和江西省水投建设集团有限公司共42支代表队400余名运动员参加了比赛。

（2）8月26—27日，江西省直机关工会工委在南昌航空大学举办了省直机关“体育·惠民100”全民健身乒乓球比赛。江西省水利厅积极组队参赛，获得江西省直机关混合团体赛第三名，周运获得男子乙组单打第一名，周强获男子乙组单打第四名。

（3）9—10月，江西省水利厅参加江西省直机关“体育·惠民100”全民健身第四届篮球比赛。整个赛季共有来自江西省水利厅机关、厅直系统的48名球员、353人次参加了36场比赛，最终获得了二等奖，江西省水利厅获得优秀组织奖。（兰　荔）

河 南 省

一、思想文化建设

2017年，河南省水利系统开展水文化调研活动，修订完善全省《水文化建设规划纲要》实施意见及行动规划，指导水文化建设工作。举办了“喜迎十九大共享青春成长故事”演讲比赛、“喜迎十九大”群众性合唱比赛，开展了喜迎十九大红色主题诗歌作品征集活动，组织参加省直团工委开展的“我的青春成长故事”主题征文活动和“奋斗的青春最美丽”青春成长主题微电影征集活动。河南省水利厅选送的微电影《致青春》、征文《青春见证那一株香樟》荣获省直机关一等奖。组织干部职工开展了“道德讲堂”“文化大讲堂”以及勤俭节约、文明餐桌教育，广泛开展“我们的节日”主题活动，深化党员志愿服务活动。创建水利系统文明建设微信群、QQ群、内部局域网交流群，创办“文明水利”微博、微信公众号，在河南省水利网平台新增“精神文明创建”专栏，在水利系统文明单位在线平台开通“河南省水利厅”门户，利用新媒体全方位传递正能量。

二、水文化建设

【水文化研究】 河南省水利科学研究院的《水文化在中原崛起中的战略地位与作用的研究》一书，获得“河南省第八届图书情报学术成果奖”一等奖。河南省水利宣传中心启动“河南古代水利技术发展史研究”项目，在全省范围内开展水文化遗产调研。《河南省水利志》编纂出版完成，此书内容上自公元前21世纪，下至2015年，共18篇、87章、261万字，填补了河南省级水利专志的空白。

【水文化遗产保护与利用】 南水北调中线工程文物保护。河南省继续做好南水北调中线工程文物保护工作。由于受到南水北调工程施工范围和施工进度的影响，一些文化遗存丰富、学术价值很高的文物保护项目未能深入地开展考古发掘工作。2017年，为深入了解这些项目的学术价值，经报请国家文物局审批同意，河南省组织文博单位对涉及文物点继续开展田野考古发掘工作，并加大文物成果展览和保护力度。

（1）总干渠田野考古发掘。包括位于郑州市新郑市新村镇铁岭村的铁岭墓地，位于郑州市张村镇堰子王营村的王营墓地，位于平顶山市宝丰县杨庄镇小李庄村的小李店遗址，位于安阳市汤阴县韩庄镇董庄村西五里岗东坡的五里岗战国墓地。

（2）丹江口库区文物抢救性清理。包括位于河南省南阳市淅川县上集镇简营村西南的简营南遗址，位于淅川县上集镇李营老村西约350m的属于水库消落区的李营遗址，位于河南省淅川县滔河乡门伙村西侧高台地上的门伙遗址。

（3）供水配套工程文物保护。包括位于新乡市凤泉区鲁堡社区的鲁堡遗址，位于安阳市安丰乡吉庄村的吉庄龙山文化遗址，位于获嘉县县城西部、健康路西段南侧的获嘉县南水北调配套工程管理所的考古发掘区。

（4）地面文物保护与利用。淅川县安排丹江口库区文物稽查队进驻搬迁复建后的石桥民俗村内办公，加强对复建后古建筑的日常看护，完成复建工程一期的建设内容和二期工程的部分内容。焦作市文物考古研究所继续对南水北调河道内焦作市地面7处古民居进行搬迁复建工作。

（5）丹江口库区消落区文物巡护。5—10月，淅川县出现持续降雨天气，导致丹江口库区水位急剧上涨，淅川县文化广电新闻出版局对库区消落区所有文物点进行安全巡护，保护了丹江口库区内古墓葬、古遗址的文物安全。

（6）文物保护项目成果。2017年完成淅川泉眼沟墓地文物保护项目的考古发掘资料移交工作。出版考古发掘报告《阳翟故城遗址》1本，出版研究专著《叶县文集出土陶瓷器》1本。安阳博物馆举办《流过往事——河南省南水北调出土文物成果展》展览，河南省文物局联合郑州市文物局在郑州博物馆举办《长渠缀珍——南水北调中线工程河南段文物保护成果展》，展出文物3800余件。

【水生态文明建设】 2017年，河南省水利厅持续推进郑州、许昌、洛阳、南阳、焦作等5个国家级水生态文明城市和安阳、鹤壁等10个省级水生态文明城市试点建设工作。许昌市、郑州市圆满完成了试点任务，在全国率先通过了水利部会同省政府组织的行政验收。5个国家级水生态文明城市建设试点规划投资900多亿元，通过水系联通、生态修复、污水整治和水资源管理制度建设，城区居民生活环境和水生态环境得到了显著改善。水生态文明试点建设是展示城市水利新形象的重要窗口，已通过验收的许昌、郑州市得到了与会专家的一致好评，许昌市的水生态文明建设试点经验在全国推广学习，被称为我国缺水地区水生态文明建设的典范。

同时，加强水生态文明建设宣传，适时宣传报道河南省开展“水污染治理攻坚战”“城市黑臭水体治理”“水系连通工程建设”“最严格的水资源管理制度”“水美乡村建设”“节水型社区评选”等工作，力求唤起社会公众的水文明意识。

【水利风景区建设】 根据水利部要求，启动2017年河南省“国家水利风景区”申报工作，荥阳市古柏渡南水北调穿黄工程水利风景区、林州市太行平湖水利风景区、南乐县西湖生态水利风景区被水利部正式批准为“国家水利风景区”，使全省“国家水利风景区”达到41家。组织了第十四批河南省水利风景区申报、审查和审批工作，批准郑州郑东新区龙湖水利风景区、汤阴县汤河水利风景区为河南省水利风景区，全省省级水利风景区达到26家。

【水文化教育与传播】 3月，《水利部关于公布2016年国家水情教育基地名单的通知》印发，确定12家单位为国家水情教育基地，河南省驻马店市“75·8”防洪博物馆等3个单位被批准为国家级水情教育基地。12月，根据《河南省水情教育基地设立及管理办法》，河南省水利厅批准红旗渠、华北水利水电大学、驻马店市“75·8”防洪博物馆、人民胜利渠暨嘉应观、淮滨县淮河博物馆和开封市城摞城新郑门遗址博物馆6家单位为首批河南省水情教育基地。

河南省水利系统积极申报职工书屋示范点，有组织、有步骤、分阶段、有重点地抓好河南水利职工书屋示范点建设，陆浑水库职工书屋被全国总工会命名为“2017 年全国职工书屋示范点”。

三、水利文学艺术

6 月，河南省水利厅组织参加了河南省人大开展的“笔墨丹青绘中原”书画摄影作品展活动，以水为魂，承传书画正脉。10 月，为迎接党的十九大召开，加强水利系统精神文明建设，展示河南水利改革发展取得的辉煌成就，举办了“喜迎十九大”摄影展，共收到作品 398 幅，获奖 53 人。10 月，河南省水利厅 3 位离退休干部摄影作品入选河南省离退休干部“不忘红色初心·助力出彩中原”书画摄影作品大赛，获优秀奖，河南省水利厅离退休干部工作处获组织奖。河南水利与环境职业学院举办“同心话苑——喜迎党的十九大”书法笔会。不同形式的摄影、书法作品，展示河南省水利事业取得的丰硕成果，展现新时期广大水利职工“献身、负责、求实”的良好精神风貌和崇高道德情操。

四、水利体育

2017 年，河南省水利系统举办了一系列的文体活动。4 月，举办“南水北调杯”全省水利系统乒乓球比赛，44 个球队 280 人参加。10 月，举办河南省水利厅“白沙杯”篮球友谊赛，参赛队达 22 个。10 月，在河南省水利厅机关职工中开展了“庆祝十九大健步走月”活动。11 月，开展河南省水利系统“健身活动月”，活动以贴近基层、方便群众、形成特色为重点，开展了职工体育运动会、趣味运动会、健身展示赛和健步走、登高、爬山、自行车、广播操、健身操等形式多样的活动，全方位地拓宽了水利职工群众的健身渠道。同时，河南省水利系统还积极参与中国农林水利工会、河南省总工会、水利部体育协会等相关活动，如组织参加了全国水利系统桥牌、篮球赛，并取得了好的成绩。（尹燕莉）

湖 北 省

一、综述

湖北省水利系统认真学习贯彻党的十九大精神和习近平新时代中国特色社会主义思想，落实主体责任，深化理论武装，高扬理想信念旗帜，践行社会主义核心价值观，较好地完成了党群各项目标任务，受到上级有关部门的肯定，省水利厅被表彰为2016—2017年度党建工作先进单位。

(1) 思想政治工作常抓常新。思想政治工作是一切工作的生命线，是我们党和国家的重要政治优势。湖北省水利厅党组书记、厅长周汉奎，湖北省水利厅党组成员、副厅长焦泰文、赵金河、徐少军、唐俊深入到湖北省河道堤防建设管理局（以下简称“湖北省堤防局”）、湖北省水文局、湖北水利水电职业技术学院（以下简称“湖北水职院”）、鄂北地区水资源配置工程建设与管理局（以下简称“鄂北局”）等多家直属单位调研，强调要加强思想政治工作；湖北省水利厅党组书记、厅长周汉奎在湖北省水利厅庆祝中国共产党成立96周年大会上为全体党员讲党课，要求全体党员做到政治合格、执行纪律合格、品德合格、发挥作用合格；湖北省水利厅党组成员、副厅长、厅直机关党委书记焦泰文在厅直机关党务干部培训班上讲党课，强调“支部书记一定要有高度的政治责任感，要有做好思想政治工作的意识”；组织党员干部赴洪山监狱接受警示教育；湖北省水利工会、湖北省水利厅机关妇委会赴竹溪县纪家山村慰问结对帮扶的留守儿童；湖北省漳河工程管理局等3家单位新申报表彰为“全国文明单位”，湖北省水文局等3家单位新申报表彰为“全国水利文明单位”，湖北省水利水电科学研究院等2家单位新申报表彰为“省级文明单位”。

(2) 水利文化建设繁荣兴盛。襄阳市水利局启动长渠（白起渠）申报世界灌溉工程遗产工作，取得重大进展，国际灌排委员会副主席丁昆仑多次莅临现场调研，给予了充分肯定；湖北省汉江河道管理局商鹤的《青山绿水织楚绣　人水相亲促和谐》等一批水文化研究成果获中国水利政研会奖励；推进咸宁市、鄂州市等5个全国水生态文明城市建设试点和长阳县等13个省级水生态文明建设试点，其中咸宁市、鄂州市初步构建了健康的水生态体系、完备的水安全体系、严格的水管理体系和先进的水文化体系，实现了“河畅、水清、岸绿、景美、宜居、自然”的水生态文明城市建设目标，通过了水利部、湖北省政府验收。汉口江滩国家水利风景区积极打造“长江文化、生态特色、发展成就”的靓丽窗口，受到水利部肯定；湖北省报送的汉江成功入选全国10条“最美家乡河”，湖北省水利厅获“最佳组织奖”。

(3) 文学艺术创作成绩斐然。组织开展了送文艺进校园活动，举办了“喜迎十九大·

共筑水利梦”湖北省水利系统职工书画作品展，书画作品入选第三届《清风颂》廉政书画展，全省广大水利美术家、美术爱好者创作了300多幅富有时代气息、具有水利特色的优秀美术作品。广大水利作家、文学爱好者积极开展文学创作活动，公开出版文学专著5部，发表文学作品300多篇，获奖20多人次；成功举办了湖北水利作家朱白丹《走遍湖北》首发式暨座谈会，在社会产生广泛影响。书法交流展出活跃，联合湖北省文学艺术界联合会组织了“湖北文化名家进鄂北”采风活动，在湖北省水利水电职业技术学院举办了全省水利系统第九期书法骨干培训班，涌现出一批造诣深、影响大的书法人才，一批优秀摄影作品在省市级的各项摄影比赛中获奖，展现了水利系统摄影创作实力。

（4）职工体育活动精彩纷呈。积极参加省直机关干部乒乓球、羽毛球、网球、游泳竞赛和女职工太极拳大赛，获得了团体冠亚军；组织了多场次足球、篮球、乒乓球比赛，1000多人次参加活动，充分展示了水利职工健康的体魄和积极向上的精神风貌，开创了职工体育工作新局面。

（沈伟民）

二、重要文献

【重要文件】

（1）《关于印发〈厅直机关2017年“全民阅读·书香机关”读书活动实施方案〉的通知》（鄂水直党〔2017〕15号）。

（2）《中共湖北省水利厅直属机关委员会关于开展厅直机关党建工作专项督查的通知》（鄂水直党〔2017〕16号）。

【重要讲话】

王新祥在湖北省水利文明创建暨文体协工作会议上的讲话　回顾了近年来全省水利系统文明单位创建与管理工作，肯定了各级文明单位深入学习贯彻党的十八大及十八届三中、四中、五中、六中全会精神，认真学习习近平总书记系列重要讲话精神和治国理政新理念新思想新战略，严格按照水利部和湖北省委有关部署要求，积极服务水利供给侧结构性改革，强化各级党组织主体责任，以“两学一做”学习教育等活动为载体，以丰富多彩的文明创建活动为抓手，推动全省水利精神文明建设不断取得新成效，并就下一步做好全省水利系统文明创建工作提出三点意见：①认清形势，提高认识，把开展文明创建工作摆在突出位置来抓；②加强领导，狠抓落实，努力提高文明单位创建管理水平；③明确任务，紧扣主题，着力推进文明创建工作常态化。

三、思想政治

【概述】

思想政治工作是一切工作的生命线。湖北省水利厅党组书记、厅长周汉奎，厅党组成员、副厅长焦泰文、赵金河、徐少军、唐俊深入到湖北省堤防局、湖北省水文局、湖北水职院、鄂北局等单位调研，强调要切实加强思想政治工作。6月13日，湖北省水利厅召开厅直机关党务干部培训会议，湖北省水利厅党组成员、副厅长、厅直机关党委书记焦泰文出席开班仪式并讲党课，强调“支部书记一定要有高度的政治责任感，要有做好思想政治工作的意识”。6月30日，湖北省水利厅召开庆祝中国共产党成立96周年大会，湖北省水利厅党组书记、厅长周汉奎为全体党员讲党课，要求全体党员做到政治合格、执行纪律合格、品德合格、发挥作用合格。组织党员干部赴洪山监狱接受警示教育。湖北省水利工会、厅机关妇委会赴竹溪县纪家山村慰问结对帮扶的留守儿童，思想政治工作成效显著，被湖北省委授予“党建工作先进单位”称号。（湖北省水利厅机关党办）

【会议】

1. 举办党支部书记培训会议　6月13—14日，湖北省水利厅2017年党支部书记培训班在武汉举办，湖北省委省直机关工委副书记雷邦贵，湖北省水利厅党组成员、副厅长、厅直机关党委书记焦泰文出席开班仪式并讲党课。焦泰文强调“支部书记一定要有高度的政治责任感，要有做好思想政治工作的意识，不能埋头于业务，不能是老套路，要循循善诱，在潜移默化方面多下功夫”。厅直机关各党委书记、厅直各单位党务干部、基层各党支部书记共计250余人参加培训。（湖北省水利厅机关党办）

2. 湖北省水利厅召开庆祝中国共产党成立96周年大会　6月30日，湖北省水利厅召开庆祝中国共产党成立96周年大会，在汉厅领导、厅机关全体党员、厅直单位负责人参加会议。会议在完成奏唱国歌、重温入党誓词、表彰2017年厅直机关“红旗党支部”议程后，湖北省水利厅党组书记、厅长周汉奎为全体党员讲党课。周汉奎要求全体党员要做到“四个合格”，即政治合格、执行纪律合格、品德合格、发挥作用合格。“四个合格”内涵深刻、内容丰富，最终落脚在“发挥作用合格”上。“发挥作用合格”是我党与生俱来的红色基因，是适应新形势、完成新任务的迫切需要，要以发挥作用合格的实际成效推动水利改革发展。湖北省水利厅党组成员、副厅长、厅直机关党委书记焦泰文主持庆祝大会。（湖北省水利厅机关党办）

【调查研究】

1. 周汉奎调研湖北省堤防局工作　5月17日，湖北省水利厅党组书记周汉奎调研湖北省堤防局，要求全体干部职工向老一辈堤防人学习，发扬过去的好传统、好作风，把堤防事业推向新的高度。要强化党建工作，既要有规定动作，有仪式感，又要务实、讲实效、结合工作抓党建，用党的纪律约束履职尽责，促进工作，要避免平常化、随意化、空洞化，一定要与工作紧密结合。湖北省水利厅党组成员、副厅长、湖北省堤防局局长赵金河和厅办公室、厅人事处、厅机关党办主要负责人参加调研。（湖北省堤防局）

2. 唐俊调研湖北水职院工作　6月1日，湖北省水利厅党组成员、副厅长唐俊调研指导湖北水职院党的建设和优质院校建设工作。唐俊要求：要加强思想政治工作，坚持正确的办学方向。高校姓党，必须坚持党的领导，传播党的声音。要牢固树立“四个意识”，特别是政治意识，坚定理想信念，坚守政治纪律和政治规矩，坚持立德树人，保持对党的绝对忠诚。加强思想政治工作，教师要成为先进文化的传播者。湖北省水利厅人事处主要负责人参加调研。（庹祖明）

3. 周汉奎调研湖北省水文局工作　6月3日，湖北省水利厅党组书记、厅长周汉奎率厅办公室、人事处、机关党办主要负责人到湖北省水文局专题调研水文工作。在听取湖北省水文局党委书记、局长杨金春关于全省水文工作情况汇报后，周汉奎指出，要结合单位工作和党员干部思想实际，创新工作方式方法，压紧压实党建责任，以更高的要求、更严的标准抓好党建各项工作，将人心凝聚到省委、省政府、厅党组的决策部署上来，以党

建工作新成效助推水文事业新发展。（湖北省水文局）

4. 焦泰文调研督查鄂北局党建工作　6月15日，湖北省水利厅党组成员、副厅长、厅直机关党委书记焦泰文率厅直机关党建工作第一督查组到鄂北局开展党建工作督导检查。焦泰文要求：以“两学一做”学习教育为统领，全面推进鄂北局党建工作再上新台阶。围绕学《党章》、党规和习总书记系列重要讲话，深入推进“两学一做”学习教育常态化制度化，以问题为导向，不断改进方法，抓紧压实，务求实效。要将“生态水利、民生水利、安全水利、共享水利”理念不断融入到党建工作和工程建设中，进一步提高党建工作水平；以党建工作为引领，增强抓好鄂北工程建设新动力。党建与业务工作要深度融合，防止出现党建与业务工作“两张皮”的现象。通过务实抓党建，积极化解务虚问题，解决干部职工切身利益，增强党员干部的归属感，激发党员干部干事创业的新动力；以思想建设为引领，全面提高党员干部政治素质。全体党员干部要把讲政治摆在第一位，切实加强学习，做到真学真懂真信真用，用思想政治工作化解党员干部思想问题，要把思想政治工作做到工程一线，深入人心，把思想教育提高到一个新水平；以党委为带领，加强鄂北局基层党组织建设。鄂北局党委要进一步加强自身建设，经常深入工程一线调研指导党建工作，发挥局领导班子示范引领作用，进一步增强基层党组织的宗旨意识、责任意识，强化支部书记抓党建的力度，把支部书记培养成理想信念坚定、政治定力强的基层党支部战斗指挥员，充分发挥基层党支部战斗堡垒和先锋模范作用。湖北省水利厅直机关党委专职副书记、党办主要负责人，厅人事处有关负责人，鄂北局党委书记、局长李庆国，在家局党委班子成员参加调研活动。（鄂北局）

【学组活动】

1. 湖北省水利厅组织党员干部赴洪山监狱接受警示教育　5月25日，湖北省水利厅组织湖北省水利厅机关、湖北省水文局、湖北省水利水电科学研究院近百名党员干部赴洪山监狱警示教育基地接受警示教育。活动中，参观了监狱服刑人员的宿舍、生产车间，亲眼目睹“高墙电网”内的铁窗生活，了解了服刑犯人的生活、生产情况；听取了曾经是领导干部的服刑人员的现身说法和忏悔，了解了其走向犯罪的过程、原因以及对社会、对家人的伤害。身临其境的警示教育让参观的党员干部真切体会到了高墙内外的反差，案例触目惊心，教训发人深省。参加人员表示要构筑拒腐防变的精神堡垒，牢记为人民服务的宗旨，坚决抵制诱惑，把握好人生航向，廉洁从政，珍惜岗位，珍惜家庭，珍惜自由。

（湖北省水利厅机关党办）

2. 焦泰文率水利厅“爱心妈妈”赴竹溪慰问贫困村留守儿童　9月8日，新学期伊始，湖北省水利厅党组成员、副厅长焦泰文率领湖北省水利工会、厅机关妇委会赴竹溪县纪家山村慰问结对帮扶的留守儿童，将水利厅“爱心妈妈”以及全体党员的关心和爱护带给孩子们。湖北省水利厅机关工会、妇委会组织了一场家庭教育宣讲活动，教导孩子们养成良好的生活和学习习惯，讲文明懂礼貌，学会感恩，引导长辈要关注孩子心理健康等，普及了留守儿童家庭教育知识。湖北省水利厅人事处、厅机关党办、湖北省水利工会、厅宣传中心、厅驻竹溪农村工作队主要负责人，厅外办、厅经济办负责人参加了慰问活动。（湖北省水利厅机关妇委会、工会）

四、水文化建设

【水文化研究】

1. 一批水文化研究成果获奖　7月，中国水利政研会印发《关于表彰全国水利系统2016年度水利思想政治工作及水文化研究成果的决定》，湖北省水利系统职工在一等奖、二等奖、三等奖中均有斩获。（沈伟民）

2. “促进汉江流域生态文明建设的水文化探索”结题验收　11月2日，湖北省汉江河道管理局（以下简称“湖北省汉江局”）联合汉江师范学院承担的湖北省水利重点科研项目“促进汉江流域生态文明建设的水文化探索”通过湖北省水利厅结题验收。由湖北省水利文学艺术体育协会、湖北省水利厅机关党委办公室和外资外事办公室5名专家组成的课题评审专家组，认为该课题科研过程完整、成果丰硕，科研成果具有很强的实用性和推广价值。（刘争真）

【水文化遗产保护与利用】

1. 调查研究　中国国家灌溉排水委员会专家组调研指导白起渠（长渠）世界灌溉工程申遗。1月10—11日，国际灌溉排水委员会副主席、中国国家灌溉排水委员会秘书处副秘书长丁昆仑一行，赴襄阳市三道河水电工程管理局，对该局辖属战国时期军事灌溉水利工程——白起渠申报世界灌溉工程遗产工作进行现场调研。专家组一行先后前往白起渠渠首查勘了《水经注》记载中关于白起渠“以竹篌石，葺土而为碣”遗址，参观了白起文化园，查看了唐、宋、元、明、清历代关于记载白起渠兴水利民的文物、石刻，研读了“唐宋八大家”中欧阳修、曾巩等关于白起渠的诗篇，沿渠道古迹实地了解白起渠工程保护及运行情况，赴渠尾楚皇城遗址考证秦将白起以水代兵、水淹楚国鄢城的典故。现场调研结束后，专家组听取了襄阳市水电工程管理局负责人保护和利用白起渠的情况汇报，对“白起渠”申报世界灌溉工程遗产给予了充分肯定和支持，同时从挖掘、整理、保护方面提出了意见与建议。（邱　丹　朱　宏）

2. 研讨交流　湖北省水利经济管理办公室组织专家研讨水文化遗产保护与利用。4月18—20日，湖北省水利经济管理办公室组织华中师范大学、长江工程监理咨询有限公司有关专家赴襄阳市南漳县三道河水利工程管理处，就水文化遗产保护进行研讨，助力白起渠申报世界灌溉工程遗产，推动白起渠人文历史发展和水文化遗产保护与利用。

（李　俊）

3. 传统文化保护、传承、弘扬行动　襄阳举办“学十九大砥砺奋进，争白起渠申遗成功”联谊活动。11月4日，襄阳市三道河水电工程管理局、湖北省演讲协会襄阳分会联合举办“学十九大砥砺奋进，争白起渠申遗成功”联谊活动。其中诗朗诵《三道河之歌》讲述了百里长渠惠及两岸、润泽百里，孕育荆楚文化的功绩。举办此次活动，弘扬了中华优秀水文化，为白起渠申报世界灌溉工程遗产进行了宣传造势。

（燕文莉　马鹏飞　颜　赛）

4. 典型案例　襄阳白起渠申请世界灌溉工程遗产。白起渠是古代汉族劳动人民创造的一项伟大工程，全长49.25km，属于战国时期修建的军事水利工程，建设时间比著名的都江堰水利工程早23年，比关中地区的郑国渠早33年，比广西灵渠早65年，堪称

“华夏第一渠”，是我国现存最早的水利灌溉工程。至今仍灌溉着宜城平原30.3万亩良田，年均粮食产量2.5亿kg，为襄阳市成为长江流域粮食过百亿斤大关做出了巨大贡献。同时，白起渠也是著名的“长藤结瓜”式的蓄水引水灌溉工程，灌区地形复杂，技术要求高，在水利技术史上有许多重大创造，建筑物的设计、布局等都为后代称奇，承载着战争水文化、和平水文化、灌溉水文化、生态水文化等多元文化内涵，极具历史文化价值，是珍贵的水文化遗产。为更好地保护好、利用好白起渠，襄阳市水利局于2017年启动白起渠申报世界灌溉工程遗产工作，邀请文物、文化、水利等相关部门及专家搜集整理并形成丰富详尽的白起渠历史文献资料库；编撰出版了史料书籍《白起渠志》；建设了“白起碑阁”历史文化园，馆藏了元、明、清等时代的碑刻文物遗迹。共整理遗产资料100余篇，收集遗产证物30余件，为申请世界灌溉工程遗产打下了坚实基础。（李　俊）

【水利工程水文化建设】

1. 调查研究　开展全省水文化调查。12月22日，湖北省水利厅召开水利风景区建设与管理领导小组会议，要求开展全省水文化调查，深入挖掘水利风景区的文化内涵；将水利风景区建设与水情教育基地建设结合起来，充分发挥地方文化、人文资源优势，讲好水故事，传播水文化。（游　翔）

2. 制度建设　湖北省水利厅召开《湖北省水利风景区管理办法》立法座谈会。8月25日，湖北省水利厅邀请水利部景区办、江苏省水利厅景区办、陕西省水利厅景区办、湖北省政府法制办公室、湖北省旅游委专家在武汉召开《湖北省水利风景区管理办法》立法座谈会。湖北省水利厅党组成员、副厅长焦泰文，湖北省水利厅景区领导小组副组长、湖北省湖泊局专职副局长熊春茂出席会议并讲话。湖北省水利厅景区领导小组相关成员单位、部分市县水利局和国家水利风景区负责人参加会议。会上，受湖北省水利厅景区办委托开展水利风景区立法工作的湖北经济学院水事研究中心介绍了《〈湖北省水利风景区管理办法〉立法论证报告》和《湖北省水利风景区管理办法》编写情况。与会人员结合自身工作实际，对制定该办法的必要性、可行性及法规体例等进行了充分论证，对初稿提出了修改意见。（叶　艳）

3. 典型案例　漳河展览馆被荆门市委确定为荆门市机关党建工作红色教育基地。4月1日，荆门市委组织部、荆门市委党校、荆门市漳河镇政府等机关企事业单位350余名党员干部来到漳河展览馆开展了红色教育。他们观看了漳河展览馆内的影像资料、听取了展馆解说员的讲解。在展馆内开展了主题党日活动，又到观音寺大坝陵园缅怀了为修建漳河牺牲的革命先辈。漳河展览馆始建于2006年，2008年基本建成，展馆内展示了漳河水库的建库历史及建成后的建设与管理，是漳河水库的文化标签。展馆内有大量的修建漳河水库时党员干部们在工地上比、学、赶、帮、超的劳动场景图片以及《驯服漳河》纪录影片，这些资料展现了当年的党员干部们不辞劳苦、不计报酬，以高度的社会主义热情和自我牺牲精神投入到漳河水库建设中的可贵精神，具有很强的革命教育意义。年初荆门市委组织部来到漳河展览馆进行了前期考察学习，将漳河展览馆确定为荆门市机关党建工作红色教育基地。（张少华）

【市（州）与机关企事业单位文化建设典型】

1. 调查研究　武汉市水务局开展专题调研。8月25日—9月15日，武汉市水务局领导班子带队，分五个组对基层党组织开展了党建工作专题调研。调研以听汇报、专题谈、闭卷测等方式进行。通过调研，充分掌握了基层党组织工作进展情况和党员干部思想状况，清醒地认识到工作中存在的不足，及时精准对标、找准差距，为顺利完成全年党建工作目标打下良好基础。针对武汉市水务工作范围广、战线长的特点，尤其2017年是“四水共治”开局年，武汉市水务局作为牵头单位，工作量、协调量倍增，在全局系统发放思想政治状况调查问卷，聘请专业公司为全局系统党员干部思想状况进行全面、系统、专业的分析，并出具武汉市水务局系统思想政治状况分析报告，更针对性地帮助党员干部调整心态、释放压力，解决思想困惑，营造了极具获得感和幸福感的拼搏赶超氛围。

（武汉市水务局）

2. 经验推广　11月17日，“省级文明单位”湖北省汉江局被中央文明委授予第五届“全国文明单位”荣誉称号。12月30日，湖北省汉江局又荣膺第八届“全国水利文明单位”的称号，实现了“省级文明单位”“全国水利文明单位”“全国文明单位”创建大满贯。该单位的经验是，秉持“创建工作永远在路上”的理念，高起点谋划、高标准推进、高质量落实，把文明创建活动紧扣各项中心工作，形成了“思想引领自觉创、上下联动齐心创、结合业务同步创、提升素质持久创”的文明创建特色。（刘争真）

3. 典型案例　三道河水镜湖水利风景区水文化建设成效显著。襄阳市三道河水镜湖国家水利风景区位于南漳县城区2km处，坐落于荆楚文明发祥地、楚熊驿丹阳所在地、和氏璧故乡、三国故事源头，具有深厚的文化底蕴。“卞和献玉”“司马水镜荐诸葛”等历史故事均发生于此。景区覆盖范围1100km^2，核心景区面积48km^2，水面面积666hm^2，森林覆盖率达到98%。景区水域宽广，碧波荡漾；四季绿树成荫，鸟语花香；工程景观宏伟，人文景观独特，文化底蕴深厚。“阳春赏花，盛夏避暑，深秋观景，严冬咏雪”已成为景区的真实写照，素有“天然氧吧、世外桃源”之美誉。

2017年，襄阳市三道河水电工程管理局对风景区进行了深层次建设和管理，依托水库除险加固、水土保持科技示范园等项目建设，秉承“依水谋景、山水盈动、以文点睛”的发展战略，以大手笔投入、高起点规划、高标准建设、精细化管理，实现了良好的生态效益、社会效益和经济效益。景区以亲水文化、生态旅游、休闲养生、水情教育为一体的点、线、面全覆盖生态旅游发展格局已初具规模，年接待国内外游客100万人次，创产值2500万元。11月，被湖北省水利厅、湖北省旅游发展委员会、湖北广播电视台评选为“湖北最美水利风景区”。

（襄阳市水利局）

【水生态文明建设】

1. 主要工作

（1）开展水生态文明城市建设试点。全年推进咸宁、鄂州、武汉、襄阳、潜江等5个全国水生态文明城市建设试点和长阳等13个省级水生态文明建设试点。其中，第一批国家水生态文明城市建设试点咸宁市、鄂州市初步构建了健康的水生态体系、完备的水安全体系、严格的水管理体系和先进的水文化体系，实现了“河畅、水清、岸绿、景美、宜居、自然”的水生态文明城市建设目标，12月通过水利部、湖北省政府验收。（熊　行）

（2）湖泊保护。10月中下旬，湖北省委、省政府确定的“十三五”期间水利补短板四大工程之一和湖北省委书记蒋超良领衔推进长江大保护重点项目之一的梁子湖、洪湖、长湖、斧头湖、汈汊湖湖堤加固工程陆续开工，计划投资 174469.76 万元，工程程竣工后，可有效解决五大湖泊堤防标准低、防洪能力不足等问题，为全省防洪安全、粮食安全、生态安全作出重要贡献。（华 平）

（3）水土保持治理。全年争取国家资金计划 1.97 亿元，推进水利发展资金水土保持项目、坡耕地水土流失综合治理等水土保持重点工程建设，项目涉及全省 12 个市（州）的 27 个县（市、区）；协调国土、林业、发展改革等部门实施具有水土流失治理功能工程建设，鼓励和引导民间资本积极参与水土流失治理；督促生产建设项目业主主动开展水土流失恢复治理。全年全口径累计治理水土流失面积 $1620km^2$。（覃 勇）

（4）水土保持宣传。全年利用报纸、电视、杂志、网络、微信公众号、网站、科技示范园等宣传平台和媒介，开展水土保持国策宣传教育。制作了湖北省水土保持沙画公益宣传片，并在武汉地铁电视等媒体循环播放；依托蔡甸西湖流域科技示范园、武昌区路珈山小学开展“水土保持科普”和“水土保持进校园”示范活动；编制印发了《湖北省水土保持科普教育读本（小学生版）》2 万册；设计推出了“湖北省水土保持”官方微信公众号宣传平台。全省共开展水土保持宣传活动 100 余场，发表宣传报道 600 余篇，悬挂条幅 1000 余条，发放资料 10 万余份。（覃 勇）

2. 典型案例　湖北省在全国率先实现河湖长制全覆盖，设立河湖警长。3 月 2 日，中央电视台新闻联播头条报道湖北省制度创新，全面构建生态保护体系。湖北建成省、市、县、乡四级河湖长制责任体系，提前一年完成了中央确定的目标任务。发挥公安机关打击犯罪职能作用，在全国率先建立省、市、县、乡四级河湖警长制，配合河湖长履职。近 1.3 万名市、县、乡级河湖长和 2.4 万多名村级河湖长全部进岗到位、领责履职。各市（州）县均组建了河湖长工作机构。河湖长联席会议及多部门联动协作机制基本形成。12 月底，发布第 1 号河湖长令，开展全省碧水保卫战“迎春行动”。（朱白丹）

【水利风景区水文化建设】

1. 主要工作

（1）组织国家水利风景区创建初评。3 月 29—31 日，湖北省水利厅景区办组织湖北省湖泊局、中国地质大学（武汉）、华中师范大学、湖北大学专家，对武汉金银湖、武穴梅川水库、蕲春大同水库申报国家水利风景区进行现场初评，要求在修改完善水利风景区规划中的专项规划，尤其是水利科技与水文化传播规划章节，谋划设置水利科普展示馆、水利工程展览馆等。（游 翔）

（2）湖北水利风景区水科普建设受到水利部肯定。11 月 29 日，水利部在北京召开全国水利风景区建设与管理工作视频会议。水利部综合事业局局长、党委书记刘云杰在 2017 年度水利风景区建设与管理工作报告中指出：武汉市依托“长江主轴”建设和“两江四岸”景观提升工程，将江滩国家水利风景区积极打造成展示“长江文化、生态特色、发展成就”的靓丽窗口。（游 翔）

2. 典型案例　夏家寺（木兰湖）水利风景区水文化建设。夏家寺（木兰湖）水利风景区在水利工程建设中注重开发运用水文化元素，将人水和谐贯穿于规划、设计、施工过程，树立“水利则民利、水和则民和、水美则民美”和“以水为魂”的理念，突出水与文化、水与历史的结合，把文化建设融入水利工程建设中，提升了水利工程的文化品位和历

史厚重感。（游　翔）

【水文化教育与传播】

1. 水文化教育

（1）“世界水日”“中国水周”期间，湖北省水利厅组织开展各项水情教育宣传活动。以湖北省首家水情教育基地武汉市二十三初中为主的武汉市汉阳区12所学校的志愿者在汉阳区墨水湖公园开展“童心亲水伴荷香‘爱水护水’志愿者在行动”活动；湖北水利水电职业技术学院组织志愿服务队在东湖开展“爱我千湖水润荆楚”徒步宣传节水、惜水、爱水、亲水活动。（秦　双）

（2）3月，湖北省水利厅宣传中心利用官方微信平台，组织开展“世界水日”“中国水周”微信有奖答题活动，参与人数达近万人次；组织推送以湖北水情为主题的湖北手机报，定向发送总量达35万条以上；订购《中国水利报》（世界水日专刊）和水情教育读本等共计5000余份，赠送到水情教育基地、中小学校、幼儿园和用水大户企业。（秦　双）

（3）12月17日，全国首届“寻找最美家乡河”大型主题活动揭晓仪式在西安举行，湖北省水利厅报送的汉江成功入选全国10条“最美家乡河”，湖北省水利厅获“最佳组织奖”。（秦　双）

2. 水文化出版　4月，湖北省水利厅编辑《为水而歌——蒋志刚先进事迹宣传之路》由湖北教育出版社出版。该书全面记录总结了蒋志刚事迹宣传的组织、推进历程、宣传蒋志刚事迹的新闻作品，收集了湖北省水利厅宣传中心领导和记者、事迹报告团成员、媒体记者、电影导演和水利系统同行的手记、心得等。时任水利部部长陈雷为该书作序。（秦　双）

3. 水文化传播行动　4月，湖北省水利厅、湖北广播电视台联合制作完成湖北水利形象宣传片《千湖之省碧水长流》，对湖北省水利概况、工程、设施等进行了全方位、多角度、全景式记录，并调用了大量珍贵的历史档案视频。该片在湖北省委组织部主办的全省第十七届党员教育电视片观摩交流参评活动中荣获二等奖。（秦　双）

五、水利文学艺术

【水利文学】

1. 概述　2017年，湖北省广大水利作家、文学爱好者积极开展文学创作活动，取得了较大成绩：公开出版文学专著5部；发表文学作品300多篇；获奖20多人次；在湖北水职院成功举办了《走遍湖北》首发式暨座谈会，长江丛刊、大江文艺、楚天金报、中国水利报、人民长江报刊发评论或报道，在社会产生广泛影响。（沈伟民）

2. 年度工作会议　9月15日，湖北省水利文学艺术体育协会2017年度工作会议在武昌召开，会议学习了习近平总书记在第十次文学艺术界联合会代表大会、第九次作家协会代表大会上的重要讲话精神。通过了2017年协会工作报告和财务情况的报告。汤和明会长代表理事会对下一步文学创作提出了要求。（沈伟民）

3. 举办《走遍湖北》首发式暨座谈会　5月27日，水利作家朱白丹长篇文化散文《走遍湖北》首发式暨座谈会在湖北水职院召开，会议由湖北省水利厅机关党办副主任李俊辉主持。湖北省作家协会（以下简称“湖北省作协”）党组成员、副主席高晓辉，湖北水职院党委书记甘齐顺，湖北省作协创联部主任钱道波，湖北省作协理论研究室主任韩永明，《长江丛刊》杂志社社长、主编刘诗伟，长江丛刊杂志社执行主编郑建荣，中国水利作协秘书长、大江文艺杂志主编刘军，中华文学杂志执行主编池的，湖北省水利文协秘书长沈伟民出席首发式，楚天金报、中国水利报、人民长江报等多家媒体记者、学院师生50多人参加了本次活动。（沈伟民）

4. *出版文学专著5部* 3月，宜昌水利作家朱白丹40万字的长篇文化散文《走遍湖北》在上海文艺出版社出版。11月，宜昌市水利诗人熊先春在三峡电子音像出版社出版诗集《太阳底下是故乡》；12月，长江出版社《中国水利文艺丛书》推出宜昌水利作家李广彦散文集《首战有我》、荆州水利作家蒋彩虹散文集《上善之恋》、黄梅水利作家周火雄散文集《蚕豆花儿开》。（沈伟民）

5. *发表文学作品300多篇* 宜都市水利局李广彦在《三峡文学》《中国水利报》《中国水文化》《荆楚报告》等报刊，武汉市水务局李少武在《河北日报》《长江丛刊》《湖南文学》等报刊，荆州长江河道局蒋彩虹在《中国报告文学》《大江文艺》《中国水利报》等报刊，宜昌市夷陵区水利局朱白丹在《长江丛刊》《中华文学》《青年文学家》《今古传奇》等刊，漳河管理局伍梅、何红霞在《大江文艺》《人民长江报》《中国水利报》等报刊，洪湖水利局陆剑在《大江文艺》《中国水利报》《乡土文学》等报刊，荆州市水利局张圣东在《故事林》《人民长江报》《中国水文化》等报刊，嘉鱼水利局殷铁梅在《大江文艺》《人民长江报》《嘉鱼日报》等报刊，湖北省水利文协沈伟民在《长江丛刊》《今古传奇·速读》《长江老年》等报刊，以及全省其他水利作家在国家和省市级报刊发表小说、散文、报告文学共计300多篇。（沈伟民）

6. *文学作品获奖20多人次* 荆州长江河道局蒋彩虹的长篇小说《花鼓》获湖北省作家协会第三届长篇小说重点扶持。宜昌市水利水电局组织撰写的报告文学《中国有条黄柏河》获“屈原文艺创作奖”；宜都市水利局李广彦报告文学《男人的担当》获“杨守敬文艺奖”，随笔《写给“创客”儿子》获湖北省直机关工委“清风满家”优秀征文奖；武汉市新洲区水利局李少武的《新洲赋》获“问津新城杯”全国散文诗歌大奖赛三等奖；荆州市水利局张圣东获《中国水利报》筑梦2017“碧水青山间的治水小故事”有奖征文三等奖，《引沧济城：沧水润松滋》获水利部“喜迎十九大”征文优秀奖，《沧水赋》荣获北极光文学大奖赛征文二等奖。在水利部新闻宣传中心、中国水利文学艺术协会联合举办的“砥砺奋进 水惠民生——十八大以来水利改革发展精彩亮点”征文活动中，湖北水利系统邓祥虎获二等奖；刘源、何红霞、蒋彩虹获三等奖；李广彦、王运梅、伍梅、殷铁梅、李娴、冯祖稳、张圣东、熊先春、李兰凤、吴增盛获优秀奖。（沈伟民）

7. *文学作品受到评论界关注* 湖北省水利作家发表的作品引起各地著名作家、评论家的关注。湖北省作家协会副主席、评论家高晓晖撰写评论《一位水利作家的“文化漫游”》发表于11月25日《人民长江报》；中国水利作协秘书长、作家、评论家刘军撰写评论《朱白丹长篇文化散文〈走遍湖北〉浅议》发表于第7期长江丛刊，并在其文学评论集《笔印思絮》推介李广彦等作家及其作品；中华文学第3期“我是作家”专栏集中刊发了宜昌水利系统朱氏三兄弟朱白丹的散文《魂断通山》、朱光华的散文《难以释怀的哀伤》、朱华逊的短篇小说《界上那棵茶树》，并配发评论；武汉市新洲区水利局李少武有多篇作品入选《湖北文学精品》武汉卷，《雕塑大武汉》2017年报告文学卷，《武汉印象》散文卷，受到文学界、评论界关注。（沈伟民）

【水利美术】

1. 概述　2017年，湖北省水利文协组织开展了送文艺进校园活动，举办了“喜迎十九大·共筑水利梦”湖北省水利系统职工书画作品展，书画作品入选第三届《清风颂》廉政书画展，全省广大水利美术家、美术爱好者创作了300多幅富有时代气息、具有水利特色的优秀美术作品，受到上级文联、文协的肯定。（沈伟民）

2. 书画作品入选第三届《清风颂》廉政书画展　4月，组织参加由湖北省纪委监察厅、湖北省委宣传部、湖北省委省直机关工委、湖北省文化厅联合举办的“清风颂”——湖北省直机关第三届廉政书画作品展活动。湖北省水利厅文协送展的沈伟民、李长华书法作品，杨少平的国画作品入选参展。（沈伟民）

3. 开展送文艺进校园活动　5—8月，湖北省水利厅文协开展送文艺进校园活动，以弘扬优秀传统文化，繁荣省水职院校园文化生活为主题。活动包括开展书画比赛和展览、书法家现场挥毫泼墨、老师授课、学员培训，优秀传统文化讲座等系列活动。得到了中国水利文协、湖北省文联、湖北省作协有关领导的充分肯定和学员们的广泛好评。《楚天金报》《中国水利报》《人民长江报》《大江文艺》和湖北高校思政网等十多家媒体予以报道。（沈伟民）

4. 举办“喜迎十九大·共筑水利梦”湖北省水利系统职工书画作品展　9月28日，湖北省水利厅文协举办“喜迎十九大·共筑水利梦”湖北省水利系统职工书画作品展。此次书画作品展共收到书画作品216幅，展示作品96幅，作品抒发了湖北水利人对水利事业快速发展、祖国建设伟大成就的喜悦和自豪。湖北省水利厅党组成员、副厅长焦泰文观看了书画展，指出此次职工书画作品展既是全省广大水利职工为祖国生日和十九大献上的一份厚礼，也是职工文化生活中的一件盛事，对进一步活跃职工文化生活，促进水利行业文化建设具有重要意义。希望全省水利系统广大书画爱好者深入基层、深入群众、深入生活，不断创作出更多反映先进文化前进方向的作品，进一步凝聚水利系统的正能量，为湖北水利事业的发展做出新的更大的贡献。（沈伟民）

【水利书法】

1. 概述　2017年，书法交流展出十分活跃，举办了“湖北文化名家进鄂北”采风活动，在湖北水职院举办了湖北省水利系统第九期书法骨干培训班，涌现出一批造诣深、影响大的书法人才，一批优秀作品获得上级奖励。（沈伟民）

2. 举办湖北省水利系统第九期书法骨干培训班　6月7—8日，湖北省水利系统第九期书法骨干培训班在湖北省水职院举办，全省水利系统书法爱好者和水职院师生共400多人参加了培训，通过作品展览、培训讲课、现场泼墨等形式进行了学习、交流和探讨。开班仪式上，湖北省文体协会会长汤和明到会并讲话。（沈伟民）

3. 举办“湖北文化名家进鄂北”采风活动　9月4—6日，湖北省文联、湖北省水利文协、湖北省鄂北水资源配置工程建设与管理局（筹）、湖北省人民政府门户网站编辑部联合举办“湖北文化名家进鄂北”采风活动。该活动旨在展示鄂北工程文化建设，努力营造全社会关心、重视和支持鄂北工程建设的外部环境和舆论氛围。全省21名知

名作家、画家、书法家、摄影家、媒体记者受邀参加了活动，在鄂北地区乃全省水利产生了较大影响。（沈伟民）

4. 一批优秀书法作品获奖、入展　2017 年，湖北大禹公司李长华在“惠而浦杯”书法报·书法海选现场决赛中获铜奖；湖北省水利文协沈伟民获第二届《大美宝岛》海峡两岸书画名家国际交流展金奖、“喜迎十九大·翰墨颂中华”全国书画诗文大赛金奖、“八一之歌”中国书画名家作品大展赛金奖、纪念中国人民解放军建军 90 周年全国书画大赛金奖。在全国水利系统学习贯彻党的十九大精神主题美术书法展活动中，湖北省水利系统个人获奖数量高达 18 个，湖北省水利厅荣获优秀组织单位光荣称号，沈伟民荣获优秀组织个人光荣称号。李长华荣获书法类作品一等奖，张生、高道国荣获书法类作品二等奖，沈伟民、陈耀荣获书法类作品三等奖，吴愿、庞良忠、蒋林分别荣获美术类和书法类作品优秀奖，杨少平、汪新民、刘剑、周木仿、程宝庆、李祖勋、施家东、成观平、李良松、李光明、龚庆红的美术和书法作品成功参展。（沈伟民）

【水利摄影】

1. 概述　2017 年，湖北省水利系统摄影作者在报刊、互联网发表摄影作品 20 幅以上，一批优秀摄影作品在省市级的各项摄影比赛中获奖，展现了水利系统摄影创作实力。（沈伟民）

2. 摄影作品发表　8 月，湖北省总工会网刊登湖北省水利文协秘书长沈伟民的 6 幅摄影作品。第 5 期《大江文艺》杂志封三、封底推出李广彦摄影专页，刊发《惠民之水》《隧洞影像》《戏水》《安全生产》《精品圆梦》《舞韵》《春江水暖》7 幅摄影作品。（沈伟民）

3. 一批优秀摄影作品获奖　2017 年，宜都水利局李广彦摄影作品《宜都民间故事》获湖北省非物质文化遗产摄影大展铜质收藏作品奖，《车轮滚滚为送水》获中国水利报社“水利精彩瞬间”摄影比赛二等奖。此外，在省市级的各项摄影比赛中，侯树民、杨少平、李光明、郭先进、熊承明、刘剑、杨盛华、李长华、刘志勇、邓定悦、覃维华、陈砚文、靳云山、张生、高道国、魏东银、吴愿、徐光亚、宋庆华等同志也曾多次获奖。（沈伟民）

六、水利体育

【概述】　湖北省水利系统认真学习贯彻习近平总书记广泛开展全民健身运动，促进群众体育和竞技体育全面发展的重要讲话精神，积极参加湖北省直机关干部乒乓球、羽毛球、网球、游泳竞赛和女职工太极拳大赛，取得了团体冠军成绩；组织了多场次篮球、乒乓球比赛，1000 多人次参加，展示了水利职工健康的体魄和积极向上的精神风貌，开创了职工体育工作新局面。（沈伟民）

【会议】　2 月 23 日，湖北省水利厅派员参加在内蒙古呼市召开的中国水利体协第九届理事会第一次常务理事会议。会后召开体育工作会议，学习了中国水利体协理事长陈祥建重要讲话精神，传达了全国 2017 年中国水利体协工作要点和新时期水利体育工作发展规划，部署了全省体育工作目标任务。（沈伟民）

【赛事】

1. 湖北省水利厅举办第五届羽毛球比赛　5 月 10—12 日，湖北省水利厅第五届羽毛球赛在咸宁市举行。来自湖北省水利厅机关和湖北省水利厅直单位的 200 余位运动员、教练员、裁判员参加了男子单打、女子单打、男子双打和男女混双等项目的角逐。经过2天半的紧张比拼，湖北省水利厅机关一队代表队斩获团体冠军，湖北省水文局、湖北水职院分获团体亚军、季军。（江小毛）

2. **湖北省水利厅在全省第七届“时尚假日”体育赛事活动获奖** 9月10—11日，湖北省水利厅组队参加全省第七届“时尚假日”体育赛事活动——湖北省直机关干部乒乓球、羽毛球、网球、游泳竞赛，湖北省水利厅参加了乒乓球、羽毛球、游泳竞赛项目。经过激烈角逐，在28个省直机关中，湖北省水利厅游泳代表队取得了团体第一名，乒乓球代表队取得了团体第三名的优良成绩。（沈伟民）

3. **湖北省水利厅代表队荣获全省女职工太极拳大赛铜奖** 9月29日，湖北省水利厅太极拳代表队在湖北省总工会女职工委员会、华中师范大学工会女职工委员会举办的“健康女性幸福生活”——湖北省女职工太极拳大赛决赛中，荣获大赛铜奖和优秀组织奖。（陈书奇）

4. **湖北省水利厅举办第七届“水利青年杯”男子篮球赛** 10月17日，湖北省水利厅各单位、厅机关和特邀水利行业18支代表队参加了湖北省水利厅举办第七届“水利青年杯”男子篮球赛，厅机关有关处室、厅直单位、特邀单位负责人和运动员、学生近千人参加开幕式。经过5天的激烈角逐，8支代表队获得了前五名的好成绩，4支代表队获得优秀组织奖，6支代表队获得体育道德风尚奖。组委会还评比出2名优秀裁判员、1名最佳篮球运动员、18名优秀运动员。本次比赛充分展示了水利职工健康的体魄和积极向上的精神风貌。（沈伟民）

5. **全省水利系统职工“大禹杯”乒乓球赛在武昌举行** 11月10日，湖北省水利系统职工“大禹杯”乒乓球赛在武昌洪山体育馆拉开序幕。来自全省各地市、厅直各单位18支队伍的近200位运动员参加了男子单打、女子单打、男子团体、女子团体比赛。本次比赛分厅直单位组和地市州组两组，经过激烈角逐，湖北省水文局获厅直单位组男子团体冠军，大禹水利水电公司获地市州组男子团体冠军，宜昌市水利水电局获女子团体冠军；湖北省水文局杨金春获厅直单位组男单冠军，黄冈市水利局张椤获地市州组男单冠军，湖北省汉江局陈黎获女子单打冠军。组委会还评比出优秀裁判员、优秀运动员、优秀组织奖若干名。（陈书奇）

【活动】 湖北省水利厅机关工会组队参加湖北省直机关迎新年全民健身活动。12月26日，“快乐工作、健康生活”湖北省第十一届省直机关迎新年全民健身活动在东湖磨山举行，湖北省水利厅机关15名干部职工参加了健身活动，水利厅代表队喜获了团体三等奖。

（刘　芳）

湖 南 省

一、综述

湖南省水利厅认真学习贯彻党的十九大精神，深入落实科学发展观，紧紧围绕推进民生水利发展这个中心，大力弘扬“献身、负责、求实”的水利行业精神，狠抓思想文化建设，先后荣获湖南省绩效考核优秀单位，全国水利系统职工文化建设先进集体，湖南省模范职工之家，第二届、第三届中国青年志愿服务项目大赛金奖，省级“文明服务窗口”，全国青年文明号，全国群众体育先进单位等20余项国家级、省部级奖项，连续12年保持“全国文明单位”荣誉。

二、思想政治

1. 综述　始终坚持以党的政治建设为引领，全面深化思想认识。

（1）切实提高政治站位。把组织学习习近平总书记系列重要讲话精神和治国理政新理念、新思想、新战略作为贯穿全年的首要政治任务，引导广大党员切实增强“四个意识”，坚定“四个自信”，不断增强工作责任感和使命感。

（2）切实加强理论学习。扎实推进“两学一做”学习教育常态化制度化，将学习教育向基层支部和全体党员延伸。制定了《省水利厅党员干部政治理论学习实施意见》，采取中心组领学、集中宣讲、专题辅导、交流研讨、主题党日活动等形式，组织全体党员深入学习贯彻党的十九大精神和全面从严治党的创新理论，用党的最新理论武装头脑。全年共组织中心组学习7次，开展专题辅导4场，中心组成员撰写心得体会文章80余篇。

（3）以文明创建助推党建工作。着力抓好文明单位、绩效评估、综合治理三项重点创建工作，组织召开了创先争优推进会，编制印发了《创先争优手册》，推动全员参与创建，确保了湖南省水利厅机关全国文明单位和综合治理先进单位荣誉。

（4）以先进典型带动党建工作。积极开展创建合格支部、争做合格党员活动，选树党建工作先进典型，营造良好的创先争优氛围。七一期间，表彰先进基层党组织21个，优秀共产党员和党务工作者63名，进一步激发了基层党组织和广大党员创先争优的热情，充分发挥了支部战斗堡垒作用和党员先锋模范作用。

（5）以文明细胞丰富党建内容。积极开展青年文明号、志愿服务、文明家庭等文明细胞创建活动，进一步丰富了机关党建工作的载体。湖南省防汛抗旱指挥办公室获评“全国青年文明号”，水资源处等3个集体获评“湖南省青年文明号”，湖南省水利厅机关“关爱山川河流，节水护水在行动”志愿服务项目获得“全国青年志愿服务示范项目创建提名奖”，湖南省水文局职工李国庆一家获评首届“全国文明家庭”。

2. 会议

(1) 举办习近平总书记全面依法治国重要论述专题辅导讲座。11 月 10 日举办习近平总书记全面依法治国重要论述专题辅导讲座。湖南省纪委驻厅纪检组组长、湖南省水利厅党组成员李金主持。湖南省水利厅机关全体干部职工、厅直副厅级单位班子成员、厅直其他单位主要负责人参加。

(2) 举办湖南省水利厅直系统党支部书记集中培训。为深入学习贯彻党的十九大精神，提升厅直系统党支部书记履职能力，11 月举办学习贯彻党的十九大精神暨厅直系统党支部书记集中培训班。湖南省水利厅直各单位党委（党组、党总支）书记及党办主任近 150 人参加培训。湖南省水利厅党组书记、厅长詹晓安出席开班仪式并做专题辅导报告。湖南省水利厅党组副书记、副厅长、机关党委书记钟再群出席培训班结业仪式并讲话。邀请湖南省委党校陈平其、袁准教授等专家为学员授课，解读了《关于新形势下党内政治生活的若干准则》及新修订的《党章》；组织观看了《不忘初心，牢记使命》专题辅导录像；3 名优秀党支部书记分享了抓党建工作经验。

3. 调查研究　政治理论研究及课题调研。以中国水利政研会 2017 年重点调研课题及湖南省直机关党建研究会、政研会 2017 年重点调研课题为基本研究方向，组织会员单位进行课题调研及课题报告和论文的编写。对课题报告和论文甄选后，报湖南省直政研会参评论文 1 篇，报中国水利政研会参评论文 5 篇（先报送长江学组评审）。参加了长江学组 2017 年度论文评审工作。2017 年初收到中国水利政研会评出的 2016 年度论文评奖通知，获得优秀论文一等奖 1 篇，二等奖 1 篇，三等奖 3 篇。

4. 活动

(1) 开展读书活动，深化党风廉政教育。为进一步深化党风廉政教育，发挥腐败典型案例的警示作用，6 月 7 日，在湖南省水利厅机关会员单位范围内开展廉政读书活动。读书书目为中纪委推荐的优秀反腐警示教材《追问》一书，共发放《追问》反腐教材 300 余本。要求每名党员干部在此次读书活动中撰写一篇心得体会文章；各会员单位负责本单位心得体会文章的筛选，推选 1～2 篇优秀心得体会文章交湖南省政研会参加读书心得汇编。7 月，湖南省政研会共收到各分会推荐的读书心得体会文章 27 篇，组织专家对学习心得进行了评审，评选出优秀读书心得一等奖 2 篇、二等奖 3 篇、三等奖 4 篇，优秀组织奖 2 名，并进行了表彰。编印了《〈追问〉读后感优秀作品集》发放到各分会。

(2) 开展“全省水利工程建设文明工地”创建工作。通过创建活动，有 10 家单位获评“全国水利建设工程文明工地”。

(3) 积极参加青年文明号集体创建。1 个集体获评“全国青年文明号”，3 个集体获评“湖南省青年文明号”。水利职工李国庆家获评首届“全国文明家庭”。在水利部文明办开展的第一届“最美水利人”评选活动中，李国庆成功入围候选人。

(4) 开展“关爱山川河流，节水护水在行动”志愿服务项目。先后组织了包括“上游一公里”“保护湘江”“植树护绿”等多种形式的志愿服务活动，参与人员近 5000 人次。一年来，多次在湖南省各级会议上进行志愿服务专题宣讲，不断扩大湖南省水利厅水利志愿服务特色品牌效应。12 月 3 日，该项目及其子项目湖南省水利水电职业技术学院“水育潇湘”双双荣获“全国青年志愿服务示范项目创建提名奖”。

（5）举办青年论坛活动。5月，举办了湖南省水利厅首届青年论坛活动，共收到论文42篇，经评审专家组通过两轮三次评审，评选出优秀论文6篇，并采用“导师带徒”的方式，为每位获奖论文作者指定一位评审专家作为导师。获奖选手现场作了论文演讲。

（6）文明创建工作考核。采取日常考核与年度考核相结合的办法，由专家组对各责任单位进行年度量化考核评分，分值在85分以下的为不合格，85到95分为合格，95分以上为优秀。同时，加强考核结果的运用：考核结果与评先评优挂钩，考核结果在优秀以下的单位不能评为先进单位，责任人不能评为先进个人；考核结果与文明奖挂钩，考核为合格以下（含合格）的按考核分值比例确定奖励。考核为优秀的按全额比例确定奖励。

三、水文化建设

（1）制度建设有所突破。配合湖南省人大出台了《湖南省饮用水水源保护条例》，联合湖南省发展改革委出台了《湖南省“十三五”水资源消耗总量和强度双控行动方案》《关于推进规划水资源论证工作的通知》，联合湖南省发展改革委等9个厅局印发了《湖南省全民节水行动计划实施方案》，制定出台了《湖南省计划用水管理办法》《湖南省水利厅关于加强水资源用途管制的实施意见》《湖南省水资源管理系统运行维护管理办法（试行）》，起草了《湖南省节约用水管理办法》。

（2）前期工作加快推进。联合湖南省发展改革委、住房和城乡建设厅印发了《湖南省节水型社会建设“十三五”规划》，提请湖南省政府批复了《长江经济带沿江取水口排污口及应急水源布局规划湖南省实施方案》，完成了《湖南省水资源保护规划》《湖南省水量分配方案》《湖南省主要河流控制断面最小流量方案报告》《湖南省地下水资源开发利用总体规划》《湖南省水资源保护带生态隔离带规划》编制。

编制了《湖南省水权交易管理办法（试行）》，完成了试点总结。出台了规划水资源论证意见，在长沙临空经济区开展了规划水资源论证工作。编制了《湖南省水生态文明评估指标体系》，开展了水生态工程评价指标体系、水生态环境损害责任终身追究制度、水功能区风险评估、生态保护红线划定等一系列研究。完成了水资源行政审批制度改革。

联合《湖南日报》完成了“砥砺奋进的五年”主题宣传，联合红网开展了节约用水、水源地保护等网络专题宣传，编印了《亲水长沙》和《水韵郴州》丛书。联合湖南省文明办、团省委、湖南电台等单位和媒体，开展了“节水进校园”、节水护水志愿服务活动等宣传活动，营造了良好的社会氛围。

水资源处被推荐为全国水资源管理先进集体，1名同志被推荐为全国水资源管理先进个人。

【水生态文明建设】 2017年，湖南省抓基础强手段、抓制度管长效、抓试点推改革，全省水生态文明建设取得新突破。

1. 突出抓顶层设计　突出湘江与洞庭湖两个重点，连续实施湘江保护和治理三个“三年行动计划”，出台了《洞庭湖生态环境专项整治“三年行动计划”（2018—2020年）》，为流域系统治理做好了顶层设计。同时，在资水流域探索建立了水安全联防联控、河湖管理保护联合执法、重大问题办理“一单四制”及市县河长办联席会议等四项制度，为全省流域共防共治提供了工作样板。还印发了《湖南省“十三五”水生态文明建设实施方案》，积极推进长沙、郴州等5个国家级水生态文明城市试点建设，长沙、郴州已顺利通过验收。编制了《湖南省水生态文明评估指标体系》《试点区域生态红线水资源划定方案》《试点区域生态红线水资源管理实施方案》《试点区域生态保护红线水资源管理办法》，选择资兴市等4个县市开展了生态保护红线试点（水资源管理部分）。

2. 突出节约用水管理　印发了《湖南省节水型社会建设“十三五”规划》《湖南省全民节水行动计划实施方案》，修编了《湖南省用水定额》，出台了《湖南省计划用水管理办法》，起草了《湖南省节约用水管理办法》并已列入2018年湖南省政府立法计划。积极推进县域节水型社会达标、节水型企业建设及公共机构节水型单位创建，着重抓试点示范。选取长沙县江背镇开展了水资源使用权确权登记和水权交易试点，并结合南方丰水地区特点起草了《湖南省水权交易管理办法（试行）》。

3. 突出水功能区及入河排污口监管　启动了省级水功能区划调整修编，编制了《湖南省水功能区纳污能力核定和分阶段限排总量控制方案》，初步完成了水功能区纳污能力核定。建立健全监测体系，对全省334个水功能区、124个水源地以及20个重要省界、25个市州界水体、27个其他重要河流实施监测，并结合中央环保督察整改加强了对资水流域锑指标监测，省级水功能区监测率达到100%。落实《湖南省入河排污口监督管理办法》，对入河排污口设置审批权限、监督管理责任和设置登记进行了规范。全面开展了入河排污口核查，共核查出各类入河排污口4036个（规模以上1009个），另登记排涝排渍口166个。

4. 突出水源地保护　按照“一地一策”的原则完成了124个省级水源地达标建设方案编制和审查，完成了长江经济带饮用水水源地省级安全专项检查，积极争取将湘江流域71个水源地全部纳入财政奖补范围。加快推进水源保护立法，出台了《湖南省饮用水水源保护条例》，将于2018年1月1日起正式实施。

5. 突出河湖治理　2017年，达哲省长先后签发4个省总河长令，以河长令形式推动河长履职，开展“僵尸船”整治、洞庭湖及湘江流域排污源整治、饮用水水源地排污口治理，有力推动了河湖重点问题治理。据统计，2017年全省共完成洞庭湖区4.3万km沟渠和2.4万口塘坝清淤疏浚，湘江流域退耕还林还湿4651亩，完成洞庭湖区404.65万m^2和柘溪等10座大型水库238万m^2畜禽养殖退养，洞庭湖等自然保护区实现全面禁止采砂，84处砂石码头全面关停，处理“僵尸船”3193艘，建设18个船舶污染物收集点，新建城乡垃圾中转站449个、村级垃圾收集点4801个、城市污水处理厂13座，建成105个园区污水集中处理设施，完成农业专业化统防统治1469.6万亩。河湖环境持续改善，地表水水质监测总体为优，“四水”干流Ⅰ～Ⅲ类水质断面占93.6%，相比2016年提升3.9%。

【水利风景区水文化建设】　2017年，湖南省新增国家水利风景区3处，省级水利风景区6处，并采取“景区自查、市局复查、省厅抽查”的三级联动方式对6家水利风景区进行了复查，在数量增加的同时，质量也得到了提升，水利风景区类型结构不断优化，景区品质稳步上升，建设管理水平日益提高，有力地支撑了全省的水生态文明建设。

1. 加强对水利风景区建设的指导　印发《湖南省水利厅关于加强全省水利风景区标识标牌系统建设的通知》，对景区文化宣传标牌内容、大小等进行了规范。在水利风景区的申报过程中，将水文化建设作为现场考察的重要一环，指导各申报景区的水文化建设。株洲市湘江风光带、永州市金洞白水河等景区树立了大量水文化标牌，获得了较好的社会认可和反响。

2. 加强对水利风景区的系统宣传　与央视发现之旅频道《发现中国》栏目合作拍摄制作《三湘水丽》人文纪录片，对湖南省部分水利风景区的工程、历史、文化、生态等进行系统宣传，湖南省水利风景区在主流媒体发声，展现了水利风景区以人为本、以水为魂、人水和谐的深刻内涵。节目已于11月16日在《纪录东方》节目播出。

3. 提供优秀水文化作品　编印了以水利风景区为载体的大型人文画册《湖湘天下水——湖南水生态文化图鉴》，全面展示了湖南四水一湖承载的深厚的历史和文化内涵，以及河畅、水清、岸绿、景美的盛世华章，彰显了湖南水利人建设美丽湖南的情怀和担当。

【水文化教育与传播】

1. 水文化教育　在湖南农业大学、怀化市全城污水处理有限公司、长沙供水公司第二制水分公司、枫树山小学等建成了节水教育基地，启动了长沙市“水文化馆”建设。

2. 水文化出版　将水生态文明建设作为生态文明建设重要内容，发挥水优势，做活水文章，开创南方丘陵山区水生态文明建设“湖南模式”，编印出版了湖南水生态文明建设系列丛书之《水韵郴州》和《亲水长沙》，与央视发现之旅频道《发现中国》栏目合作拍摄制作《三湘水丽》人文纪录片，编印出版了以水利风景区为载体大型人文画册《湖湘天下水——湖南水生态文化图鉴》，全面展示了湖南“一湖四水”承载的深厚的历史和文化内涵。

3. 水文化媒体宣传　围绕“世界水日”、“中国水周”、节约用水、最严格水资源管理制度考核、湘江保护等，组织开展了系列主题宣传活动。每年结合湖南省政府对市州政府实行最严格水资源管理制度情况考核通报开展系列报道，以湖南省政府名义举办了最严格水资源管理制度考核新闻发布会。在红网开辟水利频道、开通湖南水利微信公众号，实时发布水生态文明、水资源管理与保护等相关资讯。通过广泛宣传发动，形成湘江保护与治理的合力。《人民日报》、新华社、中央电视台及《湖南日报》、湖南卫视、新湖南客户端、红网、华声在线、时刻新闻客户端等中央、省级新闻媒体派出多路记者，密集采访报道湘江保护与治理情况。湖南省人大“三湘环保世纪行”把湘江流域保护作为重点宣传主题，湖南省政协也将湘江保护与治理作为年度重点调研课题。

4. 水文化传播行动　联合湖南省文明办、长沙市水务局、湖南电台合作开展了“节水进校园”“小记者在行动——节水故事展播系列报道”节水护水志愿服务活动等一系列节水进社区、进校园活动，营造知水、爱水、护水的良好社会氛围。

四、水利文学艺术

1. 水利文学　组织文学作品参加湖南省老干部征文比赛。组织会员创作诗歌、散文等文学作品参加湖南省老干部“喜迎十九大，点赞新变化”主题征文比赛，获优秀奖1个，纪念奖1个。

2. 水利美术、水利书法

(1) 走基层，送年画，送春联。1月13日，湖南省直老干部书画家协会水利分会与湘农桥社区、银行等机构合作开展送年画、送春联活动。现场给居民群众送年画30余幅，送春联600余幅。湖南省水利水电勘测设计研究总院美术协会于1月17日与社区、银行联合举办送春联、送年画公益活动。共送出年画30余幅、春联90多对。湖南省水利厅直工会获得“全国水利系统书法家走基层送文化活动”优秀组织单位荣誉，颜泽立同志获得优秀组织者荣誉。

（2）举办纪念“世界水日”“中国水周”书画展。为纪念第二十五届“世界水日”、第三十届“中国水周”，湖南省直老干部书画家协会水利分会与湖南省水利厅政策法规与安全监督处联手于3月21—28日在厅防汛大楼一楼大厅举办纪念“世界水日”“中国水周”书画展，围绕“废水”“落实绿色发展理念，全面推行河长制”纪念活动主题进行创作，共展出作品64幅。湖南省直书画家协会会长、副会长等领导十余人前来观展并留言。湖南省水利厅领导、厅系统干部职工、家属、外来书画爱好者参观了展览，红网记者对画展进行了现场采访和报道，湖南省委老干部局《金秋活动报》2017年第2期对书画展进行了专题报道。

（3）举办喜庆党的十九大胜利召开书画展。11月7—20日举办了“湖南省水利系统喜庆党的十九大胜利召开书画展”，展出作品75幅。湖南省水利厅领导、湖南省直书画家协会会长、副会长、水利系统干部职工前来观展并题词留墨，其中省直老干部书画家协会会长题词高度赞扬“水利分会是省直老年书画协会的红旗标杆单位”，给予极大的肯定。红网和《金秋活动报》对书画展进行了专题报道。

（4）举办《金秋书画展》。湖南省水电设计院书画协会坚持二十年自办书画展览从未间断，9月，该会以喜迎十九大为主题，举办了水电设计院第二十届《金秋书画展》，院、处领导和协会会员都积极创作作品参展，共展出书画作品65幅。

（5）组织作品外出参展、参赛并获得多项荣誉。9月，组织作品参加湖南省直“点赞新变化、翰墨映三湘”书画比赛，有12幅作品获得了优秀奖。10月，湖南省水电设计院书画协会组织会员创作书画作品9幅参加雨花区喜庆党的十九大书画展。12月，组织书画作品参加水利部举办的《全国水利系统学习贯彻党的十九大精神主题美术书法展》，选送作品获三等奖3个，优秀奖1个。湖南省水利厅机关选送的书法作品参加第八届“羲之杯”全国诗书画家邀请赛获得一等奖。参加第七届“炎黄杯”当代诗书画大赛获金奖。

（6）传承国粹，举办书画知识讲座。湖南省直老干部书画家协会水利分会为传承国粹，弘扬中国传统文化，常年举办书画知识讲座。6月28日下午举办国画人物画技法及专题创作画要领讲座。8月9日为水利厅直系统职工子弟和书画爱好者举办国画花鸟画的基本技法讲座。8月24日举办国画基础知识讲座和现场演示。

（7）办好书画辅导站，教画育人。湖南省水电设计院书画协会辅导站，以传承国粹、普及和提高协会会员和书画爱好者的技艺为宗旨，公益教学，教画育人。书画课堂坚持每周上课半天，十一年来风雨无阻，上课从未间断。原来协会书画课堂基本上只对本院书画协会会员开放，近年由于影响度的逐步提升，慕名前来学习的人员已经扩展到湖南省水利厅系统书画协会会员，以及周边单位的书画爱好者也被吸引到院书画课堂听课。协会本着资源共享、造福社会的公益精神，热情地欢迎他们前来听课，分文不取，受到学员们的欢迎和赞誉。协会课堂先后被雨花区政府、湖南省委老干部局、湖南省老龄委评为优秀文化辅导站。

（8）举办书画笔会。8月、10月举办了两场次现场主题笔会，获前来考察的湖南省直领导、社区领导的好评。

（9）印制主题画集。2017年编辑印制了《湖南省水利系统庆祝党的十九大胜利召开书画作品集萃》书画集一本，发放到各分会。

3. 水利音乐舞蹈戏剧

（1）舞蹈《东方红》参赛获奖。组织编排舞蹈《东方红》于9月22日参加湖南省委老干部局、湖南省文化艺术基金会举办的喜迎十九大文艺汇演选拔赛，获三等奖。

（2）组织春节联欢会文艺汇演。组织湖南省水利厅机关及厅直单位排练节目，于1月20日在厅会务中心举办春节联欢会文艺汇演。

五、水利体育

2017年，湖南省水利厅以水文化建设为载体，为职工提供丰富多彩的水利体育文化食粮，做好了文化办会、活动联会、建家促会三篇文章，逐步形成了“节日庆典搭台，文体活动唱戏”的建家模式。

（1）建立和完善群众文体组织。争取专项资金10万余元对俱乐部设备器材进行了维修更新，建立了反映职工文体生活的文化长廊，进一步了丰富职工俱乐部文体活动形式。巩固和拓展厅机关声乐班成果，不断扩大声乐班的影响力，目前声乐班培训学员80余人，在省级和省直歌唱活动中均取得较好成绩。湖南省水利厅机关职工自发建立了瑜伽训练班、自行车骑行志愿者服务队等群众组织，并经常开展相关活动，搭建了文体爱好者交流沟通的平台。

（2）积极参加上级举办的各类赛事活动。参加湖南省第六届“公仆杯”乒乓球比赛荣获湖南省直机关混合团体第一名；参加湖南省直机关第十一届篮球比赛荣获一等奖；参加全国水利系统第四届羽毛球比赛进入团体前八强；参加全国水利系统职工第十六届“广西水电设计杯”桥牌比赛荣获甲级组团体第三名，创历年来参赛最好成绩；组队参加全国定向越野赛，湖南省勘测设计研究总院1人获青年男子组第五名，1人获成年男子组第六名；组队参加湖南省桥牌团体赛，荣获甲级A组冠军；湖南省水利厅羽毛球队参加湖南省工程勘测设计行业第一届羽毛球团体赛，荣获第六名。湖南省水利厅直系统工会被国家体育总局评为2013—2016年度全国群众体育先进单位。通过组队参加各类赛事活动，充分展现了水利职工团结拼搏、奋发向上的精神风貌，为湖南水利争得了荣誉，扩大了影响力。

（3）精心组织群众性文体活动。先后组织开展了纪念建党96周年暨长征胜利81周年主题活动、厅机关职工趣味定向越野赛、厅机关桥牌比赛、“学雷锋”主题月活动、关注水生态保护宣传活动、学习党的十九大精神书画摄影展览活动、水利志愿骑行活动等水利特色活动，营造了快乐和谐的工作环境，提高了干部职工综合素质，增强了单位的向心力和凝聚力。

（4）修订完善了湖南省水利厅直系统工会主席联席会议制度。坚持每季度召开一次厅直系统工会主席联席会议，搭建了工会主席沟通、交流、述职平台，积极研究讨论关于水利体育方面的赛事活动安排及经验做法。全年组织召开了 4 次工会主席和机关工会组长会议进行系统的学习培训，进一步提升了工会干部的履职能力，为组织举办好各类文体活动赛事奠定良好的基础。

六、大事记

(1) 2 月 27 日，湖南省水利系统党风廉政建设工作会议召开。湖南省水利厅党组书记、厅长詹晓安出席会议并作讲话，厅党组副书记、副厅长钟再群主持会议，厅党组成员、驻厅纪检组长李金就 2017 年湖南省水利系统纪检工作作出安排。厅领导甘明辉、陈绍金、王跃生、张振全、白超海、许向东、边洪忠出席会议。会上，厅领导递交党风廉政建设承诺书，厅机关各部门单位、厅直各单位主要负责人递交党风廉政建设责任状。各市州水利（水务）局长、纪检组长，相关大型灌区主要负责人，各县（市、区）水利（水务）局长，厅机关各党支部（党总支）书记，厅直各单位党组（党委、党总支）书记、纪委书记等参加会议。

(2) 5 月 2 日，共青团湖南水利水电职业技术学院水利工程系总支委员会荣获由共青团中央颁发的 2016 年度“全国五四红旗团支部”，这是团中央授予基层团组织的最高荣誉。

(3) 5 月 4 日，湖南省水利厅举办庆五四青年节暨首届青年论坛。厅机关全体干部职工、厅直单位相关领导和青年代表参加了论坛分享会。厅党组副书记、副厅长钟再群，省纪委驻厅纪检组组长、厅党组成员李金，厅党组成员、总工程师张振全参与活动并为获奖选手颁奖。六名优秀论文获奖者进行了现场演讲分享、论坛交流。来自常德水文水资源勘测局的吴震中获得了一等奖。

(4) 5 月 4 日，湖南省防汛抗旱指挥部办公室值班室荣获“全国青年文明号”。湖南省水利厅直机关团委荣获“湖南省五四红旗团委”。

(5) 5 月 11 日，湖南省水利厅机关党委向中国水利政研会推荐的论文有 5 人获奖，荣获“优秀水利思想政治工作及水文化研究成果”一等奖 1 人，二等奖 1 人，三等奖 3 人。

(6) 5 月，在国家社会科学基金重点项目“我国儿童青少年人格发展及其培养研究”课题结题会上，湖南省水利厅幼儿园被授予“全国幼儿健全人格培养实验基地园”，幼儿园实验班级被评为全国幼儿健全人格培养单项奖，实验老师被评为全国幼儿健全人格培养优秀个人奖，这是湖南省唯一获得课题奖项的幼儿园。

(7) 6 月 1—3 日，由湖南省水利厅文明办承办，水利部文明办主办的全国水利文明单位负责同志学习践行社会主义核心价省值观（南方片区）宣传贯彻班在长沙举行。水利部直属机关党委常务副书记、文明办、廉政办公室主任刘学钊出席开班式，湖南省水利厅党组副书记、副厅长、厅文明委副主任钟再群致词。开班式由水利部文明办副主任周振红主持。水利系统全国文明单位、全国水利文明单位（南方片区）负责同志和有关同志参加培训。厅直系统文明创建培训班同期举行，厅直系统文明单位党委书记参加培训。

(8) 6 月 4 日，中国农林水利气象工会水利工作部部长马华，水利部直属机关工会主席、部文明办副主任周振红受中华全国总工会的委托，专程前往湖南省水文局为加义水文站荣获“全国工人先锋号”授牌。

(9) 6月9日，湖南省发展改革委、湖南省水利厅、湖南省住房与城乡建设厅、湖南省农业委员会、湖南省经济和信息化委员会、湖南省科技厅、湖南省教育厅、湖南省质量技术监督局、湖南省机关事务管理局等九部门联合印发《湖南省全民节水行动计划实施方案》(湘发改环资〔2017〕515号)。该实施方案是在湖南经济社会发展进入新常态、对水资源支撑和保障提出新要求的形势下，对节水减排提出的新任务。全民节水行动不仅针对普通居民，更需要动员各领域、各部门的力量，在全社会形成节水理念和节水氛围，全面建设节水型社会。

(10) 6月30日，湖南省水利厅召开“七一”表彰优秀共产党员暨推进“两学一做”学习教育常态化制度化部署动员会。厅党组书记、厅长詹晓安出席会议并上专题党课，省纪委驻厅纪检组组长、厅党组成员李金主持会议，其他厅领导参加会议。

(11) 8月1日，全国水生态文明暨水利风景区建设培训班在长沙举办。培训由湖南省河湖中心承办，来自各省、市、县水生态文明和水利风景区主管部门负责人共100余名学员参加培训。

(12) 8月23日，湖南省水利厅党组书记、厅长詹晓安在省直机关单位述党建工作，经过测评，湖南省水利厅党建工作在10个述职评议省直单位中获得第一名。

(13) 8月27日，湖南省水利厅被国家体育总局授予2013—2016年度全国群众体育先进单位。习近平总书记接见了部分先进单位代表。

(14) 8月29日，由湖南省水利厅、湖南省人力资源和社会保障厅、湖南省总工会联合举办的“2017年湖南省技能大赛——全省水利行业职业技能竞赛”暨首届“湖南十大水利工匠”评选活动正式启动，厅领导詹晓安、钟再群、张振全、甘明辉，湖南省人力资源和社会保障厅副巡视员姚祖清，湖南省总工会巡视员钟小泪等领导出席了启动仪式。本次比赛共分为河道修防工、泵站运行工、水文勘测工等3个职业（工种)。

(15) 8月29日，由湖南省水利厅、湖南省人力资源和社会保障厅、湖南省总工会联合举办的第六届全省水文勘测技能竞赛在长沙举行。怀化水文局关向婷勇夺桂冠，被授予“湖南省技术能手”“湖南省五一劳动奖章”荣誉称号。

(16) 9月6日，湖南水职院“水育潇湘”校园文化建设项目荣获中国水利教育协会颁发的第四届全国水利职业院校校园文化建设优秀成果奖。

(17) 9月19日，湖南省水利厅组织全体党员干部参与《习近平总书记的成长之路》专题学习。

(18) 10月16日，湖南省迎接党的十九大系列新闻发布会第17场在长沙举行。湖南省水利厅厅长詹晓安发布了党的十八大以来湖南水利改革发展的主要成就，并同副厅长罗毅君、副厅长易放辉回答记者提问。湖南省政府新闻办主持发布会，中央驻湘及省内20余家新闻媒体对此场新闻发布会进行了现场报道。

(19) 10月18日，中国共产党第十九次全国代表大会在北京隆重开幕。湖南省水利系统认真组织观看大会实况直播，认真聆听习近平同志代表十八届中央委员会向大会所作的报告。

(20) 10月19—20日，长沙市、郴州市开展国家级水生态文明建设试点顺利通过了水利部与湖南省政府的联合验收，标志着湖南省第一批国家级水生态文明城市建设试点全部完成试点阶段任务，水生态文明城市建设试点取得积极进展，建成了一批具有鲜明特色的示范工程，形成了南方城市水生态文明建设的成功经验，在水生态修复、水环境改善、水安全保障方面取得了明显成效。

（21）10月27日，湖南省水利厅召开专题会议，传达学习党的十九大精神。

（22）10月27日，“2017湖南全民节水校园行”活动在长沙市岳麓区第一小学举行，孩子们在活动中纷纷写下自己的心声。

（23）11月6日，水利部办公厅调研组来湘调研水利行业新媒体发展情况，对湖南新媒体管理及制度情况、从业人员队伍建设、应对舆情及开展舆论引导等相关情况进行了探讨。

（24）11月16日，中央电视台发现之旅《纪录东方》栏目播出了《三湘水丽》人文纪录片，对湖南省水利风景区建设与管理成果进行报道。该片由湖南省水利厅与中央电视台合作摄制，通过对长沙湘江风光带、洋湖湿地、常德柳叶湖、湘西土家族苗族自治州边城等水利风景区的工程、历史、文化和生态全面展示，系统反映了水利风景区以人为本、人水和谐的深刻内涵，充分彰显了湖南水利人建设富饶美丽幸福新湖南的情怀和担当。

（25）11月16—20日，湖南省水利厅桥牌代表队荣获全国水利系统职工第十六届“广西水电设计杯”桥牌比赛甲级组团体第三名，创历年来参赛最好成绩。

（26）11月20日，水利部办公厅印发《水利部办公厅关于公布2017年全国水利安全生产知识网络竞赛和水利安全生产隐患排查整治竞赛获奖名单的通知》（办安监函〔2017〕1455号），湖南省水利厅获全国水利安全生产知识网络竞赛组织奖。

（27）11月23日，第七届中国湖泊论坛在岳阳开幕，来自全国从事环境保护和湖泊研究的专家学者，以及有关部门负责人参加论坛。

（28）11月29日，全国水利风景区建设与管理工作视频会议召开。湖南在省水利厅设分会场，省河湖中心、部分市（州）水利（水务）局分管领导和科室负责人、县（市、区）局分管局长、部分水利风景区建设与管理单位负责同志参加会议。长沙市水务局代表湖南在主会场作典型发言。视频会议后，湖南省随即召开全省水利风景区建设与管理工作座谈会，厅副巡视员杨光鑫出席会议并讲话。

（29）11月，中央文明委组织对湖南省厅机关“全国文明单位”进行复审，在任务重时间紧的情况下，湖南省水利厅机关党委组织完成了308页复审资料的准备及网络上传考核，圆满完成了“全国文明单位”复审工作，连续5届保留了“全国文明单位”荣誉称号。

（30）11月，由湖南省水利厅文明办组织、申报、指导的全省水利系统文明创建工作取得丰硕成果。其中，邵阳市水利局荣获“第五届全国文明单位”荣誉称号。欧阳海灌区水电工程管理局、株洲水文局、澧县王家厂水库管理局荣获第八届“全国水利文明单位”荣誉称号。

（31）12月3日，由共青团中央、中央文明办、民政部、水利部、国家卫生和计划生育委员会、中国残疾人联合会、中国志愿服务联合会联合举办的第四届中国青年志愿服务项目大赛暨志愿服务交流会在成都举行，湖南省水利厅志愿服务项目“关爱山川河流，节水护水在行动”及其子项目湖南省水利水电职业技术学院“水育潇湘”双双荣获“全国青年志愿服务示范项目创建提名奖”。

（32）12月21日，全国水利宣传教育工作座谈会在北京召开，水利部党组成员、副部长魏山忠出席会议并讲话。会议对2018年水利新闻宣传和水情教育工作作了安排部署，对12家国家水情教育基地授牌。副厅长陈绍金参加会议，就如何做好新时代水利新闻宣传和水情教育工作，进一步加强水利舆论引导作专题咨询发言。

广 东 省

一、综述

广东省水利系统干部职工认真落实习近平总书记“节水优先、空间均衡、系统治理、两手发力”的新时期水利工作方针和“两个坚持、三个转变”防灾减灾新理念要求，全面贯彻习近平新时代中国特色社会主义思想，落实水利部党组工作部署，聚焦新时代水利现代化发展，坚持围绕中心、服务大局，取得了新时代水利政治思想工作、水文化建设、水利文学艺术和群众性体育活动的实践探索、规律认识、保障措施等方面的新进展、新成果，弘扬水利精神，展示水利形象，讲好水利故事，展现了广东省水利系统文化自信，凝聚了水利改革发展正能量，为广东省实现“四个走在全国前列”提供有力的思想保证。

（广东省水利厅）

二、重要文献

（1）《关于举办“讲述身边水利故事”微视频微电影大赛的通知》（2017 年 5 月 23 日粤水文明委〔2017〕2 号）。

（2）《广东省水利厅党组书记、厅长许永锞在李文华同志先进事迹报告视频会上的讲话》（2017 年 8 月 22 日）。

（3）《认真落实全面从严治党要求为深化水利改革发展提供坚强有力保证——广东省水利厅党组副书记、副厅长兼厅直属机关党委书记蔡泽辉在 2017 年厅直属机关党的工作会议上的报告》（2017 年 4 月 28 日）。

三、思想政治

1. 学习党的十九大精神和习近平新时代中国特色社会主义思想　2017 年，广东省东江流域管理局（以下简称“东江局”）坚持把学习宣传贯彻党的十九大精神和习近平新时代中国特色社会主义思想作为首要政治任务，进一步完善东江流域水资源管理工作思路，确保各项工作符合十九大精神要求。一年来，东江局党委先后召开中心组学习会议 5 次，党委（扩大）会议 16 次，各党支部召开学习会议 18 次，共组织集中辅导学习 5 次；委托中共广西兴安县委党校、河南兰考焦裕禄干部学院先后举办 2 期党性锤炼培训班，共组织 26 名党员干部参加培训；认真组织开展 2017 年干部教育培训工作，全年外出参加各类培训达 150 多人次。

（东江局）

2. 院政研会年会暨表彰会议　3 月 3 日，广东省水利电力规划勘测设计研究院召开 2016 年度职工思想政治工作研究会年会暨表彰会议，院党委书记、政研会会长，院党委副书记、政研会副会长，院政研会理事、各支部书记、论文作者等近50人参加了会议。5名获奖作者分别在会上作论文交流，支部书记代表介绍了政研工作经验；院政研会副会长对2016年度所提交的33篇论文进行概括性点评，并传达中国水利政研会第八次会员代表大会精神。（广东省水利电力规划勘测设计研究院）

3. *学习党的十九大精神和习近平新时代中国特色社会主义思想* 2017年，茂名市水务局深入学习贯彻党的十九大精神，坚持以习近平新时代中国特色社会主义思想为指导，始终以发展为主题，以创新为动力，积极探索新形势下加强思想政治工作和政研会工作的新路子，不断提高职工队伍的综合素质，为水利改革与发展提供了可靠的思想保证和组织保证，有力促进了水利工作文明的协调发展。（茂名市水务局）

四、水文化建设

1. *着力抓好水文化建设，推动广东水利新发展* 近年来，广东省在抓好民生水利建设的同时，大力推进水文化建设，尤其是水利部《水文化建设规划纲要（2011—2020年）》颁布实施以来，广东省更是把推进水文化建设提升到一个全新的高度，逐步摸索出一条符合广东地域特色和治水兴粤的水文化建设新路子。

（1）水文化建设取得可喜成效。广东省水利厅党组高度重视水文化建设，以实际行动响应水利部党组和广东省委关于加强文化建设一系列重大决策部署，编制印发了《广东水文化建设实施方案》，提出通过5～10年的努力，在全省全面建立由政府主导、社会各界热情参与、有利于水文化发展的体制机制，基本形成与现代水利、可持续发展水利相适应、相促进的水文化发展格局，不断推出符合社会主义先进文化前进方向、具有鲜明行业特色和时代特征、惠及全民和水利改革发展的水文化建设成果的奋斗目标。组织拍摄了《民心工程、治水丰碑》专题片，在广东卫视播出后，社会反响良好；如期完成广东水利成就陈列室建设任务，制作了“治水兴粤惠民生”的大型图片展；创作拍摄了对香港供水大型历史文献电视专题片《揭秘生命之水》，对澳供水电视专题片——《澳门水话》在央视正式播出；创作了以“普及水利水文知识、保护水资源与水环境、提高全民水患意识”为主题的动画片——《护水双侠》，在广东电视主流媒体传播推广；成功策划并举办“1915年珠江流域特大洪水100周年图片展”宣传活动，配合水利部《江河》杂志社完成了传播“韩江与潮汕文化”特别策划活动；指导雷州青年运河管理处完成建库开河纪念馆及群英雕像的建设和设计。同时积极培育水利行业精神，广泛营造比学赶超、创先争优的良好氛围，委托中国水利作协作家创作的反映广东水利重大题材和重大典型的报告文学集《粤水壮歌》已完稿，将于近期编辑发行。注重抓以“广东好人”“广东省优秀共产党员”“全国水利系统劳动模范”张生贤为代表的先进典型人物的示范引领作用。2017年，在水利部组织开展的“践行核心价值观、争做最美水利人”创建活动中，广东省水利厅上报的刘方舒、林冬妹2人入围最后10位最美水利人，现已进入网络投票环节。推送的2个节水护水志愿服务项目（“绿水良田小康梦”志愿服务行动、“保护武江河我们在行动”环保志愿行动）在第三届中国青年志愿服务项目大赛中分获银奖和铜奖。积极推送优秀政研论文报送学组，并将每年的政研论文编印成册。大力开展水文化传播工作，不断加大广东水文化传播的渗透力和影响力，先后邀请《中国水利报》《中国水文化》杂志重点宣传报道广东省各地抓水生态文明建设和水文化建设的主要经验和成就。广东水利厅连续多年被评为《中国水文化》杂志优秀通联单位一等奖，肖飞同志也多次荣获“优秀通联工作先进工作者”称号。

（2）精心打造“五位一体”水工程。在广东民生水利建设工程中，特别是广东省城乡水利防灾减灾工程建设中，学习借鉴国内外、省内外水利建设先进经验，大胆创新治水思路和治水理念。在组织工程规划设计时，专门编制了工程建设指引和理念图集，对水安全、水生态、水景观、水文化、水经济“五位一体”建设理念进行详细论述和说明，要求所有工程必须按照“五位一体”建设理念，高标准、高起点进行规划设计。各地在抓城市防洪工程建设时，不但普遍提高了防洪标准，还注重融入水文化元素，与城市化进程、历史人文特色、房地产开发、交通物流、环境整治、休闲旅游相结合，通过以水兴城、以水名城，丰富水文化内涵，提升水工程的品位，努力实现人与水和谐相处。如广州对珠江两岸和河涌的整治规划，深入挖掘水文化，充分体现了“人水和谐”的治水思路，既保护原有水文化遗址，又具有浓郁的现代化气息，使水在广州继续发挥着承载南粤文明之舟的作用。河源市区防洪工程，以“客家文化堤廊”的设计理念进行高品位规划设计，营造多样化的水景观，体现出鲜明的客家文化特色和“河之源头”的主题。潮州市在加固南北堤的同时，将恢复潮州古城墙、湘子桥纳入建设规划，重现古城文化风貌。茂名市茂港区城防工程把城市防洪、滨海旅游有机融合，以冼太文化、荔枝文化、海洋文化和石油文化为主题，增设亲水设施，建设了一道独具特色的水东湾滨海长廊。积极参与高陂水利枢纽建设前期调研和规划工作，提出了丰富工程文化内涵、打造广东现代精品水利工程的相关建议。

（3）推进具有独特魅力的广东水文化建设。广东水文化建设存在投入机制尚未建立、体系尚未形成、研究人才队伍缺乏等问题，在中央、水利部和广东省委省政府高度重视文化建设的大背景下，需不断探索如何补齐广东水文化建设的短板，推进具有独特魅力的广东水文化建设。

抓落实，推动形成广东水文化建设的合力。以《广东水文化建设实施方案》为指导，在全省全面推行建立由政府主导、社会各界热情参与、有利于水文化发展的体制机制，努力构筑政府主导与群众广泛参与的促进水文化发展格局，统筹协调行业内外各方力量，形成共谋文化发展、共建文化兴水的合力。积极探索省市共建、上下联手、政企合作等模式，主动依靠和借助文化部门、高等院校、研究机构、各类媒体、群团组织等资源和力量，共同推进水文化建设。会同广东水文化研究推广中心和水文化教育培训基地组织承办了2期广东省水利系统水文化建设骨干培训班。

出成果，推进广东水文化理论研究。依托广东水文化研究推广中心、广东水文化教育培训基地，积极开展广东水文化理论研究、成果交流，组织水文化宣传推广、普及传播。挖掘整理和保护利用广东水文化遗产，建立“广东水文化遗产数据库”，对全省水文化遗产资源实行数字化管理，推动水文化研究成果运用。整合水文化人才资源，培养一支高素质的广东水文化人才队伍。启动水文化理论研究课题规划编制工作，推出一批有价值的广东水文化研究成果，努力构建具有岭南特色的广东水文化理论研究体系。

抓培育，扶持广东水文化产业发展。加强调查研究，切实摸清广东水文化产业数量、规模及经营发展状况等，编制广东水文化产业资源报告，大力扶持水文化产业发展。探索以市场为导向，积极培育广东水文化出版物、影视艺术作品和水利会展等市场，引导和帮助水文化旅游产业、休闲度假产业和水文化创意产业做大做强。探索利用社会资金和引导水文化产业，参与水利风景区建设与经营管理的模式，在确保水利风景区正常发挥工程效益的同时，不断扩大社会效益、生态效益和经济效益。近年来，积极推进广东第一个大型水文化建设项目——广州水博苑和广东水利博览馆建设的组织协调工作，项目计划投资2.7亿元，其中省级补助3000万元，目前整个项目已落成，2017年年底对外开放。

重特色，在水利工程建设中突出岭南文化元素。推进组织编制《水利工程设计理念创新指引》工作，引导各地把规划设计与人文、历史、科技、园林、生态、景观、亲水、安全等有机结合，努力使新建水利工程成为独具岭南风格的水利建筑艺术精品。积极挖掘和整理现有水利工程的文化、历史内涵，全面推进水利工程文化设施配套建设。重视抓好流域水文化节点建设，充分挖掘各流域内岭南先贤治水遗址和典故、与水有关的名胜古迹、沿水而居的风土民情、著名水利工程、城乡水景观等资源，结合流域沿线各市（县）的生态文明建设，打造具有各流域特色的水文化长廊和水利风光带，创建“国家水利风景区”。

（广东省水利厅）

2. *佛山南海“梦里水乡”* 7月，水利部文明委通报了全国水利系统水工程与水文化有机融合案例，佛山市南海区里水河综合整治工程（又名：“梦里水乡”里水河一河三岸岸线整治工程）作为广东省唯一案例入选。作为典型的岭南水乡文化和水工程融合案例，里水河一河三岸岸线整治工程位于里水河一河三岸交汇处，总投资4740.1万元，决算价3091.98万元，设计范围西起里水桥，东至北涌亭，并包括富寿公园，整治河道长度约1km，整治面积约5.4万m^2。工程将整治与城市滨水区域开发、景观建设有机融合，以河涌整治带动城市建设，创造出现代城市理想的人居环境，营造具有现代文化特征的城市生态景观滨水岸线，提高城市环境品质和生活需要，提升城市形象。除了确保水安全的同时，还因地制宜地紧扣景观、环保、亲水、生态、和谐、文明等原则考虑，并与三岸的用地规划相协调，以带动周边改造再利用，资源增值，提升里水镇城市地位。

（佛山市水务局）

3. *“河长制”推动河湖治理* 2017年，佛山市全力推进河长制河湖管理模式落地生根，市、区、镇三级出台全面推进河长制工作方案，设立双总河长，成立河长制工作领导小组和办公室，印发各项配套工作制度，实施市、区、镇、村四级河长制，明确3353条（座）河湖共计1306名河长并设立河长公示牌，完成主要河湖“一河一策”实施方案编制。推行“四源共治、六策治水”，采取挂图作战的方式精准推进全市河流整治工作，狠抓重点领域的污染治理，全市河长制工作已步入实质性治理阶段。2017年，全市饮用水源地水质稳定达到Ⅲ类，水质达标率为100%；12个省考核断面除高明河沧江水闸断面外，其余11个均达到省考核要求。广佛跨界河流水质取得历史性突破，佛山水道、西南涌、芦苞涌的水质均值达到要求，6条城市建成区黑臭水体提前两年全部完成整治，整治初见成效。

（佛山市水务局）

4. *鳗鲡增殖放流活动* 广东省潮州供水枢纽管理处积极落实环保部关于枢纽环保验收工作有关要求，开展鳗鲡增殖放流活动，9月8日，共向韩江投放1～2龄鳗鲡鱼苗

5101 尾，同时实施船闸兼作鱼闸改造为鳗鲡洄游繁殖提供通道，配合采取出海口五闸轮流开闸纳苗、鳗鲡等鱼类洄游跟踪监测等措施，最大限度地减少潮州供水枢纽工程对鳗鲡正常洄游的影响，对丰富韩江渔业资源、改善流域生态环境、维持韩江水生态可持续发展起到了良好的促进作用。（广东省韩江流域管理局）

5. 韩江获评全国首届十大“最美家乡河” 由水利部水情教育中心、阿里巴巴天天正能量、新浪微公益联合主办的首届“寻找最美家乡河”活动，历经地方推荐 46 条河流进入初审角逐，25 条河流通过初审进入考察并于 4 月接受网络投票，而后 19 条河流通过审核并于 11 月在北京终选评审选出 10 条“最美家乡河”，韩江最终获此殊荣。《中国水利报》《南方日报》《粤东地方日报》和腾讯新闻等全国数十家媒体陆续对韩江入选“最美家乡河”进行了报道。（广东省韩江流域管理局）

6. 渡槽文化遗产保护与利用 茂名市地势由东北向西南依次为山地、丘陵、台地、平原，土类土种达 8 类 192 种之多，面对这种独特地理环境，茂名人民创造性地修建了一大批渡槽，尽管有些已经弃旧建新，有些已经失去灌溉的功能，但其却见证了茂名市水利建设的蓬勃发展。

茂名市拥有我国第一座钢筋混凝土 U 形薄壳渡槽——铜鼓岭渡槽；拥有在县建县管渡槽中难得一见的桁架拱支承结构渡槽——石壁头渡槽。中共茂名市委书记、市人大常委会主任李红军同志对茂名水利遗迹保护工作十分重视，并作了亲笔批示。2017 年，茂名市水务局根据市委市政府的部署，联合茂名日报社组织了联合调查队专门对茂名市现存的渡槽进行了调查了解，并组织摄影记者对渡槽进行现场拍摄，历时半年有余。通过对全市建国前后各个历史阶段的渡槽进行深入调研，并对这些渡槽采取积极的抢救性保护措施，最终编成画册《长虹流波　岁月留痕》，既保护了水文化遗产，又弘扬了茂名传承水文化，宣传普及了国情水情，加快推进水利改革发展的新时期水利精神。（茂名市水务局）

7. 金塘镇低山陂水利工程 茂名市茂南区金塘镇低山陂水利工程建于清康熙中期，为低山村江启昌父子所建，系茂南区现存最古老，至今仍在使用的水利工程。水陂长 34m，宽 42m，高 5m，陂体以大小石头堆砌成斜坡鱼鳞状，水源为上游 10 多 km 处的白土河，水资源十分丰富，灌溉低山、乐岭、沙湾等 8 个村民小组 500 多亩农田。

低山陂历经 300 多年风雨，翼墙部分崩塌，陂体淘空，河岸两边草木丛生、河道淤积严重、隐患日增。为清除隐患，造福于民，2016—2017 年，茂南区政府整合投资 580 多万元，对低山陂上下游河段进行维修加固，并对上游河道清淤清障，对弯曲及村边河段根据实际局部裁直修坡，该工程与金塘镇白土、桂山、低山、丰田、文林、南塘、金塘等村委会河段整治工程一并进行。在低山陂河段整治过程中，结合乡村振兴战略建设美丽乡村的目标，注重生态环境保护，彰显地域文化，因地制宜，保护河道天然特征，对低山陂及上下游水系实施生态环境综合整治，目前工程已经完工。通过整治，美化了河道环境，恢复了河道生态，特别是重点打造“两岛五桥”，形成栈道回廊，重新修复低山陂等重要文物景观，修建绿道与焕文塔形成景点通道，优化场地景观的彩化、优化、美化，实现了“陂固、河畅、水清、岸绿、景美”，使古老水利工程焕发新的光彩，变身为风景优美的滨河风光带，成为茂名市新农村建设示范点，茂南乡村旅游的最美景点。（茂名市水务局）

8. 水东湾海堤水生态文明建设工程 茂名市电白区水东湾海堤水生态文明建设工

程主要包括水东海堤、红树林、栈道、停泊区、排洪河水闸等。茂名市电白区政府牢固树立和践行“绿水青山就是金山银山”的发展理念，因地制宜地开展县（区）级水生态文明试点建设，将该工程建设成为全长37km的风景观光带。

（1）水东海堤。水东海堤位于电白城区南面，面临水东湾，东起寨头水闸，西止海月楼水闸，全长7.03km，按50年一遇潮位防御设计，捍卫县城30万人。堤顶铺设绿道，背水坡美化绿化和亮化，海堤建成后成为市民休闲散步的好去处。

（2）红树林。电白区政府在水库湾陆续开发了3000亩红树林基地，既可抵御海潮、风浪等自然灾害，维护和改善海湾、河口地区生态环境，又为海洋生物提供了理想的发育、生长，栖息、避敌场所，对保护环境有着重要意义。目前，红树林枝叶茂盛，引来大群白鹭，海豚、儒艮（美人鱼）等也经常在林区内出现。

（3）停泊区防波堤。位于森高堤段外围，于2017年完工，停泊区总面积约470亩，可停泊近千艘渔船，能满足当地渔船停泊避风、补急需要。

（4）红树林科普教育栈道。为有效改善水东湾片区水生态现状，保护水东湾地区的水环境安全，实施城区水环境综合整治，维护红树林生态多样性及为候鸟栖息地提供良好的场所，电白区委、政府决定启动茂名市电白区水东湾水环境综合整治项目——红树林科普教育栈道（一期）工程项目，建设双侧科普栈道934m，堤海科普栈道3504m。目前，一期项目已完成，成为市民观赏红树林、海景和休闲散步的好去处。

（5）排洪河及水闸。原排洪河在经电白区河堤路，过海底涵拐弯进入旧停泊区。根据城市规划，在海景湾酒店西侧海堤新建海湾水闸。水闸下部具有水闸基本功能，上部仿古型闸室，兼备观景、管理、活动等功能，该工程于2017年建成。（茂名市水务局）

9. 高州水库玉湖水利风景区　茂名市高州水库玉湖水利风景区以建库纪念碑、书法长廊、玉湖诗碑等景点为依托，大坝巍峨，青山叠翠，绿水如碧，千岛浮洋，鱼跃鸟翔，展现着景区人水和谐的水生态文化。目前，风景区已成为茂名市水文化建设的重要载体和优秀旅游风景区。（茂名市水务局）

10. 广州市白云湖水生态系统　白云湖位于广州市白云区西部，总占地面积约2.07km^2，水面面积约1.06km^2，由东湖、西湖及中间人工湿地组成，其中西湖水域面积约0.36km^2，东湖水域面积约0.66km^2，湖间湿地水域面积约0.03km^2，平均水深1.85m，最大水深3.7m，总蓄水量约230万m^3。白云湖于2006年12月开工建设，2011年11月对外开放，2016年1月，白云湖正式获批成为国家水利风景区。截至2017年7月31日，已接待游客超过2680万人次。

5月起，在白云湖西湖湖滨带缓流区应用推广水生态构建技术，通过水体围隔、沉水植物种植等措施构建50000m^{2}健康稳定的水生态系统，改善水质，实现水清草绿的预期效果。9—10月，根据《广州市河长制办公室关于印发广州市“一河一策”实施方案编制工作方案的通知》（穗河长办〔2017〕15号）要求，编制了《白云湖“一湖一策”实施方案（2017—2020年）》，从水资源、水安全、水污染、水环境、水生态、水域岸线管理以及执法监督等方面，系统分析存在的主要问题，从治理和管控两方面入手，提出治理保护对策措施，落实责任分工。2017年已在白云湖建立了60000m^{2}水生态系统构建示范区，实现了水体清澈见底、生态系统稳定、自净能力强的预期效果。

作为广州市中心城区最大的调补水人工湖，也是广州亚运治水重点工程、民生工程，白云湖具有景观补水、蓄洪排涝、休闲旅游等多功能，并已逐步发展成为集水安全、水生态、水景观、水文化于一体的，具有湿地特点、岭南风格的综合性水利工程风景区，成为广州生态旅游景观亮丽新名片。（广州市水务局）

11. *河涌污染物排放量化分析* 广州市城市排水监测站在治理黑臭河涌、推动河长制落实的工作中开创性使用污染物排放量化分析方法，对广州市35条黑臭河涌流经的50多个镇街排放的污染物进行量化分析。自2017年1月起，广州市水务局每月通过政府网站和市主要媒体对外公示广州市35条黑臭河涌的污染“贡献”排名，防止镇街间的推诿扯皮，倒逼各级河长采取治理措施，对推进广州市黑臭水体整治工作起了关键作用。

该项工作获得上级领导及广大群众肯定，先后获得南方都市报评选的广州城市治理“改革创新”奖，以及入选“中国水利记忆·2017基层治水十大经验”，是广东省唯一上榜的基层经验。（广州市水务局）

12. *河涌整治效果第三方评估* 2017年，广州市城市排水监测站组织开展广州市35条重点黑臭河涌年整治效果“初见成效”的评估工作，该项工作通过第三方单位“环保部华南科学研究所”对广州市的35条黑臭河涌整治效果作出公正客观评价，科学可信地展示了广州市治水综合成果，得到了国家检查组的充分肯定。（广州市水务局）

13. *劣Ⅴ类支流监测分析* 为实现流溪河整体水环境稳步向好，根据广州市人民政府常务会议审定通过的《流溪河流域水治理方案》要求，广州市城市排水监测站组织开展了89条流溪河、32条白坭河一级支流的水质监测及污染来源分析工作。对流溪河、白坭河一级支流进行水质、水量监测，计算分析劣Ⅴ类支流污染占比，根据结果，广州市河长办公室每月针对流溪河劣Ⅴ类一级支流所在行政区发放水质预警，倒逼各区开展劣Ⅴ类河涌整治。截至2017年年底，流溪河劣Ⅴ类支流条数已由最初的49条下降至25条，整体水质得到较大改善。（广州市水务局）

14. *排水设施管养考核* 针对广州市排水管网现存问题，助力广州市排水设施管理“两个意见”稳步落实，广州市城市排水监测站组织人员严格执行中心城区污水处理设施定期考核，对广州市水务投资集团有限公司（市净水公司）及各区水务部门的污水处理设施进行月度及年度地检查评分。执行河涌污水溢流处罚，倒逼广州市水务投资集团有限公司及各区水务部门完善污水收集能力，减少河涌溢流污染，从而提升污水处理厂网系统精细化管理水平，逐步实现低水位、高浓度的污水管网健康运行模式，切实解决因排水设施管理不善等原因导致的河涌水质黑臭以及城市内涝等问题。（广州市水务局）

五、水利文学艺术

1. *散文集《醉美韩江》* 广东省潮州枢纽管理处职工陈伟家出版的散文集《醉美韩江》，以位于粤、闽、赣三省的韩江流域为背景，全景式叙述流域上的潮汕、客家两支民系的民风、民情、民俗，抒写发生在韩江流域上的历史、地理、人文、水利以及与该河流有关的红色革命故事，是一本融历史、地理、人文、红色革命以及水利发展的通俗读物。

（广东省韩江流域管理局）

2. *《一条抚摸灵魂的河流——砥砺奋进的韩江》* 广东省潮州枢纽管理处职工陈

伟家撰写的《一条抚摸灵魂的河流——砥砺奋进的韩江》一文，参加“砥砺奋进 水惠民生——十八大以来水利改革发展精彩亮点”征文，获水利部新闻宣传中心、中国水利文协颁发的优秀奖。

（广东省韩江流域管理局）

3. 获奖征文 5月，根据《关于表彰全国水利系统2016年度优秀水利思想政治工作及水文化研究成果的决定》（水思政〔2017〕7号），广东省水利电力规划勘测设计研究院推荐的4篇政研论文获奖。12月，根据中国水利政研会勘测设计学组发布的《关于表彰2017年优秀政研成果的决定》，广东省水电设计院推荐的政研论文——《强化信息管理手段作用 不断提升党建工作科学化水平研究》（陈鸣川）获得2017年中国水利政研会第六学组优秀政研成果一等奖。

（广东省水利电力规划勘测设计研究院）

4. 多种举措并举，推动清远水文化事业发展

（1）坚持科学治水，注重人文关怀。

（2）融入文化元素，提升水工程的内涵和品位。

（3）动员社会力量，做好水文化的宣传引导。

（4）围绕中心工作，繁荣和发展水利文学艺术。

（5）保护和合理利用好水资源。

5. 加强水文化建设，促进水利行业文明创建 当前水文化研究和建设愈来愈引起水利行业及社会各界的重视，并且取得了一定的成果。文明创建和水文化建设一样，也是水利行业的一项重要任务，应运用水文化建设的成果，促进水利行业文明创建。

6. “共饮一江水”——东江水供港影像展 为庆祝香港回归20周年，迎接党的十九大胜利召开，展示党中央对香港的关怀和支持，展示水利人对香港同胞的深厚情谊和无私奉献，水利部文明办联合中国摄影家协会、中国摄影家香港交流中心、中国水利文协、广东省水利厅等共同举办“共饮一江水”——东江水供港影像展。

半个世纪以来，东江—深圳供水工程累计向香港供水逾230亿m^3，对香港繁荣发展起着不可或缺的重要作用。中央政府对东江水供港工作高度重视、倾力支持，给予了特殊关怀。习近平总书记曾在全国两会广东代表团中询问东江的水质，中央省部领导将对港供水称之为“生命水、政治水、经济水”。

展览于6月30日—7月31日在水利部机关阳光走廊、北京中华世纪坛及广东等地陆续展出。展览由“领导重视”“历史回顾”“清清水源”“建设管理”“辉煌成就”5个部分组成，通过大量的图片影像全面展现东江水供港的历史与现在，真实展示了内地对香港的深厚情谊和无私奉献，生动诠释了祖国人民与香港同胞血浓于水的骨肉亲情。

（广东省水利厅）

7. “讲述身边水利故事”微视频微电影大赛 为深入贯彻落实习近平总书记提出的“节水优先、空间均衡、系统治理、两手发力”的新时期治水方针，充分展示广东省水利战线干部职工的精神风采和水利行业对经济社会发展所作贡献，传播水利改革发展正能量，大力营造全社会团结治水兴水的良好氛围，5—10月，广东省水利厅文明委和工会在全省水利系统组织开展了“讲述身边水利故事”微视频微电影大赛活动。截至10月18日，共收到各单位报送的作品17部，这些作品内容健康，画面精美，突出水利特色，彰显水利魅力，展现出较高的艺术水准。经专家评审小组评议审定，共评出一等奖2部、二

等奖 3 部、三等奖 5 部、鼓励奖 4 部。在本次大赛中获得一等奖、二等奖、三等奖的优秀作品，将在广东省水利厅门户网、广东水利微信微博公众号展播，供广大基层水利干部职工观看学习，向社会各界展示。获一等奖、二等奖的作品将推荐给广东省文明办、国家新闻出版广电总局和水利部参加相关评选活动。

（广东省水利厅）

六、水利体育

1. 环绿岛湖、湿地公园徒步活动　3 月 18 日上午，为纪念第二十五届“世界水日”和第三十届“中国水周”，营造亲水、爱水、护水的社会氛围，佛山市水务部门在禅城区绿岛湖、湿地公园举办“环绿岛湖、湿地公园徒步活动”。有近 800 名水务系统干部职工及市民参与活动，从绿岛湖科海路旁南湖广场出发，沿绿岛湖和湿地公园健步 8h，历时 2 个多小时，共同感受佛山水环境之美。

（佛山市水务局）

2. 第十三届韩江徒步节　4 月 23 日，广东省韩江流域管理局参与协办第十三届徒步节。依托韩江徒步节这一重要载体，推动韩江流域水资源保护宣传工作，以“同饮韩江水、共护母亲河”为主题，旨在宣传绿色发展理念及引导两岸群众保护韩江母亲河，通过活动唤起、激发韩江两岸群众珍爱韩江水资源、保护韩江母亲河的热忱。

（广东省韩江流域管理局）

七、大事记

（1）4 月 28 日，广东省水利厅召开厅直机关党的工作会议，厅党组副书记、副厅长兼厅直机关党委书记蔡泽辉作题为《认真落实全面从严治党要求为深化水利改革发展提供坚强有力保证》的工作报告。

（2）5 月 19 日，南方日报刊载“追溯供港水——东深工程对港供水五十周年”专题报道。

（3）5 月 23 日，广东省水利厅文明委和工会在全省水利系统组织开展了“讲述身边水利故事”微视频微电影大赛活动。

（4）6 月 30 日，水利部文明办联合中国摄影家协会、中国摄影家香港交流中心、中国水利文协、广东省水利厅等共同举办“共饮一江水”——东江水供港影像展。

（5）8 月 22 日，广东省水利厅举行李文华同志先进事迹报告会，厅党组书记、厅长许永锞发表讲话。

海 南 省

一、综述

2017 年海南省水务厅水利思想文化工作，按照党的十九大和海南省第七次党代会的部署要求，以习近平新时代中国特色社会主义思想为指导，认真贯彻落实习近平新时期治水思想，加强政治建设，牢固树立“四个意识”，坚定“四个自信”，加强组织建设，抓党建规范化落实，加强纪律建设，落实从严治党要求，加强文化建设，开展精神文明创建，为全省水务事业发展提供了可靠的政治保障和智力支持。

二、思想政治

海南省水务厅各级党组织深入学习贯彻党的十九大精神、习近平新时代中国特色社会主义思想和新时期治水思想，学习海南省第七次党代会精神；扎实开展“两学一做”学习教育活动，以“三会一课”“党员活动日”等组织制度为抓手，抓好党支部规范化建设；落实全面从严治党要求，严格党员教育管理，强化水务系统党风廉政建设，为海南省水务中心工作的完成提供了坚强的政治基础。

1. *中心组学习* 海南省水务厅理论中心组集中组织对党的十九大、习近平新时代中国特色社会主义思想和新时期治水思想、海南省第七次党代会、海南省委七届二次、三次会议精神的学习共 23 次；厅党组成员及处以上干部进行了 9 次学习体会交流。

2. *宣讲宣传* 海南省水务厅党组 2 次邀请海南省委宣讲团成员来厅机关宣讲党的十九大和海南省第七次党代会精神；厅党组成员和直属各单位党组织书记深入水管单位、水库、水文测站、水利工地等基层一线进行宣讲；“全国三八红旗手”钱成、“感动海南十大杰出人物”庞书智、海南省第七次党代会代表李其标等先进模范都深入基层一线宣讲。利用厅机关的 LED 显示屏、黑板报、网站、微信群等宣传媒体，宣传报道各级党组织学习的情况，共发布党的十九大、海南省七次党代会学习内容的微信、短信、视频、图片、网站信息等 300 多条篇。

3. *开展专题实践活动* 8—11 月，海南省水务厅党组组织开展海南省委“大研讨大讨论”和海南省直机关工委“建功美好新海南、献礼党的十九大”专题学习实践活动。厅党组 4 次组织学习习近平总书记 2013 年视察海南时的重要讲话精神，并进行学习交流讨论；组织全体党员参加海南省直机关工委统一命题的知识测试；厅党组成员带领机关干部，对海南省水务项目建设、管理工作、党建工作等 6 个方面 11 个具体问题，15 次深入基层调研，向海南省委省政府提出建设性的意见与建议。

4. *狠抓“两学一做”学习教育常态化制度化* 按照中央和省委关于做好“两学一

做”常态化制度化的指示精神，海南省水务厅党组研究制定下发了《省水务厅“两学一做”学习教育常态化制度化方案》。年初制定党建工作的各类计划（2017年海南省水务厅党组中心组理论学习计划、2017年海南省水务厅党组反腐倡廉工作要点、2017年海南省水务厅机关党建工作要点、2017年海南省水务厅机关纪检工作要点、2017年海南省水务厅全面从严治党考核办法及评分细则），下发到机关和直属各单位。海南省灌区管理局松涛分局大坝管区党支部被海南省直机关工委评为“党建工作示范点”。

5. *培训党务干部* 海南省水务厅直机关党委分别于4月、6月、9月3次组织对所属党支部书记、委员共170人进行了培训；安排20388元党费，统一购买党建工作规范化记录本和学习书籍，发放到所属每个党支部和每名党员。

6. *开展主题党日活动* 在建党96周年之际，海南省水务厅各级党组织积极开展形式多样的主题党日活动。厅各级党组织书记开展专题党课辅导，厅党组成员及直属各单位400多名在职党员以凭吊烈士陵园、重温入党誓词、深入水利工地、到扶贫村慰问贫困群众等形式开展主题党日活动。

7. *开展机关“灯下黑”整治* 海南省水务厅直机关党委下发通知，机关和驻海口地区单位21个党支部在3—4月，利用每周党日活动时间，组织党员干部到海口市美舍河整治现场参观，厅党组开展了4次集中讨论，各党支部和党员干部认真查找在思想、工作、作风上存在的不足和问题，并制定了整改措施。

8. *开展“干部能力提升年”活动* 海南省水务厅党组结合学习海南省第七次党代会精神和“两学一做”学习教育常态化制度化，在厅机关开展了“干部能力提升年”活动，对各级干部提出了能力提升的目标任务。建立了厅学习微信群，每月在微信群公布1次学习成果，截至12月，共完成调研报告23篇，在省级以上刊物上发表论文30篇，各级各类干部素质能力有了一定的提升。

9. *落实党风廉政建设主体责任* 2月，海南省水务厅党组召开党风廉政建设工作会议，层层签订责任书；7月，召开专题会议，研究主体责任落实工作。全面落实约谈制度，厅党组书记、班子成员和直属单位负责人全部开展约谈，全年共开展“咬耳扯袖”“红脸出汗”等谈话提醒38人次，诫勉谈话5人。

10. *开展廉政教育月活动* 海南省水务厅直机关纪委“七一”前组织党员干部45人到警示教育基地参观；8月，开展“反腐倡廉”教育月活动，组织党员干部观看《反腐利剑》《作风建设永远在路上》等多个专题教育片，8次集中传达中纪委、省纪委违纪案件通报。

11. *不断完善防范措施* 海南省水务厅改革水务项目建设管理体制机制，推广APP、EPC等建设新模式，促进市县水行政部门职能转变，18个市县水务局全部不再担任项目业主；推行水务建设项目第三方质量检测和水务建设市场“红黑榜”制度，净化水务项目建设市场；对全厅9个直属单位2016年财务收支情况进行了财务审计。

三、水文化建设

【水文化研究】 海南省三亚市水务局党组书记、局长马育红在全面深入调查三亚河水生态后，分析了影响水生态环境的众多因素，给三亚水环境带来的不良影响，阐述了生态调度的意义和现阶段调度存在的困难，提出了调度的建议，并在此基础上撰写了调研文章《三亚市河流生态需水与水库生态调度》，入选了《中共三亚市委“大研讨大行动”理论研讨论文集》。

【水利工程水文化建设】 2017 年，海南省新建续建中小河流治理项目 9 宗，综合治理河道 25.93km，投资 19492 万元；新建续建中小河流治理重点项目 16 宗，综合治理河长 30.12km，投资 12998 万元。部分市县把中小河流治理工程建设与市政工程建设结合起来，同步建设，合理配置亭、台、阁、桥、洞，以及楹联、诗、赋、壁画、雕塑等，增加了文化含量，提升了城市品质。

1. *海南省海口市五源河生态修复* 五源河生态修复工程示范段位于海口市秀英区滨海大道五源河桥北面区域，属于南渡江引水工程其中一个子项。五源河生态修复工程作为海口市旅游景观带的重要部分，通过恢复河道湿地的自然形态和增加岸线长度，为水体净化、多种鸟类和生物的栖息创造条件，并营造出丰富的景观效果。2 月 25 日，五源河生态修复工程示范段开工；10 月 1 日，作为五源河湿地公园园区对市民开放。整个工程建设面积 6.23 万 m^2，绿化景观面积 3.84 万 m^2，种植乔木 1848 株、红树林 8.60 万株、地被 1.87 万 m^2，河岸堆填树岛 12 个、景观盒子 1 个，建设步行栈道约 900m 以及其他广场、道路及景观挡墙等。项目把自然河道和水利工程融为一体，为市民打造一个亲近自然湿地的理想场所。

2. *海南省海口市凤翔湿地公园* 凤翔湿地公园项目用地位于海口市凤翔路两侧、椰海大道北侧，以凤翔路为界，分为南北两区，用地面积 75.93 万 m^2。公园设计以保护生态环境为原则，结合海绵城市措施，塑造“水清、岸绿、景美、民乐”的总体空间氛围，营建以滨河休闲为特色，集湿地观光、市民休闲、科普教育、滨水游憩、生态保育为一体的综合性生态公园。建设内容主要包括生态基础设施建设、生态湿地、雨水花园、雨洪管理设施、尾水净化功能湿地、小型市民服务设施、游览休憩等公共服务设施以及配套给排水与电气照明等工程，建安工程投资约为 1.3 亿元。公园于 2 月 9 日动工建设，6 月 1 日公园的一期建成，公园主入口、市民果园、草坪广场等核心景观区并开放，面积约 15hm^2。共种植椰子树等乔木约 3200 株、地被及灌木约 2.65 万 m^2、大叶油草约 8.1 万 m^2，建设园路约 1.2 万 m^2、栈道约 7500m^2，广场约 6800m^2、避雨廊 3 座、服务建筑完成 3 座等。凤翔公园开放以来，共接待考察学习团队 150 余次，每天引来市民游客观光游玩约 3000 人次。

3. *海南省琼海市水文化建设* 琼海市委市政府把琼海市产业结构调整与优美的水景观体系打造紧密结合，通过全面建设田园城市、深度打造特色小镇、打造万泉河沿岸景观带等重要战略举措，建成琼海合水水库国家水利风景区。使琼海市初步形成了以龙寿洋国家农业公园为代表的田园城市风貌，以博鳌镇为核心的会展文化，以潭门镇为典型的海洋风情，以万泉河为轴线的滨水景观带，已逐渐形成具有琼海特色的水文化建设。

（1）南海文化。海南省琼海市着力打造潭门南海风情小镇，宣传推广潭门赶海节活动，推进海鲜美食一条街等滨海旅游项目；国家南海博物馆和水下文化遗产保护南海基地建设奠基开工；大力推进潭门海洋经济产业园、海产品交易市场项目，初步形成了潭门镇浓厚的海洋文化、南海文化、渔业文化氛围。

（2）农耕文化。海南省琼海市成立“中国热科院品资所龙寿洋专家工作站”，试验推广农业新品种和现代农业技术成果，通过完善提升连片的田洋及周边农村的基础设施和配套，将龙寿洋国家农业公园打造成一个具有现代农业产业化功能、旅游功能、休闲功能的乡村综合载体，并被评为“中国美丽田园”，成为琼海市农耕文化、生态农业文化体系的重要代表。

（3）养生文化。海南省琼海市积极推进琼海博鳌乐城国际医疗旅游先行区，发展医疗旅游健康产业；利用琼海市临海优势，发展新兴水上运动，通过举办“博鳌金湾杯”IKA风筝冲浪世锦赛等大型国际性赛事，同时抓好潭门游艇制造基地建设，推进运动相关产业发展，使琼海市形成独具特色的医疗养生、运动健康的特色文化。

4. 海南省屯昌县城区生态水系连通工程　项目建设内容包括水系连通工程、河道治理工程、水环境修复工程及水系监测管理系统工程等，总投资9459.96万元。工程于10月15日开工建设，共整修加固渠道8877m，清淤疏通加固地下箱涵1600m，新建渠道和河道护岸1621m，还修建了观光步道、凉亭、廊桥等设施，水系连通实现了流域良性水循环，水质已接近Ⅲ类水体标准，成为了一个集湿地观光、市民游憩、生态保育，为一体的综合性生态公园。

【机关文化建设】

1. 扎实开展思想教育　根据中央、海南省文明委和水利部文明办的通知，海南省水务厅制定下发了《2017年省水务厅精神文明工作计划》和《省水务厅深化群众性精神文明活动的实施方案》，调整了精神文明建设领导小组成员。扎实开展社会主义核心价值观、中国特色社会主义和中国梦宣传教育、海南精神等宣传教育。

2. 开展公民道德建设　海南省水务厅直机关党委积极选树道德模范、身边好人、劳动模范等先进人物，推荐海南省水文水资源勘测局职工钱成同志为全省道德模范、“全国三八红旗手标兵”候选人，在海南省内媒体上宣传钱成和海南省第七次党代会代表李其标的先进事迹。

3. 开展志愿服务　海南省水务厅制定了党员志愿服务工作方案，成立了学雷锋服务队，组织机关党员干部义务献血1次共4600mL；组织机关干部参加了海南省委统一开展的植树造林活动；组织党员干部5次140多人次开展助力海口双创活动。

4. 开展文明机关创建　海南省水务厅党组4次组织学习有关水利建设的法律法规；4月邀请海南省礼仪专家到厅机关进行文明礼仪宣讲；按时进行检查，主动开展机关网络文明行动。在办公区域设置了社会主义核心价值观内容的宣传栏，营造了一个良好的办公环境。海南省水文水资源勘测局通过了水利部和海南省文明委组织的2017年文明单位复查。

5. 推进水务诚信建设　海南省水务厅开展诚信主题宣传，号召全体职工诚实守信；大力普及与市场经济相适应的诚信理念、规则意识、契约精神，建立健全海南省水务行业诚信“红黑榜”制度，2017年有11家施工单位被列入水务市场黑名单。

6. 开展“我们的节日”活动　在春节、元宵、端午、中秋、重阳等中华传统节日，海南省水务厅各级党组织开展走访、座谈、慰问干部职工及退休老干部，从办公经费中拿出5.6万元，走访慰问困难职工24人。组织召开老干部座谈会，让老干部畅谈十九大以来党和国家取得的巨大成就，宣传和传承优秀传统文化。

7. 开展三八妇女节活动　海南省水务厅工会和妇委会与海南省水文水资源勘测局工会和妇委会在3月8日开展主题为“弘扬革命传统、体验测站生活”的活动。

8. 开展帮扶关爱活动　海南省水务厅各级党组织在春节、七一期间组织走访老同志、老党员，共发放慰问金35000元；走访慰问厅定点扶贫村儋州市木棠镇薛宅村的贫困户，共发放各类物资105976元；在4月、6月两次发动党员干部购买扶贫村的农产品共30000多元。

9. 建设图书阅览室和健身室　海南省水务厅直机关党委从党费中拿出16000元，购买了422册图书，厅党组领导带头，发动机关党员干部捐书1808册，机关工会从工会费中拿出3万元，购买了一组健身器械，为机关干部职工提供了一个学习、健身的场所。

【水生态文明建设】　海南省水务厅坚决落实“创新、协调、绿色、开放、共享”五大发展理念，认真抓好农村饮水安全工程，推进城市、农村污水处理，开展城市内河湖整治三年工程，整治河道采砂，实行最严格的水资源管理，在全国最严格水资源考核中取得良好成绩。

1. 开展城镇污水处理设施建设　海南省有15个建制镇污水处理设施开工建设，103个建制镇开展前期工作；推进敏感区域10座城镇污水处理厂提标升级改造工作；开工建设城镇污水处理设施及管网项目43个，新增污水处理能力15.8万m^3/d，新建配套管网235km，完成投资7.69亿元。全省运营48座污水处理厂共处理污水3.08亿m^3，污水集中处理率达到83.7%，污水处理厂运营负荷率为79.1%。

2. 开展城镇内河（湖）水污染治理　按照《海南省2017年城镇内河（湖）水污染专项整治工作方案》，全省64条城镇内河（湖）污染水体全部开工治理，完成投资25.7亿元。目前全省有排污口1887个，已完成治理1038个，清淤400万m^3，疏浚河道63.4km。治理水质达标断面35个，形象进度55%；全省29条黑臭水体已有28条基本消除黑臭，黑臭水体消除率96.5%。

3. 整治河道采砂　海南省水务厅组织各市县水务、公安等部门23400人次，共出动打击非法采砂行动4454次、查处捣毁非法采砂船397艘、浮台346处，扣押非法运砂车238辆，取缔非法采砂点440处（次），水行政立案查处119家，公安机关立案15宗，治安扣留37人，刑事扣留13人。

4. 严格水资源管理　海南省水务厅不断加强对水资源的管理，用水总量得到有效控制，用水效率得到提升，全面完成最严格水资源管理年度目标。全省用水总量为45.56m^3，低于目标值49.76m^3；万元GDP用水量106.69m^3，比2015年下降13.82%；万元工业增加值用水量59.29m^3，比2015年下降了11.12%；农田灌溉水有效利用系数为0.5663，高于国家考核目标值；全国重要水功能区达标率100%。

5. 做好水土保持工作　海南省水务厅依法强化水土流失预防和治理，维护绿水青山优美环境，助力海南省生态文明和国际旅游岛建设。共审批生产建设项目水土保持方案410宗，明确水土流失防治责任范围3014hm^2，落实弃土弃渣防护300万m^3，减少土壤流失量94万t。共投入水土流失综合治理资金5750万元，在临高、昌江、东方、屯昌、澄迈、儋州等6个市（县）实施11宗小流域水土流失治理项目，新增水土流失治理面积 125.45km^2。

6. 海南省海口市水环境综合整治　海南省海口市在水体治理中，坚持以点带面、逐个突破，特别是以美舍河为示范开展水生态治理，把美舍河打造成为全市水体治理和生态修复的示范和模板，共组织召开水体治理及美舍河生态修复专题会议 69 次，开展专题调研和召开现场会 133 次，全面推动海口市 32 个城镇内河（湖）水环境综合整治，增建市民活动广场 22 个、面积 1.19 万 m^2。海口市被评为全国文明城市、国家卫生城市。

7. 海南省三亚市开展城镇内河湖治理　海南省三亚市开展城市河道 18 个断面水污染治理工作，建成新城水质净化厂二期、红塘湾水质净化厂等 3 座污水处理厂，建成 11 座移动式污水处理站，新增污水处理能力 4.55 万 t/d；实施红沙污水处理二厂、荔枝沟水质净化二厂建设，提升污水处理“硬件”设施水平。里外兼修、水岸同治，实施腊尾山塘、鸭仔塘山塘、青梅港、烧旗沟等水环境工程，生物和物理方法并举，提升水体自净能力，构建生态修复系统，持续改善水体水质。实施三亚东河生态综合整治、高原水库—大茅水连通工程，增强水动力，营造沿河景观带，提升城市品质。

8. 海南省琼海市水生态文明城市创建　根据《水利部关于开展全国水生态文明城市建设试点工作的通知》（水资源〔2013〕145 号），海南省琼海市确定为全国第一批水生态文明城市建设试点城市之一，试点期为 2014—2016 年。琼海市市委市政府成立了水生态文明城市建设试点工作领导小组，编制完成了《琼海市水生态文明指标体系制定及水生态文明城市试点制度建设》报告，提出琼海市水生态文明城市评价标准，制定琼海市最严格水资源管理制度、饮用水源保护管理制度、城市供水节水制度、水资源管理责任和考核制度等。经过 3 年的努力，琼海市水生态文明城市建设取得了丰硕成果和显著成效。在生态环境方面，饮用水水源地水质达标率、水功能区水质达标率、生态岸线占新建岸线的比例三个指标均达到 100%。在水资源优化配置与高效利用方面，城市供水保证率达到 97%，农田灌溉水有效利用系数达到 0.59，万元工业增加值用水量下降到 31.7m^3。在水景观与水文化方面，初步形成了点、线、面丰富多彩的景观层次。2017 年 12 月，海南省琼海市水生态文明城市建设试点顺利通过验收。

【水利风景区建设】　海南省水务厅坚决响应海南省第七次党代会提出的建设美好新海南的宏伟目标，开展水利工程和水文化的有机结合，海口美舍河水利风景区被评为“国家水利风景区”，海南省“国家水利风景区”共有 5 个。

海口美舍河水利风景区涉及海口市龙华区、琼山区和美兰区。景区总用地面积约 4.60km^2，其中，水域面积 1.46km^2。景区规划范围为东至群上路，南至梧桐路，西至苍东村，北至长堤路。景区范围以美舍河为中心，上游至沙坡水库，下游至长堤路河口，成为从南到北贯穿市区的休闲绿带。

【水文化教育】

1. 开展《中华人民共和国水土保持法》宣传　在 3 月 1 日《中华人民共和国水土保持法》施行纪念日，海南省水土保持处和海南省水资源勘测局组织海南省水土保持学会及海南省水资源学会在海口市第二十五小学开展水土保持宣传教育活动暨水土保持征文及创意视频比赛，提高小学生对水土保持的认识，评选出一等奖 2 名、二等奖 3 名、三等奖 6 名及优秀奖 11 名，优秀组织奖 1 个、优秀指导老师 2 名。

2. 开展用水节水宣传　海南省水务厅政策法规处、水土保持处在“3·22 世界水日”、“中国水周”、“4·22 世界地球日”，组织 263 人次广泛宣传节水知识，增强群众用水、节水、爱水、护水意识。

3. 开展科普宣传　9 月 19 日，海南省水务厅水土保持处、海南省水文水资源勘测局团委结合科普宣传日，在海口市万绿园开展宣传活动，现场共发放各类宣传册 200 份、征集签名 158 个。

4. 开展“12·4”国家宪法日暨海口市法治宣传月活动　12 月 3 日，海南省海口市水务局审批办（法规处）、海口市水政监察支队在海口市明珠广场举行“12·4”国家宪法日暨海口市法治宣传月活动，向市民发放水法律法规宣传材料、普及水法知识，让群众了解最新水法规，增强全民法治意识，推动全社会遵法、守法、学法、用法。

四、水利文学艺术

【水利文学】　海南省三亚市防汛防风防旱办公室科员周立广撰写的《童年往事》在三亚日报第 4 版刊发，《童年趣事》在《三亚湾》杂志 2017 年第 3 期刊发。

【水利摄影】　海南省水务厅机关党委专职副书记徐国铭创作的作品《红岩》《胡杨林》，在海南省直机关工会组织的书法摄影比赛中取得了三等奖和优秀奖。海南省三亚市水务局审批办主任陈颖专创作的作品《万人长跑》在 2017 年吉阳区“实力活力魅力”摄影比赛中荣获二等奖。

五、水利体育

4 月，海南省水务厅机关工会组织开展了海南省水务厅第三届春季趣味运动会，厅机关及直属单位共 8 个单位 65 人参加了 4 个项目的比赛，海南省水务建设质量监督定额局获得总分第 1 名；9 月，海南省水务厅工会组织参加了海南省直机关工委组织的海南省第四届职工运动会，共派出 32 名运动员参加了 3 个项目的比赛，取得了男子乒乓球团体比赛第一名、羽毛球团体第三名的成绩；9 月，在海南省三亚市直机关运动会上，海南省三亚市半岭水库工程管理处职工陈丹华获得乒乓球女子单打亚军，海南省三亚市赤田水库供水灌溉工程管理处主任陈多能获得乒乓球男子单打亚军。

四 川 省

一、综述

四川省水利厅为全面贯彻落实党的十九大精神，推进新时代水利现代化建设，加强水利系统精神文明建设和水文化建设，深入贯彻中央办公厅、国务院办公厅印发的《关于实施中华优秀传统文化传承发展工程的意见》（中办发〔2017〕5号）精神，传承中华优秀水文化，进一步推进蜀水文化大发展大繁荣，坚定全省水利行业干部职工文化自信，增强四川水文化改革发展软实力。

二、水文化建设

【水文化遗产保护与利用】 都江堰水利工程申遗。世界灌溉工程遗产与世界文化遗产、世界自然遗产、世界文化景观、世界农业遗产、国际湿地遗产并称为世界遗产，是国际灌溉排水委员会（ICID）从2014年开始评选的世界遗产项目，旨在更好地保护和利用在用古代灌溉工程，挖掘和宣传灌溉工程发展史及其对世界文明进程的影响，学习古人可持续性灌溉的智慧、保护珍贵的历史文化遗产。

都江堰水利工程是世界文化遗产，也是世界灌溉工程遗产。作为世界文化遗产，都江堰与其他文化遗产的最大区别就是它也是一座至今仍发挥巨大效益和造福于民的民生工程。由此可见，都江堰作为世界文化遗产，不是作为单纯的文化景观而存在的，而是有着维系灌区数千万人民群众生存和发展需要的现实功能的“活文物”，因此，绝对不能忽视都江堰作为“水利工程”的基本属性，忽视它作为四川省国民经济和社会发展的基础设施和基础产业地位而陷入一种“静态保护”的僵化观念。这次申报世界灌溉工程遗产的范围是有史以来最广的，是包括7市38县（市、区）的都江堰水利工程体系，都江堰的可持续发展能力、不断增长的灌溉面积和巨大效益得到了国际灌溉排水委员会的高度认可和赞誉。

（1）四川省水利水电勘测设计研究院参加茂县特大山体高位崩塌抢险。6月24日，四川省阿坝州茂县叠溪镇新磨村发生特大山体高位垮塌灾害，灾害点位于岷江右岸一级支流松坪沟左岸，距松坪沟沟口约1.5km。垮塌堆积体约800万m^3，位于松坪沟景区游客集散中心与芳草海之间，造成村舍被埋，多名群众失联。垮塌堆积物上缘已进入芳草海湿地，下缘至松坪沟景区游客集散中心上游约200m，在平面上呈扇形分布，影响松坪沟主沟河段长度约1.8km。当天，在四川省水利厅党组成员、总工程师梁军的带领下，四川省水利院副院长高明军参加第一批抢险组奔赴现场。随后，四川省水利院副院长周武平参加由四川省水利厅党组成员、厅长胡云带领的抢险组，四川省水利院二分院院长、高级工程师何平参加由四川省水利厅党组成员、副厅长张强言带领的抢险组奔赴灾区。25日，四川省水利院测绘分院副院长肖文全带领设计人员共十余人赶赴松坪沟新磨村。26日，四川省水利院冉隆元、况磊强、兰思勇、余志友等设计人员进驻灾区前线。抢险组查勘了堰塞体险情，提出应急处理方案，完成了《茂县6.24特大山体高位垮塌灾害应急处置总报告》《四川茂县“6·24”特大山体高位坍塌堵塞河道应急处置方案》。6月27日，报告通过审查，获得国家防总办公室、国家防总工作组一致认可。经过7天艰苦奋战，于7月1日顺利完成了应急抢险任务。

(2) 四川省水利水电勘测设计研究院参加九寨沟抗震抢险。8月8日，九寨沟发生7级地震。当天11时，四川省水利院副总工李自繁随四川省水利厅党组成员、副厅长张文彪赶赴九寨沟。随后，8月11日凌晨5点，四川省水利院周武平副院长带领设计人员周祥志、唐成建等出发赶赴九寨沟，查勘了九寨沟沟内涉水景观、海子震损情况、各海子溃决危险性评估，查勘了九寨沟县罗洲湖、天池湖两座天然高山湖泊震损情况及危险性评估，对景区、天然湖泊震损提出了应急抢险措施。提交了成果《水利工作组九寨沟景区现场查勘情况报告》《九寨沟县罗依乡罗洲湖、保华乡天池湖震损评估及应急措施报告》。至8月17日，四川省水利院前方抢险组完成抢险任务。

(3) 泸州市江阳区张坝滨江路景观工程。泸州市江阳区张坝滨江路景观工程位于4A级景区——泸州市江阳区张坝桂园林景区东北侧，沿江怀抱景区，是桂园林景区沿江裙边。工程占地1200亩，总投资约1.5亿元，该项目采用PPP模式融资建设，社会投资方为四川商业投资集团有限公司。项目建成4.2km的乐学·闻道、乐动·触风、乐享·品山、乐水·听潮四段主题滨江景观、1000亩的苗圃及附属配套工程。其中滨江景观路包含14m宽市政道路工程4.2km，4m宽透水混凝土骑行道2.3km，花岗石硬质铺装45000m^2（约67亩），绿化25000m^2（约37亩）；附属设施包含停车场1个，自行车停放点3个，公共厕所3个，雕塑4组，廊架4组。工程建成后将为群众提供更加优美的休闲运动场所，成为泸州长江上又一亮丽景观，极大地提升了泸州城市形象。

三、水利文学艺术

【水利文学】 泸州市水务局组织全市水务系统开展“水故事”征集活动，各区县组织专业采编队伍，深入到水利工程效益发挥最突出、影响最深远的地方，采访群众、拍摄图文影像、撰写稿件。“水故事”记录反映人水交融，互利互促的生动情节，反映水生态建设对促进产业发展、提升经济效益、改善生态环境、提高群众生活质量的显著成效，反映水利工程建设的艰辛与幸福。活动共征集到50余篇，择其经典19篇进行编印。

【水利音乐舞蹈戏剧】

1. 水歌　泸州借创建全国水生态文明城市之机，为充分发掘泸州水文化的传承，掘出泸州人与泸州水的亲密关系，共收录整理了20首因水而生的歌曲，这些歌曲分别录制为MV，并由专人录唱，深受群众喜爱，在民间广为传唱。泸州“水歌”不断挖掘、传承、弘扬泸州水文化，营造水生态文明城市建设的浓厚氛围，并激发市民爱水、护水、节水的热情。

2. 舞台剧　《我们和灌区是一家》情景剧是由四川省都江堰人民渠第二管理处、四川省都江堰管理局共同出品，整个编排过程历时半年，6 月 20 日代表四川省水利厅参加了由中共四川省直机关纪工委举办的“清风正气传家远”——全省机关家风建设展示活动，在四川广播电视台进行录制，7 月在四川水利厅党组中心组（扩大）学习会上演出，取得良好的演出效果。

重 庆 市

一、综述

2017 年，重庆市水利系统广大干部职工在市委市政府的坚强领导下、在水利部的亲切关怀和正确指导下，坚持以习近平新时代中国特色社会主义思想为指导，认真贯彻党的十九大精神，强化“四个意识”、坚定“四个自信”，坚决维护习近平总书记核心地位和党中央集中统一领导，聚焦新时代水利现代化发展，围绕中心、服务大局，大力弘扬新时代水利精神，进一步加强全市水利系统思想文化建设、精神文明建设、水文化建设，以及职工文化体育活动，有力推进了全市水利工作快速改革发展和提质增效，为全市经济社会发展提供了强有力的水利支撑。

二、重要文献

【重要文件】

(1) 2 月 28 日，重庆市水利局、重庆市财政局联合印发《重庆市小型水库管理办法（试行）》，包括总则、管理责任、运行管理、安全管理、监督检查、附则等 6 章共 29 条。为落实深化小型水利工程管理体制改革，保障小型水库正常运行、安全运行，促进小型水库效益发挥提供了重要保障。

(2) 3 月 16 日，重庆市委办公厅、重庆市政府办公厅联合印发《重庆市全面推行河长制工作方案》，明确了总体要求、主要目标、组织体系、主要任务、进度安排、组织保障等 6 个方面的内容，全市河长制工作全面铺开。

(3) 5 月 1 日，《重庆市村镇供水条例》正式施行，重庆市、区县（自治县）人民政府及有关职能部门深入贯彻实施，积极推进依法行政，有力地推动了农村供水保障水平的稳步提高，完善了农村饮水工程良性运行机制，加快了城乡供水一体化进程，促进了全民供用水法律意识显著提高和农村供水事业的规范健康发展。

(4) 5 月，《重庆市水土保持规划（2016—2030 年）》获重庆市政府批准。该规划目标是到 2020 年，市级以上水土流失重点预防区得到有效的预防保护，全市治理水土流失面积 0.5 万 km^2，巩固提高治理面积 0.2 万 km^2，年土壤流失总量控制在 0.8 亿 t 以下，水土流失率下降到 32%以下，人为水土流失得到有效防治。到 2030 年，实现全面预防保护，全市治理水土流失面积 1.7 万 km^2，巩固提高治理面积 0.6 万 km^2，年土壤流失总量控制在 0.6 亿 t 以下，水土流失率下降到 25%以下，人为水土流失得到全面防治。

(5) 5 月 27 日，《重庆市深化农村小型水利工程确权登记颁证指导意见》印发实施，分为 6 条，第一条为指导思想；第二条为基本原则，包括依法确权、实事求是、因地制宜、民主决策 4 方面内容；第三条为范围，包括小型水源、灌溉渠系、集中供水工程、排涝工程、其他工程 5 项内容；第四条为主要工作，包括基础工作、确定所有权、确定使用权、推进登记颁证 4 方面内容；第五条为时间安排，包括准备、完善实施、总结验收 3 个阶段；第六条为保障措施，包括组织领导、培训宣传、深化改革、督查考核 4 项内容。随文印发了确权登记颁证相关表格、证书样本。

（6）9 月 28 日，重庆市委办公厅、重庆市政府办公厅联合印发《重庆市全面推行河长制主要任务分解》，将河长制 6 大主要任务分解成 72 项具体措施，细化落实到重庆市各区县、部门。

（7）10 月 11 日，重庆市委办公厅、重庆市政府办公厅联合印发《重庆市河长制工作规定（试行）》，明确了河长会议、河长巡查、部门联动、工作督察、信息报送、信息公开与共享和考核问责等方面的工作。

（8）11 月，《重庆市重要河道采砂规划（2016—2020）》获重庆市政府批准。该规划目标是：合理科学地划定可采区、禁采区、保留区以及禁采期、规划期内可开采总量、年度可开采控制总量，为砂石资源开采权通过招标、拍卖等方式进行许可奠定基础，以实现砂石资源最大化利用，并确保河势稳定、防洪和通航安全。规划范围为上一轮规划（2011—2015）涉及的嘉陵江、乌江及中小河流共 36 条，涉及 28 个区县（自治县）。

（9）12 月 8 日，重庆市委办公厅、重庆市政府办公厅联合印发《关于进一步强化全市河长制组织体系的通知》，在市、区县、乡镇三级落实“双总河长制”，优化市级责任单位，丰富河长体系。

（10）12 月 28 日，重庆市水利局印发《关于在行政管理事项中查询使用“红黑名单”等信用记录并实施守信激励和失信惩戒工作的通知》，建立完善职能范围内的涉企信用记录，鼓励依法依规建立信用“红黑名单”制度及奖惩措施；鼓励探索应用信用综合查询、信用评价、信用评级成果。

（11）12 月，《重庆市主城区防洪规划（2016—2030 年）》获重庆市政府批准。该规划按照主城区经济社会发展以及城市总体规划要求，综合考虑洪水防御、河道治理、水生态保护与建设等需要，合理确定主城区防洪标准，调整优化防洪布局，科学安排工程与非工程措施，加强防洪管理，统筹推进水生态文明建设，加快完善城市防洪保障体系，全面提高城市防洪能力，确保人民生命财产安全，促进城市功能品质提升，为主城区美丽山水城市建设提供可靠的防洪安全保障。

（12）2017 年重庆市水利局开展了行政许可标准化建设，并于 12 月通过了市联合验收组的验收，形成了《重庆市水利局行政许可标准化体系标准文本》。重庆市水利局行政许可标准体系主要包含标准化工作导则、事项管理、服务流程管理、行政服务规范、受理场所建设与管理、监督检查评价等 6 个子体系，共有 54 个行政服务标准。目前，重庆市水利局所有行政许可事项均在重庆市网上办事大厅上予以公开发布，申请人均通过网络进行申报，做到了公开、透明、便捷，极大地方便了申请人。

【重要讲话】

（1）2 月 19 日，水利部定点扶贫工作座谈会在重庆市丰都县举行。时任水利部部长陈雷总结了 2016 年水利部定点扶贫工作。陈雷部长要求，2017 年是扎实有效推进定点扶贫工作的重要一年，要深入贯彻习近平总书记系列重要讲话精神和扶贫开发重要战略思想，紧紧围绕贫困人口脱贫、贫困县摘帽这个中心任务，保障各项政策措施落地，实现 2.85 万建档立卡贫困人口越线，56 个贫困村整村脱贫，城口、巫溪两县脱贫摘帽，丰都、武隆两县脱贫成果更加牢固的目标任务。

(2) 4 月 10 日，长江防汛抗旱总指挥部指挥长会议在武汉召开。重庆市委常委、副市长刘强在大会上作了交流发言。汇报了 2016 年重庆防汛抗旱工作情况，指出 2017 年防汛抗旱工作有序开展：贯彻“两个坚持、三个转变”，深入推进防汛抗旱改革；坚持防重于抢，扎实开展汛前准备工作；着眼薄弱环节，逐步完善防汛抗旱设施；强化工作落实，构建全方位全覆盖责任体系。

(3) 4 月 28 日，重庆市防汛抗旱工作视频会召开。重庆市委常委、副市长刘强指出，去年重庆市各级各部门积极作为、强化响应，恪尽职守、密切配合，打赢了防汛抗旱主动仗。刘强常委要求：要深刻认识做好防汛抗旱工作的重要性；要准确把握防汛抗旱工作面临的严峻形势；要全力做好 2017 年防汛抗旱工作。

(4) 9 月 28 日，重庆市委书记、重庆市总河长陈敏尔主持召开市委全面深化改革领导小组会议，专题研究河长制工作，强调“聚焦水里抓改革，全面推行河长制，做到一河一长、一河一策、一河一档，加强水资源保护和合理利用”，要求进一步健全河长制领导机制，由重庆市委、市政府主要负责同志担任总河长，运用大数据、云计算、智能化等现代信息手段提高河长制工作水平。

三、思想政治

(1) 2017 年，重庆市璧山区水务局干部职工自编自导的反映水利行业风险大、要加强规矩意识提升的微视频——《规矩》获得中组部最佳摄影奖和重庆市一等奖。

(2) 8 月 17—19 日重庆水利电力职业技术学院举办中国水利教育协会职教分会学校管理研究会、德育研究会和西部发展研究会 2017 年年会。来自全国的 26 家水利高职院校主要负责人参加会议。

(3) 8 月 22 日上午，重庆市水利局组织局机关全体干部职工和直属单位班子成员共 130 余人到重庆市廉政教育基地接受警示教育。在廉政教育基地讲解员的引导下，大家进入廉政教育展厅，参观了中国共产党建党以来各历史时期的反腐倡廉历程、违纪违法典型案例等文字图片资料展。随后，观看了服刑人员现身说法视频。大家一致认为，通过此次廉政警示教育，思想上受到触动，心灵上受到洗礼，进一步增强了党员干部的党性、法纪、廉洁意识，提醒自己时刻保持头脑清醒，遵纪守法，廉洁自律，筑牢拒腐防变思想防线，做到警钟长鸣。

(4) 8 月 29 日上午，重庆市水利局党组书记、局长吴胜海率局领导班子成员参加并主持召开了由局 50 多名军转干部参加的“庆八一”专题座谈会，听取军转干部意见，交流工作体会，提出工作要求，理顺了情绪，密切了关系，增进了团结，鼓舞了斗志，取得了良好的效果。

四、水文化建设

【水文化研究】 4月10日，水利部水土保持司在重庆召开水土保持监测与信息化推进会。各流域机构、各省（自治区、直辖市）水利（水务）厅（局）、新疆生产建设兵团水利局水土保持局（处、办）主要负责人参加会议。会议特别邀请国土资源部中国土地勘测规划院和国务院发展研究中心资源与环境政策研究所专家分别就国土资源调查和生态环境监测网络作专题讲座。

【水文化遗产保护与利用】 2017年，重庆市涪陵区水务局积极做好白鹤梁水下博物馆的开发与保护，制定了“一二一”发展目标思路：坚持一条主线，即白鹤梁古水文题刻的保护与展示利用；完成两大目标任务，即白鹤梁精品景区建设、申报世界文化遗产目录；建设一个国际一流的、有特色的水下博物馆。此外，积极参与开展市、区有关部门安排的科普日活动、科技周活动、文化遗产月活动、博物馆日活动等科普活动100余场次，并成功通过国家水情教育基地复核及后续考察。

【水生态文明建设】

1．调查研究

（1）4月19日，水利部黄委黄河上中游管理局局长王健率工作组一行，在重庆市水利局副局长秦向阳、璧山区政协副主席周英碧，以及区水务局调研员付洪江的陪同下，赴璧山区调研水生态文明建设和城市水土保持工作。

（2）5月15日，水利部副部长雷鸣山带领国务院实行最严格水资源管理制度考核检查组莅临重庆市璧山区，对璧山实行最严格水资源管理制度情况和水生态文明建设试点城市推进情况进行检查指导。市水利局局长吴盛海、总工程师谢飞、璧山区区长秦文敏陪同检查。

（3）9月27日，由长江委和人民长江报社相关负责人率队，组织长江流域12省（自治区、直辖市）水利厅（局）的相关处室负责人，在重庆市水利局相关处室负责人和璧山区水务局负责人的陪同下，莅临璧山区调研水生态文明城市建设工作。

（4）10月21日，水土保持司蒲朝勇司长带队督查重庆市石柱县水土保持工作，重庆市水利局党组书记、局长吴盛海全程陪同。

（5）11月7日，台湾水土保持专家组到重庆市渝北区统景镇民权村考察水土保持治理工程。台湾水土保持专家对该点的水土保持工作成效给予了高度评价，大家共同讨论了在水土流失治理方面的一些见解，希望能通过两岸合作，促进交流，加强水土流失治理，让一江碧水长流，两岸青山常在。

（6）12月13日，由水利部水资源管理中心袁建平处长率调研组一行，在重庆市水利局相关处室负责人和重庆市璧山区水务局负责人的陪同下，调研水生态文明城市建设工作。

2．取得成果

（1）11月28日，重庆市永川区顺利通过由长江委、重庆市水利局专家组成的验收委员会组织开展的全国水生态文明城市建设试点行政验收，成为第一批通过全国水生态文明建设试点验收的城市。

（2）12 月 17 日，我国首届“最美家乡河”评选结果在陕西西安揭晓，重庆市璧南河成功入选，成为我国首届 10 条“最美家乡河”之一，也是重庆唯一入选的河流。

（3）截至 2017 年年底，重庆市河长制“四个到位”目标实现。工作方案到位，市级、区县、1019 个涉河库乡镇（街道）全面推行河长制工作方案全部印发；组织体系到位，设立市、区县、乡镇（街道）三级河长办 1060 个，分级分段设置河长 16611 名（其中市级 5 名、区县级 486 名、乡镇级 5373 名、村社区级 10747 名），实现境内河库“一河一长”全覆盖；制度措施到位，制定《重庆市全面推行河长制主要任务分解》《重庆市河长制工作规定（试行）》2 项配套政策和《重庆市河长会议制度（试行）》等 8 项工作制度；监督检查到位，开展河长制工作全面督查，发现并督促整改问题 160 个。

【水利风景区水文化建设】

1. 综述　截至 2017 年年底，重庆市已建成市级以上水利风景区 32 处，其中“国家水利风景区”15 处。水利风景区主要以水库型、城市河湖型为主，其中水库型 25 处，城市河湖型 6 处。各景区依托水利工程和天然河湖，注重水域环境保护和水生态修复，开展了多种多样的水文化活动，取得了较好的生态、社会和经济效益。

2. 调查研究

（1）3 月 17 日，水利部景区办副处长董青率西南片区水利风景区建设与管理交流会的与会领导和相关专家组一行，在重庆市水利工程管理总站相关负责人、璧山区水务局负责人的陪同下，莅临璧山区调研璧南河水利风景区建设与管理工作。

（2）12 月 13 日，水利部景区办工程师苗馨元率景区办调研组一行，在重庆市水利工程管理总站相关负责人、璧山区水务局负责人的陪同下，莅临璧山区调研璧南河水利风景区建设与管理工作。

【水文化教育与传播】

1. 水文化教育

（1）3 月 22 日，重庆市水利局共青团团委和重庆市防汛抗旱抢险中心利用“世界水日”“中国水周”等有利时机，到重庆市两江新区星光小学开展了志愿服务活动，并向学校师生就如何进一步增强灾害风险防范和自身防灾减灾意识，提高防灾避险、应急自救能力进行了详细讲解，现场还捐赠了一批防灾自救知识小读本，得到广大师生的一致好评。

（2）4 月 18 日，重庆市大足区水务局开展了“水情教育进校园”暨水宣传卡通画册捐赠活动。为天宫小学和玉滩小学的孩子们送去关于“水情教育”主题的书籍、画册、画报，共计 600 本、册，并向广大师生开展爱水护水环保宣传教育活动。大足区团区委副书记杨敏、区水务局机关党委书记陈军、珠溪镇政府副镇长肖寿利一行参加活动。

（3）7 月 12 日，重庆市水利局印发《重庆市水土保持宣传教育实施方案（2017—2020 年）》（渝水办水保〔2017〕6 号）。重庆市江津区、南川区及城口县等水务局联合当地党校开展了对县管领导干部水土保持知识的教育培训，培训人数共计 350 人。

（4）11 月 22 日，重庆市水利局在秀山县大溪镇学校和场镇开展防汛减灾救灾宣传活动。采取放映山洪灾害防治影片、播放防灾减灾避险视频、发放山洪灾害防御知识和防汛减灾手册、现场操作展示常用抢险物资等方式，现场答疑和发放宣传资料相结合，同时，在宣传现场摆放一些简便常用的防汛抗旱抢险物资，现场示范使用方法，普及抢险救援知识，增强民众防灾避险意识。

2. 水文化媒体宣传

（1）7月17日，重庆市水利局总工程师谢飞率重庆市防汛抗旱指挥部办公室、重庆市防汛抗旱抢险中心负责同志参加了重庆市纪委、重庆市委宣传部、重庆市监察局、重庆市纠风办与重庆市人民广播电台联合开办的《重庆群工（阳光重庆）》节目，以树立“两个坚持”“三个转变”的防灾减灾救灾新理念、切实做好2017年防汛抗旱工作为主题，对群众关心的2017年重庆市洪旱趋势、防汛抗旱主要工作、山洪灾害防御和防洪排涝、防灾避险常识等方面问题回答了记者提问；同时，对热心群众电话连线反映的问题做了及时回复和后续跟踪解决，得到群众的真心赞誉。

（2）7月10日，《重庆日报》刊发《三个人的水文站：他们就是守护綦河的“眼睛”》，宣传了重庆市綦江区东溪水文站一线职工的事迹，增加了外界对战斗在一线的水文监测站点及职工的了解。

3. 水文化传播行动

（1）5月9日，重庆市2017年军地抗洪抢险综合应急演练在北碚区歇马镇甘家桥水库举行。此次演练参演队伍共计8支400余人，观摩人员涉及38个区县300余人，是近年来重庆市防汛抗旱各类演练中人数最多、场面最大、要素最全、科目最齐、装备出动最多、科技化程度最高的一次演练。

（2）5月9日，重庆市水利局在北碚区歇马镇甘家桥水库举办了2017年度抗洪抢险新设备推广会。重庆市人大常委会副主任夏祖相、重庆市政府副秘书长、重庆市防汛抗旱指挥部副指挥长郑立伟，重庆市防汛抗旱指挥部副指挥长、重庆市水利局局长王爱祖，重庆市防汛抗旱指挥部各成员单位、重庆市北碚区政府和区县防汛指挥部相关领导以及区县防汛抗旱指挥部办公室主任等近600人参观了设备展示。此次设备推广共有14个参展企业10大类100多个品种产品参展，具有实力强、范围广、装备新、技术高等特点，搭建了良好的信息交流平台，得到了重庆市级和区县级领导的高度评价和充分肯定，有效地推动了重庆市防汛抗旱减灾科技水平和应急处置能力的提升，为防汛抗旱提供了技术设备保障。

（3）11月18日，以“水生态文明建设与可持续发展”为主题的第二届巴渝水文化论坛在重庆水利电力职业技术学院成功举办。此次论坛由重庆市水利学会、重庆市水文化研究会和重庆水利电力职业技术学院联合主办。中国水利教育协会、中国水利政研会、中国水利博物馆、四川省社会科学院、重庆市社会科学院、重庆市水利系统内外相关单位等有关学会、高校、科研院所等30多个单位的50多位领导、专家和学者出席论坛，重庆水利电力职业技术学院500余名师生代表参加论坛。

（4）11月22—24日，重庆市水利局在秀山县石堤水库组织开展了2017年防汛抗旱应急拉动演练暨设备操作培训，同时，开展了防汛抗旱防灾减灾宣传“进学校、进农村、进社区、进景区”活动。中央防汛抗旱物资重庆仓库和万州、涪陵、黔江、璧山四个市级物资仓库，以及市防汛抗旱抢险中心、渝东南片区有关区县共70余人参加了演练培训。

（5）12月22日，重庆市“河小青——守卫青山渝水·助力河长制”青年志愿河长巡河市级示范活动在重庆市北碚区卢作孚纪念馆成功举行。

五、水利文学艺术

【水利摄影】

1. *活动* 10—12月，重庆市涪陵区水务局、团区委联合举办了涪陵区“最美河库”摄影比赛活动。本次比赛以“发现河库之美，保护母亲河在行动”为主题，以照片的方式，多角度展示涪陵区河流、水库风采，反映全面推行河长制工作以来河库管护及治理成效，提高社会公众对河库环境、水生态的保护意识，培育爱水、护水的社会风尚。活动得到了区委宣传部、区级河长制责任单位、各乡镇街道的大力支持，全区广大干部群众踊跃参与，共收到参赛作品300余件，涌现出一批佳作。经专家组评选，共评选出“最美河流”“最美水库”摄影作品一等奖2名，二等奖3名，三等奖5名，优秀奖10名，网络最佳人气奖2名，优秀组织单位共8个。

2. *作品*

(1)《璧南美景》摄于重庆市璧山县璧南河，该河被评为中国首届10条“最美家乡河”之一。

(2)《蓝色梦想》摄于重庆市璧山观音塘湿地公园，公园内水生态文化科普馆为图中“蓝色球状物”。

(3)《玄天夕照》摄于重庆市铜梁区玄天湖水库。

(4)《长河落日》摄于重庆市铜梁区二坪镇。

(5)《关溅流杯》摄于重庆市铜梁区少云镇溅滩。铜梁区全面推行河长制后，河库水质、环境大为改观，初步实现河畅、水清、坡绿、岸美目标。

(6)《长虹卧波》摄于重庆市铜梁区安居古镇。

(7)《芙蓉泛舟》摄于重庆市武隆区芙蓉湖，湖上举办一年一度的龙舟赛，吸引重庆市内外龙舟队参赛。

(8)《供水的心脏》摄于重庆市武隆区芙蓉街道中心水厂，集中供水已成为重庆市武隆区主要供水形式，新建成的集中供水工程成为了当地亮丽的风景。

(9)《乌江晨雾》摄于重庆市乌江武隆段，夏季乌江武隆段晨雾骤起，形成一道靓丽的风景。

六、水利体育

(1) 3月29日，重庆水利电力职业技术学院成功承办第十届重庆市高职学生职业技能竞赛“水环境监测与治理”赛项。此次赛事由重庆市人力资源和社会保障局、重庆市教育委员会联合主办。大赛共有重庆工程职业技术学院、重庆化工职业学院、重庆房地产职业学院及重庆水利电力职业技术学院等8支队伍参赛。重庆水利电力职业技术学院两组选手分别荣获第一名和第二名，并将代表重庆市参加全国职业院校技能大赛。

(2) 11月5日，由重庆市体育局、重庆市直机关工委和重庆市总工会组织的重庆市第七届全民健身运动会五人制足球比赛圆满落幕，重庆市水利局足球队夺得本次赛事市直机关组别的季军，取得了参与市直机关团体赛事以来的最好成绩。

(3) 11月6—10日，第六届全国水文勘测技能大赛在重庆市北碚区成功举行。水利部副部长田学斌，全国总工会党组成员、书记处书记赵世洪，区领导胡湧、赵祺参加了开幕式，来自全国31个省（自治区、直辖市）的水文局，长江委、黄委、海委、珠江委、松辽委水文局以及太湖局水文局的75名选手将同场竞技。此次大赛，共有3名优胜者被授予“全国五一劳动奖章”，3名获得“全国技术能手”称号，5名优秀选手获“全国水利技能大奖”，7名获得“全国水利技术能手”称号。

（4）11月9—11日，第十一届全国水利高等职业院校“蜀水杯”学生职业技能大赛在四川水利职业技术学院举行，全国43所水利职业院校492位选手参赛。重庆水利电力职业技术学院代表队参加了“水利工程造价”等5个赛项的比赛。其中“混凝土设计与检测”团体第一名，“水利工程造价”获得团体第三名；获个人特等奖3个，个人一等奖1个，个人二等奖2个；重庆水利电力职业技术学院获最佳组织奖。

（5）11月17日，由重庆市体育局、重庆市直机关工作委员会、重庆市总工会组织举办的重庆市第七届全民健身运动会闭幕式暨广播体操比赛在大田湾体育馆落幕，重庆市水利局获得市第七届全民健身运动会单位组团体总分第七名、广播体操比赛机关企事业组第十一名，取得了重庆市水利局近年来参加市全民健身运动会的最好成绩。

（6）11月17日，重庆市水利局工会委员会在重庆市渝北区照母山公园组织了“节水杯”登高健身比赛。来自重庆水利系统的200余名登山爱好者及15个代表队参加了比赛。参赛选手团结协作奋勇拼搏，充分展现重庆水利人健康蓬勃的精神面貌。

（7）12月8—9日，重庆市水利局第二届“水利杯”足球赛圆满落幕。本次活动由重庆市水利局工会主办，綦江、永川、巴南水务局以及重庆市水利水电职业技术学院、重庆市水电设计院等10支代表队参加比赛，参赛运动员近100名。经过两天24场比赛激烈角逐，重庆市水利局机关代表队、重庆市水利投资（集团）有限公司代表队、万州区水务局代表队分获冠、亚、季军。此次比赛活动充分展示了水利青年职工奋力拼搏的精神风貌，增进了团队友谊，有力促进了水利系统全民健身运动的蓬勃开展。

云　南　省

一、综述

2017年，云南省水利厅思想文化工作在水利部的正确指导和厅党组的坚强领导下，以推进“两学一做”学习教育常态化制度化为为抓手，深入学习宣传贯彻习近平新时代中国特色社会主义思想和党的十九大精神，扎实开展思想政治工作，注重水利文化建设，引导和鼓励干部职工开展水利文学艺术创作，积极开展有利于干部职工身心健康的文体活动，云南省水文局红河州分局、西双版纳分局被水利部文明委评为“全国水利文明单位”，云南省水利水电勘测设计研究院承担勘测设计的楚雄州青山嘴水库工程荣获2016—2017年度中国建设工程鲁班奖。一批研究成果获得了国家和云南省颁发的奖项；积极宣传云南省水利工程建设情况，引导社会树立节水爱水护水观念；加强党的理论、路线和方针政策教育，推动中国特色社会主义和中国梦深入人心，大力弘扬社会主义核心价值观和中华优秀传统文化，不断巩固壮大主流思想文化，干部职工“四个意识”更加牢固，“四个自信”更加坚定，思想上的团结统一更加巩固，力量更加凝聚，为全面深化云南水利改革、开创水利发展新局面提供了强有力的思想、政治和文化保障。

二、思想政治

1. 综述　云南省水利厅党组高度重视思想政治工作，积极组织开展理论研讨、理论宣讲、专题讲座等，开展党的基本知识和创新理论等的学习教育，切实用党的理论武装干部职工头脑；利用会议、中心组学习等方式，传达学习中央和云南省委、省政府决策要求，使干部职工思想上、行动上与党中央和上级党委保持高度一致；隆重举行建党96周年纪念，大力表彰先进党组织、党务工作者和优秀党员，不断激发党员的自豪感和荣誉感，有力地促进了党组织建设。积极参与中国水利政研会各项活动，加强思想政治工作队伍建设，云南省水利思想政治工作质量效益得到极大提升。

2. 会议

(1) 6月22—23日，中国水利政研会第六学组（勘测设计学组）会议在昆明召开。

(2) 2月14日，云南省水利厅在昆明召开2017年水利系统党风廉政建设工作会议。提出要深刻领会中央、省委关于全面深化从严治党战略部署要求，清醒认识加强水利系统党风廉政建设和反腐败工作的极端重要性和紧迫性，坚定不移地推进全面从严治党，切实增强推进反腐倡廉工作的责任感和使命感，进一步坚定不移地把党风廉政建设和反腐败斗争引向深入。

(3) 3月9日，云南省水利厅举行云南省第十次党代会精神宣讲活动，邀请云南省直机关宣讲团成员、省委党校（省行政学院）副校（院）长欧黎明教授到云南省水利厅作宣讲报告。

（4）4月6—7日，全国水文工作会议暨党风廉政建设工作座谈会在水利部召开，水利部副部长刘宁到会指导并讲话，会议回顾总结了2016年的水文工作，分析研判了水文改革发展形势，安排部署了2017年水文工作重点任务并就党风廉政工作提出了具体要求。云南省水文水资源局局长高嵩代表云南作了题为“奋力拼搏，夯实基础，全力打造云南水文服务升级版”典型交流发言。

（5）4月14日上午，云南省水利厅按照云南省水利系统“七五”普法规划和2017年综治维稳工作计划的相关要求，围绕2017年“全民国家安全教育日”的宣传教育活动主题“加强法治宣传教育，增强全民国家安全意识”举办了普及《国家安全法》专题讲座。

（6）5月4日下午，中国水利政研会副会长张秀荣一行工作组到云南省水利厅调研思想政治工作队伍建设情况，分别专门听取工作情况汇报，并与云南省水利厅机关、厅直单位部分代表进行座谈。

（7）5月24日，云南省水利厅直机关工会召开第二次会员代表大会进行换届选举，73位会员代表参加了会议。会议审议通过了上届工会委员会工作报告，以无记名投票方式选举产生了新一届工会委员会、经费审查委员会和女职工委员会。

（8）6月30日上午，云南省水利厅召开纪念中国共产党成立96周年暨创先争优表彰大会。

（9）8月10日，云南省水利厅举行厅党组理论学习中心组学习，深入学习习近平总书记7月26日在省部级主要领导干部专题研讨班上的重要讲话精神。

（10）9月1日，云南省水利厅邀请省委宣讲团成员、省社科联党组书记、主席、研究员、博士生导师张瑞才作“深入学习贯彻习近平总书记系列重要讲话和考察云南重要讲话精神，以优异成绩迎接党的十九大胜利召开”专题报告。

3. *学组活动*

（1）3月3日，云南省水利厅团委组织厅志愿服务队部分队员参加了五华山社区以“弘扬雷锋精神，共筑和谐社区”为主题的“学雷锋”活动。

（2）3月30日，云南省水利厅党组书记刘刚率队做客四位一体“金色热线”栏目，就听众、网友关注的水网建设、水利扶贫、抗旱水利设施建设等热点话题进行解答。

（3）4月6—7日，云南省水利厅直机关党委在昆明举办2017年党务干部培训班。

（4）6月7日下午，云南省水利厅组织厅机关全体干部和厅直单位领导班子成员共130人，参观了云南省反腐倡廉警示教育基地。

（5）6月13日，按照云南省委组织部、省委宣传部、省委高校工委、团省委2017年全省高校百场形势政策报告会的工作部署，云南省水利厅党组书记、厅长刘刚到云南水利水电职业学院为广大师生作了题为《行正道铸人生》形势政策专题报告。

（6）11月22日上午，在水利厅机关组织开展了以“深入学习贯彻党的十九大精神，传承经典，增强中华文化自信”为主题的“道德讲堂”活动。

（7）10月13日上午，云南省水利厅组织50余名干部职工参观了“喜迎党的十九大云南脱贫攻坚成就展”，进一步深化了对脱贫攻坚的认识，提振了打赢脱贫攻坚战的精神斗志，树牢了攻坚必胜的信心决心，增强了责任感、使命感和紧迫感。

(8) 10 月 13 日，云南省水利厅志愿服务队赴文山壮族苗族自治州西畴县法斗乡中心校和坪寨小学开展志愿者法治文化基层行活动。

(9) 10 月 18 日上午，云南省水利厅按照中央办公厅和省委办公厅通知要求，组织全厅干部职工在厅机关集中收看了十九大开幕式实况，认真聆听了习近平总书记代表第十八届中央委员会向大会作的报告。

(10) 11 月 23 日上午，云南省水利厅党组书记、厅长刘刚主持召开省水利厅知识分子座谈会，与 19 位来自基层工作一线的知识分子代表进行了座谈交流。

(11) 3 月 8 日，邀请云南省委党校钱素华教授为 140 余名女职工开展“阳光心态与心理调适”专题讲座。

(12) 8 月 15—16 日，云南省水利厅邀请建纬（昆明）律师事务所沈竞舟律师开展 2017 年度处级以上领导干部依法行政专题培训。

三、水文化建设

【水文化研究】

1. 综述　云南省水利厅注重加强具有水利特色的文化建设，积极组织干部职工开展思想和文化研讨交流，挖掘整理全省水利工程历史和文化，宣传报道全省水利工程建设情况和水利系统先进事迹。通过各种新闻媒体，向全社会宣传国家、云南省水利法规政策，引导广大群众爱水护水节水，保护生态环境，为云南省水利改革发展发挥服务和保障作用。

2. 水工程文化建设　11 月，云南省水利水电勘测设计研究院承担勘测设计的楚雄州青山嘴水库工程荣获 2016—2017 年度中国建设工程鲁班奖，这是云南省境内的水利工程首次获得该奖。

【水文化教育与传播】　水文化媒体宣传。2017 年，云南省水利厅充分利用中国水利报刊网及其他媒体广泛宣传报道水利工程、水生态文明、水利扶贫、民生水利等所取得的成就、经验和经济社会效益，以及水利在构建和谐云南、全面推进小康建设中的地位和作用，全年在各种媒体报刊上稿共 155 多篇通讯，充分展示了云南水利跨越发展工作中的创新举措和明显成效。

四、水利文学艺术

【水利文学】　云南省水利水电勘测设计研究院吉涛同志《四月，怀念家乡母亲湖》被中国水文化采用并发表于 2017 年第三期《中国水文化》。

五、水利体育

9 月，云南省 2017“勘察设计杯”行业足球比赛决赛在昆明红塔体育中心举行。本届比赛由云南省勘察设计质量协会主办、云南省水利水电勘测设计研究院承办，全省共 19 支队伍、400 余名运动员参赛。经过 10 天激烈角逐，云南省水利水电勘测设计研究院战胜上届冠军，摘得桂冠，书写了 30 多年来参加省内勘察设计行业足球比赛的最好成绩。

陕　西　省

一、综述

2017 年，陕西省水利系统认真贯彻落实中央、水利部和陕西省委关于思想文化建设和精神文明建设工作一系列指示精神，以党的十九大和十八届五中、六中、七中全会精神和习近平总书记系列重要讲话精神为指导，紧紧围绕统筹推进“五位一体”总体布局、协调推进“四个全面”战略布局和陕西“五新”战略任务，以大力培育和践行社会主义核心价值观为主线，以思想道德建设为重点，以深化群众性精神文明创建活动为抓手，以丰富和创新陕西水文化为载体，进一步深化群众性精神文明创建活动，不断提高广大干部职工文明素质和行业文明程度，为促进了各项目标任务的圆满完成提供了思想保障和精神支撑。

二、重要文献

年初制定下发了《全省水利系统 2017 年精神文明建设和水文化建设工作要点》，召开了全省水利系统精神文明建设工作座谈会，表彰先进，安排部署工作。不断深化文明细胞，加强日常管理，落细、落小、落实工作成效显著。积极开展各级文明单位、文明机关创建和逐级申报网上备案工作。全年表彰了 2 个全省水利文明单位标兵、17 个全省水利文明单位；推荐的省桃曲坡水库管理局被授予“全国文明单位”荣誉称号；推荐的西安汉城湖、陕西省三门峡库区大荔河务局被授予“全国水利文明单位”荣誉称号；陕西省水利厅机关、西安市水务局等 7 个单位通过水利部复审再次被授予“全国水利文明单位”荣誉称号。

三、思想政治

1. 综述　2017 年，陕西省水利厅深入学习贯彻党的十九大、十八届六中全会、习近平总书记系列重要讲话和陕西省第十三次党代会精神，紧扣全省水利改革发展大局，围绕“服务中心、建设队伍”两大任务，以推进全面从严治党为主线，以做基层党组织建设表率为目标，以开展坚持不懈推动改革发展、持之以恒促进作风转变主题实践基层专题行动和“两学一做”学习教育常态化制度化为载体，着力加强机关党的思想、组织、作风、反腐倡廉和制度建设，为掀起新一轮事关陕西发展命脉的水利建设高潮、开创扎实追赶超越系统治水兴水新局面提供坚强组织保证，圆满完成全年各项目标任务。

（1）强化理论武装，全面加强党员思想政治建设。深入学习宣传贯彻党的十九大精神。第一时间购买发放学习资料 550 套，邀请省委宣讲团成员宣讲十九大精神，举办“贯彻党的十九大精神、办成新时代水利事情”主题书画摄影作品展。精心制定《陕西省水利厅党员干部学习贯彻十八届六中全会和陕西省第十三次党代会精神专题培训方案》，组织63名厅属单位党委书记、党办主任和厅机关支部书记、组织委员，举办为期3天的厅系统学习贯彻十八届六中全会和陕西省第十三次党代会精神专题研讨培训班。每季度定期向党员干部推荐优秀书目，购买《习近平讲故事》《习近平七年知青岁月》发放党员，举办4期水利大讲堂，特别是组织600多名干部职工举办了延安精神宣讲报告会。

（2）注重引领教育，扎实推进“两学一做”学习教育常态化制度化。年初制定下发《陕西省水利厅直属机关党委2017年工作要点》，对各支部“两学一做”学习教育、落实党内政治生活制度、开展对标定位晋级争星活动、党员管理积分制、党费收缴管理及换届工作再部署再强调。严格落实“三会一课”、民主生活会、领导干部双重组织生活、民主评议党员、谈心谈话等制度，推动党内政治生活制度化、规范化、常态化。结合厅系统支部工作普遍存在及容易疏忽的问题，研究编印《陕西省水利厅基层党组织党支部工作手册操作指南》。先后5次召开机关各支部书记会议，对机关各支部进行面对面辅导、季度督查等形式，指出支部生活、“两学一做”学习教育常态化制度化存在问题，督促抓好整改。

（3）加强抓建指导，不断夯实组织建设基础。认真做好党的十九大、陕西省第十三次党代会和陕西省直机关党代会代表推选工作，陕西省水利厅推选出席省第十三次党代会代表1名、省直机关党代会代表5名。举办《陕西省发展党员工作规程》、党费收缴使用管理、党组织和党员信息采集、党员规范管理和组织处置培训班。集中开展基层党组织换届工作，下发督办通知单，完成了厅属未按期换届的2个党委、5个党总支、32个党支部换届工作。深入开展“对标定位、晋级争星”活动，厅系统申报创建五星级党支部32个，厅机关评定四星级党支部15个、三星级党支部10个。组织厅属单位党委书记、党办主任和厅机关支部书记、组织委员100多人，召开党支部“对标定位、晋级争星”和党员管理积分制现场观摩交流会。贯彻执行《陕西省发展党员工作规程》，新发展党员41名。“七一”前夕，邀请专家举办“习仲勋的革命历程与精神品质”报告会。筹措经费8万多元，慰问41名生活困难党员和老党员。组织参加陕西省直机关杰出青年评选和业务技能竞赛活动，2人分别荣获第六届“陕西省直属机关十大杰出青年”和“省直机关业务技能竞赛电子政务十大优秀选手”称号。申请扶贫攻坚党费专项资金10万元，对口支持淳化县城关镇丁户塬村党员活动阵地建设。精心组织安排水利部党校2017年春、秋季处级干部进修班80多名学员来陕学习考察水利工作。

（4）层级传导压力，着力推进党风廉政建设。制定《关于落实党建工作责任制及工作报告制度的实施意见》《关于印发2017年反腐倡廉工作责任分工一览表的通知》，修改制定《中共陕西省水利厅党组党风廉政建设主体责任清单》，为陕西省水利厅党组成员印制履行党风廉政建设主体责任清单记实本，指导厅属各企事业单位党委制定印发《党委及领导班子成员党风廉政建设主体责任清单》，开展实施党风廉政建设主体责任清单自查，全面推行主体责任清单动态管理。组织召开党风廉政建设践诺和全省水利系统党风廉政建设会议，各市（区）水利（水务）局递交党风廉政建设践诺报告、责任书，与驻厅纪检组深入厅属单位检查党风廉政建设和反腐败工作落实情况。制定《中共陕西省水利厅党组关于开展反腐倡廉警示教育活动的通知》《中共陕西省水利厅党组贯彻落实中央第十一巡视组对我省意识形态工作责任制检查反馈问题整改方案》及任务分解清单。

2. 学组活动　截至2017年12月4日，陕西省水利厅党组已组织党组理论学习中心组集体学习23次。有效发挥各级党员活动室、机关书屋、宣传专栏等阵地作用，不断满足基层党组织和党员群众的学习需求。坚持经常性思想政治工作与社会主义核心价值观教育相结合，"两学一做"学习教育常态化制度化与基层专题行动相结合，基层党组织建设和精神文明建设相结合，强化"中国梦"和中国特色社会主义宣传教育，使其真正成为干部群众的思想罗盘和行动指南。

在陕西省水利系统组织开展了"最美水利人"推荐评选活动，表彰"最美水利人"10名、提名奖20名。利用电视、报纸、杂志，大力宣传"最美水利人"的先进事迹，向省文明办推荐了3名"陕西好人"，其中1人上榜。推荐的陕西省泾惠渠灌溉管理局王拴定被评为"省直机关十大杰出青年"。选树全国和全省劳模9个集体、11名个人。

四、水文化建设

【水文化研究】　在陕西省水利系统组织开展"道德讲堂"活动，组织干部职工认真学习《中国道路与中国梦》《社会主义核心价值观导论》《国学经典诵读》等重点理论读物。组织干部职工阅读《习近平的七年知青岁月》《之江新语》《习近平谈治国理政》等优秀读物。

【水文化遗产保护与利用】　"汉中三堰"申报世界灌溉工程遗产工作取得圆满成功。成立组织机构，加大协调指导力度，推动软硬件建设，积极组织各方力量，上下密切配合，继2016年"郑国渠"成功入选世界灌溉工程遗产后，2017年"汉中三堰"再次入选，为陕西水利又增添了一张世界级"金名片"。

【水利工程水文化建设】　在陕西省重点水利工程建设中开展了"仪祉杯"追赶超越劳动竞赛活动，评选出先进集体5个，先进个人6名，先进班级7个。

【水生态文明建设】　组织开展了"节水护水，保护河湖——水源保护，从我做起"志愿服务宣传活动，先后在宁强县、凤县举行了汉江和嘉陵江源头捡拾垃圾、发放水源地保护宣传册、节水护水宣传进校园进社区等系列活动，宣传保护水源头的重要性和具体做法，影响和带动整个社会公众形成保护水源头、节水护水的良好风尚。"源头保护、从我做起"水利宣传志愿服务项目荣获2017年陕西省青少年公益项目大赛银奖。陕西省桃曲坡水库灌溉管理局团委书记赵愿利被表彰为"2017年陕西省岗位学雷锋标兵"。

【水文化教育与传播】　陕西水文化教育宣传力度不断加大。积极组织开展"世界水日""中国水周"系列宣传活动、开展节水宣传、"国际博物馆日"上街头、"中国旅游日"进景区等活动。全年共策划组织水利专题宣传、举办新闻发布会、政策吹风会11场（次），在多种媒体刊发水利新闻1150篇（条），厅门户网刊发水利消息2600条，编发"水润三秦"微博580条，微信50期，编辑出版《陕西水利工作交流》6期，运用报刊、网络、广播电视、微博、微信，累计刊发水利工作信息、文章5226条。

五、水利文学艺术

【水利文学】　举办陕西省水利系统第三届水文化作品征集评选活动，共征集诗歌、散文、曲艺、报告文学、书画、摄影6大类水文化作品共362件，最终评出各类获奖作品135件。在陕西省水利厅机关大院组织举办了《贯彻党的十九大精神办成新时代水利事情书画摄影作品展》。

在陕西省水利系统各级文明单位中广泛深入开展“五个一”活动，积极指导各单位开设“道德讲堂”、开办“文明礼仪知识讲座”等教育培训。开展“中国梦·劳动美”主题演讲、“女性魅力提升”等知识讲座和“写一封家书”征文等主题活动，为干部职工干事创业激发正能量。

在陕西省水利厅属单位组织开展的“快乐学习、健康生活、愉快工作”活动深入人心，积极开展“全民阅读”活动，向基层单位下发图书2万多册。举办了陕西省水利厅直属系统“书香水利”读书分享会，促进干部职工综合素质提高。

陕西省水利厅参与组织了第九届河湖治理与水生态文明发展论坛，联系水利部《江河》杂志社开展了延河、无定河文化溯源，组织开展泾河、延河文化溯源成果整编。组织编辑出版了《陕西水文化遗产名录》《陕西历代治水人物》《陕西水利人的精神高地》《陕西水文化实践与研究》《月亮河的传说》5本水文化书籍。以《陕西水文化遗产名录》《陕西历代治水人物传略》等水文化系列丛书为教材，讲好陕西水故事、传承秦人治水理念和精神。

【水利摄影】 在陕西省水利厅机关举办了四期“陕西水利大讲堂”和《贯彻党的十九大精神　办成新时代水利事情》书画摄影作品展，组织600多名干部职工聆听了延安精神报告会，每季度为厅系统党员干部推荐优秀书目。

组团参加陕西省职工文化艺术节，取得了摄影第一名，音乐展演、书法第二名和3个优秀奖的好成绩。推荐3个单位6件文艺作品参加“陕西省五一文化奖”“陕西省职工艺术家”和“陕西省职工艺术创作基地”评选，获得优秀奖。举办了第二届“水润三秦、水美三秦、水富三秦”摄影大赛和青少年“节水护水”征文评选活动，效果空前。

【水利音乐舞蹈戏剧】 组织观看电影《遵义会议》《厉害了我的国》和残疾人艺术团文艺表演，进一步增强“四个自信”。

六、水利体育

在陕西省20个大中型灌区开展了“秦龙杯”追赶超越夏灌劳动竞赛，表彰夺杯单位2个，先进个人20名。

举办了陕西省水质检验工、气象行业职业技能大赛和天气预报职业技能竞赛等3个一类技能大赛，参与职工达到350名，15名职工荣获“陕西省技术能手”称号，9个单位荣获“优秀组织单位”称号；推选6名职工组队参加了全省工程测量工竞赛，2人荣获二等奖。组队参加了全国水利系统第四届职工羽毛球比赛，取得了第六名的好成绩。组队参加陕西省第一届全民健身运动会，获得了足球比赛冠军，篮球、乒乓球、羽毛球、拔河、太极拳比赛二等奖，广播体操比赛三等奖的优异成绩，在全省行业组38支代表队中名列前茅。

甘 肃 省

一、综述

2017年，甘肃省水利厅深入学习习近平总书记视察甘肃时作出的“八个着力”重要指示精神，全面贯彻“节水优先、空间均衡、系统治理、两手发力”的新时代水利工作方针和新发展理念，坚决落实全国水利厅局长会议和甘肃省委省政府决策部署，全力抓好全省各项水利工作落实，强化水文化研究和传播，水利项目建设质量和效益同步提升，涉水改革取得重要进展，水利服务保障能力不断增强。

二、重要文献

(1)《中共甘肃省水利厅党组关于印发〈中共甘肃省水利厅党组工作规则〉的通知》(甘水党发〔2017〕30号)。

(2)《中共甘肃省水利厅党组关于印发〈中共甘肃省水利厅党组推进“两学一做”学习教育常态化实施方案〉的通知》(甘水党发〔2017〕39号)。

(3)《中共甘肃省水利厅党组关于进一步加强和改进离退休干部工作的通知》(甘水党发〔2017〕50号)。

(4)《中共甘肃省水利厅党组关于组建巡察工作组的通知》(甘水党发〔2017〕66号)。

(5)《研究中央环境保护督察组督察问题线索排查整改工作会议纪要》(甘水办纪发〔2017〕1号)。

(6)《研究中央环保督查反馈问题整改落实情况会议纪要》(甘水办纪发〔2017〕2号)。

(7)《甘肃省水利厅关于印发〈甘肃省水利厅贯彻省第十三次党代会精神进一步落实习近平总书记“八个着力”重要指示精神工作方案〉的通知》(甘水规计发〔2017〕173号)。

(8)《甘肃省水利厅关于印发〈甘肃省水利厅关于涉及自然保护区的规划水利项目调整意见〉的通知》(甘水规计发〔2017〕330号)。

(9)《甘肃省水利厅甘肃省发展和改革委员会关于印发〈甘肃省水资源调查评价工作大纲〉的通知》(甘水规计发〔2017〕393号)。

三、思想政治

1. 综述　2017年，甘肃省水利系统各级党组织认真学习贯彻党的十八大、十九大精神，坚持不懈贯彻落实中央和省委全面从严治党决策部署，认真研究部署，细化制度措施，靠实责任压力，强化执纪监督，狠抓责任落实，牢固树立“作风建设永远在路上”的理念，筑牢夯实全面从严治党主体责任，坚持把“两学一做”常态化制度化融入日常、抓在经常，以理论学习中心组学习、民主生活会、“三会一课”等制度为主抓手，严格落实谈心交心、思想汇报、民主评议党员、党员领导干部参加双重组织生活等基本制度。按照甘肃省委肃清王三运流毒安排部署，积极组织召开专题民主生活会或组织生活会，开展对照检查，彻底肃清王三运流毒影响。广大党员干部执行党的政治纪律、组织纪律、工作纪律的意识进一步增强，干部职工工作作风明显改善，全面从严治党不断向纵深发展。

2. 会议　3月3日上午，甘肃省水利厅召开2017年全省水利系统党风廉政建设工作会议。甘肃省水利厅党组书记、厅长魏宝君强调，要坚决维护以习近平同志为核心的党中央权威，坚持全面从严治党，认真落实全面从严治党主体责任，全面加强纪律建设和作风建设，继续保持惩治腐败高压态势，践行忠诚干净担当，以全面从严治党新成效迎接党的十九大和省第十三次党代会胜利召开。甘肃省景泰川电力提灌管理局、甘肃省水务投资有限责任公司、厅规划计划处、厅建设管理处、厅农村供水处作了交流发言。会后，厅党组与厅机关处室、厅属单位和14个市（州）水务部门及兰州新区农林水务局分别签订《2017年度党风廉政建设责任书和承诺书》。省纪委驻厅纪检组副地级纪律检查员陈新江，厅总工程师张宏祯，厅机关副处级以上干部，厅属各单位党政主要负责人、纪委书记，各市（州）水务（水电）局、兰州新区农林水务局纪检组长、甘肃省引大入秦工程管理局纪委书记参加会议。

四、水文化建设

【水生态文明建设】　实施严格的水资源管理制度，全面建立覆盖全省的用水总量、用水效率、水功能区限制纳污“三条红线”控制指标体系。2017年，万元工业增加值用水量下降到61m^3，万元GDP用水量下降到153m^3，重要江河湖泊水功能区主要水质指标达标率达到70%，均在控制指标内，连续3年通过了国务院考核。建成了国家水资源监控能力项目和黄河水量调度甘肃子项目，甘肃全省70%以上取水许可水量纳入实时监控体系。武威市、庆阳市、敦煌市全国节水型社会建设试点任务全面完成，武威市被命名为全国节水型社会建设示范区，民勤县被认定为首批国家高效节水灌溉示范县。张掖市、陇南市、敦煌市全国水生态文明建设试点各项工作深入推进。疏勒河成功上榜首届全国十条“最美家乡河”。

1. 敦煌市水生态文明建设　敦煌市坚持“节水优先、空间均衡、系统治理、两手发力”的治水思路，围绕水资源合理开发和高效利用、防治干旱沙漠化侵蚀与构建生态屏障的目标，针对敦煌水资源短缺和生态环境脆弱的基本特点，全面落实全国水生态文明试点的建设任务，为进一步推动敦煌经济社会又好又快发展提供了支撑和保障。围绕“南护水源、西拒风沙、北通疏勒、中建绿洲”的总体建设目标，累计投资8.6亿元落实了水资源配置与节水体系、水安全保障体系、水生态修复与保护体系、水环境治理与保护体系、水文化与水景观体系、水管理体系六大体系建设内容。大力推动落实了敦煌市城市地下水源置换工程、规模化节水灌溉增效示范项目、农村安全饮水保障工程、月牙泉修复补水工程、水土保持生态建设与保护工程、疏勒河河道恢复与归束工程、阳关自然保护区湿地修复工程、污水处理厂污泥处理工程、城市水资源管理实时监控与管理系统共九项重点示范工程。不断加大工作推进力度，九项重点示范工程全面实施，水生态文明城市建设取得了显著成效。全市公共供水末梢水质达标率、水功能区水质达标率、再生水回用率、取水许可制度有效实施率等皆已达到100%，农田灌溉水有效利用系数已达到0.62，远超全国平均水平。累计推广了高效农田节水技术 60.74 万亩，生态环境补水量增至 3140 万 m^3，月牙泉水深恢复至 1.6m，已干涸的哈拉诺尔湖重现水面，西湖湿地和阳关湿地动植物数量及种类都有不同程度增加，为阻拒库姆塔格沙漠东侵提供助力，并为延续月牙泉千年传承打下坚实基础。

（1）水安全保障体系不断完善。投资 2470 万元实施了党河水库至黑山嘴段治理工程、野麻湾水库除险加固和农村安全饮水保障工程，有效提高了党河防洪标准，基本消除了小型水库安全隐患，全面解决了 21 个村、3.88 万人的饮水安全问题。

（2）水节约工作措施全面加强。改建干支渠 255.89km、完成高效农田节水工程 16 万亩，农田灌溉节水能力不断提升；实施关井压田、节水型生活用具推广、节水示范点建设等工作，生活节水器具普及率达到 90%，积极开展节水型学校、企业、小区和农业示范点创建活动。全面完成了城市公共供水管网改造，新建应急供水管网 2 处，达到了国家和甘肃省要求。

（3）水生态综合治理成效明显。投资 2431 万元实施了党河水库周边土保持生态建设与保护综合治理工程，水源地水土流失得到有效治理；着力推进月牙泉恢复补水和河道归束等重点生态工程，全面贯彻绿色发展理念；严格地下水取水许可管理，加快推进水权制度改革，有效破解地下水超采治理难题。

（4）水环境保护治理深入推进。制定了《敦煌市水功能区管理办法》《敦煌市党河排污口监督管理实施方案》等文件，不断完善水环境保护治理的制度体系；着力提高城市污水集中处理能力，有效提升水污染防治水平。全市 2 座污水处理厂设计处理能力为每日 5 万 m^3，2017 年实际日平均处理 1.36 万 m^3，处理后的中水达到了国家一级 B 合格排放标准。

（5）水管理科学化水平不断提升。制定了《敦煌市加快水利改革试点方案》《深化水权制度改革推行差别水价实施方案》等文件，通过价格杠杆引导用水效率的主动提升；投资 897 万元实施了城市水资源实时监控和党河灌区信息化项目，水管理科学化精细化水平得到提高；建立了重点用水单位监控体系和“三条红线”考核制度，确保计划用水目标全面落实。

（6）水文化建设内涵不断深化。制定了水生态文明城市建设宣传方案，充分利用“世界水日”“中国水周”等时机开展形式多样的宣传活动，使水生态文明城市建设工作得到群众的真心关注和支持。投资 4314 万元打造了党河风情线等 4 个水生态观光区、3 座农业科技节水示范园、5 所城市园林公园，积极推进“飞天公园”项目建设，水文化景观工程对水生态文明城市建设的引导带动功能不断加强。

2. 张掖市水生态文明建设　张掖市形成以水权改革配置、结构调整节约、总量控制调节、社会参与推动的局面，突出的水资源供需矛盾得以有效缓解，全民节水意识明显增强。

（1）科学规划，立足区域实际构筑水生态文明五大体系。张掖市委、市政府立足市情水情，把发展生态经济作为转变经济发展方式的基本途径，把建设生态经济功能区作为经济结构战略性调整的主攻方向，建设山水家园，全力推进黑河流域综合治理，加大了沿河、沿湖水生态保护力度，涵盖防洪抗旱、水资源安全保障、城乡水生态保护与修复、水文化、最严格水资源管理“五大体系”及 20 项重点建设任务，将区域水资源可持续开发利用、水生态环境保护与经济社会发展有机融合，大力实施水生态保护与修复、各行业节水减污体系的建设，打造以黑河水生态治理为主，逐步形成水系连通、河库互补、引排顺畅、利用高效的水循环体系。

(2) 严控指标，实施最严格水资源管理制度。出台《张掖市实行最严格水资源管理制度实施意见》《张掖市地下水资源开采管理办法》《张掖市水中长期供求规划》《张掖市水权转换总体规划》等20多项管理办法及规划，科学划定用水总量、用水效率、限制纳污“三条红线”，分解完成县级行政区用水总量、用水效率和水功能区水质达标率等控制指标。积极调整农作物种植结构，大力发展节水农业，探索建立水权转让制度，将可用水权总量层层分解配置到县区、灌区、乡镇、协会（村社）、农户，建立分级负责的水权分配落实机制，实行“先确权、再计划，先申请、再配水，先充卡（买水票）、再供水”的基本程序，使农业节水与农民增收相匹配，将有限的水资源从高耗水、低效益，向高效益、低耗水转变，从“要我节水”到“我要节水”的意识逐步转变。强化地下水资源管理，运用“学习引进新技术＋建设管理＋服务”的“PAAS”管理模式，推进地下水计量设施建设，供水工程体系和计量设施日趋完善，通过准确计量和价格杠杆激励节水增效，全市用水总量控制在22.5亿m^3，灌溉水的有效利用系数提高到0.578，水资源利用效率显著提升。在严控中游水资源利用总量指标体系下，全力维护黑河流域生态平衡。自实施黑河水量统一调度以来，累计向下游输水185.37亿m^3，占来水总量的59.04%，内蒙古额济纳旗沿河周边生态环境得到明显好转，地下水位逐年回升，林草植被绿意盎然，生物多样性增加，取得了显著的生态效果和社会效益。

(3) 扛牢旗帜，巩固和纵深推进节水型社会建设。张掖市坚持把抓节水项目、促生态发展作为第一要务，积极践行“节水优先、空间均衡、系统治理、两手发力”的治水新思路，大力发展现代高效节水农业，创建高标准新农村节水示范点，在膜下滴灌、喷灌、高标准低压管灌等高新节水技术试验示范推广方面取得突破。共完成高效节水灌溉面积119万亩，项目实施后，管灌每亩减少用水量50～80m^3，滴灌每亩减少用水量180～210m^3，喷灌每亩减少用水量100～150m^3，新增节水能力1.78亿m^3，达到了节水增效双赢的预期目标。与此同时，在生产企业、公共机构、生活小区、宾馆饭店等领域着力健全节水制度、加强计量管理、改造节水工艺、推广节水器具、提高循环利用、加大污水治理，全市企业万元工业增加值取水量降低到59m^3，工业用水重复利用率提高到69.5%，节水器具普及率提高到64%以上。

(4) 传承文明，再现“金张掖”水韵底色。积极构筑人水相惜的绿色家园，依托天赋地势治水、节水、活水，重点以黑河水系为脉络，形成系统完整、空间均衡的一轴（黑河干流）、多线（黑河支流及沿山支流）、四片（黑河中游灌区、沿山灌区、地下水井灌区、牧区灌区片）、六区河湖库水系连通、河库互补、引排顺畅、利用高效的水生态循环体系。

3. 兰州市水生态文明建设　认真贯彻落实绿色发展理念和生态环境损害“党政同责、一岗双责”制度，加强水环境保护。最严格水资源管理制度得到全面有效落实，严格控制水资源消耗总量和强度，严格取水许可管理，强化水资源承载能力刚性约束，完成7家市管取水单位延续换证评估，对纳入取水许可管理的单位和其他用水大户实行计划用水管理，促进经济发展方式和用水方式转变。完成对各县区2016年实行最严格水资源管理制度考核，圆满完成国家九部委考核甘肃省实行最严格水资源管理制度时对兰州市的延伸考核和省级考核。认真开展入河排污口排摸登记和土壤污染防治计划，对全市规模以上入河排污口水功能区水质和12个万亩以上灌区灌溉水质进行了检测，确保农业用水水质达标。

（1）兰州市黄河干流防洪工程。列入2015年国家172项重大水利项目之一，起点位于西固区达川乡岔路村，终点位于榆中县青城镇三合村，涉及西固、安宁、七里河、城关、榆中、皋兰6个县（区），防洪治理河段总长54.1km，工程批复总投资16.79亿元，是近年来兰州市水务系统最大的水利工程，是兰州市黄河干流防洪工程建设的一个里程碑。工程建成后，兰州城区段防洪标准为百年一遇，农防段防洪标准为十年一遇，黄河干流兰州段防洪能力显著提高。特别在黄河风行线上将原本镂空的石质栏杆更换为汉白玉实心栏板，总长度约20km，按照“百年一遇”防洪要求设计，其中实心挡板高约1m，挡板上面镌刻有“五泉飞瀑”“兰山烟雨”“白塔层峦”等“兰州八景”，图案丰富多彩，既美观大气，又有文化内涵，提高了城市的美观度。

（2）兰州至中川城际铁路沿线生态绿化工程水利配套项目。主要建设内容为新建64.77万m^3调蓄水池1座，安装各类管道55.1km，为城际铁路两侧7141亩生态林、经济林提供可靠的灌溉水源。将对北自永登县树屏镇刘家湾，南到安宁南坡坪隧道南出口，沿线39.68km以铁路为轴线两侧500m可视范围内进行生态景观绿化建设，有效解决兰州至中川城际铁路沿线绿化量少，景观效果较差，区域内面山生态绿化由于缺乏充足的灌溉水源绿化效果长期不显著等问题。

4. 武威市水生态文明建设　武威市通过实施水生态文明建设，促进水文化建设和水文明传承，全面促进全市经济、社会和生态的可持续发展。

（1）巩固提升重点治理成果。统筹调度水资源，确保完成石羊河流域重点治理年度目标任务。积极协调景电和凉州区加大或超额完成向民勤调水力度，确保平水年份蔡旗断面过水量达到2.9亿m^3以上。进一步优化红崖山水库地表水调度方案，严格落实“三水”联合调度制度，完成年度向青土湖下泄生态水量3000万m^3以上目标，巩固现有水域面积，旱区湿地面积逐年增加，全县地下水位持续回升。

（2）实行最严格水资源管理制度。落实水资源管理“三条红线”控制指标体系，严格落实总量控制与定额管理，确保全县用水总量控制在4.13亿m^3以内，地下水开采量控制在1.16亿m^3以内（民勤盆地地下水开采量控制在0.86亿m^3以内）。加快地下水智能化计量设施升级改造和监控能力建设，建设县、灌区水资源监控中心。

（3）推行水资源智能化、精细化管理。全面推进农业水价综合改革、水利工程管理体制和产权制度改革，规划完善水权交易市场，优化水权配置。加快推进水权水价改革，开展水资源使用权确权登记，形成归属清晰、权责明确、监管有效的水权制度。

（4）加快节水型社会建设进程。坚持“压减农业用水、节约生活用水、增加生态用水、保证工业用水”思路，把调整结构、工程节水、增加水源、人工增雨相结合，深入破解“结构性缺水”命题。落实工程、农艺、工艺措施，全面普及常规节水技术，大力推广高效节水技术，大幅度压减高耗水、低效益作物。全面推进以设施农牧业、特色林果业、甜高粱产业、大田节水作物为主的高效节水农业。农田灌溉有效利用系数达到0.62，探索多种形式的水权交易方式，建立有偿转让和补偿机制。

（5）加强水土保持督查工作。生产建设项目中的水土保持设施与主体工程同步设计、同步施工、同步投产使用。加强对各部门和工业园区新建或在建项目的水土保持监督检查工作，督促落实水土保持方案，依法全额征收水土流失补偿费。确保水源水质安全达标。划定饮用水水源保护区，建立水源地名录，建设重要饮用水水源地达标工程，禁止饮用水水源地一级保护区内设置排污口或进行与供水设施和保护水源无关的新建扩建项目，确保重要水功能区水质达标率提高到90%，城乡集中式饮用水源水质达标率稳定达到100%。

（6）增强湿地生态系统保护。切实加强自然湿地的抢救性保护，建立健全湿地监测网络，强化湿地保育与管理能力建设，构建湿地保护管理体系。通过治沙造林、围栏封育、调泄水量、上游注水等工程，加强民勤石羊河国家湿地公园湿地保护与建设及黄案滩、青土湖水资源合理利用与生态保护，强化水资源管理，力争使民勤湿地生态环境得以有效保护和恢复。

5. 金昌市水生态文明建设　牢固树立“绿水青山就是金山银山”的生态环境保护理念，以“世界水日”“中国水周”等活动为契机，深入开展水法规水生态环境保护宣传教育活动，发放宣传彩页8000余份，张贴刷新宣传标语200余处，努力提高全社会水法制意识、水环境保护意识和依法用水意识；编制完成《金昌市河道采砂规划（2018—2022年）》，划定了东、西大河、金川河河道管理范围内的禁采区和可采区；严厉打击河道内滥采滥挖、乱搭乱建、侵占河道等违法行为，确保了河势稳定和行洪安全；不断加强全市地下水取用水监管，实现了清河灌区地下水取水精准计量全覆盖，确保地下水合理开采；及时对全市范围内的重点工程建设项目水土保持情况开展执法检查，有效防止人为造成的水土流失；科学合理调配安排生态用水，确保了市域内林木适时灌溉。

6. 天水市水生态文明建设　天水市2017年新增水土流失治理面积252km^2，用水总量40320万m^3，万元国内生产总值用水量为65.57m^3，下降率14.3%，万元工业增加值用水量24.8m^3，用水下降率13.8%，地表水除葫芦河达不到三类，其余均达到或好于三类水体，重要江河湖泊水功能区水质达标率100%，天水市除甘谷和秦安两县城市集中式饮用水水源水质达不到Ⅲ类外，其他县（区）均达到或优于Ⅲ类。组织开展了“3·22世界水日”“中国水周”宣传活动，利用广播、电视、张贴标语以及散发宣传画、宣传资料、摆放展板等形式，向广大干部群众宣传《中华人民共和国水法》《中华人民共和国防洪法》《中华人民共和国河道管理条例》《甘肃省河道管理条例》《天水市河道采砂管理办法》等水利法律法规和规范性文件，倡导广大市民节约水资源、保护水资源，提高关心水利、爱护水资源、支持水利的自觉性和主动性，推进依法治水。依托报纸、电视、网络等宣传报道河长制2200多篇（次）、举办专栏350多期，编制《河长制信息简报》20期，营造了全社会共同关心河流保护和水环境整治的良好氛围。

五、水利文学艺术

【水利文学创作】　张掖市节水型社会办公室副主任张建铭多篇著作《张掖临泽，这些因水冠名文渊深厚的地名》《黑水河·黑水国·黑水城》《行走乡间，那些正在消逝的村落名称》《曲水擅风流》等分别发表于《地名古今》《中国节水》杂志等刊物上。

六、水利体育

（1）天水市水务局举办庆“五一”暨纪念“五四”运动趣味活动，活动内容分为团体项目和个人项目，团体项目为拔河比赛，个人项目包括扑克牌双扣、扑克牌挖坑、象棋比赛、跳棋比赛、羽毛球比赛、定点投篮、懒惰的自行车和呼啦圈比赛8个项目，经过一天的激烈比赛，天水市水利工程勘察设计院在团体比赛中获得了一等奖，个人项目中段继宏等8人分获不同个人项目的一等奖，活动最后由天水市水务局局长汪杰刚进行了总结讲话并为获奖的同志颁发了奖状及纪念品。

(2) 8月8日，张掖市水务局广大干部职工积极参加了市委、市政府组织的“喜迎十九大·健身每一天”黑河湿地万人徒步穿越活动，徒步穿越活动以张掖城市湿地博物馆广场为起点，途经甘泉府、张掖国家湿地公园东入口广场、马术俱乐部、鸳鸯湖、流泉亭、甘泉府，最终返回原地张掖城市湿地博物馆广场。

(3) 9月，兰州市举办水务行业“黄河杯”第二届职工乒乓球联赛，通过比赛充分展示水务干部职工的精神风貌，激励广大干部职工以饱满的热情投入到水务各项工作，进一步丰富活跃全市水利行业职工文化体育生活，推动全市水务行业全民健身运动发展。

(4) 金昌市水务系统各单位组织开展了拔河、踢毽子、跳绳、象棋、纸牌、知识竞赛、朗读朗诵等文体活动20余场次，进一步丰富了职工文化生活，增进了凝聚力和向心力。

水利部综合事业局

一、综述

2017年是党和国家历史进程中具有划时代里程碑意义的一年，是实施“十三五”规划的重要一年，也是全面深化改革进入决战决胜阶段的关键一年。在水利部党组的正确领导下，水利部综合事业局党委深入贯彻落实习近平新时代中国特色社会主义思想，按照中央治水兴水战略部署，积极践行新时期水利工作方针，全面落实部领导重要指示要求，紧紧围绕水利中心工作，扎实推进各项事业取得新进展，为水利改革发展提供有力支撑和保障。

二、重要文献

【重要文件】

1.《水利部综合事业局2016—2020年发展战略》正式印发　1月9日，为更好地贯彻落实水利部党组的决策部署，践行可持续发展治水思路，支撑水利改革发展，编制了《水利部综合事业局2016—2020年发展战略》。战略报告提出了水利部综合事业局在“十三五”期间的发展思路、发展目标、重点任务和保障措施，是指导今后一个时期改革与发展的重要依据。

2.《水利部综合事业局管理制度汇编》完成编印　为深入贯彻落实陈雷部长2016年6月27日关于“加强完善水利部综合事业局内控制度，不断提升内部管理的科学化、规范化水平”的指示精神，建立健全管理制度体系，2016年6月，水利部综合事业局党委研究决定，在全局系统开展制度体系建设工作，印发实施了《综合事业局管理制度建设完善工作方案》。经过局机关各处室和16个局属单位一年的共同努力，历经8次局长办公会议研究审议，于2017年6月30日完成了局机关和16个局属单位的近500项管理制度汇编，分17册印制。

3.《水利部综合事业局直属单位2016—2020年发展规划汇编》完成编印　为推进《水利部综合事业局2016—2020年发展战略》贯彻实施，组织局属12家单位，结合自身职能和业务发展情况，开展各单位发展规划的编制工作。8月，将审定后的12个单位发展规划成果汇编成册并分发，将为各单位下一步发展起到重要指导作用。

【重要讲话】

1.陈雷部长、田学斌副部长分别在水利部综合事业局工作报告上作出批示　1月，陈雷部长、田学斌副部长分别在水利部综合事业局工作报告上作出批示。陈雷部长批示：“水利部综合事业局2016年工作围绕中心、服务大局，坚持‘两手抓、两手硬’，取得了显著成效，实现了‘十三五’的良好开局。2017年工作思路清晰、重点明确、举措翔实，望进一步加强党的建设，扎实抓好全面从严治党和党风廉政各项工作，进一步聚焦主业，优化内部结构，完善体制机制，强化资产监管，推动水利部综合局各项工作再上新台阶。”田学斌副部长批示：“2016年水利部综合事业局的各项工作很有起色、亮点纷呈、局面一新。希望新的一年继续努力，不断完善制度，加强内部管理，勇于探索创新，取得更大成绩。”

2. 陈雷部长先后5次对水利部党校工作作出批示　2017年，陈雷部长先后5次在2016年秋季学期处级干部进修班临时党支部（班委会）呈报的学习工作总结等报告上作出批示。

3. 陈雷部长和田学斌副部长分别对《综合事业局2016—2020年发展战略》报告作出批示　陈雷部长批示：“报告注重顶层设计，坚持统筹谋划，立足全局实际，提出了发展思路，明确了重点任务，强化了保障措施，可以作为综合事业局今后发展的指导文件。”田学斌副部长批示：“报告思路清晰、重点突出、目标明确、文字简练，是一份好报告”。

4. 陈雷部长在水交所成立一周年工作情况报告上作出批示　8月22日，陈雷部长批示：“水权交易所成立一年来，开拓进取、扎实工作，打开了业务局面，推动了水权的流转，十分不易。同意下步工作考虑，各有关司局需加大支持的力度，争取在新的一年里取得更好成效。”

5. 田学斌副部长对水利部党校工作作出批示　6月1日，田学斌副部长在部党校2017年春季学期处级干部进修班现场教学简报专刊（第4、5期）上批示：“深入井冈山、延安现场教学，是理论联系实际的好形式，对于继承和发扬党的优良传统和作风，推进‘两学一做’学习教育，不忘初心，继续前进，具有重要意义。”

6. 田学斌对沙棘中心改革发展作出重要指示　6月13日，水利部副部长田学斌对沙棘中心改革发展作出重要指示：要加强干部队伍建设和管理。抓紧做好班子建设，统一全中心干部职工的思想认识，自觉服从上级组织的领导，严格按照从严治党要求，严格遵规守纪，不能自行其是；要不断推进沙棘中心改革发展，严格各项管理，建章立制，完善管理制度，实现中心的正常有序发展；要认真落实“一岗双责”，做好单位的党建和党风廉政建设；沙棘中心在企业投资经营管理方面存在一定风险，要积极做好风险防范和化解工作。总之，部党组对沙棘中心寄予厚望，希望在较短时间内中心面貌能焕然一新。

7. 叶建春副部长到水利部综合事业局检查指导安全生产工作并对全局安全生产工作作出指示　11月20日，叶建春副部长充分肯定了近年来水利部综合事业局的安全生产工作。他强调，水利部综合事业局要认真贯彻党的十九大报告关于安全生产工作的新要求，坚持以人民群众为中心，树立“生命至上、安全第一”的安全发展意识，强化安全生产责任落实。要进一步完善制度，加大宣传贯彻力度，让制度的执行落地生根；健全体系，做到横向到边纵向到底，实现安全生产全覆盖；强化监督，紧盯不放，不留死角；落实责任，层层传导到岗到人，要坚持融入日常、抓在经常。

8. 刘云杰在沙棘中心干部大会上讲话精神　11月7日，水利部综合事业局局长刘云杰在沙棘中心干部大会上对中心领导班子和全体干部职工提出希望：要强化政治意识，自觉维护平稳大局；要注重班子团结，切实形成工作合力；要强化主体业务，着力提升服务能力；要强化风险意识，切实加强企业监管；要落实从严要求，全面加强党的建设。希望新一届领导班子深入贯彻中央新时期水利工作方针，全面落实部党组和局党委各项决策部署，团结带领全体干部职工，凝心聚力，开拓创新，锐意进取，努力拼搏，不断开创沙棘中心各项工作新局面，给部党组、局党委和全体干部职工交上一份满意的答卷。

9. *陈雷部长对中国水利企业协会的工作作出指示* 6月28日，陈雷部长出席中国水利企业协会第六次全国会员代表大会开幕式，并对中国水利企业协会的工作作出指示。陈雷部长强调，中国水利企业协会要按照中央兴水惠民和社团改革发展的决策部署，不断开创协会工作新局面；要立足自身优势，着力服务水利发展大局；要加强规范引导，着力推动行业自律发展；要改进方式方法，着力提高会员服务能力，要结合会员需要举办多种形式的推介会、展览会、展销会、交易会，有针对性地提供法律、政策、技术、市场、管理等咨询服务，帮助水利企业捕捉信息、开拓市场、赢得商机；要深入调查研究，着力帮助企业排忧解难；要顺应改革形势，着力促进协会健康发展；要落实中央要求，着力强化管党治党责任。

【获奖情况】

（1）科技推广中心组织参加2016年度国家科技奖励大会；评审推荐5项行业内优秀成果参加“2017年度国家科学技术进步奖”评选，获得二等奖2项。

（2）长春机械研究所进一步加强了与大学的研发合作，共同完成了2016年度水利部水利技术示范项目“瞬变电磁地下水流方向探测系统推广”的科研工作，并编写好了验收资料，准备项目验收。还联合参加第十四届国际水利先进技术推介会，对水利先进技术示范项目进行宣传推广。通过技术合作，提高了长春机械研究所的科研能力。

（3）12月11日，中国工业防腐蚀技术协会授予水利部产品质量标准研究所申报的《流体机械表面高焓等离子喷涂抗磨蚀纳米涂层关键技术开发及产业化》为中国工业防腐蚀技术协会科学技术一等奖。该项目研发出高结合强度、低孔隙率、高硬度、高韧性的流体机械抗磨抗蚀纳米涂层，达到国际领先水平，并首次开发出超高马赫（6马赫）高焓等离子喷枪技术。相关成果成功应用于水轮机、水泵等流体机械核心部件，使其抗高泥沙磨损性能显著提高，寿命明显延长，实现节能减材，带来显著的环境社会效益和良好的经济效果，利用相关成果发表核心期刊以上论文10余篇，其中EI论文5篇；申请发明专利4项，已授权3项；出版专著2册。

三、思想政治

1. *水利部综合事业局2017年工作会议在京召开* 1月12日，水利部综合事业局2017年工作会议在京召开。会议的主要任务是：全面贯彻落实党的十八大，十八届三中、四中、五中、六中全会精神和十八届中央纪委七次全会精神，深入贯彻习近平总书记系列重要讲话精神，按照全国水利厅局长会议总体部署，总结2016年全局工作，研究部署今后一个时期全局改革发展思路和关键任务，统筹安排2017年重点工作。刘云杰在会上作了题为《抓作风　强能力　控风险　促发展　为水利中心工作提供坚强有力的技术管理支撑》的报告。他总结了全局2016年取得的新进展，指出，今后水利部综合事业局要准确把握部领导重要指示要求，努力建设新型水利事业单位，牢固树立事业优先发展意识、核心技术支撑意识、主动服务意识、规矩规范做事意识、防风险提效益意识和协同发展共享成果意识等六个意识，切实增强责任感和使命感，将部领导的指示精神转化为全体干部职工履职干事的强大动力，进一步促进水利部综合事业局各项事业健康有序发展。他强调，要夯实业务体系，持续提高业务支撑能力；要增强改革活力，持续强化业务创新驱动；要落实监管责任，保障企业健康有序发展；要夯实基础保障，持续增强长期健康发展能力；各挂靠（代管）单位要积极有为，做好部党组交办的各项工作任务；要落实两个责任，持续加强党建和党风廉政建设。

2. **水利部综合事业局党委2016年度党风廉政建设“两个责任”督导检查圆满结束** 为落实全面从严治党主体责任，推进党风廉政建设再上新台阶，水利部综合事业局党委认真研究制定督查工作方案，认真组织实施。2016年12月7日—2017年1月中旬，分别组成多个由局党委委员为组长的督查组，历时40余天完成了对局属17个企事业单位的督查工作。本次督导检查在督查内容上，突出重点、兼顾其他；在督查手段上，常规为主、有所创新；在意见反馈上，结合约谈、现场反馈。

3. **水利部综合事业局党委2016年度民主生活会在京召开** 1月24日，水利部综合事业局党委2016年度民主生活会在京召开。会议的主题为：学习贯彻党的十八届六中全会精神，学做互进、知行合一，敢于担当、勇于作为，聚集务实高效、干事创业的正能量，奋力推进水利部综合事业局改革发展新跨越。刘云杰代表局党委班子作对照检查，班子成员分别开展了严肃认真的批评和自我批评。刘云杰就做好下一步工作提出明确要求。他强调，要继续增强坚忍不拔的韧劲和久久为功的战略定力，牢固树立“四个意识”；要更加主动落实管党治党主体责任；要进一步采取措施，认真落实整改，责任到人；要以此次民主生活会为契机，推进水利部综合事业局工作再上新台阶。

4. **水利部综合事业局2017年纪检工作会议在京召开** 2月23日，水利部综合事业局2017年纪检工作会议在京召开。会议传达学习了党的十八届六中全会、十八届中央纪委七次全会和2017年水利党风廉政建设工作会议精神，集体学习了《中国共产党纪律检查机关监督执纪工作规则（试行）》；总结交流了水利部综合事业局2016年纪检工作，部署安排了2017年纪检工作任务。张明俊对2017年的纪检工作作了部署。他强调，要深入学习贯彻党的十八届六中全会、十八届中央纪委七次全会精神，严肃党内政治生活，强化党内监督；要抓铁有痕、踏石留印，持之以恒改进作风建设；要突出执纪重点、实践“四种形态”，不断提高监督执纪的质量效果；要夯实责任、强化问责，督促各级党组织履行好全面从严治党政治责任；要紧抓巡视及整改的有利契机，推动全面从严治党向纵深发展。

5. **水利部综合事业局团委青年志愿服务活动顺利开展** 3月10日，40余名青年志愿者与国管局政法司志愿者共赴北京SOS儿童村开展青年志愿服务活动，与儿童村孩子共同游戏，赠送书籍和纪念品。此次活动是水利部综合事业局团员青年践行社会主义核心价值观的一次生动课堂，培养了团员青年献身社会公益的热心，增强了回馈社会的意识，提醒大家要常怀感恩之心、珍惜幸福生活。

6. **水利部综合事业局2017年党的工作会议暨党风廉政建设工作会议在京召开** 3月20日，水利部综合事业局2017年党的工作会议暨党风廉政建设工作会议在京召开。会议的主要任务是贯彻党的十八大，十八届三中、四中、五中、六中全会和习近平总书记系列重要讲话精神，按照水利部直属机关2017年党的工作会议、2017年水利党风廉政建设工作会议等工作部署，认真总结全局2016年党建和党风廉政建设工作，安排2017年工作任务。刘云杰作了工作报告，全面回顾了2016年水利部综合事业局党建和党风廉政建设工作取得的成绩，并就做好2017年工作提出明确要求。他强调，必须旗帜鲜明讲政治，严格遵守党的纪律和规矩；必须始终围绕中心、服务大局；必须严格落实管党治党责任；以改革创新精神不断提升党建工作水平；大力营造风清气正的政治生态。

7. *水利部综合事业局警示教育会在京召开*　6月28日，水利部综合事业局警示教育会在京召开。与会人员共同观看了《蜕变的人生》警示教育片。刘云杰以《牢固纪律观念　强化作风建设　推动全面从严治党向纵深发展》为题讲了廉政党课。刘云杰还就党组织如何落实主体责任，加强党员干部教育管理，以严的标准和严的措施推动从严治党责任落到实处谈了四点意见：从严抓好党员干部的思想教育；从严抓好领导干部的选拔任用；从严抓好党员领导干部的监督管理；从严抓好党建责任落实。

8. *水利部综合事业局团员青年培训班成功举办*　8月21—26日，水利部综合事业局团员青年培训班成功举办。局团委委员、局属各单位青年工作负责人和部分团员青年代表共计40余人参加了此次培训，聆听《鄂豫皖革命根据地的光辉历程》《党风廉政建设》等主题讲座，参观金寨县革命博物馆、金寨红军纪念堂、少共赤南县委旧址等，与金寨金叶水务公司水利职工座谈，了解基层水利工作现状，并赴金寨县贫困村调研，与贫困村村干部和村民交流，开展斑竹园镇现场扶贫助学捐赠等活动。

9. *水利部综合事业局巡察制度初步建立*　按照水利部综合事业局党委工作部署，着手建立水利部综合事业局巡察制度，成立了工作机构，制定了工作规程，编制了培训手册。10月开展了首轮巡察，巡察组坚持政治定位和问题导向，共发现问题25个，提出整改意见建议26条。被巡察单位均报送了整改方案和初步整改情况报告。开展巡察有利于推动基层党组织在政治高度上突出党的领导、在政治要求上抓住党的建设、在政治定位上聚焦全面从严治党，打通全面从严治党“最后一公里”。

10. *水利部综合事业局基层党支部书记十九大精神学习专题培训班顺利开班*　12月5日，水利部综合事业局基层党支部书记十九大精神学习专题培训班顺利开班。举办此次全局系统党支部书记培训班，是贯彻党的十九大精神，加强基层党支部书记集中轮训，建设高素质基层党组织带头人队伍的有效途径，是推进“两学一做”学习常态化制度化、开展“不忘初心、牢记使命”主题教育的具体举措，对做好党建工作至关重要。培训班有来自局机关各支部、局直属各单位、各全资（控股）公司近40名基层党支部书记参加，邀请了中央党校、江苏省委党校等知名专家解读十九大精神，组织赴一大会址和嘉兴南湖学习红船精神、赴红豆集团学习基层组织建设等，进一步强化了基层支部书记“不忘初心、牢记使命”责任感，提升了基层组织建设工作的能力和水平。

四、水文化建设

【水利风景区水文化建设】

（1）审定批准54个“国家水利风景区”。全国已审定批准832个“国家水利风景区”，

2000余个省级水利风景区。

（2）印发《全国水利风景区建设发展规划（2017—2025年）《水利风景区科普建设指南》。提出科普文化建设内容、资金需求与筹措方式。

（3）指导推动水利风景区水利科普文化建设。指导推动了一批基础条件较好的水利风景区重点开展水利风景区工程纪念馆、水利科普馆、水文化展示馆、户外科普解说及环境教育设施等建设。

五、水利文学艺术

（1）新华水利控股集团公司5月报送的图文作品《幸福从何而来》（作者董琦），荣获中央国家机关“图说家史”征集活动优秀作品奖，荣获水利部直属机关“图说家史”征集活动一等奖。

（2）中国水务投资有限公司组织系统内员工参加中国水利政研会和中国水利文协举办的全国水利系统学习贯彻党的十九大精神主题美术书法作品展的征稿活动，公司系统内共计7人获奖。

水利水电规划设计总院

一、综述

2017年，在水利部党组的正确领导下，在中国水利政研会的指导下，水利水电规划设计总院（以下简称“水规总院”）紧紧围绕水利中心工作，深入学习贯彻党的十九大精神和习近平新时代中国特色社会主义思想，强化理想信念教育，取得了丰硕的成果，为加快水利改革发展提供了有力的思想保证、精神动力和文化支持。

1. 理想信念教育　水规总院党委十分重视职工的理想信念教育。党委中心组学习每年制定年度计划，年终进行总结，每次学习都做好记录，2017年，党委领导班子在深入基层、深入实际、深入群众调研了解掌握基层舆论和群众所思所想的基础上，分别进行了10次党委中心组学习，党委领导班子成员全部带头讲了专题党课。支部书记和处级干部均在本支部讲了专题党课，普通党员撰写心得体会文章。

通过“总院讲堂”、“青年论坛”、主题书画摄影大赛、主题教育活动和国防教育活动等多种形式，宣传中国特色社会主义、水利形势政策、党的建设成就和党的光辉历史。贯彻落实《党委（党组）意识形态责任制实施办法》要求，深入做好意识形态工作。通过“院长接待日”制度、支部创新工作法，加强思想教育工作，凝聚共识。

2. 核心价值观建设　始终将核心价值观建设作为重要工作。印发水规总院《关于培育和践行社会主义核心价值观的实施办法》。确定“科学、严谨、求实、创新”为水规总院核心价值观。成立“两学一做”学习教育协调小组、党建工作领导小组等。

水规总院党委注重通过“总院讲堂”、院领导讲道德课等平台进行宣传教育。组织开展了“家庭助廉”优秀作品征集评选展示、“中国梦·水利情·我的梦”主题书画摄影大赛等活动，引导员工坚定理想信念。综合运用院网站、宣传园地等平台，选树、宣传先进典型，年度末召开院工作总结暨表彰大会表彰先进。

组织开展“全国五好文明家庭（标兵）”推荐等多项活动。通过迎新春游艺会、“庆七一·迎十九大”歌咏朗诵大赛等活动，贯彻落实“我们的节日”主题教育活动。通过开展“节水节电我能行”“文明餐桌”等活动加强勤俭节约教育。

3. 全面从严治党　落实管党治党责任。制定《全面从严治党实施办法》《全面从严治党主体责任清单》等方案，逐级签订党风廉政建设责任书，层层进行责任分解。年初制定党建工作要点，对全年重点工作进行部署，并作为部门年终考核的重要依据。

推进“两学一做”常态化制度化。制定《关于推进“两学一做”学习教育常态化制度化的实施方案》，各支部制定具体工作计划。“两学一做”学习教育情况纳入年度党建工作考核的重要内容，作为评判党支部和党支部书记履行管党治党责任情况的重要依据。

结合学习贯彻党的十九大会议精神，分别举办中心组扩大学习班、处级干部培训班和专兼职党务干部学习研讨班。印发《中共水规总院委员会关于学习贯彻党的十九大实施方案》，各支部结合实际，制定了学习计划，分别组织党的十九大精神集中学习和研讨，支部学习研讨情况以书面形式报告了院党委；院长、党委副书记沈凤生，党委书记、副院长陈伟带头就学习贯彻党的十九大精神讲了专题党课。

水规总院领导班子认真贯彻落实民主集中制，坚持重大事项集体决策制度。严格执行党内民主生活会制度，严肃党内政治生活。修订院党委《领导班子成员分工联系党支部工作制度》《党支部工作细则》，对支部工作提出明确要求。各支部按时完成学习计划，按期完成换届。

严格贯彻执行八项规定的要求，结合水规总院实际制定实施办法，严格执行《党政领导干部选拔任用工作条例》，把好选人用人关。组织学习《关于新形势下党内政治生活的若干准则》《中国共产党党内监督条例》，围绕廉政风险点，组织编写《水规总院廉政风险防控手册》。

4. 文明风尚行动 加强道德建设，通过“总院讲堂”、院领导讲道德课等平台进行宣传教育，坚持开展道德经典诵读活动。积极参加道德建设相关活动。确定“科学、严谨、求实、创新”为水规总院的核心价值观。印发《水规总院职工手册》。注重员工职业素质培训。

注重诚信建设。组织完成了多项信用信息平台建设及信用评价工作，参加水利建设市场主体信用评价并获得AAA级。利用“总院讲堂”等学习培训平台，大力开展勤政廉洁教育。

水规总院党委经常组织开展义务植树和便民服务活动，组织看望老党员，慰问贫困党员。开展赴新疆喀什莎车县“扶贫帮困、捐资助学”等多项活动。志愿者积极开展“关爱山川河流”志愿服务行动，每年坚持开展以节水为主题的志愿宣传活动和向贫困地区学校捐赠衣物活动。

积极开展青年文明号和文明工地创建活动。通过制定具体方案、悬挂文明展板、制定管理办法等方式积极进行文明传播。注重优质服务及环境建设，建立有效的服务公开承诺、服务满意度调查反馈考评制度。投入大量资金，新建职工餐厅、停车库，修建了运动场馆，更新了院内设备。

5. 基层文化建设 在规划编制工作中高度重视水文化建设和水文化遗产保护利用。近年来，水规总院牵头编制的水资源综合规划、水利“十三五”规划、有关流域综合规划等水利综合性规划编制，把加强水文化建设等作为其中的重要原则。形成了《将水文化建设融入水利规划工作的建议意见》研究成果。作为中国水利政研会勘测设计学组的牵头单位，利用行业平台，积极开展水文化传播宣传教育工作，取得了丰硕的研究成果。

积极推进学习型单位建设。制定《职工教育培训管理办法》等促进职工教育培训经常化、制度化。在青年职工中开展“书香致远”暨青年读书活动。在全体在职党员中开展“党情、国情、水情、院情”知识答题活动。

坚持开展经常性的文化体育活动。制定院普法教育计划，开展法制教育，落实“世界水日”“中国水周”的普法教育制度。

二、重要文献

【重要文件】

1. 水规总院2017年精神文明建设与水文化建设工作要点　2017年是党的十九大召开之年，是实施“十三五”规划的重要一年。精神文明建设与水文化建设工作要全面贯彻落实党的十八大和十八届三中、四中、五中、六中全会精神，深入学习贯彻习近平总书记系列重要讲话精神和治国理政新理念新思想新战略，增强“四个意识”，以培育和践行社会主义核心价值观为根本，以迎接、宣传、贯彻党的十九大为主线，着力加强思想道德建设，着力深化群众性精神文明创建，着力推进水文化繁荣发展，为水规总院干事创业提供有力的思想保证和精神文化条件，以优异成绩迎接党的十九大胜利召开。

2. 全国水利精神文明建设工作　2017年，水规总院在精神文明创建活动中，认真贯彻党的十八大、十九大和习近平总书记系列重要讲话精神，紧紧围绕水利改革发展新形势，深入开展理想信念教育和中国特色社会主义理论体系学习教育，加强社会主义核心价值体系学习宣传。全院干部职工积极践行“科学、严谨、求实、创新”的总院精神，形成了团结和谐、风清气正的良好氛围，为全院各项工作顺利开展提供了精神动力和思想保障。

【重要讲话】

1. 水规总院党委书记、副院长陈伟在中国水利政研会第六学组2017年年会上的讲话（2017年6月22日）　这次会议是根据中国水利政研会第六学组工作需要，并经中国水利政研会批准召开的。会议的主要任务是：全面贯彻党的十八大和十八届三中、四中、五中、六中全会精神，全面贯彻中央新时期治水方针，落实部党组对水利思想文化工作的新要求，扎实推进水利思想政治工作和水文化建设，为水利改革发展提供思想文化支撑。

2. 水规总院院长、党委副书记沈凤生在2017年度水利思想文化建设经验交流会上的发言（2017年7月11日）　近年来，在中国水利政研会的领导下，在全体会员单位的共同努力下，第六学组紧紧围绕水利中心工作，深入开展思想政治工作研究和水文化建设，取得了丰硕的成果，为加快水利改革发展提供了有力的思想保证、精神动力和文化支持。发言总结了第六学组工作开展情况。

3. 水规总院党委书记陈伟在学习贯彻党的十九大精神首期处级干部培训班上的讲话（2017年11月27日）　认真学习宣传贯彻党的十九大精神，是当前和今后一个时期首要的政治任务。中央要求，对全国县处级以上党员领导干部进行集中轮训，分期分批对党员干部进行系统培训。部党组于近期相继召开了干部大会，举办了党组中心组（扩大）学习班，印发了《关于认真学习贯彻党的十九大精神的通知》。水规总院为贯彻中央及部党组精神，举办了中心组扩大学习班学习贯彻党的十九大精神；印发了《中共水规总院委员会学习贯彻党的十九大精神实施方案》，各支部按照要求开展了多项工作；除本期培训班外，11月30日，还举办了第二期处级干部培训班；12月4日，举办了一期专兼职党务干部学习研讨班。举办一次扩大到全体职工的党委中心组，学习贯彻党的十九大精神；以第十六期总院讲堂为平台，就学习贯彻党的十九大精神讲党课；举办以“总院改革发展，青春勇于担当”为主题的青年论坛。总院全体党员干部应切实把思想统一到党的十九大精神上来，凝神聚力，确保总院各项工作顺利开展。

三、思想政治

1. 会议及活动

（1）水规总院组织慰问离退休老同志并召开新春茶话会。1月19日，水规总院召开2016年离退休职工新春茶话会。党委书记、副院长陈伟主持茶话会。院长、党委副书记沈凤生，纪委书记胡玉强以及副总经济师、各职能处室负责人和离退休职工共100余人参加。

沈凤生向全体离退休同志通报了水规总院2016年工作情况。陈伟、胡玉强分别就离退休党员补交党费、院领导调整变动等情况做了说明。茶话会上，院领导慰问了离退休干部，向15名生肖属鸡的老同志送上了吉祥礼物。在欢快、轻松的氛围中，老同志们表演了舞蹈、歌曲和太极拳。

此前，按照中央和部党组要求，院领导沈凤生、陈伟、胡玉强等分别带队看望慰问了23名老领导、老专家、老党员和生活困难党员，向他们表达了新春的祝愿。

（2）水规总院召开2017年党的工作暨党风廉政建设工作会议。3月3日，水规总院召开2017年党的工作暨党风廉政建设工作会议。会议由党委书记、副院长陈伟主持。院长、党委副书记沈凤生，副院长王志强，党委委员、纪委书记胡玉强，副局级领导尹迅飞，总工程师温续余出席。院长、党委副书记沈凤生作总结讲话，党委书记、副院长陈伟作党的建设和党风廉政建设工作报告，党委委员、纪委书记胡玉强作纪检监察工作报告。水规总院全体党员和处以上领导干部约120人参加会议。与会院领导及处以上领导干部现场签订了2017年党风廉政建设责任书、承诺书。

（3）水规总院召开庆祝三八妇女节座谈及联欢会。3月8日，水规总院召开庆祝三八妇女节座谈及联欢会，共同庆祝国际劳动妇女节。党委书记陈伟出席会议并讲话，副院长王志强、纪委书记胡玉强、总工程师温续余等参加座谈。联欢会上，100多名表演者通过歌曲、舞蹈、表演剧、生活秀等形式，全面、生动地展示了女职工昂扬向上的精神风貌。

（4）水规总院三八红旗集体和个人受到表彰。3月7日，水利部直属机关在京举办纪念三八国际劳动妇女节暨“上善若水塑家风”家风建设分享会，总结直属机关妇女工作，表扬先进，分享优秀家风。会上，水规总院罗雅玲被授予“水利部直属机关三八红旗手”荣誉称号，水战略研究一处被授予“水利部直属机关三八红旗集体”荣誉称号。

（5）水规总院开展“两学一做”主题党日活动。3月26日，水规总院组织开展了“两学一做”主题党日活动。院党委书记、副院长陈伟，副院长朱党生，纪委书记胡玉强参加活动，并分别对“两学一做”常态化制度化提出要求。本次党日活动形式丰富多样，开展了健步走、“两学一做”学习教育、“支部一家亲”游艺活动。新党员、发展对象代表、入党积极分子及青年团员均结合实际工作进行了发言交流。全院60余名在职党员、入党积极分子、青年团员参加了活动。

（6）水规总院李云玲荣膺第21届“中国青年五四奖章”。5月4日，在共青团中央、全国青联举办的第21届“中国青年五四奖章”评选活动中，水规总院李云玲荣膺第21届“中国青年五四奖章”，受邀参加了共青团中央在人民大会堂召开的“不忘初心跟党走”团员青年座谈会，受到中共中央政治局委员、国家副主席李源潮的亲切接见。

2017 年，全国共有 20 名个人荣获“中国青年五四奖章”、8 个集体被授予“中国青年五四奖章集体”。李云玲是 2017 年水利系统获此殊荣的唯一人选，也是中央国家机关 90 多家单位中获此殊荣的唯一人选。

（7）水规总院组织离退休党员开展主题党日活动。5 月 23—26 日，水规总院党委组织 80 岁以下退休党员赴浙江杭州开展以“见证水利发展，创新治水理念”为主题的党日活动。在浙江，老同志们先后参观了中国水利博物馆、新安江水电站。6 月 2 日，水规总院党委组织部分 80 岁以上的离退休党员参观了北京市党员教育示范基地。展览以“我们共产党人”为主题，分“信仰铸就坚强”“真理指引方向”“理想凝聚力量”三个展区展现了我党从无到有、从小到大的成长历程。

（8）水规总院开展离退休人员春游参观活动。为了丰富离退休职工的精神文化生活，鼓励老干部亲近大自然，增进身心健康，4 月 11 日，水规总院组织全体离退休职工到西山国家森林公园开展了以“鉴赏西山景观，倡导绿色发展”为主题的春游活动；5 月 17 日，组织全体离退休职工以“喜看农村发展，坚定改革信念”为主题参观了怀柔区官地民俗村和神堂峪。

（9）水规总院举办“庆七一·迎十九大”歌咏朗诵大赛。7 月 3 日，水规总院以“永远跟党走”为主题的“庆七一·迎十九大”歌咏朗诵大赛隆重举办。全院党员干部共聚一堂，共同庆祝党的生日。党委书记、副院长陈伟为大赛致辞。院长、党委副书记沈凤生作总结讲话。全院 20 个部门、单位，推荐了合唱、独唱、歌舞、诗朗诵等 12 个节目参赛。

（10）水规总院向离退休老同志通报半年工作情况。8 月 2 日，水规总院召开离退休职工半年工作情况通报会。院长、党委副书记沈凤生向老同志通报情况，纪委书记胡玉强传达了《中共水利部党组关于进一步加强和改进老干部工作的实施意见》（水党字〔2017〕36 号）和叶建春副部长的讲话。党委书记、副院长陈伟主持会议。水规总院离退休职工及工作人员共 70 余人参加会议。

（11）水规总院召开欢迎新职工及青年工作座谈会。8 月 7 日，水规总院召开欢迎新职工及青年工作座谈会。党委书记、副院长陈伟，纪委书记胡玉强出席会议并讲话。院副总工程师，有关部门负责同志、院团支部负责同志、部分青年职工代表，以及 2015—2017 年新入职员工参加座谈会。

（12）水规总院党委召开支部工作推进会。为深入推进“两学一做”学习教育常态化制度化，9 月 4 日，水规总院党委召开支部工作推进会，对近期工作进行部署。水规总院党委书记、副院长陈伟主持会议并讲话，纪委书记胡玉强出席会议。各支部书记、支部副书记、支部委员共 35 人参加会议。

（13）水规总院党委举办中心组扩大学习班学习贯彻党的十九大精神。11 月 3 日，水规总院党委举办中心组扩大学习班，学习贯彻党的十九大精神。党委书记、副院长陈伟主持，副院长刘志明、李原园、王志强，纪委书记胡玉强，副局级领导尹迅飞，总工程师温续余及副处级以上领导干部共 50 余人参加学习。

（14）水规总院党委举办学习贯彻党的十九大精神首期处级干部培训班。11 月 27 日，水规总院党委举办学习贯彻党的十九大精神首期处级干部培训班。院党委书记、副院长陈伟主持开班仪式并作动员讲话。副处级以上领导干部 40 多人参加培训。

（15）水规总院党委举办学习贯彻党的十九大精神第二期处级干部培训班。11 月 30 日，水规总院党委举办学习贯彻党的十九大精神第二期处级干部培训班。院纪委书记胡玉强主持培训班并作讲话。副处级以上领导干部近 20 人参加培训。

（16）水规总院党委举办学习贯彻党的十九大精神专兼职党务干部学习研讨班。12 月 4 日，水规总院党委举办学习贯彻党的十九大精神专兼职党务干部学习研讨班。院党委书记、副院长陈伟主持研讨班并讲话，院纪委书记胡玉强出席研讨班。各党支部书记及支部委员 40 余人参加学习研讨。

2. *调查研究* 以“实”书写精准扶贫好“文章”——水规总院赴新疆开展“扶贫帮困、捐资助学”活动。为贯彻落实习近平总书记关于“精准扶贫”的系列讲话精神，推动《“十三五”全国水利扶贫专项规划》进一步落实，7 月 26—29 日，水规总院党委书记、副院长陈伟，纪委书记胡玉强带领院党委办公室、计划处负责同志，团工青妇组织负责同志以及部分青年代表，赴新疆喀什莎车县开展“扶贫帮困、捐资助学”活动。

3. *学组活动* 中国水利政研会第六学组召开学组会议。6 月 22—23 日，由水规总院牵头召集的中国水利政研会第六学组（勘测设计学组）2017 年会议在昆明召开。水规总院党委书记、副院长陈伟出席会议并讲话。中国水利政研会副会长、秘书长火来胜莅会指导。第六学组 36 家会员单位的党委主要负责人或党委办公室主任出席会议。

四、水文化建设

（1）水规总院青年志愿者开展“世界水日”“中国水周”节水宣传活动。为纪念第二十五届“世界水日”和第三十届“中国水周”，营造全社会惜水、爱水、护水的浓厚氛围，3 月 24 日，水规总院团支部、办公室组织部分青年志愿者开展以“落实绿色发展理念，全面推行河长制”为主题的节水宣传活动。

（2）水规总院多项家风建设成果获通报表扬。水规总院在水利部直属机关妇工委 2016 年度“家风建设在行动·家庭助廉”评选活动中硕果累累。

（3）水规总院“图说家史”活动获通报表扬。在水利部直属机关妇工委对“图说家史”活动中，水规总院妇工委和个人多项成果获奖。

五、水利体育

（1）水规总院举办第九届职工运动会。9 月 29 日，水利部水规总院第九届职工运动会在解放军总政体育场举行。本届运动会由水利部水规总院、规划计划司、建设与管理司共同举办。

本届运动会以竞技项目与趣味体育项目为主要内容，采取集体竞赛和个人竞赛相结合，充分体现群众性、广泛性、团队合作的特点。其中，个人项目田赛、径赛共有 20 多项，包括 400m 跑、100m 跑、跳远、跳绳、踢毽子、铅球、足球射门等，集体项目有 4×100m 接力、60m 插红旗、南水北调、不倒森林、协力连环、15m 拉手跑、运篮球绕杆跑、拔河等。水规总院各部门、规划计划司、建设与管理司组成的 17 支代表队、共 356 名运动员参加了本届运动会。

（2）水规总院参加部机关及在京单位第26届离退休干部运动会并取得好成绩。9月25日，水利部机关及在京单位第26届离退休干部运动会在北京宣武体育场隆重举办。院长、党委副书记沈凤生参加开幕式。水规总院50余名离退休职工组队参加了本次会，在六个集体项目中，总院代表队取得了3个一等奖、2个二等奖的佳绩。

（3）水规总院“天天健步走每天一万步”活动多人次获通报表扬。中央国家机关工会联合会、中央国家机关户外健身运动协会、水利部直属机关工会分别对部委及在京直属单位“天天健步走每天一万步”第二阶段（2016年6月17日—2017年6月16日）活动情况进行通报，水规总院多人次荣获通报表扬。其中，在中央国家机关工会联合会表彰的“天天健步走每天一万步”第二阶段先进个人中，水利部共有10人获“中央国家机关健步之星”称号，其中水规总院董强、伍杰、朱亚清、王荣珍4人获此殊荣。

6月30日，中央国家机关户外健身运动协会在京召开中央国家机关“天天健步走每天一万步”第二阶段活动总结表彰大会，对中央国家机关第二阶段华野户外APP平台前190名先进个人进行表彰，水规总院共有13人荣获中央国家机关第二阶段健步走活动先进个人。

根据中央国家机关华野户外手机APP的统计数据，水利部直属机关工会对水利部表现突出的总步数前100名先进个人予以通报表扬，水规总院崔忠波等47名同志荣获水利部第二阶段健步走活动先进个人。

（4）水规总院举办第二十一届离退休职工室内运动会。12月12日，水规总院举办第21届离退休职工室内运动会。纪委书记胡玉强出席并代表院领导致辞，80余位离退休老同志参加比赛活动。在麻将、投沙包、飞标、套圈、乒乓球、定点拍球等十个项目的比赛中，老同志们容光焕发，精神抖擞，展示了积极健康的良好精神风貌和老当益壮的昂扬斗志。

（5）水规总院开展女职工“观山亲水行”户外健身活动。为丰富女职工文化生活，10月20日，水规总院组织50多名女职工赴北京北宫国家森林公园开展“观山亲水行”户外健身活动。纪委书记胡玉强应邀参加。

中国水利水电科学研究院

一、重要文献

（1）7月，中国水利水电科学研究院制定印发《中国水利水电科学研究院基层党组织工作考核细则》。

（2）8月，中国水利水电科学研究院制定印发《中国水利水电科学研究院党委党费收缴、使用及管理办法》。

（3）8月，中国水利水电科学研究院制定印发《中国水利水电科学研究院深化群众性精神文明创建活动的实施意见》。

（4）8月，中国水利水电科学研究院制定印发《中国水利水电科学研究院党委意识形态工作责任制实施方案》。

二、思想政治

1. 会议

（1）9月8日，中国共产党中国水利水电科学研究院第十一次代表大会在京举行，选举匡尚富、曾大林、杨晓东、刘之平、胡春宏、汪小刚、夏连强、彭静为中共中国水利水电科学研究院第十一届委员会常务委员会委员，选举曾大林为中共中国水利水电科学研究院第十一届委员会书记，选举夏连强为中共中国水利水电科学研究院第十一届纪律检查委员会书记。

（2）8月31日，中国水利水电科学研究院工会第四次会员代表大会在京举行。大会审议了院工会第三届委员会各项工作，选举产生了院工会新一届委员会，选举李锦秀为院工会第四届委员会主席，刘宁为常务副主席，朱成、戴清为副主席，杨月洁为经费审查委员会主任，刘宁为女职工委员会主任。

（3）9月26日，共青团中国水利水电科学研究院第九次代表大会在京举行，选举王婉莹等7人为共青团中国水利水电科学研究院第九届委员会委员，选举王婉莹为共青团中国水利水电科学研究院第九届委员会书记，张晓蕾、阿思根为副书记。

（4）2017年，中国水利水电科学研究院组织2期井冈山革命传统教育培训班，并与江西干部学院签订合作协议，挂牌成立"党员党性教育基地"。

2. 调查研究

（1）中国水利水电科学研究院组织开展年度党建课题研究《大数据认知对党建工作的影响与转变分析研究》，并在中央国家机关工委"机关党建信息化理论征文和案例征集"中荣获理论文章一等奖。

（2）党委课题组组织开展的《水利科研院所引才聚才用才机制研究》调研报告，获全国党建研究会科研院所专委会2017年度优秀课题成果一等奖。

（3）7月，中国水利水电科学研究院面向院属各基层党组织、支部书记和专职政工干部开展思想政治工作队伍建设调研，形成《中国水利水电科学研究院思想政治工作队伍建设调研报告》。

三、水文化建设

【水文化遗产保护与利用】

1. 调查研究

（1）中国水利水电科学研究院开展北京水利遗产保护专题调研。在院专项的支持下，中国水利水电科学研究院开展了北京水利遗产保护专题调研，围绕大运河文化带、西山永定河文化带建设，针对水文化遗产保护进行专题调研。完成《推进大运河遗产保护利用助力北京全国文化中心建设》等4份简要报告、《保护水利遗产是振兴北京市水文化的重要抓手调研报告》等4份详细报告，在北京市《前线》杂志发表文章2篇。

（2）中国水利水电科学研究院在文化遗产保护方面进行调查研究。对宁夏引黄古灌区、陕西汉中三堰和福建宁德黄鞠灌溉工程进行实地考察调研，为其申遗与保护献策；对保定市、新密市进行了水文化资源调研，为其水文化博物馆建设助力；对江苏省长江以南片区工程建筑类水文化遗产进行补充调查，丰富其遗产资源目录；对涟水五岛湖实地考察，调查评价其水利风景资源，为其编制水利风景区建设规划献策。

2. 制度建设　中国水利水电科学研究院开展《灌溉工程遗产认定标准》研究。在院专项“水利学会标准《灌溉工程遗产认定标准》编制前期研究”的支持下，中国水利水电科学研究院开展了灌溉工程遗产认定标准研究，提出学会标准《灌溉工程遗产认定（草案稿）》，推动灌溉遗产遴选工作制度化规范化。

3. 传统水文化保护、传承、弘扬行动

（1）中国水利水电科学研究院参与编制《大运河文化带建设总体规划水利水运专项规划》。为贯彻落实习近平总书记对推进大运河文化带建设的指示精神，国家发展改革委会同大运河沿线省市和国家有关部门开展了《大运河文化带建设总体规划》编制工作。水利部会同交通运输部、国家文物局等部门负责大运河文化带水利水运专题研究和规划编制工作。中国水利水电科学研究院参加了现状调研、水利遗产保护与利用、水文化传承与发展的相关内容的编写。

（2）中国水利水电科学研究院参与第四批世界灌溉工程遗产申报。宁夏引黄古灌区、陕西汉中三堰和福建宁德黄鞠灌溉工程入选第四批世界灌溉工程遗产。

4. 典型案例　中国水利水电科学研究院水利史研究所、中国国家灌溉排水委员会与宁夏水利厅共同启动宁夏引黄灌溉工程遗产保护实施计划。4月，宁夏引黄灌溉工程遗产保护规划前期工作和世界灌溉工程遗产申报工作同时启动，确立了“调查研究、遗产申报、规划编制、推动实施”的方案。10月，申遗成功后，保护规划编制工作提速，现已完成规划终审稿。

【流域区域与机关企事业单位文化建设】

1. 经验推广

（1）中国水利水电科学研究院顺利完成“全国文明单位”“首都文明单位标兵”的复审工作，继续保持“全国文明单位”“首都文明单位标兵”等荣誉称号。

（2）中国水利水电科学研究院继续办好办精《水科之声》，完成了六期组稿、印发工作。调整编委分工，充实编辑队伍，丰富栏目内容。

（3）12月18日，中国水利水电科学研究院举办第七期“道德讲堂”活动。本期“道德讲堂”活动由院文明办主办，院工会承办，主题是“坚定信念，积极向上”，分“唱歌曲、学模范、诵经典、发善心、送吉祥”五个环节，旨在通过学习模范、诵读经典，学习感悟积极进取、不懈奋斗的人生态度，追求自信、自省、自强的人格修养。

2. 典型案例

（1）中国水利水电科学研究院深入推进“在职党员进社区”活动，集中开展“科技助力节水宣传”志愿服务项目活动，获得2017年中央国家机关部门直属事业单位党建工作示范案例和全国青年志愿服务示范项目创建提名等荣誉。

（2）中国水利水电科学研究院每年围绕广大职工群众普遍关心的问题，为职工办理10件实事。如在南院建设新能源车充电桩、清理北院私搭乱建的违章平房并完成绿化等。

四、水利文学艺术

【水利书法】 1月16日，中国水利水电科学研究院离退休职工处举办老干部迎新春书画展展览。

【水利摄影】 10月16日，中国水利水电科学研究院组织开展“喜迎十九大”书画摄影展，近40幅作品参展。

【水利音乐舞蹈戏剧】

（1）中国水利水电科学研究院开设3期舞蹈培训班，开展京剧传统艺术讲座。

（2）1月20日，中国水利水电科学研究院举办2017离退休职工迎新春联欢会。

（3）10月27日，中国水利水电科学研究院举办重阳节庆典活动。

五、水利体育

1. 赛事

（1）中国水利水电科学研究院代表水利部参加中央机关第十四届桥牌团体赛，荣获第八名。

（2）中国水利水电科学研究院与小浪底水利枢纽管理中心、长江委长江科学院举行网球友谊赛，以球会友，促进了兄弟单位的文化交流与学习。

2. 活动

（1）3月3日，中国水利水电科学研究院工会、妇工委举办女职工户外健身系列活动，200余名女职工们共同欢度三八国际劳动妇女节。

（2）4月26日，中国水利水电科学研究院举办了第三届“运动·健康·快乐”趣味运动会，院属29个分工会500余名职工参加。

（3）8月28日，中国水利水电科学研究院举办第十二届职工乒乓球比赛，院属26个分工会144名职工参加。

（4）10月26—27日，中国水利水电科学研究院举办第十届飞镖比赛。根据飞镖项目在院的普及程度，比赛活动对飞镖项目的团体赛、男子个人赛、女子个人赛分别设置了难度层级不等的比赛规则，30个基层分工会310名选手参赛。

（5）11—12月，中国水利水电科学研究院举办4期网球培训班，共53名职工参加。

南京水利科学研究院

一、综述

南京水利科学研究院以习近平新时代中国特色社会主义思想为指导，坚持高举旗帜、弘扬正气，坚持围绕中心、服务大局，坚持改革创新、求真务实，大力弘扬“勤奋、严谨、求实、创新”的科研精神，深入开展“爱院、爱所、爱岗、爱家”教育活动，引导干部职工深入学习领会习近平治水兴水和科技创新方面的重要思想，自觉践行新时代水利工作方针，认真落实《水文化建设规划纲要（2011—2020年）》，扎实做好水文化研究和水文化教育，坚持每个月开展一次全院性职工文体活动，院所呈现积极、健康、团结、和谐的生动局面。2017年，南京水利科学研究院顺利通过“全国文明单位”复审，继续被确认为“全国文明单位”“全国水利文明单位”。（卢　俊）

二、思想政治

南京水利科学研究院坚持把学习贯彻习近平新时代中国特色社会主义思想和党的十九大精神作为首要政治任务，全年召开2次党委会、17次常委会，召开7次院党委中心组学习研讨会，2次举办学习贯彻党的十九大精神党委中心组扩大学习班，深入领会习近平治水兴水和科技创新方面的重要思想，认真贯彻执行中央路线方针政策和兴水惠民重大决策部署。积极推进“两学一做”学习教育常态化制度化，指导督促基层党支部落实好“三会一课”和主题党日制度。党委书记带头讲党课，各基层党组织书记普遍讲了专题党课。强化思想教育引导，在全院职工中开展了向黄大年学习的活动。利用南京水利科学研究院门户网站、南京水利科学研究院微信公众平台等媒介，及时发布中央的政策和水利部党组、江苏省委各项部署要求，推送微党课、微讲座等学习内容，在院内形成积极向上的良好氛围。（卢　俊）

1. 会议

（1）党风廉政建设工作会议暨领导干部警示教育会。2月17日，召开2017年党风廉政建设工作会议暨领导干部警示教育会，院领导、院中层干部、党支部（总支）书记、农电所和南自所党委副书记、纪委书记参加了会议。会上，院党委副书记、纪委书记林晓斌传达了学习中央纪委七次全会和水利党风廉政建设工作会议精神，与会人员集中观看了警示教育片《乱纪之祸》，党委书记、院长张建云对2017年院党风廉政建设和反腐败工作进行了全面安排部署，对院领导、中层干部、党支部（党总支）书记、农村电气化研究所（以下简称“农电所”）和南京水利水电自动化研究所（以下简称“南自所”）负责进行了廉政集体约谈。集中签订了2017年党风廉政建设责任书、承诺书。

（2）巡视情况反馈会。4 月 28 日，水利部党组第三巡视组向南京水利科学研究院党委反馈巡视情况。水利部党组第三巡视组组长武国堂代表巡视组向南京水利科学研究院党委进行反馈。水利部巡视办副主任罗湘成参加反馈并讲话，第三巡视组副组长何猛以及第三巡视组全体成员出席会议。南京水利科学研究院院党委书记、院长张建云主持会议并作表态发言。院领导、中层干部、农电所和南自所领导班子成员以及离退休老同志代表、工青妇职工代表等参加了会议。

（3）党委中心组举行专题学习会。5 月 16 日，南京水利科学研究院党委中心组举行专题学习会，院领导和有关职能部门主要负责同志参加学习。党委副书记林晓斌传达了学习贯彻习近平总书记关于推进"两学一做"学习教育常态化制度化的重要指示精神，以及中央推进"两学一做"学习教育常态化制度化工作座谈会和中央《关于推进"两学一做"学习教育常态化制度化的意见》精神。院长、党委书记张建云主持会议并讲话，就推进"两学一做"常态化制度化提出明确要求。

（4）水利党建信息联络员培训班。6 月 13—14 日，南京水利科学研究院承办水利党建信息联络员培训班，部机关各司局、部直属各单位党建信息联络员参加了培训。水利部直属机关党委副书记、纪委书记罗湘成出席开班仪式并作动员讲话，南京水利科学研究院党委副书记、纪委书记林晓斌出席并致辞，水利部文明办、廉政办公室副主任付静波主持培训并作总结讲话。培训班邀请了中央国家机关工委信息中心主任彭宏、上海市委党校教授刘红凛、江苏省水利厅副巡视员汤超授课。南京水利科学研究院、中国水利水电科学研究院、三门峡黄河明珠（集团）有限公司等三家单位做交流发言。

（5）基层党组织书记述职评议会议暨党委会。6 月 30 日，南京水利科学研究院召开基层党组织书记述职评议会议暨党委会。党委书记、院长张建云主持会议并讲话。在宁院党委常委、委员，各党支部（总支）书记，农电所、南自所党委书记出席会议。18 位党组织书记进行了现场述职，分别从履行党建职责、开展"两学一做"学习教育、落实党建重点工作任务等方面介绍了本支部的党建工作情况，深刻分析了工作中存在的问题和不足，对下一步工作思路和主要措施进行了谋划和安排。参会人员根据每位书记述职情况进行了测评。会议讨论审批了新发展党员与预备党员转正等事项。

（6）党课报告会。7 月 3 日，南京水利科学研究院党委举行党课报告会。党委书记、院长张建云作党课报告，副院长孙金华主持会议。院领导、中层干部、教授级高工、在职党员，农电所、南自所领导班子成员共 300 余人参加会议。张建云作了题为《坚持全面从严治党，为"十三五"创新发展提供坚强保障》的党课报告。报告共分为：水利交通科技创新面临的形势、水利科技创新重点工作、交通运输科技创新重点工作、南京水利科学研究院"十三五"及中长期创新发展规划、坚持全面从严治党为"十三五"创新发展提供坚强保障五个部分。

（7）组织干部职工收看党的十九大开幕会直播。10 月 18 日，中国共产党第十九次全国代表大会在北京人民大会堂隆重召开。南京水利科学研究院组织全院干部职工在 12 个播放点收看党的十九大开幕会直播。职能部门和总公司的干部职工集中收看了十九大开幕式，其他部门也都以支部为单位组织干部职工进行了收看。

（8）学习党的十九大精神中心组专题学习会。10 月 25 日，南京水利科学研究院党委中心组召开学习会议，以“认真学习党的十九大报告，不忘初心，牢记使命，不断强化对党的忠诚和为党的事业奋斗的信念和信心，为推进南京水利科学研究院创新发展提供坚强的政治保证”为主题，认真学习十九大报告精神。会议认真学习了党的十九大报告的主要精神，重点学习了报告中有关水利方面的内容。党委书记、院长张建云主持会议并做重点发言，陈生水、窦希萍结合学习十九大报告和参加井冈山学习畅谈了学习体会。在宁院领导以及有关职能部门负责同志参加学习。

（9）举办党委中心组扩大学习班深入学习贯彻党的十九大精神。11 月 9 日，南京水利科学研究院党委中心组举办学习贯彻党的十九大精神（扩大）学习班，院领导、中层干部、农电所、南自所领导班子成员参加了学习。党委书记、院长张建云主持会议，传达了《中共中央关于认真学习宣传贯彻党的十九大精神的决定》精神，并就学习贯彻好党的十九大精神，进一步做好当前和今后一段时期工作进行了安排部署。副院长李云传达了水利部党组中心组（扩大）学习班的精神。党委副书记林晓斌结合延安学习和学习十九大精神做重点发言。纪委书记朱寿峰结合工作实际，做学习十九大精神体会的重点发言。副院长陈生水、戴济群分别结合学习十九大和分管工作，进行了交流发言。

（10）党支部书记、分工会公司工会主席专题学习班。11 月 14 日，南京水利科学研究院党委举办党支部书记和分工会、公司工会主席专题学习班，认真学习贯彻党的十九大精神，院党支部（总支）书记、院工会委员、分工会公司工会主席等参加了学习。工会主席刘兆衡传达了全国总工会《认真学习宣传贯彻党的十九大精神的通知》，并就南京水利科学研究院分工会、公司工会学习贯彻党的十九大精神做了部署。党委副书记林晓斌传达了水利部党组《关于认真学习宣传贯彻党的十九大精神的通知》精神，并就做好当前支部工作提出了意见。会议还就分工会、公司工会调整设置和换届选举工作做了部署安排。

（11）院团委召开学习宣传贯彻党的十九大精神专题会议。11 月 17 日，院团委召开学习宣传贯彻党的十九大精神专题会议，党委副书记林晓斌出席会议并讲话，团委书记李震主持会议。会议传达学习了《共青团中央关于全团认真学习宣传贯彻党的十九大精神的通知》文件精神，认真学习十九大的精神实质和对青年工作提出的新要求，院团委委员、各团支部书记参加会议。

（12）党委中心组（扩大）学习班暨干部培训班。12 月 27—28 日，南京水利科学研究院在铁心桥试验基地举办为期两天的党委中心组（扩大）学习班暨干部培训班，院领导、中层干部、农电所、南自所领导班子成员等 70 多人参加学习培训。院长、党委书记张建云作动员讲话。邀请水利部发展研究中心杨得瑞主任作学习贯彻十九大精神辅导报告。副院长戴济群传达全国水利科技创新大会和水利科技委会议精神。与会人员集中观看了警示教育片《警钟》。院领导和各部门负责人作了交流发言。张建云做总结讲话，并对南京水利科学研究院学习贯彻党的十九大精神，推进“十三五”规划落实进行了部署安排。

（13）基层党组织工作培训班。12 月 29 日，南京水利科学研究院党委组织举办了为期一天的基层党组织工作培训班。院长、党委书记张建云作动员讲话，对基层党组织做好新时代的党建工作提出要求。纪委书记朱寿峰就认真学习贯彻党的十九大中央纪委工作报告精神，进一步加强党风廉政建设和反腐败工作提出要求。驻水利部纪检组办公室主任束方坤做《深入学习贯彻十九大精神，切实抓好监督执纪问责》辅导报告。党办主任卢俊做了党务工作讲座，监审处处长马桂珍做了纪检监察工作讲座。党委副书记林晓斌主持会议并总结讲话。（卢　俊　张晓红）

2. 学组活动

按照《长江学组关于报送2017年度水利思想政治文化建设研究成果的通知》要求，南京水利科学研究院报送题为《互联网＋五维覆盖　党建工作五力提升》《水利科研院所培育和践行社会主义核心核心价值观的路径探析》的论文2篇。论文分别获中国水利政研会优秀论文一等奖、二等奖。（张晓红）

三、水文化建设

南京水利科学研究院作为水利科技科研院所，坚持把水利思想文化的教育和传播作为文化发展事业的重点，充分发挥南京水利科学研究院人才优势、资源优势、平台优势，通过开设讲坛、论坛加强学术交流，注重培养青年科技人才的责任感与使命感，不断扩大水文化教育与传播的覆盖面。（卢　俊）

【研讨交流】

（1）设立水科学前沿论坛。3月28日上午，南京水利科学研究院水科学前沿论坛正式设立开讲。国际水利与环境工程学会（IAHR）主席Peter Goodwin教授和副主席Arthur Mynett教授来南京水利科学研究院参加学术交流活动并作报告。Goodwin教授作了题为*Tidal Wetland Recovery and Sustainability*的学术报告，围绕滨岸湿地这一主题，介绍了加利福尼亚州在保护和修复旧金山三角洲湿地生态系统以及应对气候变化方面的研究方案和成果。Mynett教授作了题为*Urban Water Management：Collaboration on Sponge City Concept*的学术报告，介绍了洪涝灾害在世界范围内的破坏性影响，然后结合荷兰的水资源分布概况及气候特征，阐述了荷兰阿姆斯特丹、鹿特丹等城市为贯彻“海绵城市”理念所做的各种规划方案及建设措施。报告会由张建云院长和李云副院长联合主持，共有90多名职能部门工作人员、科研人员和研究生参加了讲座。

（2）第十一届青年论坛。5月4日，南京水利科学研究院举办第十一届青年论坛，长江科学院副院长陈进教授应邀出席论坛并做了题为《自然长江与人文长江》的特邀报告。材料结构研究所所长胡少伟教授做了题为《混凝土损伤断裂仪器、试验与理论研究》的报告，并结合自身科研经历，分享了申请自然科学基金项目的经验，勉励南京水利科学研究院青年做科研要有“咬定青山不放松”的精神。南京水利科学研究院博士研究生黄廷杰做了题为《研究生科研工作中的思考与启示》的报告，汇报了自己科研的心得体会。院属各部门负责同志、青年科协委员、青年职工、在读研究生等140多人参加了论坛。

（3）第二届研究生教育实践基地学术交流会。5月26日，南京水利科学研究院举办第二届研究生教育实践基地学术交流会。50余名获奖论文作者受邀出席了学术交流活动，南京水利科学研究院在读研究生100余人参加学术交流会。（吴银珠　薛素萍）

【水文化传播与行动】

（1）主题团日活动。3月20日，南京水利科学研究院研究生部与院水培训中心团支部联合开展了“爱护水环境，保护水资源”的主题团日活动，以知识讲座、交流方式共同分享“爱水护水节水”知识及对绿色发展理念和节水知识的认识，呼吁青年团员们行动起来，从爱护一滴水做起，养成良好的用水习惯，精心呵护赖以生存的珍贵资源和生态家园。

(2) 博导讲座。3 月 22 日，邀请大坝安全管理中心盛金保教授作了题为《大坝安全管理技术进展》的博导讲座。讲座中，盛教授全面梳理了大坝安全技术的发展历程，丰富的内容和生动的案例，让同学们在“世界水日”中度过了不寻常的一天，作为未来水利事业接班人，为保护我国水资源绿色可持续开发利用的责任感、荣誉感和使命感在同学们心中油然而生。

(3) 主题公益宣传活动。3 月 25 日，组织南京水利科学研究院研究生走向社会，在乌龙潭公园组织开展了主题公益宣传活动。围绕 2017 年“世界水日”“中国水周”的宣传主题，从“水是生命之本、文明之源、生态之基”“水美城市、生态家园”“节水优先、空间均衡、系统治理、两手发力”“遵法学法守法用法、治水管水兴水护水”“落实绿色发展理念，全面推行河长制”“维护河湖健康生命、河长制河长治”等七个方面布置专题展板。研究生志愿者通过向市民发放宣传材料、展板解读及组织市民现场签名等形式，宣传我国水利政策，交流节水常识，呼吁市民增强水忧患意识。活动得到了广大市民的积极响应，到场人数多达 500 余人。

(4) 开展外单位培训学习活动。4 月 8—13 日，解放军理工大学野战工程学院全军防汛抢险技术培训班学员 20 余人分别来南京水利科学研究院参观实习。学员们分别参观了滁州试验基地水文山实验流域、水文气象综合观测场和国家防总抗洪抢险实验（滁州）基地，以及铁心桥试验基地通航试验厅、水电站试验厅、水工新技术试验厅、枢纽水力学试验厅、白鹤滩试验厅、空化空蚀实验室、非恒定流减压箱等试验厅室，通过直观的感受和深入浅出的介绍，来自部队基层的学员们对水利水电水运行业中存在的技术问题有了初步的认识，尤其对南京水利科学研究院从事的防汛抢险研究与防汛抢险材料研发产生了浓厚兴趣，提升了防汛抢险理论知识。

(5) 职工子女夏令营。8 月 15—16 日，南京水利科学研究院与江苏水利学会共同举办了为期 2 天的“水利科技”职工子女夏令营。南京水利科学研究院的 18 位职工子女和江苏水利学会的 7 位职工子女在苏州参观了吴中区水土保持科技示范园、拙政园、虎丘等地，认识到了水利科技在水土保持、水环境建设中的作用，提高了对水文化的认识水平。

（吴银珠　张晓红）

四、水利文学艺术

【水利文学】 紧紧围绕水利中心工作，鼓励职工进行水利文学创作，每年开展各项征文活动，激发职工的创作热情。

(1)“高举团旗跟党走　创新创优创未来”主题征文。3 月，南京水利科学研究院开展了“高举团旗跟党走　创新创优创未来”主题征文活动，经评审，对 15 篇优秀征文进行表彰。

(2) 中国水利文协 2017 年常务理事会议。4 月 7 日，中国水利文协 2017 年常务理事会议在南京水利科学研究院铁心桥基地召开。来自全国水利系统的中国水利文协常务理事参加会议，共同探讨我国水利文学艺术事业发展，推动水利文学艺术工作不断前进。中国水利文协主席何源满主持会议，中国水利文协副主席、水利部离退休干部局局长凌先有，中国水利文协秘书长司毅兵出席会议。南京水利科学研究院党委副书记林晓斌出席并致辞。何源满传达了第十次文代会精神，凌先有学习传达了第九次作代会精神。会议听取和审议了何源满代表中国水利文协作了题为《以坚定的文化自信不断开创水利文学艺术工作新局面》的工作报告。司毅兵作了修改《中国水利文学艺术协会章程》的说明。凌先有做了会议总结讲话。

（3）中国水利政研会评审。12 月，作为中国水利政研会长江学组 2017 年度研究成果评审单位，对 41 篇文章进行评审。

（4）2017 年内，有多篇水利论文获得荣誉。《关于科学推进我省海绵城市建设的建议》被政协江苏省委员会评为优秀提案奖；《深圳市水生态文明现状与建设路径》在 2017 年（第五届）中国水生态大会暨优秀论文评选中获三等奖；《动态洪水风险图编制与管理应用系统研究》在 2017 年（第五届）中国水利信息化技术论坛暨优秀论文评选中获二等奖；一篇文章获评为中国水利学会 2017 年学术年会优秀论文；一篇文章获中共水利部党校优秀论文奖；《国内外水生态文明内涵研究》在江苏省科技翻译工作者协会优秀论文评选中获二等奖；一篇文章被评为 2017 年度江苏省科技翻译工作者协会优秀论文一等奖；一篇文章被评为中国水利政研会评为全国水利系统 2016 年度优秀水利思想政治工作及水文化研究成果三等奖；一篇文章获“国网江苏电力杯”省部属企业、科研院所青年主题读书征文二等奖；两篇文章分别获得中国会计学会水利分会 2016 年度优秀论文评选三等奖、优秀奖；一人获江苏省教育科技工会 2016 年度优秀调研成果评比三等奖；一篇文章收录在《中国水利学会 2016 学术年会论文集》。（李　媛　薛素萍）

【水利美术】 南京水利科学研究院成立的老年书画协会，举办庆“五一”“国庆”书画展，定期组织职工开展绘画创作，设专栏进行作品展出，每年更换 4 次，为职工展示提供平台。

积极报送作品参加 4 月在石城举办的书画笔会活动，11 月在鸡鸣寺书画院举办的秋展。向水利部、江苏省委组织部、江苏省老年书画研究会送展作品数十幅。一人在全国诗联书画大赛中获金奖。（薛素萍）

【水利摄影】 作为中国水利摄协、中国摄影著作权协会单位，南京水利科学研究院摄影协会组织职工外出采风 2 次，举办摄影辅导讲座 2 次，举办摄影作品展 3 次，展示作品 70 余幅，并提交优秀作品参加江苏省教育科技工会、水利协会等上级部门的摄影征集活动。在南京水利科学研究院门户网站设图片库专栏展出，建立了摄影交流的 QQ 群、微信群。

（1）开展采风活动。4 月 7 日，南京水利科学研究院摄影协会组织 30 多名职工前往江浦永宁油菜花基地开展采风活动，用镜头感受花海、栈道、凉亭，见证传统文化与新农村建设的融合，记录人文之美与自然之美。10 月 10 日，组织 20 多名职工在南京溧水区中山水库开展水利采风，溧水区中山水库融自然景观与人文景观于一炉，具有丰富的水文、生态、工程、文化景观，通过摄影艺术形式，以各自独特的视角收集水利工程、水利风景素材。

（2）举办摄影基础讲座。3 月 30 日，南京水利科学研究院摄影协会举办摄影基础讲座，介绍了曝光模式、白平衡、感光度、测光模式、对焦、曝光补偿和光圈等基本设置，分享了几种常见的构图方式，并以水利风景、会议、比赛等摄影场景为例，逐一说明摄影的注意事项。7月18日，举办了人像摄影初级讲座及经验分享交流活动。活动从摄影构图的形式法则、影响画面色彩的因素及控制、光位和光效、后期PS图片处理等方面介绍了主题人物创意拍摄的技巧。南京水利科学研究院合计50余名职工参加。

（3）举办摄影展。全年分别以“春节摄影”“春季摄影”“人像摄影”为主题，开展了3次摄影展，累计展出职工的摄影作品共70余幅。（李　媛　薛素萍）

【水利音乐舞蹈戏剧】　开展研究生元旦晚会、离退休人员新春茶话会，自导自演的节目充分展示了水利人健康自信的精神面貌。成立的南京水利科学研究院夕阳红歌舞团设有合唱、舞蹈、乐器、时装、戏曲等多个小组，每周集体活动一次。一人在全国老人才艺大赛中获二等奖。

（1）举办离退休人员新春茶话会。1月17日，举办离退休人员新春茶话会，表演了舞蹈《中国大中华》、女声小合唱《相逢是首歌》、时装表演《小小新娘花》、男声小合唱《大团圆》、独舞《咱当兵的人》、京剧清唱、口琴合奏《歌唱祖国》、舞蹈《草原上的月亮》等10多个节目。

（2）2017年度研究生工作总结暨表彰大会。12月29日，研究生部举行了2017年度研究生工作总结暨表彰大会，表演了歌曲《千千阙歌》、京剧《李府招婿》、喜剧动作片《我是演员之偶像团》、歌曲《小酒窝》、小品《快与慢》、歌曲串烧、相声、大合唱《难忘今宵》等9个节目。（李　媛）

五、水利体育

为丰富活跃南京水利科学研究院广大职工的文化体育生活，推进群众性文化体育活动和全民健身智力运动的广泛开展，促进院各部门与职工之间的相互交流和友谊，2017年，在南京水利科学研究院党委的领导下，院工会积极组织活动8场，参加水利部、江苏省等相关单位组织的活动7次。（卢　俊）

（1）第四届“岩土工程杯”扑克掼蛋比赛。1月10日，由南京水利科学研究院工会主办，岩土工程所承办的第四届“岩土工程杯”扑克掼蛋比赛成功举办，本届比赛共吸引来自院基层16支代表队64名选手参加。经过6轮96盘的较量，综合服务中心和南京水文自动化所代表队分别以总分213分荣获团体冠军，岩土工程所队获团体第三名。

（2）第十二届拔河比赛。1月16日，南京水利科学研究院工会组织了第十二届职工拔河比赛，共有16支代表队，每支代表队由8位男同志4位女同志组成。经过激烈角逐，材料结构研究所荣获比赛冠军。

（3）全国水利系统职工第四届羽毛球比赛。4月19—21日，南京水利科学研究院参加“四川·武引杯”全国水利系统职工第四届羽毛球比赛。共来自全国水利系统33支代表队300多名运动员参加本届混合团体的角逐。南京水利科学研究院经过多轮的较量和顽强拼杀，取得混合团体第三名的好成绩。

（4）“瑞迪大酒店杯”长跑比赛。4月27日下午，由南京水利科学研究院工会主办、水科学培训中心承办的第七届“瑞迪大酒店杯”职工长跑比赛，在院铁心桥试验基地举行。本届比赛共吸引来自基层十六支代表队 80 多名运动员参加男、女 6 个项目的角逐。

(5) 在宁部属科研院所职工羽毛球比赛。5 月 6—7 日，南京水利科学研究院参加由江苏省教育科技工会在中国电子科技集团有限公司第 55 研究所举办的在宁部属科研院所职工羽毛球比赛。本届比赛吸引来自在宁部属科研院所男子 20 支代表队，女子 17 支代表队，近 150 名运动员参加。南京水利科学研究院羽毛球队经过多轮的激烈厮杀和顽强拼搏，男队再一次以优异的成绩摘得本届男子团体桂冠，女队首次参加，也获得团体第五名的好成绩，并获得大会“体育道德风尚奖”荣誉称号。

(6) 第七届在宁部属科研院所职工钓鱼比赛。5 月 27 日，南京水利科学研究院参加江苏省教育科技工会举办第七届在宁部属科研院所职工钓鱼比赛，25 家在宁部属科研院所、50 余名在职职工钓手参加比赛。

(7) 第十届“河流海岸杯”篮球比赛。由南京水利科学研究院工会主办、河流海岸所承办的第十届“河流海岸杯”篮球比赛经过 15 场的较量，于 7 月 9 日落下帷幕。本届比赛共有来自院基层分工会、公司工会的 8 支代表队参加。经过紧张激烈的角逐，南京瑞迪高新技术有限公司代表队再次蝉联冠军，职能部门管理联队获得第二名，水工水力学研究所队和材料结构研究所队并列第三名。

(8) 第十七届“NHRI—DCC 杯”中国象棋比赛。由南京水利科学研究院工会主办，勘测设计院承办的第十七届“NHRI—DCC 杯”中国象棋比赛于 7 月 28—29 日在院水文水资源楼十二楼举行。本届比赛吸引了来自院基层 11 支代表队近 50 名选手参加团体和个人名次的角逐。

(9) 2017 年度太湖流域秋季篮球友谊赛。10 月 28—29 日，在南京水利科学研究院工会和团委的支持下，院篮球队赴沪参加太湖局工会、团委组织的 2017 年度太湖流域秋季篮球友谊赛。经过四轮鏖战，南京水利科学研究院篮球队在 9 个代表队近 200 名运动员中脱颖而出，勇夺冠军。

(10) 第七届“科兴杯”足球比赛。由南京水利科学研究院工会主办，江苏科兴项目管理有限公司承办的第七届“科兴杯”足球比赛，于 9—10 月在河海大学足球场举行。本届足球比赛吸引了来自院基层 4 支代表队。

(11) 首届全国大坝工程师乒乓球赛。11 月 8 日，南京水利科学研究院工会组织 11 名运动员参加首届全国大坝工程师乒乓球赛，本届比赛由中国大坝协会主办，中国电建集团中南勘测设计研究院有限公司承办，共有 24 个会员单位近 180 名运动员参赛。

(12) 第九届“瑞迪高新技术杯”羽毛球比赛。由南京水利科学研究院工会主办，南京瑞迪高新技术有限公司承办的第九届“瑞迪高新技术杯”羽毛球比赛，经过多轮场次的紧张激烈比赛，于 12 月 8 日在铁心桥基地落下帷幕。本届比赛共设男子双打、女子双打、男女混合双打三个项目。来自院 16 支代表队近 130 名运动员参加比赛。经过参赛队员们的顽强拼搏和奋勇争先，比赛取得圆满成功。

(13) 第三届在宁部属科研院所职工扑克掼蛋比赛。12 月 23 日，南京水利科学研究院参加第三届省教育科技工会在宁部属科研院所职工扑克牌掼蛋比赛，比赛共有 26 支代表队，在宁所有部属科研院所都积极参赛，共 100 多位参赛队员。经过激烈争夺，南京水利科学研究院代表队荣获第四名。

(李　健)

小浪底水利枢纽管理中心

一、思想政治

小浪底水利枢纽管理中心（以下简称“小浪底管理中心”）高度重视思想政治工作，年初党委会专题研究党建工作，对包括思想政治工作在内的党的工作进行顶层设计。坚持每月一次党委中心组学习研讨会、每月一次工作例会、每季度一次政工例会等形式，加强教育引导。举办4期“小浪底讲坛”，开展“全员、全系列、全职业周期”培训，组织12批次610余人次赴井冈山干部学习、国家行政学院等地培训，赴焦裕禄纪念馆等红色教育基地创新过主题党日等，强化党性原则。开展“一人一事”思想工作，全覆盖谈心谈话，及时解决苗头性问题。坚持每周五发送廉政短信，元旦、春节、中秋、国庆等重要节点制定专题廉政方案，开展“传家训、立家规、扬家风”“讲忠诚、守纪律、做标杆”等主题教育，组织“廉政教育月”“警示教育月”活动，编印违纪违规典型案例，强化纪律规矩意识。利用小浪底综合办公平台、电子显示屏和微信群等媒介，及时发布宣传中央的政策和水利部党组、河南省委部署要求；总结提炼、弘扬“爱国忠诚、敬业奉献、精益卓越、团结友善”的新时期小浪底精神，形成昂扬向上的良好氛围。

1. 会议　1月22日，在小浪底水利枢纽管理区召开党的年度工作会议，党委书记、主任张利新主持会议并讲话。会议把思想政治工作作为党的工作重要内容进行全面安排部署，印发了工作要求，明确内容和要求，每季度进行检查和考核。

2. *学组活动*

（1）9月，派员参加中国水利政研会与中国水利文协在西安组织召开的“提升水工程文化内涵与品位”学术研讨会，提交了题为“小浪底文化现状分析及提升策略研究”的论文。

（2）按照《关于报送2017年度水利政研会黄河学组水利思想文化建设研究成果的通知》要求，小浪底管理中心报送了《树立一切工作到支部的鲜明导向　推动全面从严治党向纵深发展》的论文，从工作任务安排到基层、学习培训涵盖到基层、组织建设贯穿到基层、作风建设深入到基层、监督执纪震慑到基层、资源调配倾斜到基层等六个方面对思想文化建设研究成果进行总结。论文荣获一等奖。

二、水文化建设

【水生态文明建设】　小浪底管理中心把创建国家5A级景区作为水生态文明建设的重要举措。5A级景区创建以小浪底景区范围为主体，包括大坝、泄洪系统、电站、坝后保护区等，总面积5.27km^2。成立旅游发展工作领导小组，组建项目管理部等，建立健全组织机构和工作机制，统筹开展硬件设施建设暨软件提升工作。与河南省旅游局建立小浪底旅游工作联席会议制度，进一步理顺旅游发展外部机制。《小浪底水利风景区总体规划》通过水利部初步审查，创建国家5A级景区提升规划通过专家评审。12月，将国家5A级景区创建申请上报河南省旅游局。

【水文化教育与传播】

1. 水文化教育　小浪底水利枢纽工程3月被水利部授予国家水情教育基地，12月被教育部授予全国中小学生研学实践教育基地，小浪底管理中心把两个基地作为宣传水文化的重要载体，向前来参观的游客宣传水文化，普及相关知识。

2. 水文化出版　7—8月，重新修订了宣传片《大河圆梦》，压缩了时间，浓缩了内容，增强了吸引力和实效性，获得国家水情教育基地优秀案例三等奖。

三、水利文学艺术

【水利书法】　4—11月，组织全员参与的硬笔书法比赛，共收到书法作品172件，评选出一等奖10件，二等奖21件，三等奖30件，并对一等奖作品进行展览，增强了干部职工的文化素养。

【水利摄影】　4—11月，开展全员参与的摄影比赛活动，共收到摄影作品225件，评选出一等奖10件，二等奖15件，三等奖28件，并对获奖作品进行了展览。

【水利音乐舞蹈戏剧】　1月18日，在小浪底管理区举办了以“小浪底·我的家”为主题的职工文艺晚会，共有22个节目，丰富了职工的文化生活，增强了职工的团队意识。

四、水利体育

8—10月，举办小浪底管理中心第五届秋季职工运动会，开展了球类、田径类、游泳类、棋牌类、趣味类五类比赛，推进全民健身活动的开展。

中国水利职工思想政治工作研究会

一、思想政治

2017年，中国水利政研会在水利部党组的领导下，在部有关司局的支持、指导下，认真学习贯彻习近平总书记系列重要讲话精神，学习贯彻党的十九大精神、十八大以来历次重要会议精神和水利部党组的工作部署，围绕中心、服务大局，积极开展水利思想文化工作，加强学会党的建设和自身能力建设，水利思想政治工作研究和水文化建设取得明显进展，取得了新的成效，为水利改革发展提供了重要支撑。

1. 水利思想政治工作研究深入开展　年初中国水利政研会召开了常务理事会议，对2017年度的各项工作进行了安排部署。7月，又召开了水利思想文化工作经验交流会，表彰先进，交流经验，推动工作。中国水利政研会成立评审小组，对各学组选送的2016年思想政治工作和水文化研究成果进行认真评审，共评出优秀研究成果111篇，并发文进行了表彰。其中，由水利部政研会课题组完成的《加强思想政治工作全面推进水法治建设调研报告》送部领导传阅后，已入选水利部2016年《水利系统优秀调研报告集》公开出版，为推进依法治水作出了贡献。

根据中国思想政治工作研究会课题研究计划和水利部党建领导小组的工作安排，中国水利政研会组织开展了“水利行业思想政治工作队伍建设调研”活动。课题组采取实地调研、座谈研讨、委托调研和调查问卷等方式，选取部分直属单位及云南、广西、湖北、河北、黑龙江等五省（自治区）20多个水利部门和基层水利单位开展现场调研，分析了2000多份调查问卷，形成《水利行业思想政治工作队伍建设调研报告》，受到部领导重视，陈雷部长、魏山忠副部长分别作了批示。

2. 扎实抓好水文化研究、传播、传承等工作，积极推动水文化建设　赴广西、河北开展水利思想文化建设调研，赴陕西、福建开展水文化遗产保护与利用调研，赴江苏、浙江开展水利工程水文化建设调研，了解各地水文化建设进展情况，形成了调研报告，为下一步开展制度建设和管理工作奠定了良好的基础。

组织编制了《水文化遗产管理办法（初稿）》，开展了《水文化遗产评价指标体系研究》和《松涛水库水文化建设研究》课题研究，形成研究成果，通过了专家验收；组织召开水文化建设专家研讨会，进一步理清了思路、明确了重点任务；组织开展提升水工程文化内涵与品位研讨会及其征文活动，得到行业内外的广泛参与。认真实施好2017年度《水利公益宣传与水文化建设项目》，确保各项活动有序开展、取得实效。

做好水文化建设的指导、培训工作。在福建组织召开水文化理论业务知识讲座与研讨会议，就推进福建省水文化建设座谈交流，并对水行政主管部门分管领导进行授课讲座。

赴安徽省开展水文化遗产保护规划制度建设咨询服务活动，考察芍陂灌溉遗产保护利用现状，研究提出芍陂灌溉遗产保护利用规划框架，指导芍陂灌溉遗产保护利用工作。赴贵州省、新疆塔里木河流域管理局、榆林市、小浪底水利管理中心开展水文化专家走基层咨询服务活动，走进机关、走进基层单位、走进企业，与地方政府及相关水利部门座谈交流，开展水文化专题讲座，培训人员累计超过 3000 人，指导推进地方及水利基层单位水文化建设，总结推广水文化建设理论研究与实践探索的经验成效，将水文化研究最新成果送到基层。

围绕水利改革发展实践，与中国水利文协合作，指导推动反映我国悠久治水历史、先进治水理念、辉煌治水成就和当代水利人风貌的水利微视频、文学、书法、美术、摄影等作品的创作和成果展示、展览、出版、推广等工作，推动群众性的文学艺术活动开展。

3. *充分发挥宣传阵地作用，加大水利思想文化宣传教育力度* 加强水利思想文化宣传，以《中国水文化》杂志和中国水文化网为主阵地，通过网络、报纸、杂志等多种形式，深入学习贯彻习近平总书记系列重要讲话精神；深入开展中国特色社会主义和中国梦宣传教育；加强社会主义核心价值观的学习宣传；大力宣传中央治水、兴水、管水的方针政策和水利部党组的工作部署，大力宣传水利单位思想文化建设工作取得的成效，为党的十九大胜利召开营造良好氛围。编辑出版《水利思想文化建设理论与实践（第四辑）》，组织主办思想政治工作及水文化培训班暨《中国水文化》杂志 2017 年通联会，交流探讨推进思想政治工作研究和水文化建设的经验。

4. *“两学一做”深入开展，自身建设得到加强* 中国水利政研会按照中央有关要求及水利部党组的统一部署，以“两学一做”学习教育常态化制度化为重点，切实加强党的建设和党风廉政建设，加强各级领导班子和干部队伍建设，严格遵守党的政治纪律和政治规矩，强化责任落实和制度落实。通过组织党员学习、研讨、上党课、看警示教育专题片等，引导党员干部努力做到政治合格、执行纪律合格、品德合格、发挥作用合格，使“两学一做”不断深入，进一步提高了党员干部思想政治素质，推动了各项工作。按照水利部党组第二巡视组巡视意见，印发了《整改工作方案》，编制了《整改计划一览表》，对整改事项明确了责任人、承办人和整改时限要求，建立台账，责任到人，狠抓落实。

5. *大力加强中国水利政研会组织建设，健全完善组织体系* 中国水利政研会对内设机构进行了调整，明确工作职责，转变工作作风，狠抓工作落实。高度重视制度建设，着力完善各项规章制度，制定印发了《中国水利政研会学组管理办法》《政研会优秀研究成果评选表彰办法（试行）》两个文件，明确学组职责，规范学组管理，保障学组工作质量和效率，促进各会员单位联系交流和研究成果转化应用。修订财务管理办法、固定资产管理办法、合同管理办法、聘用人员管理办法等制度，严格规范内部管理，促进各项工作规范有序开展。有序发展会员，扩大覆盖范围，壮大骨干队伍，充实人员力量，发挥更大作用。组织联络更多会员，充分发挥会员的积极性和主动性，进一步加强水利思想政治工作理论研究和实践探索，推动水利思想政治研究工作向纵深发展。

中国水利政研会狠抓学组能力建设，加强对各学组活动及会员单位工作的指导协调和督促检查，充分发挥学组在专题调研、课题研究、人才培养和成果交流推广等方面的作用。为便于学组开展活动，根据会员单位的意见和实际情况，对学组进行优化调整，落实了学组组长单位。针对学组活动中面临的困难和问题，中国水利政研会还召开学组牵头单位座谈会，探讨新形势下学组活动的做法与规律。为支持学组开展活动，中国水利政研会决定从会费收入中安排部分经费支持学组开展活动。这一举措有力地推动了学组活动的开展，增强了学组活力。政研会还积极协调，推动二、四、六等三个学组成功组织召开了年会或学组会，密切了学组会员单位之间的交流和联系，相互学习借鉴，取长补短，收到了较好成效。

二、大事记

（1）1月9日，中国水利政研会、中国水利文协、中国水利体协召开2016年工作总结会。会议由中国水利政研会副会长兼秘书长火来胜主持，中国水利政研会会长、党支部书记王星作工作总结讲话。中国水利文协主席何源满、中国水利体协理事长陈祥建、中国水利政研会副会长张秀荣出席会议，三个协会在京工作人员参加会议。会议表彰了先进单位和先进个人，并传达了全国水利厅局长会议精神。

（2）2月13日，中国水利政研会党支部召开党员大会，推选出席党的十九大代表和出席中国国家机关工委党代会代表。

（3）3月28日，中国水利政研会以通讯方式召开常务理事会议，对2017年工作进行安排部署。会上，中国水利政研会会长王星同志作了工作报告，印发了《中国水利政研会2017年工作要点和重点调研课题》《中国水利政研会优秀研究成果评选表彰办法（试行）》等文件。

（4）4月13日，中国水利政研会召开政研成果评审会，会议由王星会长主持，五名专家参加评审，最终评审出2016年度优秀政研成果111篇。

（5）5月4—8日，由副会长张秀荣同志任组长，傅新平、过荣法、程年、杨飏等同志参加的中国水利政研会调研组一行5人，赴云南进行思想文化建设实地调研。调研组在云南省水利厅、昆明市水利局、云南省水利水电勘测设计院等单位召开4场座谈会。

（6）6月8日，中国水利政研会党支部召开党员大会，开展“以案明纪”警示教育。会议由党支部书记王星同志主持，副书记何源满传达了中央国家机关工委关于开展“以案明纪”警示教育活动的文件和五起案件的通报，还传达了水利部直属机关第十二次党代会精神。党员们围绕主题开展了学习讨论。

（7）6月16日，中国水利政研会党支部召开“两学一做”专题研讨会。会议由党支部书记王星同志主持。会上传达了水利部机关党委有关文件，参加会议的十名党员围绕主题逐一发言讨论。

（8）6月22日，中国水利政研会第六学组60余名代表在云南昆明召开第六学组年度会议，会议由水利部水规总院党委书记、副院长陈伟主持，副会长火来胜代表中国水利政研会出席会议并讲话。

（9）7月4日，中国水利政研会党支部召开党员学习会。会议由党支部书记王星同志主持，副书记何源满传达了水利部直属系统警示教育大会精神。会上，组织观看了中央国家机关工委副书记李志勇宣讲党的十八届六中全会精神报告录像。

（10）7月10—11日，中国水利政研会在武汉召开2017年度水利思想文化建设经验交流会，中国水利政研会会长王星同志作主旨讲话，副会长兼秘书长火来胜主持会议，副会长陈梦晖、陈飞、李春安、张善臣以及常务理事单位代表、学组召集单位负责人等40多人参加会议。长江委、黄委、江苏省水利厅、水利部水规总院、长江委水文局和陕西省水利设计院等6个单位作大会交流发言。会议期间，同时进行了学组召集单位座谈会。

（11）7月12—14日，由中国水利政研会副秘书长傅新平任组长，司毅兵、过荣法、程年、卢娜、杨飏等同志参加的中国水利政研会调研组一行6人，赴湖北省和长江委进行思想文化建设实地调研。调研组先后在长江委、长江委水文局、汉江水利水电（集团）有限责任公司、湖北省水利厅、湖北省水利水电勘测设计研究院召开5个座谈会。

（12）8月21—25日，由中国水利政研会副秘书长傅新平任组长，过荣法、程年、卢娜、杨飏等同志参加的中国水利政研会调研组一行5人，赴黑龙江进行思想文化建设实地调研。调研组在水利部尼尔基水库管理局、黑龙江省水利厅、黑龙江水利水电科学研究院、黑龙江省水利水电勘测设计研究院等单位召开了5个座谈会。

（13）8月31日，水利部第二巡视组召开巡视动员会，中国水利政研会以及水利企业协会、水利经济研究会全体工作人员参加。会议由第二巡视组副组长闫晓春主持，巡视组副组长张玉欣宣读水利部党组关于开展巡视工作的通知，巡视组组长张文杰作巡视动员讲话，巡视组副组长张凯对巡视工作提出具体要求。被巡视单位负责人分别作表态发言。动员会后，中国水利政研会向巡视组作工作汇报。

（14）9月13—16日，由中国水利政研会副秘书长傅新平任组长，过荣法、梁贞堂、彭翰鼎、周明、黄明等同志参加的中国水利政研会调研组一行6人，赴广西进行思想文化建设实地调研。调研组在广西壮族自治区水利厅、广西水利水电勘测设计研究院、广西水利电力职业技术学院、北海市水利局、北海市铁山港区水利局等单位召开了5个座谈会。

（15）9月25—28日，由中国水利政研会副秘书长傅新平任组长，过荣法、彭翰鼎、杨飏、梁雅丽、张凌、文晓芬等同志参加的中国水利政研会调研组一行7人，赴河北进行思想文化建设实地调研。调研组先后在河北省水利厅、河北省水文局、黄壁庄水库管理局、河北省水利水电第二勘测设计院等单位召开4个座谈会。

（16）10月18日，水利部第二巡视组召开巡视情况反馈会。中国水利政研会以及水利企业协会、水利经济研究会全体工作人员参加。会议由第二巡视组组长张文杰主持。巡视组副组长张玉欣反馈了对中国水利政研会的巡视意见和对水利经济研究会的巡视意见，巡视组副组长闫晓春反馈了对水利企业协会的巡视意见。巡视组副组长张凯对巡视整改工作提出具体要求。三个协会负责人分别作了表态发言。

（17）11月2日，中国水利政研会党支部召开支部扩大会，专题研究巡视问题整改工作。会议由党支部书记王星同志主持，副书记何源满，支部委员程年、蔡志强、雷伟伟参加会议，中国水利体协理事长陈祥建、中国水利政研会副秘书长傅新平、中国水利文协副秘书长司毅兵列席会议。会议逐条研究了中国水利政研会党支部巡视问题整改工作方案。

（18）11月2日，中国水利政研会第四学组在贵州贵阳召开第四学组年度会议，会议由珠江委党组成员、副主任黄友亮主持，副会长火来胜代表中国水利政研会出席会议并讲话。

（19）11月24日，中国水利政研会第二学组在河南郑州召开第二学组年度会议，会议由黄委直属机关党委常务副书记刘建明主持，副会长李春安代表中国水利政研会出席会议并讲话。

（20）12月4日，中国水利政研会召开三个协会联席办公会议。会议由中国水利政研会会长王星同志主持，中国水利文协、中国水利体协领导成员和三个协会有关人员参加会议。会上，王星同志传达了水利部人事司关于提名刘学钊同志为中国水利政研会会长人选的通知，并就履行有关程序、办公室调整和近期各项工作做了安排。会上明确，从即日起，中国水利政研会党支部工作由何源满同志负责，日常工作由傅新平同志负责，巡视整改工作继续由王星同志负责，有关人员按整改方案各负其责。

中国水利文学艺术协会

一、思想政治

2017 年，中国水利文协在水利部党组的领导下，在部有关司局的支持、指导下，在中国文联、中国作协的关心、指导下，认真学习贯彻习近平总书记系列重要讲话精神，学习贯彻党的十九大精神和水利部党组的工作部署，围绕中心、服务大局，紧紧依靠全体会员单位，不断强化活动平台建设，提升服务水平，组织开展文艺活动，加强协会党的建设和自身能力建设，水利文学艺术工作取得了新的成效。

1. 会议

（1）4 月 7 日，中国水利文协在南京召开新一届理事会常务理事会议，学习传达第十次文代会、第九次作代会精神，审议通过《中国水利文学艺术协会 2017 年常务理事会议工作报告》，以及《中国水利文学艺术协会章程（草案）》修订方案，部署 2017 年工作。

（2）10 月 29 日—11 月 1 日，召开中国水利文协摄影分会换届工作座谈会，研究摄影分会换届工作方案。

2. 活动

推荐中国水利水电出版社李亮同志和湖北省漳河工程管理局何红霞同志参加中国文联组织的中国中青年网络（影视）人才培训班。

二、水利文学艺术

【水利文学】

（1）选送江苏省水利厅信息中心陶珊同志和云南省玉溪市水利局倪竹仙同志分别参加中国作协鲁迅文学院第 32 期、第 33 期中青年作家高级研讨班。

（2）中国水利文协文学分会与湖北省水利厅、湖北省作家协会联合召开朱白丹的长篇散文集《沧桑百湖》作品研讨会；与江苏省水利厅、江苏省作家协会联合召开陶珊长篇小说《诗歌岁月》作品研讨会。

（3）江西水利作家罗张琴 2017 年创作文学作品约十万字，先后在人民日报、光明日报等报刊发表。其中反映河长制工作的散文《江河之上》获江西省作家协会、江西日报社、《星火》杂志社联合征文一等奖；报告文学《蹚出一条路》获水利部新闻宣传中心、中国水利文协联合征文一等奖；反映抗洪抢险的报告文学《陪不了你了》获江西省第五届“井冈山文学奖”；散文《阳光正好》获第七届“白鹭洲文学奖”；有多篇作品被收入《2017 中国年度作品·散文》《2017 年民生散文选》等选本。

（4）做好《中国水利文艺丛书》出版工作，推出第 11 辑、共 12 本；已推出近百名作者作品。

（5）《大江文艺》开辟了喜迎庆祝党的十九大召开、庆祝中国人民解放军建军 90 周年等专栏，刊载了刘艳芹的报告文学《书写一条河流的传奇——陕西渭河综合治理的创新与实践》、赵学儒的报告文学《河长纪事》、罗张琴的《春与青溪长》、李广彦的散文《红安三记——纪念中国人民解放军建军九十周年》等大量文学艺术作品，“职工画廊”栏目推出一批水利系统优秀美术书法摄影作品。

（6）编制完成《中国文联年鉴》（2017 年度，水利部分）。

（7）6 月 15 日，会同水利部新闻宣传中心启动“砥砺奋进　水惠民生——水利改革发展精彩亮点”征文活动，征集论文近 200 篇，出版了论文集，优秀获奖论文在有关网站等新闻媒体上刊登推介。

【水利美术】

（1）组织人员参加“迎接党的十九大暨纪念建军 90 周年中央国家机关干部职工书画邀请展”活动。

（2）11 月 20 日，在水利部文明办指导下，会同中国水利政研会启动“不忘初心、牢记使命、水惠民生”——全国水利系统学习贯彻党的十九大精神主题美术书法摄影作品征集活动，得到全国水利系统和广大水利文艺工作者的大力支持和积极响应，共收到作品 428 件。

【水利书法】

参加中央国家机关迎十九大学习《习近平用典》书法展。

【水利摄影】

（1）6 月 30 日—7 月 7 日，中国水利文协与水利部机关党委等单位联合举办“共饮一江水”——东江水供港影像展，在北京中华世纪坛展出。

（2）配合水利部机关工会选送摄影作品参加中央国家机关工会联合会及中央国家机关摄影协会主办的“喜迎十九大　岗位建新功——中央国家机关第四届职工摄影展”。

（3）邀请中国摄协原主席王瑶同志在陕西省举办摄影培训讲座。

【水利集邮】　编制完成中华集邮联合会组织编制的《中国集邮史》（水利部分）。

中国水利体育协会

一、思想政治

紧紧围绕水利的改革与发展，制定水利体育发展规划，组织开展全国水利系统群众体育活动，丰富职工文化生活，增强职工体质，培养体育人才，交流经验，表彰先进等活动。大力开展水利行业群众性体育活动，不断提高广大水利职工的健康素质，是水利体育工作的根本目标，也是促进职工全面发展的重大手段。在开展群众性体育活动中，牢固树立以人为本的思想，坚持以广大职工为主体，以职工身心健康为目的，以职工需要为出发点，以职工是否满意为工作标准，同时按照“自觉自愿、形式多样、健康有益”的原则，组织开展各项群众体育活动。

二、水利体育

1. *定期开展的活动*

（1）与水利部直属机关工会每年联合举办“迎新春”扑克牌比赛、“银球杯”乒乓球比赛、“浪花杯”游泳比赛、“水羽杯”羽毛球比赛四项体育活动。

（2）每年举办一届全国水利系统桥牌比赛，每两年举办一次全国水利系统乒乓球、羽毛球比赛。

（3）每三年举办一次全国水利系统游泳比赛，与水利部机关工会每三年联合举办一次水利部直属机关运动会，每三年举办一次全国水利系统双升比赛，每三年举办一次全国水利系统篮球比赛。

2. *不定期开展的活动*

（1）不定期开展健身操比赛、象棋比赛、围棋比赛、爬山长跑比赛、双升比赛、拔河比赛、跳绳比赛、健步走等各项活动。

（2）积极在《中国水利报》、水利网站、中国水文化网、《中国体育报》、《工人日报》等报刊网站刊登新闻照片、比赛活动照片等，宣传报道水利体协开展群众活动的情况；编写《水利职工体育》简报，加强了交流，宣传了水利，扩大了影响。

三、主要成就

近年来，水利体协认真贯彻落实《全民健身条例》和《全民健身计划》，紧紧围绕水利中心工作，广泛开展群众喜闻乐见的体育活动，不仅受到广大水利职工的欢迎，而且多次受到部领导、国家体育总局和全国总工会的表彰。

近年来，全国水利系统受到全国总工会表彰的体育先进集体 31 个；受到国家体育总局表彰的体育先进单位 49 个。

长江委、汉江水利水电（集团）有限责任公司、小浪底管理中心和中国水利水电科学研究院先后被国家体育总局和全国总工会联合授予“全国职工体育示范单位”光荣称号。

在全国运动会上，全国水利系统共有 12 个单位荣获全国群众体育先进单位称号，水利体协秘书长蔡志强同志连续 12 年被国家体育总局授予“全国群众体育优秀工作者”荣誉称号，并受到国家领导人亲切接见。

华北水利水电大学

一、水文化建设

【水文化研究】

1.《中原农业水文化研究》 面对农业水资源短缺、洪涝干旱、生态恶化等重大威胁，充分发挥农业水文化的“软实力”，对建立“节水高效防污型”现代农业意义重大。为此，本书选取中原地区为研究对象，运用多学科研究方法，系统分析了中原农业水文化的界定、本质、内涵外延、特征等问题；梳理了中原农业水文化的外部影响因素和发展历程；深入挖掘在科技思想、农田水利工程、水政法规、农用工具以及民俗当中的中原农业水文化内涵。并探索了目前中原农业水文化的重要地位和发展现状，针对存在的问题提出了今后发展对策。（陈超）

2.《宋代山水诗与人水情缘研究》 该书从水文化及其核心理念——人水和谐的全新视角，精心挑选了宋代优秀山水诗进行深入挖掘和细致解读，引导读者一起走向水的文化世界，共同体验人水情缘的丰厚馈赠。各个篇章内容融合诗人生平、诗歌风格和创作特色，用简明、准确、流畅、优美、诗意的语言诠释原诗的同时，对该诗的水文化内涵进行深度探讨，既注意尽可能地避免诠释过当或诠释不足，以帮助读者更好地理解诗意、体会诗情，又言人所未言，从而对蕴含在诗中的水文化精神及艺术价值予以中肯分析与重新评价。（史月梅）

3.《国外水文化动态研究报告》 该书以联合国的相关工作为主线，分析梳理了国外一些水文化研究主题的发展历程，编译整理了国外某些最新水文化文献所反映的研究重点。在简介核心水文化新概念的基础上，还提供了水历史、水伦理及水资源开发研究方面的文献索引和全球各种与水事工作相关的代表性非政府组织名录索引。

（楚行军　朱涵钰）

4.《中国水利高等教育发展史》 该书以中国五千年的治水文化和智水文化为基础，通过翔实的史料、缜密的思维系统梳理了中国水利高等教育快速发展的历史脉络，客观而全面地展示了中国水利高等教育发展历程和阶段性特征，展望了新形势下水利高等教育发展趋势。（宋孝忠）

5.《秦汉水井空间分布与区域差异研究》 该书在研究水井的空间分布与区域特征时，将其划分为黄河流域、长江流域、北方长城沿线地区和濒海地区。秦汉时期水井的空间分布各不相同，有些水井旁边还发现有沟渠与农田相连。可见，秦汉时期的水井被广泛应用于农业、手工业，以及人们的日常生活中。（尚群昌）

6.《中原水文化资源开发利用于数据库建设》 该书立足于中原水文化资源概念的

界定、分类、评级、普查和挖掘，从不同角度、不同领域、不同层面探讨了中原水文化资源及其数据库建设的意义、手段和路径。该书所探讨的数据库建设工作和具体实施，将有助于中原水文化资源的全面整合、开发和利用。（朱海风　史鸿文等）

7.《南水北调工程文化初探》　本书是河南省南水北调精神培训基地委托华北水利水电大学专家团队研究成果。本书力求科学、全面、系统地深入研究南水北调工程决策文化与规划文化、工程文明与技术文明、移民政策与征迁工作、精神内涵与信念支撑、南水北调工程与“中原更加出彩”、南水北调工程文化的命名与内涵等内容，阐述了南水北调工程文化传承创新路径选择及现实意义。（朱海风等）

8.《大海的回响：西方海洋文学研究》　运用社会历史学理论，将理论探讨与文本分析相结合，在水文化视阈下，全面深入地研究古希腊和现当代英美等海洋强国的海洋文学。通过系统梳理海洋形象的嬗变，探讨人类由敬畏到赞美海洋、由海洋探险到征服，最后到亲近海洋、与海洋和谐相处的海洋认知历程，揭示英美等海洋强国海洋意识和海洋文化的历史演变及其内涵，揭示人与海洋、海洋与社会、海洋与人类文明之间的关系，从而指出“人海和谐”思想和“合理利用海洋资源”的重要性。（刘文霞）

9.《气候视野下五代北宋前期太湖地区的水利灌溉》　该论文认为在五代北宋前期太湖地区的水利灌溉活动与气候变化存在高度相关性，这体现了气候的影响作用。此外，行之有效的管理制度和组织、水利工程负责人对于当地情况的了解程度、地方利益矛盾、水利政策的侧重点、农田水利规划的合理性等都成为这个时段影响太湖地区水利灌溉发展的重要因素。（陈　超）

10.《水文化与水科学融通共振是当代中国治水兴水的重要路径》　在人类认识水、治理水、利用水、爱护水、欣赏水的思想与实践过程中，水文化与水科学的“融通共振”是一种客观的关系存在。水文化与水科学“融通共振”有着严密的逻辑基础以及现实的问题导向。从根本上看，解决现代水利重大问题，与水文化水科学的“融通共振”息息相关。或者说，水文化与水科学的“融通共振”有其逻辑基础、基本路径和化解矛盾的科学方式。认知和把握这些基础、路径和方式，有利于推进当代中国治水兴水的伟大实践。（朱海风）

11.《论中华水文化精髓的生成逻辑及其发展》　人水和谐是中华水文化的精髓，从历史根基上看，它经历了从天人合一的宇宙意识、以人为本的人文意识再到人水和谐的水文化意识这样一种递进过程和逻辑层级。人水和谐的文化意识虽然古已有之，但这一理念的明确提出，一是基于当前我国社会的现状，二是我国全面建设小康社会特别是生态文明的切实需要。作为中华水文化精髓的人水和谐，其文化特征主要有核心性、概括性、发展性、民族性和积淀性等。人水和谐的实践以及创新发展应遵循以下原则：推陈出新，勇于探索；立足当下，面向未来；多元融汇，以点带面。（史鸿文）

12.《基于文献计量方法的我国水文化研究态势分析》　20世纪80年代末提出水文化研究至今，学术界已取得了丰硕成果。为了准确掌握我国水文化研究的新动态、新形态、新业态，本文以中国学术期刊网络出版总库（CNKI）为检索对象，采用高级检索方式，对检索出来的关于“水文化”的论文，从学科分类、发表年度、文献来源、关键词、研究机构及论文影响力诸方面进行定量和定性分析，以期为构建“水文化＋”研究范式提

供理论基础，推动水文化研究可持续发展。（贾兵强）

13.《治水与中华农业文明的形成与发展》 治水在中华农业文明发展过程中居于重要地位，不同时期的治水活动都对农业文明发展进程产生了重要影响：史前时期，人类治水活动催生了中华农业文明的曙光；夏商时期，我国沟洫农业和灌溉农业出现；春秋战国时期，郑国渠、都江堰的修建，形成了关中、巴蜀等灌区，有力地推动了农业文明的发展；秦汉时期，秦始皇治水和王景治水，促使了我国农业经济重心在黄河流域形成；三国魏晋南北朝时期，淮河中下游成为重要的农业经济区域；自隋唐开始，随着南方农田水利的迅速发展，我国经济重心逐渐南移；隋唐至宋朝时期，长江中下游和珠江流域成为全国的经济中心，中华农业文明的根基基本形成。（贾兵强）

14.《气候变化视野下的中原水文化与生态文明建设研究》 当前全球气候变化对人类社会的影响巨大，尤其是在农业生产和城市发展领域。应对气候变化，转变民众旧有的生产生活习惯成为当务之急。中原水文化历史悠久、内容丰富。作为生态文化中的一类，中原水文化的“化人”功能在气候变化大背景下的生态文明建设中不容被忽视。但在当前中原水文化建设中存在一些问题，在继续深入挖掘和创新水文化的同时，仍需要从资金保障、队伍建设、引进新技术等方面加以改善。（陈 超）

15.《全球水目标视域中的中国“水十条”》 通过对联合国相关机构推出的全球水目标和我国政府发布的中国“水十条”进行比较分析，结果表明：全球水目标以可持续发展为指导方针，大力整合了水事务不同层面的问题，对包括我国在内的世界各国水事工作具有积极的指导作用；中国“水十条”以水污染防治为核心议题，结合我国水事务存在的各种挑战，对相关工作的深化作出战略部署，是我国为国际社会全面实现全球水目标做出的又一重大新贡献。以全球水目标为参照，中国“水十条”的推出和落实有助于进一步完善我国水生态文明建设工作，提升我们履行相关国际责任的能力。（楚行军）

二、水利文学艺术

1. 华北水利水电大学大学生艺术团参加“我为正能量代言”活动演出 10月13日下午，由河南省委宣传部、河南省文明办主办，华北水利水电大学和新浪河南承办的“我为正能量代言”主题活动在华北水利水电大学龙子湖校区文体会堂举行。河南省委宣传部副部长张曼如，团省委副书记武皓，河南省教育厅副厅级干部吴廷伟，华北水利水电大学党委书记王清义、校长刘文锴等出席活动，全国道德模范黄久生、李江福、王百姓、王一硕等先进模范代表应邀参加，郑州30所高校宣传部长和师生代表近3000人参加了活动。《河南日报》、河南电视台、河南广播电台、《大河报》、《东方今报》、《河南商报》、《河南法制报》、大河网、映象网等媒体全程报道，大河网、大河客户端、新浪河南等进行微信、微博现场直播，活动持续一个半小时的时间内，仅新浪微博截图文直播阅读量达到132万，10万余名网友转发活动信息并点赞，网上掀起一波“我为正能量代言”的风暴。

2. 华北水利水电大学大学生艺术团参加“大学生宣讲团”赴三门峡市巡回演出 7月12—15日，按照河南省委宣传部、河南省教育厅和团省委的部署，华北水利水电大学“大学生宣讲团”赴三门峡基层巡演取得圆满成功。巡演先后在三门峡市湖滨区黄河公园、灵宝市体育广场、卢氏县文峪乡乡村舞台展开，当地群众热情参与、场场爆满。巡演以迎接十九大为主线，以“信仰、信心、信任”为主题，集中宣讲建党96年来的奋斗历程和伟大精神，集中宣讲习近平总书记系列重要讲话精神和治国理政新理念、新思想、新战略，集中宣讲党的十八大以来全省人民砥砺奋进、出彩中原所取得的辉煌成就。

3. 华北水利水电大学大学生艺术团在河南省第五届大学生艺术展演中获佳绩　在11月25—28日举行的河南省第五届大学生艺术展演活动中，学校大学生艺术团共获得一等奖3项、二等奖4项，并获得优秀组织奖。

4. 华北水利水电大学大学生艺术团40年艺术教育成果展演活动　11月25日晚上，华水大学生艺术团40年艺术成果展演晚会《我们的艺术我们的团》在花园校区文体活动中心举办，来自海外和全国各地的350多名新老艺术团成员回校倾情演出，精彩的节目充分展现了华水人爱国、爱校、尊师、重艺的情怀。此次展演共分为“情系水利”“流金岁月”和“桃李芳华”三个篇章。

甘肃省水利水电勘测设计研究院有限责任公司

一、综述

甘肃省水利水电勘测设计研究院有限责任公司高度重视党的建设、思想政治工作和企业文化建设，深入学习贯彻习近平新时代中国特色社会主义思想和党的十九大精神，认真贯彻落实甘肃省委省政府和水利部党组工作部署，聚焦新时代水利现代化发展，坚持围绕中心、服务大局，对标全国和全省思想政治工作先进事迹，主动作为，改革创新，真抓实干，砥砺奋进，扎实推进公司党的建设和宣传思想工作。为展示水利形象、弘扬水利精神、讲好水利故事，公司积极寻求宣传思想工作的新途径、新方法，把思想政治工作的主要内容以更易为职工接受、更便于部门实施的方式，融入到公司发展的各项工作中，多措并举推进思想文化建设、精神文明建设和水文化建设，丰富职工精神文化活动，营造出一幅生机勃勃、团结向上、群体奋斗的文化景象。

二、思想政治

1. *深入学习贯彻习近平新时代中国特色社会主义思想和党的十九大精神，全面加强党的领导*　公司牢固树立和践行"四个意识"，以党的政治建设为统领，全面贯彻新时代水利方针，坚决维护以习近平同志为核心的党中央权威和集中统一领导。按照中央和甘肃省委的统一部署，坚持"一月一学"的中心组理论学习制度，有计划、有重点地学习组织党员干部认真学习习近平总书记在十九大上所作的工作报告，及时印发《关于认真组织学习党的十九大会议精神的通知》，利用展板、显示屏、内网等多种载体，大力宣传党的十九大精神。邀请甘肃省科学社会主义学会会长、甘肃省委党校政治学教研部主任、甘肃省委讲师团成员陈永胜教授作《为夺取新时代中国特色社会主义伟大胜利而奋斗——党的十九大报告精神解读》专题辅导讲座。组织开展讲党课活动，公司领导班子成员根据公司党委关于开展党的十九大精神宣讲活动的安排部署，在不同层面开展了宣讲活动，做到了党的十九大精神学习宣传贯彻在全公司各基层单位的全覆盖。

2. *认真贯彻落实国有企业党的建设工作会议精神及甘肃省十三次党代会精神，扎实推进国有企业党建工作向纵深发展*　认真传达学习习近平总书记在全国国有企业党的工作会议上的重要讲话和刘云山同志的总结讲话、甘肃省十三次党代会精神以及全省国有企业党建工作会议精神。党委中心组和各党支部认真组织党员干部从"国有企业要不要加强党的建设"和"国有企业党的建设存在什么问题"等方面开展广泛学习研讨。对照全国和全省国有企业党建工作会议中指出的国有企业存在的党建工作弱化淡化虚化边缘化问题，举一反三，结合党建实际情况，认真开展对照检查，全面进行梳理总结，努力找准公司党建工作中存在的问题和不足。坚持有的放矢，认真从思想认识、工作落实和制度机制上剖析问题产生的根源。通过深刻剖析，从根本上认识到问题存在的症结难点，深刻把握解决问题的根本途径，为制定切实可行的整改措施奠定基础。针对存在的问题，坚持实事求是的工作态度，从能立即整改的问题入手，从关键问题抓起，逐一查漏补缺，逐步逐项解决。

3. *积极强化党支部建设，严格落实基层党建工作责任制* 坚持党要管党、从严治党的方针，着力加强党的基层组织建设，紧紧围绕增强基层党组织凝聚力和战斗力这个中心工作，组织开展支部换届工作，及时开展支部书记培训和工作约谈，落实支部书记工作职责和任务。各党支部严格落实“三会一课”、组织生活会、党员党性分析等制度，进一步健全完善发展党员工作机制，规范发展党员工作程序，确保发展党员工作进一步制度化、规范化。持续开展“双培养”工程，加大对生产经营一线青年职工的教育培养力度，从源头上提高党员队伍质量，优化党员队伍结构。

4. *推进“两学一做”学习教育常态化制度化，充分发挥党员先锋模范带头作用* 坚持学做结合、以学促做，“两学一做”学习教育不断深化，党内教育由“关键少数”向广大党员延伸、由集中性教育向经常性教育延伸，实现了制度化规范化常态化。认真组织开展“两学一做”学习教育“回头看”，各党支部紧紧围绕“是否制定‘两学一做’学习教育计划”“是否坚持‘三会一课’制度”“是否认真落实学习教育各项具体工作”等七项重点任务开展自查自纠。按照“一个季度一个主题、一次会议解决一批问题”的要求，在党支部组织生活会上，各党支部以“四讲四有”为标尺，按照“讲政治、有信念，讲规矩、有纪律，讲道德、有品行，讲奉献、有作为”的要求，组织党员认真开展思想交流，进行批评和自我批评，查找自身在政治合格、执行纪律合格、品德合格、发挥作用合格方面的差距和不足，重点查找是否存在理想信念模糊动摇、大是大非问题上态度不鲜明，组织观念淡薄、道德品行失范，不履职尽责、不担当作为等问题，从思想上正本清源，使每名党员在思想和行动上达到“双合格”，使每个支部在组织体系和战斗力、凝聚力上达到“双过硬”。

5. *持续推进巡查整改工作，着力加强党风廉政建设* 制定年度党风廉政建设巡查工作实施方案，组织开展针对性巡查工作，全力落实巡查反馈问题的整改。充分发挥纪检监察工作对反腐倡廉工作的监督推动作用，突出纪委监督检查、案件查办、教育预防等主要职责，对群众来信来访和上级纪检监察部门批转问题线索开展深入细致的核查，努力把腐败产生的苗头性问题消灭在萌芽状态。认真组织开展《关于新形势下党内政治生活的若干准则》《中国共产党党内监督条例》等党纪党规的学习宣传和贯彻落实，组织制定了落实党风廉政建设主体责任相关管理制度，建立了工作约谈、定期检查考核、责任追究等机制。组织召开党风廉政建设会议，分类制定《廉政风险防控手册》，签订《党员干部廉政建设责任书》，深入开展警示教育，初步形成党委统一领导、党政齐抓共管、纪委组织协调、部门各负其责、依靠群众支持和参与的惩治和预防腐败工作体系。

三、水文化建设

水文化作为反映水事活动的社会意识，必然对社会的政治、经济、文化产生重大影响。因此，公司根据形势需要、时代的需要、人民的需要，以文化为立足点，探索水理论，认识水贡献，发扬水精神，树立水形象，大力加强水文化建设，提高公司职工对水的战略地位的认识，在公司树立起一面鲜艳的“水文化”旗帜，激发公司职工为发展甘肃水利事业而努力奋斗。

1. 践行新发展理念，深化“水”认识　牢固树立和践行“创新、协调、绿色、开放、共享”五大发展理念，深入领悟水是“生命之源、生产之基、生态之要”的深刻内涵和水资源对于生态屏障保护的重要作用，充分认识深化水利改革对于甘肃经济社会发展的关键作用。根据《甘肃省水利厅2016—2018年水文化建设实施意见》，将水文化建设列入精神文明建设重要工作内容，统筹安排，创新思路，充实内容，将节水护水上升为一种日常习惯、一种行为理念、一种文化素养和一种主体意识。通过积极参与“世界水日”“中国水周”等主题宣传活动，宣传有利于水资源可持续利用的生产生活方式，引导和提高群众自觉遵守水法规。

2. 顺应生态文明建设战略布局，走绿色发展之路　认真贯彻“节水优先、空间均衡、系统治理、两手发力”的新时期水利工作方针，倡导绿色设计理念，推动传统业务优化升级，让绿色发展理念根植于公司规划勘测设计咨询的全过程，让绿色发展成为推动公司发展的新动力。紧跟时代发展的步伐，牢固环境保护意识和人与自然和谐共生的思想，坚持节约优先、保护优先、自然恢复为主的方针，积极参与甘肃生态系统保护和修复重大工程，参与生态安全屏障建设和生态环境监控工作。积极培育并进入绿色产业，开展流域综合治理、山水林田湖草系统建设、水污染防治、水土流失综合治理、湿地保护和恢复、地质灾害防治、国土绿化、高效节水等业务。

3. 学习先进典型，注重价值引领　利用重点节日组织开展系列主题志愿服务活动和实践活动，大力宣传践行水利行业精神的道德模范、时代楷模、身边好人和劳动模范等典型人物和先进事迹，把组织开展学雷锋活动与集中性志愿服务活动、经常化志愿服务活动有机结合，扩大水利志愿服务社会影响力。注重核心价值观典型示范，加强道德讲堂建设，并组织员工开展示范观摩活动，全面实施文明创建。深入学习贯彻习近平总书记在会见第一届全国文明家庭代表时的重要讲话精神，更加注重家庭、注重家教、注重家风。积极参加省直机关“传家训、立家规、扬家风”演讲活动，推动形成爱国爱家、向上向善、共建共享的家庭文明新风尚。

4. 借助网络媒体平台，创新水文化教育与传播　深入研究广大职工精神文化生活的新动向和新需求，综合运用各种喜闻乐见的载体和形式，在入脑入心、凝神聚力上下功夫，在春风化雨、潜移默化上下功夫。大力开展网络精神文明建设，切实加强“文明办网、文明上网”宣传教育，充分发挥公司内外网宣传沟通作用，广泛开展网络文明行为引导行动，不断增强权威性和影响力，引导干部职工提升网络文明素养，积极营造明亮清朗的网络空间。

四、水利文学艺术

鼓励广大职工培养书法、绘画、摄影、文学等多元化的文化艺术兴趣爱好，举办相关比赛，丰富职工精神文化生活。充分发挥《中国水利报》、《中国水文化》和中国水文化网站等传媒的导向作用，动员公司职工积极参与水文化建设，提高水利工作的文化品位。

汉江水利水电（集团）有限责任公司

一、综述

汉江水利水电（集团）有限责任公司（以下简称“汉江集团”）职工思想政治工作研究会成立于1987年，前身为丹江口管理局职工思想政治工作研究会。1996年汉江集团挂牌后更名为汉江集团政研会，为中国水利政研会团体会员。汉江集团政研会每年围绕企业战略目标，结合改革、发展、稳定的实际，调查研究企业思想政治工作的新情况、新问题及其对策，提出加强和改进企业思想政治工作的意见和建议，发布思想政治工作研究成果，总结、交流企业思想政治工作经验，完成上级政研会和党委交办的研究任务，承办其安排的研讨活动。

2017年7月，中国水利政研会调研组一行来到汉江集团开展以“水利系统思想政治工作队伍建设和思想文化建设”为主题的调研活动，交流研讨政研队伍情况、队伍建设方面的做法和经验，存在的问题以及需要采取的对策等，为进一步加强思想政治工作提供参考。

2017年，汉江集团共完成政研成果59篇。其中，《关于国有企业坚持党的领导加强和改进党的建设的研究与思考》《铝业公司实施“微党课”推进“两学一做”学习教育实践与初探》分别获得全国水利系统2017年度优秀水利思想政治工作及水文化研究成果一等奖、二等奖；有18篇获得长江委政研会研究成果一等奖、二等奖、三等奖和优秀奖。

二、水文化建设

【水利工程文化建设】 汉江集团十分重视水利工程文化建设工作，挖掘和还原汉水流域丹江口库区及枢纽建设历史文化，6月，汉江集团对丹江口水利枢纽工程展览馆布展内容进行了修改补充。

【水文化传播】

（1）3月22日，联合长江委水文汉江局、长江流域水资源保护局丹江口局和丹江口市水务局等多家单位，开展“世界水日”“中国水周”主题宣传活动，宣传水法规政策。

（2）6月，总结提炼编撰《永远的丹江口人精神》企业文化故事集、《张体学与丹江口大坝》等，丰富企业文化建设内涵。

（3）11月，丹江口工程展览馆被教育部命名为第一批“全国中小学生研学实践教育基地”。

（4）汉江集团实施武汉总部企业展厅和丹江口工程展览馆水利科普展厅的布展设计和基础施工。

【水利风景区水文化建设】 丹江口大坝风景区是水利部批准的“国家水利风景区”，景区总面积 120 万 m^2，由水利工程观光区、亲水休闲健身区、水利科普展示区、水源生态体验区、游客度假服务区等组成，包括爱国主义教育基地——丹江口工程展览馆、园林式的龙山宾馆、功能齐全的憩息园以及原生态的湿地景观。

松涛山庄风景区同样是水利部批准的“国家水利风景区”。景区面积 156 万 m^2，三面环水，呈半岛状，森林覆盖率在 90%以上，植有松树、枇杷、广玉兰、桂花、樟树等多种树木，层峦叠嶂、绿树葱郁，人称“南水北调源头第一庄”。近年来，由于汉江集团不断投入，先后建成了经果园、观光橘园、生态茶园等旅游景点，配套建设了旅游码头、松涛健身基地等基础设施，引进丹江口库区水生态保护与修复研究项目，使景区初步形成生态观光区、体育健身区、水上旅游区、休闲娱乐区、科普教育区五大功能区，是集餐饮、住宿、会议、休闲、养生为一体的独家胜地。

6 月 16 日，中央电视台财经频道《魅力中国城》节目编导组走进丹江口大坝景区和松涛山庄，进行取景拍摄。

10 月 31 日，凤凰卫视大型纪录片《旅游天下》节目组走进大坝景区进行取景拍摄。

【单位文化建设】 2017 年，汉江集团继续保留第五届“全国文明单位”、第八届“全国水利文明单位”、2015—2016 年度“湖北省文明单位”称号，汉江集团丹江口水力发电厂、汉江集团铝业公司继续保留 2015—2016 年度“湖北省文明单位”称号，汉江集团水电公司、汉江医院继续保留“全国水利文明单位”称号。

【水利文学艺术】 2017 年，汉江集团文学艺术协会在集团公司党委、集团公司工会的领导下，围绕公司中心工作、服务企业生产经营，认真履行“联络、协调、服务、指导”的职能，重视文艺文化活动在企业文化建设中的作用，积极开展了形式多样的文艺、文化活动，树立了良好的企业形象。全年组织开展了团拜会文艺演出、摄影展览、三八妇女节女职工健身舞比赛，参加了长江委迎国庆文艺汇演、水利部美术书法作品征集活动，承办了省总工会组织的以“奋进新时代　砥砺汉江行”为主题的送文化下基层文艺演出活动，繁荣了公司文艺文化创作，丰富了职工的业余文化生活，有力推动了企业精神文明建设，受到了职工群众的好评和欢迎。

(1) 1 月 19 日，组织节目（群口快书《水都说水》、舞蹈《欢聚一堂》）赴武汉参加长江委迎春文艺演出，获得观看的长江委相关领导及观众的一致好评。

(2) 1 月 22 日，在龙山宾馆二楼报告厅举办公司 2017 年迎春团拜会，共有 13 个节目参演，其中包含有获得长江委一等奖的朗诵《这是我深爱的汉江》及男声小合唱《传奇》、情景舞《电光火石》、舞蹈《松涛橘红》、豫歌《沁园春·雪》等。汉江集团、南水北调中线水源有限责任公司领导，离退休老同志代表、各单位领导、一线职工代表和劳动模范代表、驻坝武警官兵代表等欢聚一堂，共迎新春。汉江集团董事长、党委副书记、南水北调中线水源有限责任公司董事长、水利部丹江口水利枢纽管理局局长胡军，在迎春联欢会上致辞。

(3) 1 月 28 日—2 月 3 日（正月初一至初七）在工人体育馆前厅举办集团公司 2017 年迎春书画、摄影（其中包含近两年在国家、省以及水利部、长江委系统获奖作品）、盆景、奇石、根雕展览，共征集参展书画作品 16 件、摄影作品 72 件、盆景赏石近百件。

（4）3月5日，汉江集团“我健康我美丽”纪念三八国际劳动妇女节女职工健身舞比赛活动在工人体育馆精彩上演。汉江集团工会主席朱矩亭、集团所属各单位工会负责人以及数百名职工群众观看了比赛。本次活动由汉江集团工会主办，以“健康女性幸福生活”为主题，着力于丰富女职工们的业余文化生活，引导女职工立足岗位争先创优，对进一步增强女职工健身意识有积极的促进作用。比赛现场气氛热烈，舞蹈形式多样，旋律优美激昂，编排新颖大方，充分展现了女职工的多才多艺和健美风采。参赛队员们精神抖擞、配合默契、活力四射。台上的观众热情高涨，不时报以掌声和喝彩声。比赛深受女职工的支持与欢迎。大家表示，要以更加饱满的热情、最佳的工作状态为汉江集团的发展奉献力量。

（5）参加长江委2017年“喜迎党的十九大·携手共筑长江梦”美术书法作品展活动，6月7日—8月31日共征集职工书法、美术作品56件，共有27件作品入围。获得一等奖1项，二等奖2项，三等奖6项。

（6）9月28—29日参加在武汉举办的长江委迎国庆文艺汇演，共有4个节目参演，均获好评。

（7）11—12月，组织作品参加由中国水利政研会与中国水利文协共同举办的“全国水利系统学习贯彻党的十九大精神主题美术书法作品展”。

（8）11月13日，湖北省总工会组织的“学习宣传贯彻党的十九大精神进汉江集团文艺演出”活动在中国水都丹江口举办。湖北省总工会党组书记、常务副主席董永祥，长江工会主席郭玉、常务副主席句广东，十堰市委常委、统战部长、总工会主席沈学强，汉江集团、南水北调中线水源有限责任公司董事长、党委副书记胡军，汉江集团总经理何晓东、工会主席朱矩亭，丹江口市委常委、常务副市长王平等领导观看文艺演出。

（9）10月，由汉江集团拍摄微电影《无悔》代表长江委参加湖北省总工会举办的“中国梦·劳动美”社会主义核心价值观微电影优秀作品征集、评选活动，获得二等奖。

三、水利体育

1. 赛事　2017年职工体育协会组织开展了拔河、乒乓球、毽球、象棋、女职工健身操、羽毛球、广播体操、排球等丰富多彩的职工体育竞赛活动，力求在活动形式和内容上有所创新，充分利用节假日闲暇时间举办小型多样的活动，服务企业生产经营，服务职工健身休闲需求，提高全民健身活动的吸引力和感染力，有效扩大体育人口。

（1）1月9日下午，在工人体育馆广场举办汉江集团2017年迎春职工拔河比赛，共有12个所属单位24支代表队（男女各12支）近300余名职工参加。

（2）2月1日，在工人体育馆内场举行公司2017年春节职工棋类比赛，有各所属单位12名职工参加本次比赛。

（3）2月2日，在多功能厅举办公司2017年职工乒乓球赛。共有11个司属单位近140名职工参加本次比赛。此次比赛分设男子单打50岁以上年龄组及50岁以下年龄组、女子组单打和男子双打。

（4）2月2日，在工人体育馆内场举行公司2017年职工毽球比赛，有8个所属单位近百名职工参加比赛。

（5）3月6日，在工人体育馆举办公司2017年纪念三八国际妇女节女职工健身操舞比赛，共有9个单位10支代表队参赛。

（6）4月19—22日，组队参加在四川省成都市举办的全国水利系统职工第四届羽毛球比赛，获得第27名（共35支代表队参赛）。

（7）4月27—29日，在畅春园门球场举办汉江集团2017年春季老职工门球比赛，有9个单位28支代表队近230名离退休老职工参加本次比赛。

（8）5月16日和24日，在谷城汉江渔村举办汉江集团2017年春季老职工钓鱼比赛，共有近30名离退休干部及职工参赛。

（9）5月17—19日，在工人体育馆举办了汉江集团职工羽毛球比赛，共有9个所属单位近百名职工参赛。

（10）5月26日下午，在工人体育馆举办了集团公司2017年职工第九套广播体操比赛。共有9个所属单位280余名干部职工参加了本次比赛。

（11）6月9日，组队（以公司广播操比赛一等奖水力发电厂代表队为班底，适当抽调各二级单位优秀人员共计60人）参加长江委举办的长江委2017年职工第九套广播体操比赛，获得团体冠军。

（12）9月1日，长江委2017年水上技能比武在武汉江滩游泳馆开赛。汉江集团组队参加。通过紧张激烈的角逐，最终斩获了7个单项第一、1个集体项目第一的好成绩。

（13）8月19日—9月8日，在工人体育馆举办汉江集团2017年职工排球比赛，共有13个司属单位22支（12男、10女）男女代表队320名职工参与。

（14）9月21—22日，在谷城汉江渔村举办集团公司2017年秋季老职工钓鱼比赛，共有近21名离退休干部及职工参赛。

（15）9月23—26日，在畅春园门球场举办集团公司2017年秋季老年门球比赛。共有来自集团公司10个单位28支代表队参赛。

（16）10月23—25日，在工人体育馆举办集团公司2017年九九重阳节中老年职工气排球比赛，共有8个所属单位近百名职工参与本次比赛。

（17）11月16—17日，长江工会抽调汉江集团三名职工代表长江委参加“2017年中央在鄂和省属企业羽毛球比赛”。

（18）12月7—8日，汉江集团组队参加长江工会在武汉（长科院九万方体育馆）举办的“2017年长江委职工羽毛球比赛”获得团体冠军。

2. *活动*

（1）4月17—18日，委派两名文体骨干赴武汉长江委长江科学院沌口科研基地参加长江工会举办第九套广播体操培训班。

（2）5月4—5日，在工人体育馆举办了汉江集团职工第九套广播体操培训班。本次培训班共有来自集团公司15个所属单位57名文体专兼职干部参加。

湖南澧水流域水利水电开发有限责任公司

一、综述

2017年，湖南澧水流域水利水电开发有限责任公司（以下简称“澧水公司”）坚持以推进“两学一做”学习教育常态化制度化为抓手，深入学习宣传贯彻习近平新时代中国特色社会主义思想和党的十九大精神，着力践行“根治澧水、造福人民”企业宗旨，不断根植“公益澧水、成就澧水、幸福澧水”的核心价值观和“忠诚、负责、创新、超越”的企业精神，深入开展水文化研讨、澧水河生态保护、温泉旅游文化景观开发等水文化传播交流活动，积极开展“关爱山川河流”志愿活动，讲好澧水文化故事，大力弘扬社会主义核心价值观，不断巩固壮大主流思想文化，干部职工“四个意识”更加牢固，“四个自信”更加坚定，公司也顺利获评“全国文明单位”。（谢如丹）

二、思想政治

1. 宣传贯彻落实党的十九大精神　10月18日，澧水公司组织202名党员收看党的十九大开幕式盛况。10月下旬，在井冈山举办为期一周的“学习贯彻党的十九大精神，厚植理想信念”专题培训班，公司党组成员和中层干部33人参加学习。11月21日，制定出台《澧水公司学习宣传贯彻党的十九大精神的实施方案》和学习计划安排表。12月，全面开展“集中宣讲党的十九大精神主题党课月”活动，同月下旬，举行中层干部学习党的十九大闭卷考试。全年，公司党组成员参加水利部、湖南省、长江委举办的学习党的十九大专题培训班12人次，中层以上干部撰写学习心得50篇。（谢如丹）

2. 深入推进“两学一做”学习教育常态化制度化　制定推进“两学一做”学习教育常态化制度化实施意见，全年组织党组中心组集体学习9次，交流发言达50余人次。邀请湖南省委宣讲团成员、湖南省政府参事、党史专家张志初主任在中心组学习会上作了十八届六中全会精神专题辅导讲座。公司党组成员牵头开展宜冲桥水库相关前期工作、优化组织机构和职能职责、完善薪酬制度、争取优先发电权等10项难点工作取得突破。（谢如丹）

3. 思政理论研究　利用“红色澧水”“澧水讲坛”“青年澧水”等学习平台，全年党员学习达4000多人次。公司总经理文柏海、副总经理陈印辉分获省直工委“学系列讲话、谈从严治党”征文活动一等奖、二等奖，陈印辉撰写的《国有企业党的建设应着眼“四个效应”》获全国水利系统2017年度优秀水利思想政治工作及水文化研究成果二等奖。（谢如丹）

4. 支部标准化建设　选优配齐5名支部书记，11名支部委员，投入10万余元加强支部阵地建设。提炼总结了一批如“三同工作法”“首问负责制”“马上就办”“群众事务党员代办”等支部工作法，其中“三同工作法”入选水利系统优秀支部工作法案例集。制定修订21个党建制度，分类指导建立“智慧党建”“品牌党建”“机关党建”等党建品牌。（谢如丹）

5. 党风廉政建设 2月24日，召开党风廉政建设工作会议，公司党组与18个部门、单位党组织签订党风廉政建设承诺书。5月3日，印发落实党风廉政建设责任“四张清单”，全面实行纪实台账管理。5月15日—6月15日，开展“党风廉政宣教月”“八个一”活动。开展公款购买消费高档白酒问题进行集中排查整治，对违反个人重大事项申报有关规定的3名当事人进行提醒谈话。公司各级领导开展廉政谈话60多人次，对公司50多位中层干部进行了廉政集体约谈。对295个岗位共排查出1228个岗位风险点，制定防控措施1246条。（谢如丹）

三、水文化建设

【水利风景区建设】 4月27日，张家界溇水温泉度假区温泉中心提质改扩建项目全部完工。工程总概算5860万元，其中静态总投资约5500万元。室外扩建部分总占地面积约12000m^2，新建工程建筑面积767.51m^2。室内改造区建筑面积约4809.37m^2（其中贵宾房建筑面积494.37m^2）。5月，澧水公司与深圳市禾田居集团投资有限公司签订了溇江温泉度假区开发建设合作意向书，全力打造溇江温泉度假区5A景区。（毛新平）

【水生态文明建设】 2017年，澧水公司大力推进“绿色澧水”建设，注重流域生态文明发展，公司所属电站按生态需求完成了生态补水任务，安装人工鱼巢400m^2，人工放流大鲵亲本6尾，后备亲本12尾、大鲵苗种400尾，鱼苗138000尾。启动了皂市水库综合规划设计，参与推进了仙阳湖国家湿地公园环境保护。（谢如丹）

四、水利体育

先后组织参加了全国水利系统羽毛球比赛、省直机关第十一届篮球赛、全国大坝工程师协会乒乓球比赛等活动，取得了优异成绩。组织开展了第十三届职工运动会等活动。（陈建国）

三门峡黄河明珠（集团）有限公司

一、综述

三门峡黄河明珠（集团）有限公司（三门峡水利枢纽管理局）（以下简称明珠集团）始终重视水利思想文化建设工作，制定了“十三五”企业文化建设发展规划，并逐步组织实施。组建了文化协会和体育协会，文化协会下设声乐舞蹈分会、文学分会、书画摄影分会三个分会，体育协会下设篮球分会、乒乓球分会、羽毛球分会、足球分会、钓鱼分会、棋牌分会六个分会，不定期组织开展各类文体活动，营造了浓厚的文化氛围。2017 年，是万里黄河第一坝——三门峡水利枢纽建设管理 60 年，围绕纪念三门峡水利枢纽的开工建设，回顾历程，总结经验，弘扬精神，促进发展，明珠集团组织了座谈会，举办了成就展，开展了主题征文、演讲赛、书画作品展、合唱比赛、羽毛球比赛、足球邀请赛等丰富多彩的文化体育活动。组织参加第四届“中流砥柱”中国（三门峡）黄河大合唱艺术节、三门峡市第八届城市运动会、三门峡市女职工环保服装展演、黄河职工羽毛球比赛等行业与地方举办的各类文化体育活动，均取得了优异成绩。鼓励职工积极进行文学、音乐与摄影等艺术创作，贺敬之名篇《三门峡——梳妆台》被谱曲传唱，为黄河音乐艺术增添了新的篇章。《黄河三门峡水利枢纽志》续志出版发行，企业年鉴启动编纂，明珠集团企业文化建设成果有了新的成员。扎实推进黄河文化工程建设，黄河三门峡文化开发保护与黄河第一坝科教示范基地建设一期工程通过审核验收。大力加强职工思想政治工作，积极开展思想政治课题研讨和成果运用，使企业始终保持了和谐发展的良好态势。

二、思想政治

2017 年，明珠集团坚持把职工思想政治工作当作一件重要事项切实抓紧抓好，抓出实效。各级党群组织深入贯彻落实习近平新时代中国特色社会主义思想，按照部委思想政治研究工作的总体部署，紧密结合企业生产经营、管理创新和改革发展等实际工作，经常深入基层职工、深入生产一线，了解和把握职工思想动态，帮助解决实际问题，为思想政治工作服务企业中心工作“问诊”“把脉”。积极探索新时期思想政治工作新思路、新方法，结合工作实际和特点，全年确定 14 项年度思想政治工作研究课题开展理论研究，为做好新时期思想政治工作进行了有益探索。职工岳建国、付玉杰撰写的《培育和践行社会主义核心价值观难点与对策研究》《新形势下加强流动党员教育和管理的方式方法研究》分别荣获全国水利系统 2016 年度优秀水利思想政治工作及水文化研究成果一等奖和三等奖。积极推进思想政治工作研究成果的实践运用，将各单位提炼总结的工作经验和方法在全公司进行推广运用，政工例会、标准化党支部建设、流动党员管理、结对子活动等已经在明珠集团内部逐步推行实施。

三、水文化建设

2017 年时值三门峡水利枢纽建设与管理 60 年，明珠集团围绕纪念人民治黄取得的伟大成就、万里黄河第一坝的建设管理与发展，开展了一系列水文化活动和文化工程建设。搜集历史珍贵照片，举办了三门峡水利枢纽建设与管理 60 年成就展，全景展示了三门峡水利枢纽 60 年的发展历程和辉煌成就。组织召开了由水利部、黄委、三门峡市委、三门峡市政府等相关单位与领导参加的三门峡水利枢纽建设与管理 60 年座谈会，总结了枢纽建设与管理的宝贵经验，对促进三门峡水利枢纽在新时期治黄事业中更好发挥作用进行了研讨交流。完成《黄河三门峡水利枢纽志》第二轮续志，召开了《黄河三门峡水利枢纽志》（1991—2010）出版发行座谈会，开启了企业年鉴编纂工作，枢纽志和年鉴成为明珠集团的重要文化名片。扎实推进职工电子书屋和实体书屋建设工作，两个实体书屋建成开放，电子书屋开通运行。积极进行黄河主题宣传活动，以黄河防汛为主题，举办了第一期“明珠讲堂”。持续做好水利风景区建设，改造三门峡水利枢纽区域面积 1 万余 m^2，新增景观面积 $1200m^2$，坝区环境面貌得到进一步改观。中国保护黄河基金会资助的黄河文化项目“黄河三门峡文化开发保护与黄河第一坝科教示范基地建设”完成一期建设并通过审核验收。

1. **明珠集团举办三门峡水利枢纽建设与管理 60 年成就展**　4 月，明珠集团在三门峡水利枢纽坝区、三门峡市文博城及明珠集团内部各主要单位进行了以“六十载跨越发展铸辉煌，一甲子砥砺奋进奏华章”为主题的三门峡水利枢纽建设与管理 60 年成就展。成就展共征集选用图片 138 幅，排版设计为展板 9 块，从工程建设、领导关怀、综合效益、企业发展、和谐共享、企业荣誉 6 个方面，全景展示了三门峡水利枢纽建设与管理 60 年的发展历程和取得的伟大成就，突出展现了老一辈建设者无私无畏、艰苦创业的精神风貌和明珠集团广大干部职工在枢纽防汛、生产经营、管理工作、党建精神文明建设等工作中的风采。

2. **明珠集团召开三门峡水利枢纽建设与管理 60 年座谈会**　5 月 10 日，明珠集团在三门峡组织召开三门峡水利枢纽建设与管理 60 年座谈会，回顾枢纽工程 60 年的风雨历程，总结枢纽建设与管理的宝贵经验，促进三门峡水利枢纽在新时期治黄事业中更好发挥作用。水利部总工程师汪洪，黄委党组书记、主任岳中明，国家防汛抗旱总指挥部办公室防汛抗旱督察专员田以堂，水利部建设与管理司副司长徐元明，黄委副主任苏茂林、赵勇、牛玉国，三门峡市委书记刘南昌，市委副书记、市长安伟，明珠集团党委书记、董事长李明堂，明珠集团党委副书记、副董事长、总经理陈印刚，三门峡市政府秘书长刘廷福等出席座谈会。

3. **黄河三门峡文化开发保护与黄河第一坝科教示范基地建设通过中国保护黄河基金会审核验收**　12 月，中国保护黄河基金会在郑州组织召开“黄河三门峡文化开发保护与黄河第一坝科教示范基地建设”审核验收会，通过了该项目一期的验收。

四、水利文学艺术

【水利文学与宣传】　2017 年是三门峡水利枢纽建设与管理 60 周年，为回顾总结 60 年来三门峡水利枢纽建设管理经验，弘扬企业精神，创造更好未来，明珠集团组织举办了各种类型的宣传文化活动。举办了“60年精彩瞬间”主题征文活动，挖掘和再现了三门峡水利枢纽建设管理60年重要的历史瞬间，为职工知局情懂局史打开了一扇窗口。开展了主题演讲比赛，以演讲的形式回顾展现了三门峡水利枢纽枢纽60年来的风雨历程。明珠集团注重发掘、培养和鼓励文学爱好者进行文学创作并参与评奖，职工孙淑兰写作出版的图书《玫瑰静静开》被评为河南省三门峡市第九届精神文明建设“五个一工程”图书类优秀作品三等奖。

1. **明珠集团举办纪念“三门峡水利枢纽建设与管理60年”主题征文活动** 2017年，明珠集团在三门峡水利枢纽建设与管理60年到来之际，组织开展了“60年精彩瞬间”主题征文活动，21个影响重大、意义深远的水利事件如“全国人大审议通过《根治黄河水害和开发黄河水利综合规划》”“三门峡水电站第一台发电机组投入运行”“三门峡枢纽工程实施第一次改建”被重新挖掘呈现出来，梳理了明珠集团节点式发展历程，增强了职工自豪感。

2. **明珠集团举办纪念“三门峡水利枢纽建设与管理60年”演讲比赛** 8月，明珠集团举行纪念“三门峡水利枢纽建设与管理60年”演讲比赛，旨在追忆枢纽峥嵘岁月，展现三门峡枢纽巨大变迁；讴歌新时期明珠人爱岗敬业、积极向上的精神风貌；展现新时期明珠人勇于担当、敢于创新、乐于奉献的时代风采，激励全体职工更好地为明珠集团健康可持续发展鼓劲加油。

3. **明珠集团职工写作出版的图书获三门峡市精神文明建设“五个一工程”优秀作品** 9月，明珠集团职工孙淑兰写作出版的图书《玫瑰静静开》被评为河南省三门峡市第九届精神文明建设“五个一工程”图书类优秀作品三等奖。三门峡市第九届精神文明建设“五个一工程”评选工作于2016年年底启动，经过评委个人审阅作品、小组酝酿、评委会评审，对全市参评的80多件作品进行了公正、公平、公开的评审，共有戏剧类、电影类、电视类、图书类和歌曲类优秀作品42件入选市“五个一工程”优秀作品。

【水利美术书法】 2017年，明珠集团继续鼓励和支持职工进行美术书法作品创作。在三门峡水利枢纽开工建设60年之际，组织开展了纪念三门峡水利枢纽建设与管理60年主题书画作品征集展出活动，活动共收到明珠集团职工创作的书法、绘画作品40余幅，最终参展32幅，其中国画、油画等各类绘画作品16幅，各种书体（毛笔）书法作品17幅活动。活动鼓舞了公司书画爱好者的创作热情，也让广大职工受到了艺术熏陶。推荐的书画作品在黄河工会组织的“喜迎十九大”职工书画作品展中，获得一等奖1个、三等奖8个。

【水利摄影】 2017年，明珠集团依托公司摄影协会等兴趣组织，积极组织各类摄影交流和比赛活动。面向社会和全公司职工开展了纪念三门峡水利枢纽建设与管理60年主题摄影大赛征集活动，围绕记录、反映三门峡水利枢纽的建立、发展及取得的辉煌成就，展现三门峡水利枢纽在促进城市建设、流域生态环境中的重要作用及新变化，展现水利枢纽建设者、管理者奋力拼搏、团结进取、积极向上的良好精神风貌等三个方面征集了丰富的摄影作品，并进行了评审展览。注重摄影人才培养和发现，明珠宾馆等单位组织了摄影培训等活动。

1. **明珠集团举办纪念三门峡水利枢纽建设与管理60年主题摄影大赛** 7月，为纪念三门峡水利枢纽建设与管理60年，展示60年来三门峡水利枢纽工程建设、改建和运行管理取得的丰功伟绩，展现工程建设者、管理者的良好精神面貌，凝聚人心，鼓舞士气，更好地做好三门峡水利枢纽运行管理工作，明珠集团面向全社会摄影爱好者征集作品，并在《三门峡日报》上刊登征稿启事。明珠集团职工和社会上的摄影爱好者积极参与，踊跃投稿，大赛共收到参赛摄影作品 82 幅（包含组图），经过专业评委的评审，最终选出 35 幅优秀作品进行了展出。

2. 明珠集团两职工摄影作品入选第一届中国水利摄影展　3 月，由中国水利摄影家协会主办的第一届中国水利摄影展评选揭晓，明珠集团职工王铎的摄影作品《喷薄而出》（组照）、王建的摄影作品《凝心聚力》入选主题类“2016 水利精彩瞬间”主题奖。本届中国水利摄影展分主题类和非主题类，共征集作品 42000 余件（75000 余张）。经过初评和终评，最终从参展作品中共评出入选作品 180 件。

【水利音乐舞蹈戏剧】　2017 年，明珠集团积极组织举办和参加各级各类音乐、舞蹈、时装展演等艺术活动，并取得优异成绩。在三门峡水利枢纽开工建设 60 年纪念日，明珠集团组织了合唱比赛，激情唱响水利颂歌。其中由三门峡市音乐人谱曲、明珠集团职工演唱的贺敬之名篇《三门峡——梳妆台》首次登台亮相，使这首脍炙人口的水利诗歌焕发出新的生机与魅力。明珠集团合唱队参加第四届“中流砥柱”中国（三门峡）黄河大合唱，在全国 24 支合唱队伍中脱颖而出，夺得成年混声组黄河杯（金奖），为水利人争得了荣誉。积极组织文艺骨干排练，在由三门峡市委宣传部、市总工会、市文明办、市直工委联合主办的“中国梦·劳动美——永远跟党走三门峡市职工喜迎党的十九大文艺汇演”中，明珠集团选送的两支舞蹈赢得了观众的一致好评，明珠集团荣获优秀组织奖。首次组织举办了女职工环保服装展演大赛，推荐的作品在三门峡市庆三八职工环保时装秀活动中获得大赛金奖第一名。党的十九大开幕期间，明珠集团集邮协会组织举办了“庆祝十九大集邮展览”，以邮票为载体，反映了我国改革开放和水利水电建设取得的伟大成就，为集邮爱好者和广大水利职工带来一场文化盛宴。

1. 明珠集团举办纪念三门峡水利枢纽建设与管理 60 年合唱比赛　4 月 13 日，明珠集团在三门峡文博城大剧院举办纪念三门峡水利枢纽建设与管理 60 年合唱比赛，一起纪念 60 年人民治黄的伟大实践。此次合唱比赛共有来自明珠集团各单位的 9 支代表队参加。

2. 贺敬之著名诗篇《三门峡——梳妆台》被谱曲传唱　4 月，由当代著名诗人贺敬之于 1958 年创作的抒情诗《三门峡——梳妆台》，时隔近 60 年被搬上三门峡大剧院的合唱舞台，被集团公司 60 名大坝运行管理与维护者唱响。大合唱《三门峡——梳妆台》酝酿于 2017 年年初，由三门峡市音乐家协会秘书长、市合唱学会副会长赵新辉在无数次反复聆听贺敬之诗歌《三门峡——梳妆台》的朗诵中逐渐迸发灵感，用半月时间为贺敬之这首著名诗篇谱写了合唱乐谱，并指导集明珠集团工程管理分局合唱队进行了排练演唱，使这首诗歌名篇焕发出了新的生机与魅力，也为三门峡水利枢纽和三门峡市文化建设增添了时代与历史结合的新元素。脍炙人口、广为传颂的诗句，以气势恢宏和富有节奏变化的合唱形式表现出来，令人耳目一新，展现出强烈的艺术感染力。

3. 明珠集团合唱队在第四届“中流砥柱”中国（三门峡）黄河大合唱艺术节中夺得成年混声组黄河杯（金奖）　5 月 25 日，第四届“中流砥柱”中国（三门峡）黄河大合唱艺术节在三门峡国际文博城大剧院开幕。本届黄河大合唱艺术节是在中国合唱协会的支持和指导下，由第23届三门峡黄河文化旅游节组委会主办，来自全国各地及三门峡本地24支合唱团近1500人参加。明珠集团派出合唱队参加了比赛，参赛曲目是《香格里拉》和《美丽的夏牧场》两首歌曲，队员们凭借高超的歌唱技巧、扎实的合唱功底，赢得了评委与其他参赛队的一致好评，一举夺得大赛成年混声组“黄河杯”金奖，体现出了明珠合唱团深厚的歌唱功底，展现了明珠职工不畏困难、积极向上的精神风貌，在全国24支参赛队伍前展现出了明珠集团的企业风采。指挥李军获优秀指挥奖。

4. 明珠集团举办纪念三门峡水利枢纽建设与管理60年女职工环保服装展演大赛 2月，明珠集团组织举办女职工环保服装展演大赛，向广大职工倡导低碳生活方式，强化环保节能理念，共建绿色家园。环保服装展演大赛共有9支代表队138名女职工参加展演，参赛代表队充分发挥想象力和创造力，利用废弃光盘、会议条幅、一次性桌布、塑料布、洗碗用塑胶手套、牛皮纸、卫生纸、蚊帐等，通过剪、贴、裁、画、拼等方式，巧妙构思，做成晚礼服、婚纱裙、宫廷韵味的古装及具有流行感的各式时装，通过职工模特的演绎，给观众带来一场别具特色的视觉盛宴。

五、水利体育

2017年，明珠集团大力推进全民健身运动，坚持开展形式多样的群众性体育活动，并组队参加各级体育比赛，取得了丰硕成果。为纪念三门峡水利枢纽建设与管理60年，组织了老年门球邀请赛、职工羽毛球比赛，邀请共同为黄河服务的三门峡水文局一起进行了足球友谊赛。举办了“明珠杯”职工钓鱼比赛、“庆双节，喜迎十九大”职工徒步健身活动。组队参加三门峡市第八届运动会暨全民健身大会，共参加包括足球、乒乓球、羽毛球、跳绳、游泳、双升、象棋和老年门球8个体育项目，参赛项目获得团体一等奖4项、二等奖2项、三等奖1项。单项成绩获得一等奖5项、二等奖7项，三等奖10项，最终明珠集团取得团体总分一等奖和三门峡市八运会“优秀组织奖”的好成绩。在黄委组织的羽毛球比赛中，明珠集团获得混合团体第一名和女子单打、双打、混合双打3项冠军，男子单打亚军和另一对混双第3名等5项荣誉。

1. 明珠集团举办纪念三门峡枢纽建设与管理60年老年门球邀请赛 3月，明珠集团举办纪念三门峡水利枢纽开工建设与管理60年老年门球邀请赛，三门峡市直企业12支老年门球队、100余名运动员及裁判员参加比赛。此次门球邀请赛为期一天，既为老年同志提供了相互切磋、交流球技的平台，也鼓励更多的人加入到全民健身活动中来，促进老年人养成健康文明的生活方式。

2. 明珠集团举办纪念三门峡枢纽建设与管理60年暨“明珠杯”职工羽毛球比赛 5月12日，明珠集团举办纪念三门峡水利枢纽建设与管理60年暨“明珠杯”职工羽毛球比赛，来自明珠集团各单位8支代表队的80余名优秀选手进行了角逐。比赛设混合团体赛和单项比赛两个大类。为体现群众性，扩大参与面，混合团体赛含男子单打、男子双打A、男子双打B、女子单打、混合双打5个项目。单项比赛设男子单打、男子双打、女子单打、女子双打、混合双打5个项目。

淮委党组中心组学习贯彻党的十九大精神（扩大）学习班

海委党组书记、主任讲授“两学一做”常态化制度化专题党课

松辽委举办道德讲堂，集中观看纪录片《时代楷模——黄大年》

松辽委在革命圣地井冈山举办青年干部理想信念教育培训班，
开展革命传统教育，接受红色洗礼

太湖局第六届职工运动会

全省大学生"剿灭劣V类水·共建美丽浙江"主题实践活动出征仪式
在浙江水利水电学院举行

首届杭州市钱塘江文化节

河南省水利厅“喜迎十九大　机关作表率”群众性合唱比赛（摄影：彭可）

海南省灌区管理局松涛大坝管区党支部重温誓词（摄影：张祖洪）

第六届全国水文勘测技能大赛在重庆市北碚区成功举行

云南省 2017“勘察设计杯”行业足球比赛

陕西省“保护水源头 我们在行动”青年志愿者节水公益宣传活动走进汉江源

流沙河景区——丹霞山

中国水利水电科学研究院离退休职工处举办老干部迎新春书画展展览

小浪底水利枢纽管理中心篮球比赛

全国大坝工程师协会乒乓球赛